한 영혼이 자라면 **온 세계가 성장한다**

한 영혼이 자라면 온 세계가 성장한다

간디학교, 또 다른 배움의 이정표를 세워 온 15년의 기록

산청 간디학교 엮음

2012년 5월 12일 처음 찍음 | 2015년 1월 30일 세 번 찍음
펴낸곳 도서출판 낮은산
펴낸이 정광호 | 편집 공성아·정우진 | 제작 정호영 | 영업 윤병일 | 디자인 박대성
출판 등록 2000년 7월 19일 제10-2015호
주소 서울시 마포구 독막로 9길 23 아덴빌딩 3층
전자우편 littlemt2001hr@gmail.com
전화 (02)335-7365(편집), (02)335-7362(영업)
전송 (02)335-7380
제판 • 인쇄 • 제본 상지사 P&B

일러두기

* 2011년 이후 산청 간디학교의 공식 이름은 '간디고등학교'이지만, 편의상 많은 이들이 부르는 '산청 간디학교' 또는 문맥상 오해의 소지가 없는 경우 '간디학교'로 표기하였습니다.

* 글쓴이 가운데 간디학교 재학생, 졸업생은 이름 뒤에 기수를, 현재 재직중인 교사는 '교사'라고 표기하였으며, 그 밖의 사람들은 현재 하고 있는 일을 적었습니다.

* 책에 실린 글들 가운데 〈인격과 인격으로 만나는 간디학교의 교육〉〈지금 여기의 간디학교 그리고 대안교육〉을 제외한 모든 글은 간디학교 소식지 《숲속마을 작은학교》에 실렸던 글들로, 간디학교가 각각의 글쓴이·대담자·강연자의 허락을 받은 뒤 실었습니다.

* 책값은 뒤표지에 표시되어 있습니다.

ISBN 978-89-89646-79-2 03300

한 영혼이 자라면 온 세계가 성장한다

간디학교, 또 다른 배움의 이정표를 세워 온 15년의 기록

산청 간디학교 엮음

낮은산

차례

간디인의 나이테 _ 이것이 간디교육이다

오늘과 다른 내일을 살려는 간디인에게 _ 마음으로 전하는 한마디

어린잎은 맛이 덜 들었다
맛도 덜 든 쪼끄만 놈들 뜯어다
먹자니 더 놔둘 걸 싶기도 하고
미안하기도 하다

파릇파릇 푸르러진
잘 여문 놈들은
싱그럽기 그지없다
삼겹살에 쌈장을 폭 싸매 주면
지상천국을 맛볼 수 있겠다

여기 이 괴물같이 커다란 잎들은
퉷, 퉷, 퉤!
아, 진짜 쓰다

— 〈**상추**〉, 강동우(13기)

책을 엮으며

산청 간디학교가 문을 연 지 올해로 15년이 되었습니다. 학교에는 개교할 무렵 심은 나무들이 여러 그루 있습니다. 조그만 묘목을 옮겨 심을 때는 언제 자라나 했는데 어느새 다 커서 키도 지붕보다 높고 그늘 아래에서는 아이들이 책을 펴고 앉아 있습니다. 이 나무들은 학교의 역사를 말없이 보여 주는 완벽한 상징이라고 할 수 있습니다. 아담한 돌집 하나로 시작했지만 지금은 도서관·강당·전산실·음악실·미술실 등 교육에 필요한 모든 시설이 잘 갖추어진 학교가 되었습니다. 어느 자리도 변하지 않은 곳이 없습니다. 새 동네가 생기고, 새 집이 서고, 새 길이 나고, 다 자란 아이들이 떠나면 새 아이들이 들어오고, 새 그림을 그리고, 새 노래를 부르고……. 그렇게 15년이 흘렀습니다. 그러나 변하지 않은 것도 있습니다. 고개 들면 언제나 이마에 다가와 우리의 정신을 일깨우는 지리산은 옛날 모습 그대로입니다. 변한 것과 변하지 않은 것을 헤아려 보며 지난 시간의 무게를 가늠해 봅니다. "어둠을 탓하기보다 촛불 하나 밝히는 것이 낫다."는 마음으로 시작했지만 그 촛불은 꺼지지 않고 타올랐습니다.

개교 15년을 정리하고 돌아보는 의미에서 간디학교의 이야기를 책으로 펴냅니다. 간디학교에서는 《숲속마을 작은학교》라는 소식지를 발행합니다. 여기에는 학교에서 일어나는 크고 작은 사건과 학교 행사에 관한 기록뿐만 아니라 학생들이 쓴 문예 작품, 보고서, 일기, 여행기, 독후감, 교육에 관한 담론, 일상의 사연, 강연과 에세이 등 많은 이야기가 실려 있습니다. 그 가운데 간디학교의 속살을 비교적 잘 보여 주는 글들을 뽑아서 책으로 묶어 보았습니다.

편집하면서 특별히 염두에 둔 것이 있습니다. 그동안 간디학교가 성취한 것과 성취하지 못한 것을 이 책이 정직하게 보여 줄 수 있어야 한다는 것입니다. 그래서 밝고 아름다운 이야기만 싣지 않고 풀지 못한 고민과 해결하지 못한 숙제도 아울러 담으려고 노력했습니다. 성공의 기록도 중요하지만 실패의 기록도 소중합니다. 대안교육을 하려는 사람이나 대안학교를 만들 사람에게는 간디학교와 같은 선발 주자들의 성공 이야기 못지않게 실패의 이야기도 필요할 것입니다. 성공이든 실패든 참조할 선례가 있다는 것은 같은 시행착오를 반복하지 않으려는 사람에게는 이정표가 되기 때문입니다. 그러므로 실패를 기록한다는 것은 결코 패배를 기록한다는 의미가 아닙니다. 그것은 먼저 시도한 사람들이 꼭 해야 할 의무이기도 합니다. 대안교육 운동에 헌신하고자 하는 사람에게 이 책이 작지만 요긴한 나침반 구실을 할 수 있기를 희망합니다.

그리고 무엇보다도 이 책은 간디학교에 관심 있는 학생과 학부모에게 간디학교의 참모습을 알려 주는 길잡이 역할을 하는 것이 목적입니다. '간디학교이기 때문에' 평범한 아이들이 잠재력을 발휘해 불가능해 보이는 일도 쉽게 해냅니다. '간디학교임에도 불구하고' 못하는 일이 있고 쩔쩔매는 문제가 있습니다. '간디학교에서만' 일어나는 재미있는 이야기도 있습니다. 해마다 입학생보다 서너 배 많은 탈락자를 만들어야 하는 교사의 아픈 이야기도 있고 도난 문제 때문에 씨름하는 기숙사 이야기도 있으며 돈 한 푼 없이 전국을 여행하는 괴짜의 이야기도 있습니다. 모든 것이 간디학교의 민낯 그대로입니다. 이 환희 혹은 고통에 동참하느냐 마느냐는 이 책을 읽는 여러분의 선택에 달렸습니다.

이 책에는 사회 각 분야의 지성들이 간디학교에서 한 특강도 여러 편 실었습니다. 오늘의 간디학교를 만드는 데는 우리 시대의 진보적인 지식인들과 문화인들이 보내 준 관심과 충고가 큰 힘이 되었습니다. 간디학교를 찾아와서 가진 것을 아낌없이 베풀어 준 그분들에게 감사드립니다.

이 책에 수록된 글들은 비록 투박할지라도 '아무도 가지 않은 길'을 가는 한 대안학교가 끊임없이 고민하고 고투해 온 땀의 기록입니다. 지금까지 그랬듯이 앞으로도 간디학교는 옳은 길만 찾아가는 학교이기보다는 새로운 시도와 실험을 마다하지 않는 학교로서 전위의 정신을 잃지 않으려 할 것입니다. 잘 운영되는 한 개의 사립학교로 남기보다는 '대안을 가르치는 것을 넘어 대안을 사는' 사람들의 공동체를 이루려 노력할 것입니다. 간디학교가 이 약속과 꿈을 저버리지 않을 때 대안학교로서 한 줌의 소금이 될 수 있을 것입니다.

간디학교의 자랑거리 가운데 하나는 방문객이 많은 학교라는 것입니다. 그동안 헤아릴 수 없이 많은 사람이 다녀갔고 지금도 여전히 많은 손님이 찾아옵니다. 이 작은 학교에 무엇이 있기에 그 많은 사람을 잡아끄는 것일까요? 개교 당시를 회고해 보면 학교를 찾아온 손님들은 한결같이 간디학교의 아름다운 신념에 감동했다고 말하고는 했습니다. 많은 사람이 간디학교가 표방한 사랑과 자유의 정신에 공감하면서 격려를 아끼지 않았던 것은 이 학교가 시대의 조류를 따르지 않고 '다른 이야기'를 하는 곳이었기 때문입니다. 그러나 그런 기대만큼 우리는 정말로 '간디 정신'을 구현하며 살아온 것인지 스스로에게 물어봅니다. 지난 15년간 받은 과분한 사랑은 앞으로 간디인 각자가 삶으로 갚아야 할 숙제로 고스란히 남아 있습니다.

2012년 5월

산청 간디학교 사람들

인격과 인격으로 만나는 간디학교의 교육

강수돌 고려대 교수

간디학교와의 첫 인연

"아빠, 꿈이 생겼어요!"

반가운 소리였다. 큰아이 한결이가 중학교 2학년 초에 자신의 꿈이 생겼다니 귀가 솔깃했다.

"뭔데?"

"중학교 교장 선생님이요."

"왜?"

"애들이 학교 늦게 온다고 종아리 때리지 않고, 머리 좀 길다고 '바리깡'으로 고속도로 밀지 않는 그런 학교를 만들고 싶어서요."

할 말을 잊었다. 잠시 뒤 입을 열었다. "그렇지. 요즘 네가 좀 힘든 모양이구나. 모두가 너희 잘되라고 하는 것이지만 사실 문제가 많지. 중학교도 그런데 나중에 고등학교에 진학하면 더 힘들겠지. 아빠가 아는 대안학교가 하나 있는데 나중에 고등학교를 거기로 가면 어떨까?" 나도 아내도 생각은 비슷해서 별 갈등은 없었다. 고마운 일이었다. 아이도 고개를 끄덕였다. 그 뒤 한결이는 중2 여름, 산청 간디학교에서 연 캠프를 다녀왔다. 갔다 오자마자 아이는 "내가 만들고 싶었던 학교가 바로 거기에 있던걸요."라고 말했다.

이것이 한결이가 '사랑과 자발성'을 핵심으로 하는 산청 간디학교와 인연을 맺게 된 과정이다. 다만 중3 1학기를 마칠 무렵 내가 일하는 대학에서 맞이한 연구 년 때문에 아이도 함께 미국에서 1년을 지내고 왔던 터라 동급생보다 한 학기 늦게 출발했다. 그러나 하나도 어색해하지 않고 친구들과 금세 잘 어울렸고 샘들과도 좋은 관계를 맺어 나갔다. "배운다는 것은 자신을 낮추는 것이요, 가르친다는 것은 다만 희망을 이야기하는 것"임을 거듭 강조하는 이 학교에서 아이는 가끔 방황하기도 했지만 대체로 3년 내내 행복한 생활을 한 듯하다. 고3 여름 방학 무렵부터 아이는 진짜 꿈이 생긴 듯했다. 재즈 피아니스트가 되는 것이다. 나도 아내도 처음에는 어리둥절했으나 음악 샘과 면담하고 나서 아이가 예사롭지 않음을 알게 되었다. 실력이 아니라 그 의지가 말이다.

마침내 제7회 졸업식 날, 한결이는 친구들과 부모들, 샘들 앞에서 "부모님이 저에게 간디학교를 다닐 수 있게 도와주셔서 정말 감사하다."며 눈물을 글썽였다. 나도 감사와 기쁨의 눈물을 흘렸다. 졸업 후 곧바로 대학에 진학하지 않고 '대학로'로 갔지만(재즈 음악을 가르치는 서울재즈아카데미가 대학로에 있다), 아이도 우리도 전혀 불안하지 않았다. 간디학교를 거치며 다지고 다진 내면의 힘이 아이가 꿈을 이루는 데 큰 도움이 될 거라 믿었기 때문이다. 그리고 5년이 흘렀다. 크게 보면 일종의 '진로 탐색 기간'이었다. 그 사이 한결이는 힘겹게 '알바 생활'을 하면서도 재즈아카데미를 무난히 마쳤고 대학 진학을 하지 않은 상태에서 군 복무까지 마쳤으니 이제는 본격적으로 자기 꿈을 향해 더 열심히 갈 것이다.

골짜기로 교육 역이동?

주변에서는 우리 아이들이 과천에서 청주로, 청주에서 조치원으로, 그리고 다시 지리산 자락의 산청 골짜기로 가서 공부하는 것에 대해 '역이동' 하는 것이라며 한편으로는 걱정을, 다른 편으로는 의구심을 나타냈다. 그러나 아이에게나 우리(부모)에게나 가장 중요한 것은 '아이가 행복하게 자라는 것'이었기에 누가 무슨 소리를 하건 흔들리지 않았다. 첫째가 대안학교에서 스트레스 없이 잘 지내는 것을 보고서는 둘째 아름이와 막내 한울이도 초등학교 시절부터 "중학교부터 대안학교 가고 싶어요."라고 노래를 불렀다. 그래서 둘째와 막내는 충북 월악산 자락에 있는 제천 간디학교로 가게 되었다. 아이가 행복하게 학교를 잘 다니니 우리도 행복했다. 인생의 목적은 행복이 아니던가. 그러면서도 마음 한구석으로 우리 사회의 비뚤어진 가치관(특히 일류대 강박증, 조급증, 그리고 '옆집 아줌마'의 위력)이나 언행 불일치, 그리고 일반 교육 체제가 걱정되었다. 최소한 나의 판단으로는 큰아이 한결이가 만 24살이 되는 지금, 이렇게 걸어 온 길에 대해 '참 잘한 일'이라 감히 평가한다. 아롬이와 한울이도 그렇게 믿음직스런 인격체로 잘 클 것이라 믿는다.

아이들을 인질로 삼는 일반 학교 시스템

산청 간디학교는 1997년부터 15년 동안 한창 자라나는 청소년에게는 행복한 인격적 배움터였으며 그 부모에게는 교육 현실은 물론 자신의 삶을 새롭게 성찰할 수 있는 소중한 시공간이었다. 또한 교사들에게는 자율성과 비폭력, 사랑과 공동체 교육의 실현지였다. 물론 학생, 학부모, 교사 등 교육의 3주체에게 시행착오나 미숙함이 전혀 없었던 것은 아니다. 그러나 그런 점을 숨기기보다 솔직히 드러내고 개방적인 대화나 토론으로 풀어가는 과정을 통해 더디지만 한걸음씩 나가는 모습이 '대안' 교육다운 모습이었다. 이것은 앞으로도 변함이 없을 것이다. 다만, '수월성'을 중시하는 교육 당국의 규제나 통제가 강할수록 처음의 교육 이념을 구현하는 데 어려움이 커질 수 있어, 적잖이 걱정된다.

나는 이러한 간디학교의 모습에 견주어 일반 학교의 교육 모델을 일종의 '인질 모형'으로 규정한다. 그것은 아이들이 학교나 교육 당국에 일종의 인질로 붙들려 있는 것이나 다름없고 학부모들은 학교나 당국 앞에 절절매기 때문이다. 생각해 보라. 초등학교와 중학교 교육과정이 '의무 교육'이기 때문에 대한민국의 대부분 학부모는 아이들을 '강제'로 학교에 보내야 한다. 일단 보내고 나면 학교나 당국이 요구하는 각종 시험, 심지어 일제고사, 그리고 대학 입시 과정을 거쳐야 비로소 사람대접을 받는다. 그것도 이른바 '일류' 대학을 가야 남들로부터 인정을 받는다. 그러니 부모들은 아이가 고등학교 3학년까지의 과정을 무사히 마칠 때까지 좌불안석이다. 학원이나 과외를 억지로라도 시켜야 덜 불안해진다. 맞벌이 부모가 느는 것도, 직장인들이 잔업, 철야, 특근을 밥 먹듯 하며 한 푼이라도 더 벌고자 하는 것도 이런 사정 때문이다. 그러나 학원이나 과외에 의존할수록 불안과 두려움은 극복되기보다는 내면 깊은 곳으로 억압될 뿐이다. 그 결과 아이들을 인질로 붙들고 있는 학교나 당국은 물론, 그 보호자인 부모조차 자신도 모르는 사이에 공범이 되고 만다.

그런데 이 인질 모형에서 가장 안타까운 것은 인질로 붙잡힌 아이들이 일종의 스톡홀름 신드롬 즉, 공격자 동일시 내지 강자 동일시에 빠지기 쉽다는 점이다. 스톡홀름 신드롬이란 1970년대 초반, 스웨덴 스톡홀름의 한 은행에 강도가 들어 직원 4명을 인질로 잡은 사태에서 유래한다. 긴장된 날들이 3~4일 흐르고 사태가 진정된 뒤 기자 앞에 선 일부 인질들은 뜻밖에도 "인질범들이 생각보다 친절했다."며 인질범에게 친근감을 드러낸다든지 "경찰은 왜 우리를 빨리 구출하지 않았느냐?"며 화를 냈다. 아군이 적군이 되고 적군이 아군이 되는 기이한 현상이 벌어진 것이다.

이것은 1930년대 이래 안나 프로이트나 산드로 페렌치 등 유럽의 심리학자들이 학대받은 어린이의 심리 구조와 대응 방식을 연구하는 과정에서 나온 '공격자 동일시' 개념과 상통한다. 어른이나 주변으로부터 가혹한 폭력을 경험한 아이들은 나름의 생존 전략으로 '공격자 동일시'를 한다는 것이다. 자기를 괴롭힌 자와 자신을 동일시함으로써 괴로움을 잊을 수 있고 살아남을 수 있기 때문이다. 브레멘 대학교의 홀거 하이데 교수도 자본주의 노동 사회의 본질을 설명하는 과정에서 이 개념을 차용하여 초기 자본주의의 여러 폭력을 경험한 노동 대중은 생존 전략으로 '체제와의 동일시' 내지 '공격자 동일시'를 한다고 설명한다.

나는 이런 메커니즘이 가정이나 학교, 직장이나 일반 사회 등 우리 삶의 모든 과정에서 '강자 동일시' 형태로 나타난다고 본다. 학교나 당국에 인질로 붙들린 학생들도 1등이나 100점, 몸짱과 얼짱 등 '강자 동일시'를 한다. 나이키나 아디다스, 노스페이스 따위가 일종의 권력을 휘두르는 것도 '강자 동일시' 메커니즘과 연결되어 있다. 이 사태가 안타까운 이유는 모두가 최강자가 될 수 있다는 착각 아래 앞만 보고 달리는 사이 정작 문제의 근본 원인은 회피된 채 소통하고 연대해야 할 주체들이 서로 경쟁과 분열로 원자화, 고립화, 황폐화된다는 점이다. 물론 1퍼센트 미만의 극소수는 그 경쟁에서 승자가 된다. 일류 대학을 가고 일류 직장을 얻지만 그들이 진정 행복한지는 별개의 문제다. 나아가 그런 사람들이 과연 자신의 참된 꿈을 이루는지, 그리고 자신과 가족의 행복을 넘어 사회의 행복을 위해 얼마나 이바지하는지에 대해서는 대단히 회의적이다. 이 사회를 망가뜨리는 사람들 대부분이 일류 대학 출신이거나 일류 직장 구성원이 아니던가. 고통스럽고 불편하지만 진실이다.

인격 모형 간디학교

이런 면에서 나는 지난 15년 세월을 꿋꿋이 걸어 온 산청 간디학교의 교육 모델을 '인격 모형'이라 부르고 싶다. 그것은 아이들을 인질로 잡은 채 단순한 '점수 기계'나 돈벌이에 유용한 '인적 자원'으로 길러 내는 것이 아니라 사랑과 자발성, 공동체 등의 가치를 배우고 실천하는 인격체로 커 나가게 돕기 때문이다. 그래서 부모와 아이 사이, 교사와 아이 사이도 인격적 만남, 인격적 관계가 핵심적인 특징이다. 제도적인 제약 속에서도 가능한 한 아이들의 자유로운 선택을 존중하고자 하며 학부모와 교사의 의견이나 주장도 아이들의 눈높이에서 다시 한 번 검토된다. 시간과 돈, 에너지가 더 들더라도 지혜로운 대안을 찾고자 성실한 몸부림을 친다. 이 모든 과정이 인격적이다. 요컨대, 부모와 아이 그리고 교사가 힘을 합쳐 사랑과 자발성에 기초한 비폭력적이고 공동체적인 배움터를 함께 만드는 혁신적인 시도가 바로 이 인격 모형이다. 그러나 산청 간디학교의 이 모델을 지나치게 신화화하거나 절대화할 필요는 없다. 그것은 부단히 현실과 부대끼며 좀 더 나은 길을 찾아야 하는, 미완의 자기 혁명이기 때문이다.

지난 15년간 간디학교의 새로운 교육 모형이 자극제가 되어 수많은 대안학교가 생겨났고 지금도 문을 열고 있다. 나는 이러한 인격 모형이 전국 곳곳에 더 많이 생기기를 바란다. 하지만 더 간절히 바라는 것은, 인질 모형에 기초한 기존 학교나 교육 제도가 최소한 산청 간디학교와 같은 '인가 받은 대안학교' 정도로까지 혁신돼야 한다는 것이다. 그리하여 '유별난' 부모들만이, 또는 '유복한' 부모들만이 보낼 수 있는 '특수한' 학교가 아니라 동네마다 지역마다 모든 학교에서 누구나 인격 모형에 기초한 교육을 받을 수 있어야 한다. 자기만의 꿈을 발견하고 즐겁게 실력을 갈고닦은 뒤 마침내 자신의 행복을 넘어 사회의 행복을 위해 빛과 소금이 되는 인격체(이것이 '일류 인생'이다.)로 자라도록 도와주는 학교로 거듭나야 한다.

인격 모형의 발판, 사회의 평등화

이러한 교육 혁명이 실효를 거두려면 '고교 평등화'를 넘어 '대학 평등화' 그리고 '직업 평등화'를 향한 사회 혁명이 계속되어야 한다. 그리하여 모든 아이들이 자신의 개성과 적성, 꿈과 사명에 따라 어떤 길을 선택하더라도 그것이 자기 행복과 사회 행복에 도움이 되는 한, 누구나 비슷한 대접을 받는 세상을 만들어야 한다. 부모, 아이, 교사의 울타리를 넘어 모든 사회 구성원이 소통하고 연대해야 하는 까닭이다. 그래야 일류 대학이나 일류 직장의 질곡을 넘어 '일류 인생'을 멋지게 살 수 있다. 갈 길은 멀다. 그러나 '천리 길도 한 걸음부터'라지 않던가. '우공이산'이란 말도 있다. 천천히, 그러나 질기게 걸어가자. 함께 걸으면 험한 길도 즐겁다. 가야 할 곳도 행복한 곳이지만 가는 도중의 한걸음 한걸음도 느긋하고 행복하게 걷자. '나부터' 변하는 순간 이미 세상의 변화는 시작된다.

바로 이 생각을 하는 순간, 산청 간디학교 도서관에 걸린 간디 선생의 명구, "세상의 변화를 원한다면 네 자신이 변화가 되어라."는 말이 귓전을 때린다.

나의 삶과 간디학교

양희규 인터뷰

양희규 선생님은 간디학교의 설립자이며 현재 금산 간디학교 교장으로 재직 중이다. 이 대담에는 산청에 처음 간디학교를 세우게 된 사연, 간디학교를 운영하면서 겪은 여러 가지 일과 교육 철학, 금산 간디학교의 운영에 대한 이야기도 자세히 담겨 있다. 2009년 영성 잡지 《Reader》에 실린 글을 전재했다.

대학원을 졸업하고 나서 바로 꿈꾸던 학교를 세우셨나요?

바로 학교를 세운 것은 아니고요, 어려운 아이들을 데리고 학교를 운영했어요. 일명 '그루터기학교'라고 고등학교에 못 간 60~70명 정도 아이들과 교사 6~7명 정도였는데, 스물아홉 살 어린 나이에 그 학교 운영을 맡았지요. 기숙사비는커녕 학비도 한 푼 못 내는 아이들을 먹이고 재우고 공부를 가르쳐야 했어요. 운영비도 마련하고 공부도 가르칠 방법을 고민하다가 간디가 남아프리카에 설립했던 톨스토이 농장을 모델로 삼았어요. 톨스토이 농장에서는 아이들이 낮에는 온갖 일을 하고 밤에는 공부를 합니다. 간디가 톨스토이 농장을 운영하면서 내세웠던 비폭력과 사랑의 정신이 좋아서 그걸 모델로 삼았지요. 그때 간디에 심취해 있었어요. 그래서 아이들한테 간디를 가르치면서 "너희들은 자립할 수 있다. 거지가 아니다."라며 학교 교실에다가 공장을 만들었어요. 신사복 '런던 포그' 아시지요? 어느 날 그 회사 회장이 학교를 한번 다녀가셨는데 "내가 어떻게 도와줄까?" 그러시는 거예요. 그래서 돈으로 도와주지 말고 아이들한테 기술을 가르쳐 달라고 했어요. 그랬더니 미싱 20대를 학교로 보내 주었고 일급 재단사 한 분을 저희 학교로 출근시켜 옷 만드는 기술을 가르쳐 주었어요. 아이들에게 공장을 하나 차려 준 거예요. 교사와 학생들이 한 달간 열심히 배워서 기술을 익혔는데, 그 후 우리 학교는 그 회사의 하청 공장이 되었고 아이들은 옷을 만들기 시작했어요. 그렇게 한 6개월 정도 하니까 아이들 눈빛이 완전히 달라지더라고요.

아이들이 어떻게 달라졌나요?

평생을 학대받으며 가난에 찌들고 공부를 못한 아이들이라 분노도 많았지요. 눈빛이 무섭고 어두운 아이들이 많았는데 자기 손으로 무엇을 만들어서 돈을 벌게 되니까 그게 자부심이 되는 거예요. 그런 자부심이 들어가니까 얼굴이 밝아지더라고요. 희망이 생기는 거지요. 아이들의 눈빛이 변하는 것을 보면서 자립이라는 게 인간에게 얼마나 큰 자부심을 느끼게 하는지 노동의 가치나 자존심이 뭔지도 알게 됐어요. 저는 책에서 교육 철학을 배운 게 아니에요. 그 아이들을 보면서 제 마음에 하나의 교육 철학이 형성됐어요.

그 첫 번째가 사랑이었지요. '무조건 사랑해 주자. 조건을 따지면 안 된다. 잘났든 못났든 애를 먹이든 심지어 엄청 말 안 듣고 난리 치는 아이라 하더라도 아이들은 무조건 사랑을 받아야 된다.' 그것이 첫 번째 원리였어요. 아이들은 처음에는 교사들이 자기들을 사랑하는 척만 하는 것이 아닌지 의심했어요. 그런데 몇 개월 지나고 교사들의 진심을 알게 되면서 아이들도 마음을 열었고 서로 교감하게 되었지요. 그걸 경험하며 우리는 확신하게 됐어요. 역시 조건 없이 사랑해서 아이들을 변화시키는 게 교육이구나 하는 것을…….

다음으로 중요한 것은 자립입니다. 아이들이 땀을 흘려서 자기 스스로 성취하도록 하는 게 굉장히 중요하더라고요. 감동적인 사건이 하나 있었어요. 방학 동안 아이들이 영등포 공장에 들어가서 40일간 그 더운 데서 하루에 열몇 시간씩 일했어요. 일이 끝나자 회사에서는 당시 돈으로 1인당 17만 원이라는 거금을 보내 왔어요. 그런데 어느 날 출장을 갔다가 돌아와 보니까 아이들이 도서관에 모여 웅성거리며 데모를 하고 있는 거예요. 무슨 일이냐고 물었더니 자기들이 땀 흘려 일했는데 선생님들이 학교가 어려우니까 그 돈을 학교 운영비로 쓰겠다고 했다는 거예요. 그 소리를 듣고 저도 너무 화가 나서 이렇게 말했지요. "아니다, 그 돈은 너희들 것이고 너희가 40일 동안 일해서 번 것이니까 누구도 손댈 수 없다. 아무리 학교가 어렵다 하더라도 너희가 번 그 돈을 운영비로 쓰지 않겠다."

아이들에게는 나름대로 조그마한 꿈이 하나씩 있었어요. 예를 들면 '책 한 권 사서 봐야지.' 또는 '만 7000원짜리 마이마이 카세트 하나 사서 동생 줘야지.' 이런 꿈 말입니다. 조그마한 꿈을 품고 40일을 견디며 일했는데 그 꿈을 짓밟은 거지요. 그래서 다들 너무 화가 났던 거예요. 그래서 제가 "그것은 너희들 돈이니까 너희들 마음대로 해라."하고 얘기해 줬지요. 아이들이 한동안 회의를 하더니 자기들은 각자 2만 원씩만 갖고 나머지는 학교에 다 주겠다고 결정을 했어요. 아이들의 진심은 17만 원을 다 가져가겠다는 것이 아니었거든요. 그래서 아이들과 기부식을 열었어요. 그렇게 아이들이 철이 들었어요. 5개월 만에 그렇게 성장한 게 감동스러워서 눈물을 흘렸습니다. 지금도 생각하면 감동적이에요. 아마 우리나라에서 가장 어려웠던 아이들이었을 거예요. 고등학교도 못 가는 아이들 70명과 1년간 한솥밥을 먹었는데 저는 그 밥이 잘 안 먹혔어요. 만날 콩깍지나 억센 미역줄거리, 시장에서 거의 줍다시피 한 시래기가 반찬이었거든요. 가끔 멸치나 졸이고……. 그런 반찬만 주니까 사실 부끄럽지만 저는 밥이 잘 안 넘어가서 영양실조에 걸렸는데 아이들은 밥을 두 그릇씩 먹으니까 영양실조도 안 걸렸어요.

세 번째로 아이들에게 자유를 많이 주려고 했어요. 어떤 경우든 아이들을 존중해 주고 아이들이 스스로 선택할 수 있도록 자발성을 키워 주려고 했어요. 인간은 아무리 좋은 일이라도 스스로 우러나서 해야 가치가 있는 것이잖아요. 그래서 사랑, 자립, 자발성, 이 세 가지 교육 원칙으로 1년간 생활했지요.

그루터기학교를 어디에서 여셨나요?

인천 강화읍 판자촌이었는데 지금은 불타고 없어요. 판자촌에 있는 폐교였어요. 1년 동안 그곳에 지내다가 쫓겨나 다른 데를 빌려 갔는데, 그때 함께했던 교사 한 분이 소년원 출신 아이들만 데리고 지금도 제천에서 로뎀 청소년학교를 하고 계세요. 1987년부터 했으니까 20여 년이 됐습니다. 제가 상을 받을 게 아니고 그런 분이 상을 받아야 돼요. 그분은 그런 소외된 아이들을 너무 사랑해요. 노력으로 되는 게 아니고 하늘이 '너는 그렇게 태어나라.' 하고 태어나게 한 거예요. 그루터기학교의 전임 교사가 여섯 명 정도 됐어요. 직업 청소년 선교에 애쓰시던 그루터기선교회의 조성범 목사님이 원래는 가장 밑바닥에 있는 아이들한테 기술을 가르쳐서 외국에 기술 선교사로 보내려고 하셨어요. 그런데 한 명씩 데리고 교육하기가 너무 힘드니까 저희 같은 사람을 교육시켜서 학교를 세운 거예요. 저도 그분한테 교육을 받았지요. 그분이 공장으로 가라고 하면 공장으로 가고 판자촌으로 가라고 하면 판자촌으로 갔어요. "세상이 너무 사치스러운 쪽으로 가니까 너는 거꾸로 가라."고 하셨죠. 그때 '이분이야말로 정말 기독교 정신으로 사시는구나!' 생각했어요. 그런데 제가 나온 몇 년 뒤부터 내분도 생기고 외부와의 갈등도 생기고 해서 와해되다시피 했지요. 복잡한 사연이 많아요.

미국에서 무엇을 공부하셨나요?

캘리포니아 주립대학교의 산타 바바라 교육대학원 철학과에서 5년간 간디 사상에 대해 연구하고 박사 학위를 마쳤습니다. 유학 생활은 학자로서 훈련받는 과정으로 생각했고 하늘이 주신 기회로 받아들였습니다. 그곳

자연 환경이 워낙 좋으니까 휴양도 되었어요. 학교 울타리의 반이 태평양 해변이었기 때문에 매일 바다를 산책할 수 있었지요. 미국에 가자마자 영어로 된 간디의 자서전을 2달러 주고 샀어요. 꽤 두꺼웠는데 두 번을 정독했습니다. 그 책을 읽고 청소부 일을 3개월 동안 했어요. 하루에 여덟 시간이나 노동하니까 몸이 부대꼈어요. 그러다 학기 중에는 파트타임으로 일주일에 열다섯 시간씩 청소를 했지요. 그렇게 학교 청소부로 3년 반이나 일했어요.

학교에서 다른 의미 있는 일도 많았을 텐데 굳이 청소를 계속 하셨던 이유가 있나요?

당시 저는 정신노동뿐만 아니라 육체노동도 병행해야 된다는 고집을 갖고 있었어요. 물론 3년 반 뒤에 학생들을 가르치다 보니까 수업하고, 수업 준비하고, 박사 학위 논문 쓰고, 일이 너무 많아져서 마지막에는 농사만 짓는 것으로 타협을 했지요. 그때는 손발로 하는 육체노동에 큰 가치를 두었지요. 지금은 꼭 그렇지는 않아요. 정신노동이든 육체노동이든 자기 건강 상태나 신체 상태에 따라서 하면 된다고 생각해요. 그 후 학교에서 텃밭 하나를 공짜로 빌려서 채소도 심고 꽃도 심었어요. 오전에 공부를 끝내고 오후에는 청소부로 일하러 가거나 밭농사를 지으며 5년을 보냈어요. 마지막 세 학기에는 두 강좌씩 미국 학생들을 가르쳤는데 좋은 경험이 됐어요. 열심히 하는 학생들이 많아서 한눈팔 틈이 없었거든요. 학생들은 제 강의를 들은 뒤 글 쓰고 질문하고 그랬는데 항상 주어진 1시간 반, 2시간 반에 다 못 끝냈어요. 그래서 계속 시간에 쫓겼지요. 학자로서 미국에서 생활하라는 권유도 많이 받았고 또 4년간 연속으로 장학금도 탔어요. 1년치 생활비밖에 안 가져갔는데 어느 분이 남긴 장학금을 받게 돼서 돈 걱정을 덜었지요. 한 해에 만 5000달러 정도 받았으니 당시로써는 굉장히 큰돈이었어요. 전 가족이 생활하고도 남았으니까요. 그래서 돌아올 때는 남은 돈을 학교에다 기부하고 왔어요. 그랬더니 해마다 파티에 오라고 초청장이 오더라고요. (웃음) 하여튼 저는 굉장히 축복 받은 경우였어요.

언제부터 간디를 좋아하셨어요?

결혼하기 전부터 간디에 심취해 있었지요. 간디에게 놀란 것은 그 사람이 꽤 두꺼운 책을 50권 이상 썼다는 겁니다. 미국에서 공부할 때 도서관 큰 방의 한 코너가 다 간디 책이었어요. 간디가 그렇게 많은 글과 책을 썼다는 것에 굉장히 놀랐습니다.

간디는 이상적인 원칙도 이야기했지만 매우 구체적이고 전략적인 실천 방안에 대해서도 상당히 자세하게 써 놨어요. 그런 부분에서 배운 바가 엄청납니다. 그런 의미에서 저는 그분의 제자입니다. 한 가지 예를 든다면, 간디는 돈을 기부 받을 때 어떤 목적 사업이 하나 있으면 그 목적 사업에 맞는 만큼만 받고 그 사업이 끝나면 더 이상 기부금을 안 받아요. 여유 자금이 남아 있으면 부패한다는 것이지요. 그래서 저도 교실을 지어야 되겠다든지, 뚜렷하게 무얼 해야 되겠다 했을 때 말고는 후원금을 받은 적이 없어요. 그랬기 때문에 늘 돈이 부족하게 살았으면서도 유혹에 안 빠졌을 거예요. 또 간디는 "돈 계산은 정확하게 해야 된다. 매일 결산을 해야 된다."고 했어요. 저는 관리 능력이 부족해서 일일 결산이 정말 어려웠습니다. 그래서 후원금을 받을 때 액수를 정해요. 이번에 무엇에 2000만 원이 필요하니 딱 그만큼만 받겠다 하고 2000만 원이 차면 더 이상은 줘도 안 받는 거예요. 평생 그런 길을 갈 수 있도록 정말로 구체적이고 실천적인 것을 많이 가르쳐 주었어요.

간디는 아슈람, 즉 자기 공동체가 들어설 위치를 어떻게 정하는지도 책에 써 놨습니다. 도심지에서 떨어져야 한다. 왜냐하면 상업적 문화와는 거리를 둬야 하니까요. 그 지역의 핵심적인 전통 마을하고도 떨어져 있어야 된다고 생각했어요. 그쪽의 영향을 지나치게 받아서도 안 되니까요. 저도 그것을 지키려고 합니다. 제가 농촌 사회를 사랑한다고 하지만 거기에 완전히 들어가 버리면 아무 일도 못 합니다. "너 몇 살이야?" 이렇게 나오니까요. 그래서 기존 마을과 좀 떨어진 곳에 숲속 마을을 만든 거죠.

간디는 또 저에게 절대로 망하지 않는 사업체의 원리를 가르쳐 주었습니다. 이것은 매우 중요한 부분이에요. 제가 만약 경영자로서 교사들을 고용하는 형식으로 학교를 설립했으면 무조건 망했습니다. 학비가 15만 원인데 학생 20명을 받아 봐야 300만 원이에요. 교사가 6명인데 월급도 줄 수 없지요. 그런데 재미있는 것은 임금을 '공동체 배분'으로 정해 놨단 말이에요. 교육비로 다 쓰고 남는 돈이 200만 원이다 하면 그 200만 원 가지고 6명이 나누면 되는 거예요. 그러니까 망하지 않아요. 다 같이 대주주예요. 이 학교도 존립할 수 있었던 이유가 바로 이거였어요. 적자가 나면 그것을 N분의 1로 나누자고 했기 때문에 망할 수가 없었지요. 이런 것이 공동체의 원리인 것 같아요. 절대로 망하지 않는 비즈니스, 모두가 주인의식을 갖고 있는 공동체의 원리는 간디 선생이 가르쳐 준 지혜예요.

불복종한다는 것은 이미 저항하고 있다는 것인데 왜 우리나라에서는 저항하지 않는다, 폭력을 안 쓴다는 의미의 '무저항주의'라고 할까요?

간디는 시스템과 개인을 확실히 구분했어요. 예를 들어, 독재 식민지의 기관장을 만날 때도 그 사람 개인에 대해서는 굉장히 존중을 했지만 그 시스템에 대해서는 저항한다는 것을 확실히 했지요. "내가 당신에 대해서는 존경심을 갖고 있다. 그렇지만 당신이 하고 있는 식민주의 정책이라는 것은 잘못된 것이다." 이렇게 말이죠.

시스템 안에 있기만 해도 도저히 인간적으로 살 수 없게 만드는 시스템을 구조 악이라고 불렀는데, 대표적인 예는 나치 시스템 같은 것이지요. 간디는 이러한 비도덕적이고 비인간적이고 아주 불의한 시스템에 대해서 몇 가지 유형을 지정해 두고 협상이나 대화 같은 여러 방식을 다 해 보고 그래도 안 되었을 때 최후의 방법으로만 시민 불복종이라는 것을 택해야 된다고 했어요. 시민 불복종은 집단적으로 조직화된 불복종을 말합니다. 간디는 그것을 최후의 수단으로만 굉장히 조심해서 사용했습니다. 간디도 그 구조 악과 바로 부딪치지 않고 직접 만나서 대화하고 설득하고 단식하면서 여러 가지 방법을 썼습니다. 간디가 살았던 시절에는 철저하게 정치적인 시스템이 작동되고 있었기 때문에 개인이 자발적으로 할 수 있는 것은 극히 제한적이었어요. 그런 시스템 속에서는 인간이 인간답게 산다는 것 자체가 거의 불가능하게 되어 버리니까 그때는 저항하지 않을 수 없었습니다.

제가 '창조적 불복종'이라는 용어를 쓴 이유는, 더 어려운 적은 정치적인 것보다 문화적인 문제라고 보았기 때문입니다. 저는 우리가 현재 정치적 상황 때문에 어려움을 겪는다기보다 인간이 인간을 대하는 방식이 굉장히 상업주의적이기 때문에 어려움을 겪는다고 생각해요. 남을 쓰러뜨려서라도 올라가려고 하는 경향이 학교, 기업, 단체, 사회 모든 문화에 스며들어 있어요. 인간에 대한 경시, 인간에게 굉장히 폭력적이고 파괴적인 문화에 대해서 이제는 우리 방식으로 불복종해야 되고 새로운 대안을 창조해 내야 한다는 의미의 문화적 불복종을 '창조적 불복종'이라는 용어로 만든 거예요. 그래서 'Creative Disobedience'는 새로운 대안을 창조한다는 의미에서의 불복종이지요.

어떤 계기로 간디학교를 설립하셨습니까?

1990년대 초반 미국에서 한국 학생들의 자살 문제가 크게 보도되었어요. CNN 뉴스에 한국에서는 한 해에 300명 이상의 학생이 학교 폭력이나 성적 문제로 자살한다는 보도가 난 거예요. 제 학창 시절이 많이 생각나더라고요. 도저히 참을 수가 없어서 교수고 뭐고 돌아가야겠다고 결심했지요. 1994년 여름 귀국하자마자 정착할 땅을 찾기 시작해 10월에 경남 산청 지리산 자락에 농토와 집 한 채를 샀어요. '간디 농장'이라고 이름 붙이고 1995년 1월에 산청으로 이사를 갔지요. 처음에는 몇몇 사람과 무소유 공동체로 출발했습니다. 2년 정도 '간디 농장'으로만 운영하다가 1996년부터 세미나를 열어서 교육 문제라든지 환경에 대한 의견을 모아 갔지요. 그때 인연이 되었던 10여 명이 학교 설립 준비를 같이하게 됐어요. '어둠을 탓하기보다 촛불 하나 밝히는 것이 낫다.'는 마음으로 1997년 산청에 간디학교를 설립한 것이지요.

설립 초기에는 어려움도 많으셨지요?

2000년도에 간디중학교 운영 때문에 고발을 당했습니다. 교육청 인가를 받지 않고 학교를 불법 운영했다는 거죠. 산청의 간디고등학교는 특성화학교법에 의한 교육부 시행령이 만들어져서 인가를 받았는데 중학교는 안 됐어요. 원래는 교육청에서 사정을 다 알고 있었기 때문에 법이 정비되면 인가해 주겠다고 했는데 그 약속이 이행되지 않았던 거죠. 중학교를 폐쇄하라는 교육청 명령에 불복했다고 법정에 섰고 집행 유예로 풀려났어요.

그런 일로 TV에 간디학교가 한두 번 방송됐는데 그 이후로 학교가 갑자기 유명해졌어요. 그해 고등학교 입시에 학생들이 너무 몰려서 경쟁률이 10대1이 넘어가 버렸어요. 그때 떨어졌던 학생 가운데 7명의 학부모들이 자기네는 졸업장도 필요 없다, 입학이 안 되면 간디학교 마당에 텐트라도 칠 테니까 교육만 시켜 달라고 했어요. 학부모들에게 "당신들 자녀들을 받으려면 교사도 있어야 되고 학교도 있어야 되는데 지금 아무 준비도 못하고 있다. 외부의 재정 지원도 다 끊겨 1년 동안 교사 월급도 못 주는 판인데 어떻게 아이들을 맡아서 교육할 수 있겠느냐?" 했더니 소나무 밑에 서라도 깃발만 들고 하자는 거예요. 그래서 생긴 학교가 금산 간디학교예요. 금산에 정착하기까지 네 번 이사했습니다. 5년 동안 전국을 떠돌아다니며 너무너무 고생했어요. 처음에 무주에서 폐교를 빌려서 시작했다가 그 다음에 영동에서 폐교를 빌려서 했고 1년 만에 나가라고 해서 구미에서 폐교를 사서 하다가 작년에 여기에 정착했지요. 6개월에 두 번 이사한 적도 있었어요. 그때 집사람도 짐 옮기다가 넘어져서 허리를 다쳤어요. 이 학교는 교사 연수원 1기 졸업생들 때문에 견딘 거예요. 월급도 제대로 못 받는데도 낮에는 가르치고 밤에는 아이들 밥해 주며 1인 2역, 1인 3역씩 해냈지요. 그래서 이 학교는 기초가 굉장히 튼튼해요. 흔들리지 않지요. 이 사람들이 선임자가 되어 있어서 후배 교사들이 들어와도 어떻게 할 수 없는 분위기가 있어요. 그런 분위기에 자기도 모르게 헌신적으로 변할 수밖에 없지요. 그게 이 학교의 힘이에요.

그렇게 어려웠는데도 교사들이 버틴 힘은 무엇이었을까요?

이 학교 교사들의 특징을 한마디로 요약하면 이거예요. 교사회의 때마다 계속 "월급을 깎아라." 자기들이 나서서 그래요. "학교가 어려운데 월급을 왜 이렇게 많이 주느냐? 월급을 깎아라." 그러면 저는 "안 된다. 이 월급도 안 받고 어떻게 생활이 가능하냐?" 그러면 또 교사들은 "밥 먹여 주는 것만 해도 좋다. 월급을 깎아라." 초기에 한 3년은 싸웠던 것 같아요. 지금은 그런 문제로 싸울 일은 없지요. 그때는 학생 수도 얼마 안 되었고 돈도 없고 준비도 안 된 상태였고요. 저도 고생 많이 했지만 교사들 고생이 더 심했지요. 간디학교를 만든 첫 번째 공은 교사들의 헌신이에요. 학부모들이 다 알아요. 이 학교는 공부 별로 안 시키잖아요. 그러면 부모들이 가만히 있겠어요? 학교생활 못하는 아이들도 조금 적응이 되고 나면 우선 공부부터 시키려고 하는 게 우리나라 학부모인데 여기 학부모들은 교사한테 아무 말도 못 해요. 교사에게는 주눅이 들어 있어요. 이분들은 그냥 교사가 아니라 성직자다 이거지요. 그래서 아이들 교육에 대해 뭐라고 말할 수가 없는 거예요. 그런 의미에서 여기는 교권이 엄청나게 강한 학교입니다. 학부모가 와서 교사한테 이래라 저래라 하지 못해요. 그런 전통이 불문율로 선배 학부모로부터 후배 학부모에게 내려가다 보니까 불만이 좀 있어도 이해하고 기다려 주게 되지요.

학부모를 참고 기다리게 만든 무언가가 더 있었을 것 같습니다.

아무래도 아이들의 변화를 보기 때문인 것 같아요. 아이들과 교사의 관계에서 오는 아이들의 변화, 신뢰 그런 것들이 부모님한테 영향을 주었겠지요. 금산에 올 때 학교에 돈이 없었어요. 졸업생 학부모를 대상으로 '생태 마을'을 기획했는데 기획서 안에 사회적 기업이라는 개념을 넣었어요. 여기서 사실 분들이 학교 통장에 기부하고 땅을 사게 하는 제도를 도입한 것이지요. 학교 세울 돈이 없으니까 생각을 많이 하다 시도해 본 거지요. 지금 생태 마을 입주자가 30세대 정도 되는데 그분들이 평당 7만 원씩 기부했어요. 한 집마다 300평씩 샀으니까 2100만 원씩 낸 거지요. 생태 마을은 일종의 사회적 기업입니다. 생태 마을 자체가 이익을 학교에 기부하는 사업체가 되는 것이지요. 여기에 들어오는 모든 분이 그런 식으로 자발적으로 냈어요. 500평을 산 분도 있어요. 그러면 3500만 원이지요. 그 돈이 학교 통장으로 바로 들어오는 거예요. 그것이 학교를 설립한 원동력이 된 겁니다.

학부모와 학생들이 간디학교를 어떻게 알고 오나요?

출발은 졸업생 학부모들이었습니다. 여기 학부모들은 좀 독특해요. 학교가 유랑 생활을 하다 보니까 학부모들도 아이 보러 학교에 왔다가 텐트 치고 잠을 자면서 조리 시설도 제대로 안 갖추어진 데서 아이들이 밥 먹는 것을 보고 많이 우셨어요. 밥 짓다가 가슴이 아파서 술도 마시고 그랬지요. 그런 과정을 겪으면서 학부모끼리 너무 친해져서 아이들이 졸업한 뒤에도 헤어지기가 아쉬우니까 서로 모여 살기로 한 거예요. 학부모가 모체가 돼서 일종의 동호회가 형성된 것이지요. 제가 생태 마을을 기획하고 학부모들이 첫 입주민이 되고 그분들이 또 주위에 이야기해서 입주할 사람을 모아서 이 마을이 만들어지고 있는 것입니다. 제가 놀란 것은 마을을 만들면서 단 한 번도 갈등이 없었다는 겁니다. 한국 사회에서 공동으로 뭔가를 하려면 상당한 갈등을 각오해야 합니다. 조그마한 것에도 불신이 생기고 싸우게 되는데, 이 마을을 만들면서는 속 썩은 적이 한 번도 없었어요.

간디학교를 거쳐 간 학생 가운데 대학 진학자도 많습니까?

졸업생 중에는 학업 성적이 거의 바닥인 아이들도 있지만 꽤 똑똑한 아이들도 있습니다. 일류 대학에 갈 수 있을 정도의 실력을 갖춘 아이들도 있어요. 작년에 카이스트에 들어간 아이가 있는데 딱 1년 공부해서 갔어요.

그런 아이는 천재거든요. 그 아이는 고2 때 제가 한 학기 동안 수학을 가르쳤어요. 수학 선생님이 정규 반에서 도저히 수업이 안 되는 아이들, 일명 수학을 미워하는 '수미모' 아이들 4명을 저한테 데려와서는 "저는 어려우니 선생님이 알아서 수학 수업을 해 보세요."라며 턱 맡기는 거예요. 그 가운데 한 아이는 어렸을 때 상처를 많이 받아서인지 아버지에 대한 미움과 분노가 많아서 눈빛이 섬뜩했어요. 거의 모든 수업에 들어온 적이 없고 교사들도 굉장히 두려워했지요. 중학교 2학년 때 수학 교사를 너무 미워하게 돼서 그 후로 수학과 관련된 것이면 쳐다보지도 않는다는 거예요. 한 학기 동안 수학책은 물론, 공책도 볼펜도 가져온 적이 없어요.

한 달 동안 그 아이들하고 수학이란 무엇인가에 대해 이야기하면서 "수학은 하나의 규칙을 가진 게임인데 그 규칙에 따라서 게임을 하면 즐거울 수도 있다."고 설득했어요. 한 달이 지나니까 수학을 한번 풀어 보겠다고 하더라고요. 그래서 중학교 1학년 수학책을 갖다 줬어요. 늘 제가 챙겨서 갖다 줬어요. 룸서비스가 되지 않으면 시작이 안 되었거든요. (웃음) 책 갖다 주고 종이 갖다 주고 필기구 갖다 주고 옆에 디저트까지 딱, 거기에다가 배경 음악까지 틀어 줬어요. 책 뒤쪽에 있는 것을 간단하게 설명하면서 풀어 보라고 그랬지요. 꽤 잘 풀었어요. 10개 풀면 9개 정도 맞았어요. 그런 식으로 매일 자율 학습을 했지요. 문제를 풀면 채점해 주면서 각자 수준에 맞게 진도를 나갔어요.

그 아이는 교사들한테 굉장히 냉담했어요. 그런데 졸업할 때쯤 교사들에게 고맙다고 눈물을 흘리면서 인사를 아주 많이 하고 갔어요. "나 같은 놈을 인간 취급해 주어서 너무너무 고맙다."고 구구절절 이야기했어요. 졸업하고 나서 1년 동안 공장에서 일했대요. 그러고는 공부를 해야겠다고 마음먹고 새벽에 일어나서 도서관에서 1년 살았다고 해서 깜짝 놀랐지요. 10개월 공부해서 카이스트에 들어갔으니 천재지요. 학교의 교사는 그렇게 내공이 있습니다. 아이들을 바꾸어 놓는 것은 아무나 할 수 없는 일이거든요. 해마다 그런 아이 한둘은 있습니다. 천재를 발견해 내는 것도 의미 있는 일이지만 보통의 아이를 행복한 아이로 바꿔 놓는 것이 더 어려운 것 같아요. 주위를 보면 자기 인생을 제대로 살지 못하고 있는 사람들이 많거든요. 세상은 이렇게 살아야 된다고 남이 짜 준 스케줄대로 살다가 그냥 가는 사람들이 많아요.

대부분 그렇게 살고 있는데 꿈을 주고 행복을 알게 하는 교육은 어떻게 하시는지요?

말씀하신 대로 보통의 아이들을 정말 행복한 사람으로 만드는 게 저희 학교의 목표입니다. 남이 좋다고 하는 것만 좇아 왜 사는지, 무엇을 위해 살아야 하는지도 모르고 그냥 열심히 살다가 살고 나서는 '내가 왜 살았지?' '무엇을 위해 살았지?' 하며 씁쓸해하는 사람들이 많지요. 남들 하는 대로 따라가다 보면 강박 관념도 갖게 되고 꼭 이렇게 살아야 되나 하는 의구심도 갖게 되지요. 그러면 어떤 사람이 행복한 사람이냐? '행복 지수'라는 개념이 있습니다. 외부의 자극에 반응하는 정서적인 반응 체계가 20세쯤 되면 만들어지지요. 사탕 하나를 주면 "뭐 이런 것을 줘요?" 하고 반응하는 아이가 있고 반대로 너무너무 좋아하는 아이가 있어요. 반응이 완전히 다르지요. 유아 때부터 성인이 될 때까지 어떤 반응 시스템이 만들어지느냐에 따라서 행복이 결정되는데 그것을 캐릭터라고 합니다. 우리 사회는 그 캐릭터 형성을 너무 과소평가하고 있어요. 밖으로 드러나는 아이의 성적이라든지 성취나 결과에 대해서만 이야기하지 그 아이가 갖고 있는 감성 체계에 대해서는 거의 눈여겨보지 않아요. 사실은 그 감성 체계가 평생의 행복을 결정하는 것이거든요. 저희가 중점을 두는 건 바로 그 점이에요. 내가 정말 사랑하고 사랑받을 수 있는 존재인가? 감사할 줄 아는 존재인가? 국수 한 그릇 놓고도 정말로 고마워하고 기뻐하면서 먹을 수 있는 사람인가? 물질이 있고 없고 지위가 높고 낮고와 상관없이 살아가는 과정 자체를 기쁘게 여기고 감사해하고 긍정적으로 볼 수 있으면 행복한 겁니다. 행복한 사람이란 그런 정서가 충족된 사람입니다.

그것을 형성시키는 데는 꽤 오랜 세월이 걸립니다. 그리고 보통 어린 시절부터 형성됩니다. 그래서 우리는 아이들이 학교생활을 하면서 타인과 소통하는 법과 자기 존중감을 배우도록 합니다. 또 타인과 계속 부대끼면서 코드가 안 맞고 미운 아이도 존중해야 한다는 것, 있는 그대로 받아들이는 능력을 배우게 합니다. 그게 제일 중점을 두는 교육입니다. 지식은 학교에서 쉽게 가르칠 수 있거든요. '1+1=2'라는 것은 조금만 가르치면 알 수 있는데 감성의 확장, 감성의 심화 이런 것은 지금까지 교육학 이론에서도 많이 다루지 않은 미개척 분야 아닙니까? 옛날부터 내려온 우리의 전통 속에서는 그런 것이 크게 살아 있었는데 현대에 들어오면서 주입식 지식 교육이나 학습 쪽으로만 많이 치우쳤지요. 최근에 와서야 감성 지수 EQ나 인간이 역경에 처했을 때 어떻게 반응하느냐 하는 역경 지수 AQ가 성공이나 행복의 중요한 요인이라는 것이 밝혀지고 있습니다.

현재 간디학교에는 역경 지수나 감성 지수를 키워 주는 교육과정이 있습니까?

우선 기숙사 생활 자체가 하나의 프로그램입니다. 아이들이 매일 저녁 조그마한 일상사를 놓고 토론하고 1주일에 한 번 정도 교사와 학생 전체가 모여 생활하면서 일어나는 문제나 갈등을 놓고 회의를 합니다. 자기들끼리도 공식적으로 또는 비공식적으로 소통하게 하지요. 남과 어떻게 소통하느냐, 어떻게 남을 받아들이느냐, 갈등이 일어났을 때 어떻게 차분하게 서로 대화할 수 있느냐, 이런 것을 익혀 나가는 데도 꽤 오랜 시간이 걸리더라고요. 그 부분은 굉장히 더디게 성장하는 것 같아요. 가족 간에 대화가 부족한 우리 문화에서는 그런 것이 어릴 때부터 익숙하지 않은 것 같아요.

학생들에게 꿈을 심어 주는 독특한 방식이 있나요?

어떤 대안학교는 독서 교육을 굉장히 중요시해요. 위인전이나 뛰어난 인물에 대한 책을 많이 읽고 거기에서 감동을 받고 자기 인생 계획을 짜도록 하는데, 저희 학교는 직접 체험 쪽을 많이 강조해요. 아이들이 동기 부여를 가장 많이 받는다고 이구동성으로 이야기하는 것이 두 가지인데 하나는 인턴십이에요. 직접 일터에 가서 배우는 거지요. 공연 기획을 배우고 싶다면 방학 때 공연 기획사에 가서 보통 한 달 정도 인턴십 과정을 밟아요. 두세 번 정도씩 그런 기회를 갖는데 그게 아이들한테는 인생을 많이 바꿔 놓는 계기가 된다고 하더라고요. 인턴십은 아이들이 스스로 찾아서 하는 경우도 있고 인터넷 검색을 통해서 하기도 하지만 지금은 학부모 네트워크를 많이 이용하지요. 학부모들이 다양한 직업을 가지고 있으니까 친구 아버지나 어머니의 회사에 가서 인턴십을 할 수도 있고요.

또 하나는 동아리 활동이에요. 음악 동아리, 요리 동아리, 춤 동아리, 환경 운동 동아리 등 여러 가지가 있는데 자기가 평소 관심 있는 동아리에 들어가서 꾸준하게 활동하지요. 이런 동아리 활동은 누가 시켜서 하는 게 아니라 자기가 좋아서 하니까 교과 공부보다 아이들 인생에 더 많은 영향을 줍니다. 자기들 입으로 그러더라고요.

간디학교를 지원하는 교사는 '간디학교는 이럴 것이다.' 하는 상을 가지고 있을 겁니다. 그런 까닭에 교사들과 갈등도 있을 것 같습니다.

조직이란 게 그런 생리가 있는 것 같아요. 생존에 몸부림칠 때에는 갈등이 없지만 안정되어 갈수록 갈등이 생겨나지요. 맨 처음 시작했던 산청 간디학교에서 한 4~6년이 지나자 갈등이 많아졌어요. 신념이 강한 사람들이 모였기 때문에 서로 양보하는 게 잘 안되더라고요. 1997년에 간디학교를 시작했는데 98년, 99년까지는 굉장히 재미있었어요. 가난했던 것이 아름다움이었어요. 가진 것이 아무것도 없다 보니까 싸울 일도 없었지요. 너무 가난하고 너무 힘들었으니까요.

그때는 정말 동화처럼 생활했어요. 노래 부르면서 교사회의를 시작했고 재미있게 깔깔 웃으면서 신혼처럼 3년을 보냈는데 조금 안정이 되고 나니까 갈등이 시작되는 거예요. 2000년 한 해를 갈등으로 보내면서 극심한 좌절감이 들었어요. 이대로는 안 되겠다, 좀 가다듬어야 되겠다 해서 2000년도 6월에 교장직을 사임하고 앞으로 10년, 20년을 내다보고 교사를 기르는 쪽으로 가야겠다는 생각으로 2001년도에 교사 대학원을 시작했습니다. 그리고 지금까지 교사 교육 쪽에 노력을 많이 기울이고 있습니다.

교사 교육 프로그램은 어떤 것인가요?

교육 철학 쪽은 제가 맡아서 했고 대안교육 실무에 관한 부분은 다른 한 분이 맡아서 했습니다. 아이들을 가르치기 위해서 필요한 전공·부전공 교재와 부교재를 직접 선생님들이 주도적으로 만들도록 하는 과정까지 포함해서 프로그램을 만들었지요. 중요한 것은 코드가 안 맞는 사람끼리도 협동해야 하니까 상대를 서로 더 알도록 해야 되겠더라고요. 연수원 1년 과정을 같이 생활하도록 했어요. 10여 명이 저하고 같이 한솥밥 먹어 가면서 생활했어요. 부딪히는 일이 있으면 저녁에 회의해서 갈등을 풀고 서로 이야기하며 싸우다 보니 서로 이해하게 됐어요. 그 1기 출신들이

2002년도에 이 학교를 설립했지요. 그때 1년을 같이 했던 선생님들이 지금까지도 이 학교를 지탱하고 있어요. 갈등이 하나도 없다면 거짓말이지만 소위 조직이나 힘을 해체시킬 정도의 갈등은 일어나지 않습니다. 서로가 굉장히 신사적입니다.

갈등은 정치화될 때 제일 위험합니다. 집단화되고 세력화되면서 집단의 이익이 나타나기 시작하면 정치화되는 거지요. 그때는 손을 써도 늦다는 생각이 들어요. 그런데 여기서는 그런 일이 안 일어나요. 왜냐하면 그 부분에 대해서 참 많은 이야기를 나누고 있고 '만약 교사회에 파벌이 생기면 그것은 끝이다.'는 생각을 하거든요. 파벌이 생기면 더 이상 교육이라고 할 수 없지요. 자기와 코드가 안 맞는다고 해서 그 사람에 대한 기본적인 존중심이 없다면 어떻게 같이 교육을 할 수 있겠어요? 그것이 저한테는 최대의 교훈이었어요. 저도 처음에는 교사들과 소통하고 살피는 부분에서 실수를 많이 한 것 같아요. 그래서 절대로 파벌이 생기면 안 된다는 것이 지금까지 가장 큰 교훈이에요. 지금 운영되고 있는 교사 대학원의 모토도 좋은 교사가 되라는 게 아닙니다. 적어도 나쁜 교사는 되지 말자는 겁니다. 제일 나쁜 교사는 남의 말을 안 듣는 사람이다, 남의 말을 안 듣는 사람은 교사를 하면 안 된다, 우선 인간이 안 됐기 때문에……. 두 번째로 나쁜 교사는 자신이 불행한 사람입니다. 자기가 불행하면 아이들을 자꾸 괴롭히거든요. 교묘한 방식으로 아이들을 괴롭혀요. 정말 행복한 사람들은 아이들을 괴롭힐 이유가 없지요. 1년 동안 '어떤 사람이 나쁜 교사냐? 그런 나쁜 교사가 안 되는 법이 뭐냐?'를 배우는 겁니다. 나쁜 교사가 안 되면 성공했다고 봅니다. 한때 우리도 이상적인 '좋은 교사'에 대해 이야기했는데 현실적으로 되기 어려운 '좋은 교사'에 대해 이야기하기보다는 나쁜 교사만 안 되면 그걸로 충분하다고 생각하게 되었어요.

간디학교에서는 어떻게 사랑을 길러 주고 가르쳐 주고 계시는지요?

사랑에도 여러 단계가 있다고 봐요. 남을 수용하고 존중하는 것이 가장 기초지요. 내가 그 사람을 좋아하든 좋아하지 않든 이해하든 이해하지 못하든 그 사람의 의견을 존중하고 받아들여 주는 것, 그 사람의 존재를 있는 그대로 받아들여 주는 것은 일반 시민 사회의 덕목인 것 같아요. 그 다음은 그 사람의 마음을 읽어 내는 이해의 단계, 그 다음은 신뢰하는 단계, 가장 높은 단계가 아가페지요. 아가페는 조건 없이 사랑하는 것인데 종교적인 단계니까 아마 모든 사람이 궁극적으로 도달하려고 하는 단계일 거예요. 그래서 저는 교사들에게 이런 말을 하지요. "아이들을 스타로 만들고 당신은 무대 뒤를 청소하라. 그것이 천직으로 받아들여지면 당신은 진짜 교사가 된 것이다." 아이들을 스타로 만들어 무대 위에 올리고 난 뒤에 조용히 무대 뒤에서 쓸쓸한 느낌 없이 청소할 수 있는 마음이 되면 진짜 교사의 경지에 오른 것이지요. 그런데 그게 굉장히 힘든 거죠. 남은 스타로 만들었는데 자기 존재는 안 보이니까요. 그러니까 좀 쓸쓸해지지 않겠어요? 저도 그런 존재가 못 되면서 그런 말을 하지요.

자기 신념을 실천하려고 몸부림치며 살아오셨다는 느낌이 듭니다. 현재의 삶에 대해서 후회해 본 적은 없으세요?

어떤 부분에 대해서는 후회도 하지요. 좀 미숙했던 부분이라든지……. 변화를 지나치게 좋아해서 가정의 행복을 깨뜨린다든지 하는 인간적인 실수도 많았어요. 어떻게 보면 학교를 세우겠다고 결심해서 학교를 세웠고 지금까지 하고 싶은 일을 다 해 왔지만 그래도 궁극적인 고민을 할 때가 있어요. 교사로서의 길이 과연 나에게 적합한가? 사실 좀 회의적이에요.

저는 어릴 때부터 신앙 교육을 깊이 받았기 때문에 신에 대한 의무감이 머릿속에 깊게 박혀 있어서 거기서 벗어나기가 굉장히 어려웠어요. 어릴 때부터 성직자가 되라는 요구를 받았거든요. 미국에서 철학 박사를 마치고 나니까 어머니가 신학 박사를 하고 목사 안수를 받으면 좋겠다고 말씀하셨어요. 그런데 제가 거절했지요. 아내도 있고 자유를 너무 좋아하기 때문에 성직자로서의 삶이 순탄치 않을 거라고 생각했어요. 인간에게는 각자 자기 길이라는 게 있잖아요. 그러면 과연 학교 설립과 학교 교장이라는 역할이 내 평생 나의 길이었느냐? 그것은 저로서는 알 수가 없는 것이지요. 거기에 너무 몰입했기 때문에요. 너무 자기 일에 파묻히다 보면 자기가 누군지 잘 모를 수도 있거든요.

간디학교를
말하다

안에서 안을 둘러보기 밖에서 안을 들여다보기

태어나서 처음으로 수업을 땡땡이 쳤다
기분이 신기했다
좋지도 않고 나쁘지도 않았다
땡땡이를 치는데 비가 왔다
빗소리가 좋다
땡땡이를 치면서 군것질을 했다
맛있었다
땡땡이를 치면 큰일 나는 줄 알았는데
아무 일도 없었다
내가 교실에 없으면 큰일 날 줄 알았는데
아무 일도 없었다
(내가 죽어도 이렇게 아무 일도 없을까?)
그래서 슬프다

— 〈**땡땡이**〉, 전의정(15기)

입학식과 영광 굴비

2009년 봄, 입학식으로 거슬러 올라가 본다. 나는 일반 중학교에서 벗어나 대안학교라는 꿈에 그리던 곳에 입학했다. 입학식에서 한 명씩 나가 인사하는 시간이 있었는데 나도 여느 아이들과 다르지 않게 앞에 나가 자기소개를 했다. "안녕하세요. 저는 영광에서 온 정성현이라고 합니다. 잘 부탁드립니다."라고 말이다. 그러나 그것이 문제였다. 그 말이 끝나기가 무섭게 곳곳에서 "영광? 굴비로 유명한 곳 아니야?"라는 소리가 들려왔다. 나는 적잖이 당황했다. 내성적인 성격 때문에 자기소개를 하는 것조차 힘들었던 나였기에 사람들의 관심이 매우 부담스러웠다. 그런데 어머니가 갑자기 마이크를 빼앗아 가시더니 "성현이를 입학시켜 주셔서 감사합니다. 기회가 된다면 전교생 여러분에게 굴비를 선물해 드리고 싶습니다."라고 하셨다. 그러자 간디인 모두가 환호했다. 그 후로 정말 어머니는 학교에 굴비를 선물해 주셨고 세월이 흘러 가끔 어머니와 입학식 이야기를 나눌 때면 어머니는 다 널 위해 그랬다고 하신다.

내성적이던 나, 벨소리 한 방으로 해결하다

그렇게 기억에 남을 입학식을 마치고, 나는 점점 대안학교에 녹아들어 갔다. 획일화된 일반 학교의 주입식 교육에서 벗어나 대안학교의 자유를 만끽하며 말이다. 하지만 처음부터 그랬던 것은 아니었다. 내성적이었던 나는 1학년 1학기 초반 아이들과 쉽게 친해지지 못했다. 아이들에게 먼저 말을 걸지도 못했고 중학생 때 운동을 자주 하지 않았던 터라 축구로 교우를 다질 수도 없었다. 그렇다고 다른 아이들의 관심을 잘 받아주는 타입도 아니었다. 하얀 패딩 점퍼를 입고 코를 찔찔거리던 나에게 말을 걸어 주는 적극적인 아이들도 있었지만, 오히려 그런 다가옴에 많은 부담을 느꼈다. 인간관계에 대해 많은 고민을 하게 됐다. 하지만 이러한 고민은 너무나도 어이없이 해결되었다.

1학년 첫 농사 시간. 입학하고 2주 정도 지났던 것 같다. 첫 시간이니만큼 그날은 교실에서 오리엔테이션을 했다. 그날 나는 창가에 앉았고 햇살은 너무나도 따뜻했다. 더군다나 문종학 선생님의 강의는 태어나서 농사란 것을 해 본 적 없는 나에게 자장가로 들릴 뿐이었다. 그 자장가에 부응하듯 곤히 잠이 들었다. 얼마나 잤을까, 꿈나라에서 익숙한 음악이 흘러나왔다. 이윽고 나는 그것이 현실이라는 것을 깨달았다. 그렇다. 내 하얀 패딩 점퍼 오른쪽 주머니에 고이 모셔져 있는 휴대폰에서 나와는 전혀 매치가 되지 않는 음악이 흘러나오고 있었다. 처음에 아이들은 "누구야?" "벨소리 아니야?"라며 벨소리의 근원을 찾기 위해 주위를 두리번거렸다. 하지만 그 누가 내 하얀 점퍼에서 아리랑 벨소리가 울릴 줄 알았으랴.

잠에서 깨어 휴대폰을 끄기 위해 주머니에 손을 넣으려 했다. 그런데 아뿔싸, 손을 괴고 자고 있던 것을 잊고 있었다. 나의 손은 몸에서 해방되자마자 쥐를 선물해 주었다. 머리는 자꾸 손에게 "꺼! 끄란 말이야!"라고 명령했지만 손은 "쥐가 풀려야 움직이지."라며 말을 듣지 않았다. 그런데 더 큰 문제는 머리와 손의 싸움을 보던 입의 방정에서 벌어졌다. "X발." 그렇다. 욕을 해 버린 것이다. "……"

교실은 쥐 죽은 듯 조용해졌다. 손에 났던 쥐도 죽어 버렸다. 교실에선 내 하얀 패딩 오른쪽 주머니에서 울려 퍼지는 아리랑만이 어색한 침묵을 깨고 있을 뿐이었다. 모두가 그렇게 나를 향해 눈 화살을 쏘고 있을 때, 나는 급히 휴대폰을 끄고 너무 부끄러워 엎드려 누웠다. 그 행동이 그렇게 웃겼나 보다. 반에 있던 모든 아이들이 호탕하게 웃었다. 아이들은 나의 색다른 모습을 보고 많이 다가와 줬고 이 일화는 3학년이 된 지금까지도 아이들 입에 오르내리며 가끔 "그랬지." 하고 옛날을 곱씹어 보게 한다.

나를 확장시켰던 원진이 형과의 만남

그렇게 몇 개월이 지났을까, 2009년 6월, '하얀 패딩 점퍼 오른쪽 주머니 휴대폰 사건' 이후로 많은 사람과 가까워졌던 나는 손원진이라는 2학년 선배와 기숙사 '비밀의 방'을 창시하기도 하며 즐거운 나날을 보내고 있었다. 그 형은 우연찮게 친해지게 되었고 마음도 맞아 서로의 고민을 털어놓기도 하는 사이가 되었다. 마음을 쉽게 열지 않던 나에게 형은 "넌 분명 시간이 지나면 털어놓게 될 거다. 간디학교에서 고민을 털어놓을 수 있는 사람을 만난 것에 감사해, 이놈아."라면서 괜히 한 대 툭 치곤 했다. 지금 생각해 보면 고민을 들어 주고 해결책을 찾아 주는 맘 편한 선배가 있었다는 것은 정말 소중했던 것 같다.

어느 날, 형이 늦은 밤 내 침대에 올라와 책을 읽고 있던 나에게 진지하게 한 가지 제안을 했다. "성현아, 너 형이 하는 라틴 재즈 동아리 같이 해볼 의향이 있냐?"라고 말이다. 나는 갑작스런 제안에 당황했다. 할 줄 아는 악기도 없을뿐더러 재즈라는 장르에도 젬병이었기 때문이다. "라틴 재즈 동아리? 이름은 있는 동아리야?"라고 물어봤고, 형은 "아니, 없어. 근데 좀 구상해 논 건 있지. 근데 왜?"라고 했다. 나는 이때다 싶어 "아니 그냥. 거기 들어갈래. 근데 대신 지금 나랑 같이 이름 지으면 안 돼?"라고 되물었다.

당시 1학년이었던 나는 동아리를 창단한다는 것에 환상을 품고 있었다. 그런 내 말을 한번 곱씹어 보던 형은 잠시 고민하다 흔쾌히 승낙했고 그 자리에 있던 몇몇 사람들과 함께 전자사전을 들고 이름을 짓게 되었다. 원진이 형은 "'낮은 곳에서 음악을 하는 사람들'이란 주제로 이름을 지으면 좋겠는데."라고 했다. 그러자 그곳에 있던 사람들이 일제히 여러 단어를 찾았다. 거지, 노숙자 등 동아리를 말아먹을 단어들을 말이다. 그러나 동아리 장인 원진이 형은 통쾌하게 웃으며 그 중에서 단어를 골랐다. 그렇게 선택된 게 '천한, 겸손한'이란 뜻을 가진 Humble이었다.

그렇게 기숙사 작은 방 안에서 간디학교 역사상 1년 5개월이라는 최단기간에 최고의 퀄리티를 뽐내는 동아리로 칭송받았던 험블이 탄생했다. 그 후로 많은 간디인들이 험블에 섭외되어 들어왔고 그렇게 섭외된 간디인들은 모두 각자의 파트에서 탁월한 실력을 겸비한 이들이었다. 악기를 다룰 줄 몰랐던 나는 작아질 수밖에 없었다. 그러나 원진이 형은 역시 날 버리지 않았다.

나의 '베프' 셰이커와의 만남

어느 날, 형은 나에게 음악실로 따라오라 했다. 종종걸음으로 형을 쫓아갔다. 형의 걸음은 음악실 스튜디오에서 멈추었다. 갑자기 형이 동그란 통에 알갱이가 들어 있는 달걀 같은 것을 들더니 무당같이 흔들어 댔다. 형이 무서웠다. 사실 그 형의 외모는 무당의 주문을 외워도 이상하지 않을 얼굴이었다. 악기를 흔들던 형이 갑자기 멈추더니 나에게 무당이나 흔들 법한 그 악기를 내밀며 "앞으로 네가 다룰 악기다."라고 하는 것이었다. 순간 난 경직되었다. 크리스천이었기 때문이다.

"형, 나 이런 거 축제 때 흔들다 엄마한테 걸리면 혼나. 우리 엄마, 교회 권사님이란 말이야."

지금 생각해 보면 왜 그런 말을 했는지 모르겠지만 한 가지 기억나는 건 그 말을 하자마자 형은 폭소를 터뜨렸다는 거다. 형은 악기일 뿐이라고 날 설득시켰다. 그렇게 내 인생의 행운이라 할 셰이커를 만나게 되었다.

셰이커는 지금 내 삶에서 없어서는 안 될 친구다. 이제는 박자 정도는 맞출 수 있을 정도로 셰이커를 흔들 수 있게 됐다. 하지만 처음부터 셰이커를 흔들 수 있었던 것은 아니었다. 처음 이 악기를 접했을 당시엔 기본 박자조차 맞추지 못했고, 온 힘을 다해 흔들다 팔에 쥐가 나기도 했다. 어떤 때는 셰이커를 잘 흔들고 싶은데 음악에 맞춰 박자를 쪼갤 수 없어 셰이커를 부숴 버리고 싶을 때도 있었다. 참고 연습하기를 몇 개월, 셰이커를 흔드는 몸의 움직임은 본능이 되어 버리고 말았다. 덕분에 필통이나 자일리톨 통 등을 이용해서 어디서든 셰이커를 흔들 수 있게 되었고, 시간이 지날수록 썬업이나 우유 등 비트감이 나지 않는 소재로도 흔들며 리듬감을 느낄 수 있게 되었다.

길거리 공연을 하다

대부분의 사람들이 내가 사람들 앞에서 처음 셰이커를 연주한 건 축제 때라고 알고 있지만, 그건 사실이 아니다. 셰이커 연주를 사람들에게 선보인 것은 1학년 2학기 9월, 형들과 함께 진주성에서 길거리 공연을 할 때였다. 날씨가 무척 화창하던 어느 날, 원진이 형은 "주말에 초밥 먹으러 안 갈래?"라고 했다. 그러나 초밥을 먹을 만큼 부유하지 못했던 주머니 사정 탓에 "형, 우리 초밥 먹을 돈이나 있어?"라고 반박했다. 그러자 형은 "준이가 오카리나 불고, 내가 달부카 치고, 네가 셰이커 흔들어서 길거리 공연해서 벌면 되잖아."라고 했다. '길거리 공연?'

그 당시 나에게 길거리 공연이란 TV나 신문에서나 볼 수 있었던 '남의 일'이었다. 그래서 많이 고민했다. "내가 셰이커를 잘하는 것도 아니고 무엇보다 진주성에서 길거리 공연하면 안 잡혀가?" 왜 잡혀간다는 생각을 했는지 모르겠지만 아무튼 형은 셰이커를 처음 만나던 그날처럼 날 설득시켰다. 그렇게 우리는 나름 라틴에 걸맞게 옷을 차려 입고 주말에 진주성에서 길거리 공연을 했다. 공연은 크게 흥행했다. 그곳에서 우연찮게 마주친 당시 간디학교 교감 선생님이었던 여태전 선생님 친구분이 사진도 찍어 주셨다. 며칠 후, 그 친구분은 여태전 선생님 편으로 사진 9장을 보내 주셨다.

여태전 선생님께서 친구분이 보내 주신 사진을 우리에게 나눠 주셨다. 그렇게 우리는 잊지 못할 추억을 나눠 가지게 되었다. 아직도 내 책상 한 구석에 붙어 있는 그 사진은, 볼 때마다 나를 회상에 젖게 만든다. 그날 공연의 수입은 정확히 5만 3000원. 우리는 헤벌쭉 웃으며 즐거워했고, 저녁을 배부르게 먹고 돌아왔다. 정말 잊을 수 없는 시간이었다.

'성현꽃 사건'을 아시나요

그렇게 추억을 쌓으며 1학년을 정리하고 2학년이 되었다. 지금은 2학년이 되어 버린 풋풋한 신입생들이 새로 들어왔고, 나는 선배로서 신입생에게 잘 보이고 싶은 마음에 되지도 않게 어른인 '척'했다. 그러나 그 '척'은 오래 가지 못했다. '성현꽃 사건'이 터진 것이다.

2학년이 되었지만 형들에게는 마냥 아기였던 나는 원진이 형과 같이 방을 쓰게 되었다. 원진이 형은 깔끔한 편이 못 된다. 짐을 잘 치우지 않을 때도 있고 방 청소도 자주 하지 않는다.(형과 같이 지내본 사람이라면 이 말에 공감할 것이다.) 그래서 방 청소는 내가 거의 도맡다시피 했는데, 어느 날 생각해 보니 내가 '정데렐라'라고 불려도 이상하지 않을 만큼 매일 청소를 하고 있는 것이었다. 그래서 형에게 찾아가 "형! 방 청소 같이 좀!"이라고 항의했다. 그때마다 형은 웃으면서 "알았다. 미안하다. 청소할게." 하며 긍정적으로 대답하곤 했다. 하지만 기숙사만 들어오면 "청소는 무슨 청소야, 그냥 이렇게 살아."라며 청소를 하지 않았다. 결국 청소는 내 몫이 되어 버렸고 청소를 하고 나서 화 아닌 화를 낼 때마다 형은 날 한 번 안아 주며 "고맙다, 나중엔 꼭 할게." 하며 바라지 않아도 될 작은 희망을 심어 주곤 했다.

그렇게 2주가 지났고 문제의 그날도 역시 나는 혼자서 청소를 하고 있었다. 그날만큼은 참을성이 머리끝까지 차올라 터져 나올 것만 같았다. 씩씩거리며 "오기만 해 봐라, 진짜 한마디 해야겠어."라며 혼자 중얼중얼거렸다.(지금 생각해 보니 그렇게 씩씩거리면서까지 청소를 완료한 걸 보면 난 청소의 운명을 지고 있었나 보다.) 그렇게 청소를 끝내고 침대에 걸터앉아 형이 들어오기만을 기다리고 있었다. 그런데 이상하게도 형이 들어올 시간이 다가올수록 두려움이 엄습해 왔다. 내 머릿속에는 많은 생각들이 스쳐 갔다.

'내가 화를 내면 형도 분명히 화를 낼 거야. 형이 나에게 왜 화내느냐고 물을 거고 내가 청소 한다고 해 놓고 왜 안 하느냐고 반박하면 형은 나중에 꼭 청소를 하겠다고 하면서 오늘은 네가 청소했으니까 넘어가자고 할 거란 말이지. 그럼 결국 또 피 보는 건 나야. 안 되겠군.'

생각이 여기까지 미친 나는 책상에 있던 종이 한 장과 펜, 그리고 색연필을 집어 들어 거사를 도모했다. 종이의 맨 윗부분에는 '죽어 가요'라는 제목을 큼지막하게 쓰고, 그 밑에는 침울하기 그지없는 표정을 한 꽃을 그려 넣었다. 그리고 그 밑에 두 줄의 글을 남겼다.

'어제도 오늘도 청소하고 있어요. 오늘도 두 시간 동안 청소했답니다. 매일매일 주름이 하나씩 생겨 가고 있는 저 꽃은 성현꽃입니다. 곧 죽을 수도 있어요.'라고 말이다. 이것이 바로 '성현꽃'의 탄생이다. 왜 하필 꽃을 그려 넣었는지 모르겠지만 나는 성현꽃을 책상에 붙여 놓은 뒤 침대에 누워 죽은 척을 했다. 아, 세상에서 제일 부끄러운 부분이다. 아마 '성현꽃' 일화를 물어보는 사람들에게 대답 안 하는 이유가 '죽은 척'한 것이 쪽팔렸기 때문일 것이다. 그렇게 '성현꽃' 일화는 입과 입을 통해서 번져 나갔고, 나는 아이들을 볼 때마다 부끄러움을 금치 못했다.

이제 간디학교에서 지낼 시간이 얼마 남지 않았다. 그동안 많은 추억을 쌓기도 했지만 실수로 사고를 치는 경우도 많았다. 하지만 남은 시간 동안 그동안의 실수를 만회하고 아직 보여 주지 못한 나의 끝나지 않은 이야기를 또 써내고 싶다. 행복한 마무리로 말이다.

해방의 용기를 준 간디학교

서영교 2기

모든 것이 새로웠다

《녹색평론》을 통해 알게 된 간디학교는 막 개교한 대안학교였다. 내가 선택할 수 있는 곳은 그다지 많지 않았다. 학교를 벗어난 길에 대한 상상력이 터무니없이 부족한 탓도 있었다. 여러 번 가족회의를 하고 이런저런 우여곡절 끝에 1999년 새로운 세기를 코앞에 두고 간디학교에 입학했다.

간디학교에 들어와 보니 선생님도, 교실도, 기숙사도, 자연환경도 모든 것이 낯설었다. 시험과 숙제를 빌미로 두려움으로 몰아세우던 선생님에서 장난치고 신뢰할 수 있는 선생님으로, 깍두기 머리와 직각 책걸상에서 가지각색 머리 모양과 제멋대로 놓인 책걸상으로, 자동차를 피해 다니던 복잡한 도시에서 자동차 소리 듣기도 쉽지 않은 산골 마을로 바뀌었다.

두려움뿐인 교실에 익숙했던 내가, 아무 거리낌 없이 질문하고 있는 나를 발견했을 때는 정말 짜릿했다. 해방감이 주는 환호성만큼 듣기 즐거운 소리가 있을까. 어떤 질문을 해도 성의껏 대답해 주는 선생님이 신기하기도 했다. 이때껏 보아 오던 어른들과는 차원이 다른 어른들이 그곳에 있었다. 유머가 있었고 위협적이지 않았고 나를 존중해 주었다.

막 학교에 입학하고 다 같이 장성으로 여행을 떠났다. 하루는 친구와 마을을 거닐며 이야기하느라 밤이 깊어서야 숙소로 돌아왔다. 그때 담임 선생님을 만났다. 문득 이런 말을 듣게 될 거라는 생각이 들었다.

"이 새끼들, 안 자고 뭐 하는 거냐? 서영교, 너 딱 걸렸어. 내일 단단히 각오해 두라고."

하지만 그건 내 생각일 뿐이었다. 선생님은 "피곤한데 어서 자거라. 내일 더 신 나게 놀아야지." 하시는 게 아닌가. 내가 이곳에 있다는 사실이 무척 감격스러웠고 완전히 다른 세계에 와 있는 것 같았다. 나를 믿고 진심으로 사랑해 주는 사람이 가까이 있다고 생각하니 늘 기쁨으로 가득 찼다.

반 아이들 사이에서도 서열 따위는 없었다. 공부 못하는 녀석이나 잘하는 녀석이나 그런 것에는 별로 신경 쓰지 않았다. 힘과 점수로 매기는 서열은 찾아볼 수 없었고 서로 경계하던 눈빛은 일주일 만에 무장 해제되었다. 어떤 세력으로 나뉜 '경계'들은 우스운 것이 되어 버렸다. 공부 몇 등, 싸움 몇 등, 얼굴 몇 등으로 구별 짓던 것들 앞에서 이제 "짜식들~" 하며 웃을 수 있게 되었다.

정말 신기한 건, 숫기 없던 내가 여학생들과 별 무리 없이 어울리게 되었다는 점이다. 어떤 여학생에게 "영교, 넌 웃지 않고 사투리 안 쓰면 정말 멋있을 텐데."라는 말을 듣고도 그다지 마음 쓰이지 않았다. 왜냐하면 난 웃기도 해야 하고 말도 해야 하기 때문이다. 멋있게 보이고 안 보이고는 그다지 중요한 게 아니었다. 중요한 건 내가 지켜보는 '나'였다. 눈치작전으로 대상을 나누던 기준선이 없어지자 너무 자유로워졌다.

한 달 만에 쑥 자란 느낌이었다. 학교와 선생님들의 사랑과 믿음으로 스스로 달라지고 있다고 느낄 정도였다. 역으로, 내가 얼마나 세상을 두려워하고 불신하며 좌절해 왔는지 새롭게 느꼈다. 벌 받지 않으려고 하던 숙제는 즐거워서 하는 공부가 되었고, 교사에게 관심 받으려 노력하던 환경 미화는 스스로 아름다움이 좋아 하는 일이 되었다. 어쩔 수 없이 따라야 했던 규칙은 나와 친구들의 의지에 따라 자발적으로 지키도록 노력하는 규칙이 되었다. 하루하루가 자유로웠고 기쁨이 샘솟았다. 어쩔 수 없이 해야 하는 것이 선택할 수 있는 일로 바뀌니 정말 신기하게도 모든 것이 다 변한 것 같았다. 아니, 변했다.

나를 진정으로 해방시킨 자유

스스로 결정하고 책임질 때 느끼는 해방감만큼 짜릿한 것이 없다. 강렬한 헤비메탈을 듣거나 산속에서 옷을 몽땅 벗어 젖히고 고함을 지르거나 맨발로 길을 걷는 것으로는 도저히 느낄 수 없는 해방감의 극치를 느낄 수 있다. 누구에게도 의존하지 않고 홀로 오롯이 서 있다는 것만으로도 엄청난 해방감을 느낄 수 있었다. 스스로 결정할 수 있도록 도와주는 사람들이 없었다면 유쾌한 해방을 맞이하기까지 시간이 많이 걸렸을 것이다.

나의 해방감은 피어싱을 시작하면서 겉으로 드러나기 시작했다. 피어싱을 두고 기성세대에 대한 저항이라느니 새로운 세대의 절규라느니 하는 말이 많았지만 내게는 나 자신을 시험하는 시간이었다. 괴물 같다거나 "뭐, 그딴 걸 했느냐?"고 하는 사람도 없지 않았지만 고맙게도 많은 사람이 칭찬해 주었고 응원해 주었다. 사람들의 시선으로부터 얻어서 주어진 해방감과 나 스스로 선택하여 피어싱을 함으로써 얻은 해방감은 질적으로 다르다. 무언가에서 해방된다는 것. 스스로 해방한다는 것. 그것이 즐거움이 될 때에 지속 가능한 놀이가 되는 것이다.

무언가에서 해방되려면 저항하기도 하고 대안을 제시하기도 해야겠지만 해방되어야 할 대상에 대한 명확한 인식도 필요하다. 순응하게 되면 해방은커녕 흡수되기 십상이고 대안이 없다면 더 나은 것을 찾을 수 없다. 또한 더 나은 상상력이 나올 수 없다. 피어싱은 내가 의식하고 있던 타인의 시선을 걷어 내고 온전히 나 스스로 결정해서 흉터와 부모님의 반응에 대한 책임을 진 최초의 해방 운동이었다. 단결과 투쟁의 이름이 아닌 유쾌함과 발랄함으로 가득한 실험과 도전의 시간이었다. 간디학교는 이 모든 것을 가능하게 해 주었다.

자유와 함께 만난 말라르메

간디학교에 있으면서 처음으로 제대로 된 공부라는 것을 하게 되었다. 고등학교 1학년 말 무렵 말라르메Mallarme와의 황홀한 만남에서 이 공부는 시작되었다. 말라르메는 프랑스의 유명한 상징주의 시인으로 주옥같은 명작을 남겼다. 그의 작품을 읽는다는 것은 언어적 유희 그 자체였다. 말라르메의 시에서 쏟아져 나오는 아름다운 결들이 열일곱 살의 나를 온통 뒤덮었다. 그를 알기 위해 프랑스 역사를 공부했고 그의 작품에 깊이 들어가기 위해 시학과 문학비평을 공부하게 되었다. 도와주는 사람은 아무도 없었다. 굳이 필요 없었다. 그저 홀로 도서관에 앉아 그를 좇아 다니는 재미에 시간 가는 줄 몰랐다. 논문까지 구해서 읽을 정도였다.

내 첫 공부는 이렇게 즐거웠다. 낯선 개념과 단어는 꼼꼼히 체크해 정리해 두었고 책의 내용을 빼곡히 정리해 두었다. 누구에게 보여 주기 위한 것도, 누구에게 평가받아야 하는 것도 아닌, 그저 순수한 지적 호기심이 그와 만나게 했다. 물론 다양한 무게의 이유들이 깔려 그와 만나게 되었는지도 모른다. 이를테면 아버지의 기대에 부응하고 싶었기 때문에, 열등감의 빈틈을 메우고 싶었기 때문에, 어른들의 세계에 동참할 수 있다는 지적 능력을 보여 주고 싶었기 때문에.

하지만 지적 호기심은 스스로 무언가를 하는 데 꼭 필요한 아주 중요한 동기였고 배움을 추동하는 가장 강력한 에너지였다. 나를 좀 더 쇄신하기 위한 놀이로서 처음으로 공부를 해 본 것이다. 그 놀이를 통해 감수성을 한층 성숙시킬 수 있었을 뿐만 아니라 시에 대한 이해와 미학적 가치에 대해서 배울 수 있었고 좀 더 풍부한 세계와 만날 수 있었다.

이 배움의 흔적은 지금까지도 따라다니고 있다. 접속과 탈주의 놀이. 지식과 배움은 이 놀이를 하는 것만으로도 따라오는 부수적인 것일 뿐이다. 말라르메를 처음 만난 곳은 서점이었고 그를 꾸준히 만난 곳은 도서관이었다. 말라르메를 만남으로써 나는 또 다른 세계로 나아갈 수 있었다. 이 황홀한 쾌감은 오직 스스로 함을 통해서만 가능했다. 스스로 함은 커뮤니티라는 비형식 논리 속에서 탄생한 '함께함'이다. 내게도 간절하게 배우고 싶은 무언가가 생긴 것이다.

새로운 세계를 가능하게 하는 상상력은 힘이 있다. 틈새로 힘차게 비집고 들어가 숨통을 트이게 한다. 대안교육의 상상력은 어눌하고 한참 모자란 나를 통째로 잡아 흔들었다. 스스로를 흔들 수 있는 용기를 얻었다. 주변을 헤매는 옆집 아들 놈, 옆 반의 유령들을 겁내지 않고 앞으로 나아갈 수 있는 힘을 얻었다. 홀로 무언가를 한다는 것은 더 이상 두려운 일이 아니었다. 내 옆의 누군가에게 지지 않기 위해서 어쩔 수 없이 하던 일이 어느새 기쁨으로 가득한 배움이 되었다. 드디어 탈주에 성공했다.

가족회의에서 놀던 가락, 간디학교에서 피어나다

우리 집에는 가족회의라는 게 있었다. 일주일에 한 번 정해 놓고 할 때도 있고 누구든지 할 말이 있을 때 가족회의를 열자고 제안할 수도 있다. 가족회의에서 용돈 인상, 옷과 신발 사기, 공부 시간 조절하기, 텔레비전 보는 시간 정하기, 등산과 여행 장소 정하기, 영화 보기, 외식하기, 친구와 학교 문제 등이 다루어지고 결정되었다.

학생일 때나 성인이 되어서도 그리고 우리 밀 붕어빵 장사를 준비할 때나 세계 여행을 떠날 때도 가족회의를 통해 토론하고 난 다음 결정했다. 동생과 함께 단결하여 청소, 설거지, 구두닦이, 강아지 산책시키기와 같은 일을 하는 조건으로 용돈 인상안을 통과시키기도 하였다. 그리고 가장 오랜 시간 '투쟁해' 공부하는 시간을 두 시간에서 한 시간으로 줄이는 쾌거를 이루기도 하였다. 그뿐만이 아니라 일요일에는 라면 먹기, 외식하기, 영화 보기, 책방에 가기 등 복지에 관련된 부분은 동생과 힘을 모아 이루어 낸 것이 많다. 만국의 아들딸들이여, 단결하라!

가족회의에서 놀던 가락 덕분인지 초등학교에서는 학급 회의를 주도했다. 건의 사항이 없어도 만들어 내고 논제가 없어도 만들어 냈다. 가족회의를 통해 말할 수 있는 용기를 배웠기 때문이다. 그 덕에 할 말 다하며 살아서 주변 친구들에게 인기도 제법 많았다. 셋방살이 쫓겨 다니느라 초등학교 때만 네 번이나 전학을 다닌 화려한 이력을 지니고도 살아남을 수 있었던 게 다 이것 때문이 아닐까 생각해 본다.

초등학교를 졸업하고 중학교에 들어갔더니 회의가 없었다. 진행만 있었다. 그리고 진행에 방해되는 이들을 처리하는 교사가 있었다. 진행은 '단독 후보'로 당선된, 자기표현도 제대로 못하는, 시험 성적 '1등'이라는 타이틀을 쥔 녀석이 했다. 이미 정해진 반장과 이미 정해진 논의 사항, 이미 정해진 결정이 있을 뿐이었다.

가장 그럴듯한 건의 사항은 '수업 시간 중에 화장실 가지 맙시다'였다. 이쯤 되면 조금 무서워진다. 말하고 싶어도 말할 수 없다. '그래, 우리도 어쩔 수 없다는 거 알고 있으니까 빨리 끝내기나 하자'며 속으로만 불만을 터뜨리는 것이다. 교사가 만들어 놓은 각본에는 모든 배역이 정해져 있었고 해야 할 대사가 정해져 있었다. 그 속에서 병정놀이하듯 그저 시키는 대로 조아리면 그만이었다.

그러나 간디학교에는 엄청난 회의가 있었다. 거의 '회의주의자'에 가깝다. 한번 회의를 하면 끝장을 본다. 이것이야말로 간디학교를 간디학교답게 만드는 문화가 아닐까 생각해 본다. 식구총회는 우리 집에서 하던 가족회의와 비슷하지만 간디학교 식구들의 해방 기구 같은 것이다. 이 식구총회에서 여러 가지 생각이 뭉치고 부딪히며 문제를 해결하곤 한다.

한번은 스타크래프트라는 게임을 두고 논쟁을 벌인 적이 있다. 이 게임의 폭력성을 이유로 웬만하면 이 게임을 못하게 하거나 컴퓨터 몇 대에만 깔아서 관리하자는 것이었다. 스타크래프트의 용감한 전사들이 이에 대항하여 들고 일어났다.

"스타크래프트의 폭력성은 가상 공간에서 이루어지는 것이지 현실에까지 연장되는 것이 아닙니다. 그런 게 현실에서도 가능하다고 생각할 정도로 저희가 덜떨어진 아이들도 아니고요. 오히려 스트레스를 풀거나 여흥을 즐기기 위해 게임을 하는 것은 아주 건강하다고 생각합니다."

식구총회는 이렇게 불꽃 튀는 자리다. 〈100분 토론〉처럼 전문성이 있는 건 아니지만 자기 의견을 내세우는 데 두려움이 없는 자리다. 의견을 무시하거나 가로막을 사람이 없을뿐더러 외려 의견들의 총합이 더 나은 대안의 전제라는 것에 모두 동의하기 때문이다.

교사와 학생, 동등하게 간디학교의 본질을 따지다

2001년에는 학생들이 주체가 되어 간디학교를 뒤흔든 적도 있었다. '간본인(간디학교의 본질을 찾는 사람)'이라는 무서운 집단의 등장은 모든 식구들에게 반성하고 화해하는 시간을 가져다주었다. 저녁을 먹고 모두 참석해서 간디학교의 참모습에 대한 이야기를 주고받았다. 수업과 선생님과 관련한 거침없는 발언이 이어졌다.

“왜 학생들의 의견을 무시하시죠?”

“수업이 너무 재미가 없어요.”

“간디학교가 지니고 있던 본래의 모습은 무엇이었나요?”

십팔 세, 거친 야생마들이 쏟아붓는 날카로운 질문과 의견이 오가면서 무엇이 간디학교를 간디학교답게 하는지 알 수 있는 큰 계기가 되었다. 이 회의는 간디학교라는 정체성 아래 묶인 공동체의 일원들이 자발적으로 나서서 간디학교가 가고 있는 방향에 대한 근본적인 의문을 던진 거대한 사건이었다.

“수업에 들어오지도 않고서 수업이 재미있니 없니 이야기할 수 있습니까? 학생에게 수업을 거부할 권리가 있듯이 교사에게도 수업을 거부할 권리가 있습니다. 이런 자리에 서면 우린 교사들은 늘 학생들 곁에서 무엇을 해야 할지 당황할 때가 한두 번이 아닙니다. 무엇이 우리를 이곳에 불러 앉혀 놓았는지 식구 전체가 반성해야 하지 않을까요?”

이런 자리에서는 교사든 학생이든 솔직하게 마음을 털어놓는다. 학생이 하는 말을 교사가 적대적으로 받아들이거나 공격의 대상으로 설정한다면 이런 이야기는 나올 수 없다. 이런 자리야말로 간디학교를 간디학교답게 만드는 것이다. 회의는 다섯 시간이 넘도록 이어졌다.

간디학교가 너무 안정을 찾으려 하고 변화를 시도하려 하지 않는다는 불평이 이날 극도로 압축되어 화산처럼 터진 것이다. 회의는 학생들의 반성으로 이어졌다. 수업에 대한 무관심, 생태계에 대한 몰이해, 관계의 폭력성 등 여기저기서 자성하는 목소리가 터져 나왔다.

긴 회의가 끝나고 이튿날 아이들 표정에는 저마다 다짐 같은 것이 하나씩 보였다. '이젠 수학 시간에 꼭 들어가야지.' 하는 다짐이 아니라, '이젠 수학 시간에 귀라도 기울여 봐야지.' 하는 정도였다. 자기 의견을 내고 스스로 내면화한 것이므로 그것만으로도 큰 변화였다.

그 뒤로 아이들도 성장해 갔고 학교도 조금씩 바뀌기 시작했다. 식구총회는 권력화된 규칙을 벗어나 새로운 무엇을 모의하는 이들에게 흔들림 없이 나아가라고 응원한다. 그리고 경제적 가치가 유일한 척도인 정체 모를 괴물의 근거지를 파헤쳐 나갈 수 있는 용기를 준다. 삶 속에 숨 쉬지 못하는 수많은 이념에서 탈주해 일상과 세계, 그리고 우주를 하나로 엮을 수 있도록 도와준다. 단단한 규칙에 놀라 쓰러진 자리에서 나아가지 못하고 서성일 때 늘 가슴 찡한 단어들을 몰고 와 어깨를 툭툭 쳐 준다. 확장된 공동체 민주주의는 함께 상상하는 거대한 비전을 바탕으로 한다.

성장을 돕는 간디학교의 공간들

교무실

3교시가 끝나고 불 속에 넣어 둔 고구마를 꺼내 먹으러 간다. 고구마 껍질을 까는 손이 분주하다. 아흐, 손끝이 뜨겁다. 고구마는 부끄러운 듯 제 속살을 잘 보여 주지 않는다. 속살이 반쯤 보이기도 전에 여기저기서 먹느라 정신이 없다. 다른 한쪽에서는 지난 신문을 펼쳐 놓고 혀를 차 가며 정치판이 개판이라는 둥, 어떻게 이럴 수 있느냐는 둥 진즉부터 이럴 줄 알았다는 둥 구시렁거린다. 그 옆에는 지난 수업도 빼먹은 녀석이 소파에서 벌써 두 시간째 자고 있다.

여기는 간디학교 교무실이다. 사실 이곳은 놀이터에 가깝다. 두루두루 볼 수 있는 열린 마루 같은 공간이라 분위기도 푸근하다. 교무실에는 온통 아이들로 가득하다. 교무실로 오는 아이들은 수다를 떨려고 오기 때문에 늘 시끄럽다. 혼자 고민해야 할 일이 있는 아이는 산이나 들로 가고 즐거운 연애 중이라면 그들만의 아지트로 간다. 그리고 이곳은 커뮤니케이션의 공적 영역에 속하는 아이들의 공간이다. 학년도, 성별도, 교사와 학생의 차이도 지워 버리는 마법의 공간인 이곳을 우리는 교무실이라 불렀다.

초등학교와 중학교 때 교무실은 말 그대로 두려운 공간이었다. 교무실로 따라오라는 말은 "너를 마음껏 혼낼 테니 단단히 각오해 둬."라는 말과 같았다. 단단히 각오해서 따라간 교무실은 친구들의 시선이 차단된 억압과 폭력의 공간이었다. 권위의 상징인 교무실과 교탁과 지휘봉으로 이루어진 삼위일체 시스템은 아이들을 훈계와 교정의 대상으로 삼을 뿐이다. 상징의 도구는 위치를 만들어 내고 위치에 맞는 역할을 만들어 내고 그 역할을 연기하게 만든다. 대통령이든, 장성이든, 교사든, 학생이든 그들의 밑바닥을 살펴보면 우습고 어이없는 것이 많기도 많다.

교무실에서 조금만 더 들어가면 '희규 샘(양희규 교장 선생님을 우리는 이렇게 불렀다)'의 서재 비슷한 곳이 나오는데, 난 이곳에 단골손님처럼 드나들었다. 토요일과 일요일, 희규 샘이 자리를 비우는 날이면 몰래 문을 열고 들어가 엄청난 책 숲에 파묻혀 시간을 보냈다. 의자에 등을 붙이고 햇살 잘 드는 곳에 앉으면 부러운 것이 없었다. 처음에는 마네, 고갱, 피카소, 샤갈 등의 화집을 들춰 보곤 했다. 화려한 색과 이질적인 배치들이 나를 매혹했다. 특히 고갱이 그린 야생의 이미지를 참 좋아했다. 화집을 통해 세상을 바라보는 화가들의 새로운 시선을 조금이나마 엿볼 수 있었다.

어느 날《미학의 제문제》라는 책을 읽었다. 어려웠다. 정말 어려웠다. 처음 알게 된 수많은 낯선 개념이 나를 향해 뛰어왔다. 서론만 이해하고 다른 걸로 넘어가자 생각했는데 열 번은 더 읽었을 것이다. 세상에는 이렇게 어려운 책을 읽는 사람도 있다는 것에 놀랐다.

아리스토텔레스도 만났다. 《니코마코스 윤리학》. 나를 뒤흔들어 놓은 이 책을 읽으며 자아와 도덕을 탐구했고 새로운 질서의 세계가 가능할 수 있다는 꿈을 꾸기 시작했다. 기원전 인물이 오늘날까지 설득력 있게 들릴 수 있도록 자신의 세계를 만들어 내는 과정을 읽으면서 철학에 관심을 갖게 되었다. 희규 샘은 내가 독서에 관련된 질문을 할 때면 가끔 이렇게 말씀하셨다.

"어려운 책이라도 포기하지 말고 끝까지 읽어 봐야 해. 그러고 나면 훌쩍 커 있는 너를 만나게 될 거야."

이 말씀 때문에 아리스토텔레스의 책을 다 읽게 되었는지도 모른다. 만약 희규 샘의 서재 문을 열고 들어갔을 때 혼날 것이라는 두려움이 있었다면 새로운 세계와 접속하는 데 더 오랜 시간이 걸렸을 것이다. 어느 날 희규 샘에게 그곳에서 책도 열심히 보고 심지어 책을 한 권 가져갔노라 말씀드렸다. 그때 희규 샘은 읽고 싶은 책은 얼마든지 가져가서 보라고, 그곳은 언제든 열려 있다고 말씀하셨다. 교무실은 언제나 교사와 학생이 터놓고 마음을 나눌 수 있고 책과 소통할 수 있는 곳이었다. 멋지지 않은가!

선녀탕

간디학교 풍경 가운데 빠질 수 없는 곳이 또 하나 있다. 바로 선녀탕이다. 간디학교를 다닌 사람이라면 잊지 못할 추억을 하나쯤 지니고 있을 만큼 이름난 곳이다. 선생님과 데이트하기, 한여름에 알몸으로 샤워하기, 비 오는 날 세상이 떠나가라 부르던 노래, 오후의 산책……. 선녀들이 내려와 멱을 감고 갈 만큼 아름다운 골짝에서 있었던 수많은 이야기를 어찌 다 말할 수 있으랴. 해방의 공간, 일탈의 공간, 일상의 공간으로 겹겹이 쌓여 있는 그곳은 이제 포장길이 나고 주변이 많이 훼손되어 예전 느낌을 온전히 담아내지는 못하고 있지만 그곳에 가면 슬라이드 쇼처럼 많은 기억이 스쳐 지나간다.

무척이나 더운 어느 여름날, 우리는 시원하게 몸을 담글 곳이 필요했다. 해님이 보고 있는 대낮에 청바지와 속옷을 벗은 열아홉 빛나는 '남정네들'이 땀을 씻어 내고 있는 장면은 지금 생각해도 짜릿하다. 깊은 골짝이 아니라서 수영을 할 수는 없었지만 수업조차 까먹을 만큼 한참을 물속에서 웃어 대며 놀았다. 우리는 환장할 정도로 빛나게 웃었다.

기숙사

그리고 여태 우리 가슴에 남아 우리를 살아 움직이게 하는 곳이 또 있다. 바로 기숙사다. 간디학교 아이들은 대부분 외지에서 오는 아이들이어서 기숙사 생활을 한다. 낯선 아이들과 한 공간에서 지내는 일은 생각보다 쉽지 않다. 규율과 약속이 없다면 이 많은 아이들은 자신의 틀 안에서 고정된 채 끊임없이 부딪히면서 살아가게 될 것이다. 기숙사의 규율과 약속은 그 충돌의 파열음을 조금 덜 내고 충돌의 방법을 다양하게 만드는 장치다. 사흘 이상 건조대에 빨래를 널어 두고 걷어 가지 않으면 재활용 의류 통에 넣는다든지 세면장을 쓴 뒤 비누 거품을 깨끗이 없애야 한다든지 하는 사소한 것이 많았다.

기숙사 학생들이 스스로 정한 규율과 약속은 대부분 잘 지켜졌다고 본다. 문제는 학교에서 정해 준 규율이었다. 취침 시간과 옥상 출입 금지 등은 잘 지켜지지 않았다. 따지고 보면 취침 시간이야 같이 어울려 이야기하다 보면 늦어질 수도 있는 것이고 하고 싶은 공부가 있으면 조금 늦게 잠들 수도 있는 것이다.

가장 빠르고, 효율적이고, 영향력이 크고, 유용하며, 영속적인 배움은 스스로 결정할 때 일어나는 것이다. 스스로 결정한 일은 가슴속에서 저절로 도덕이라는 규율을 생겨나게 한다. 공동체 내부의 결속력도 여기서 생

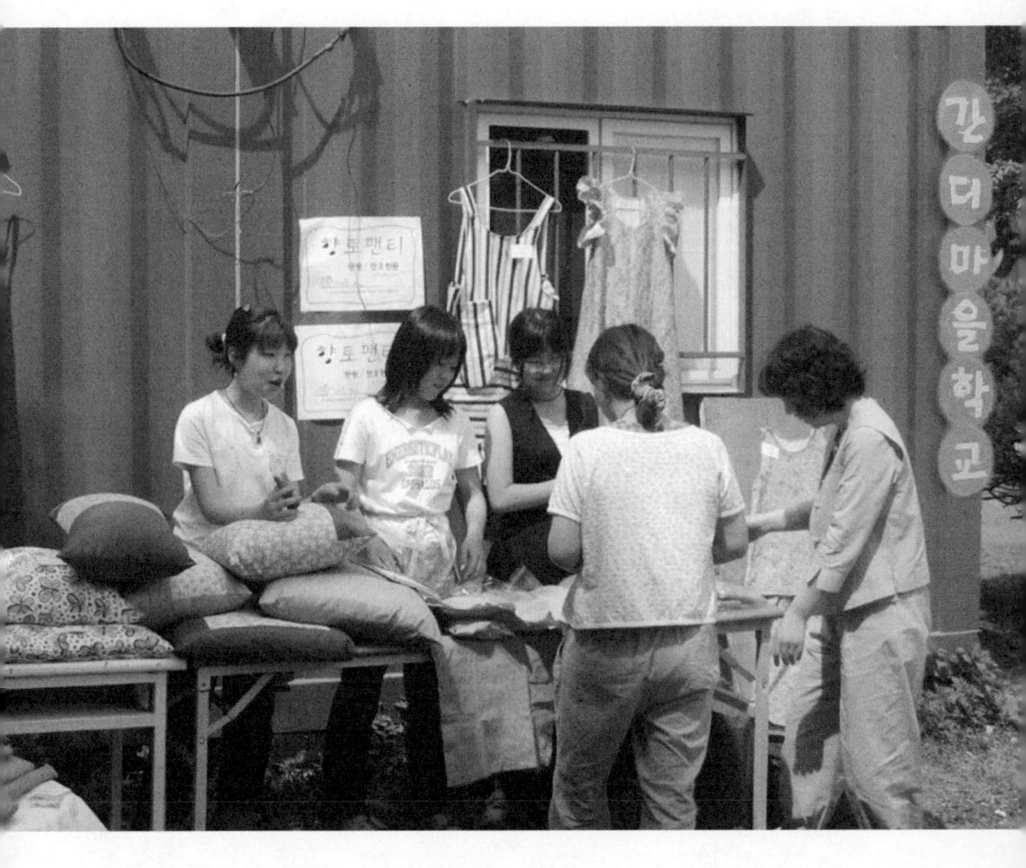
황토팬티
간디마을학교

기는 것이다. 규칙은 필요하다. 각자 품고 있는 가치관, 성품, 태도가 다르기 때문에 이들이 부딪히는 것은 시간문제다. 이들의 부딪힘을 줄이고자 만든 것이 규칙이다. 이러한 규칙이 지켜지지 않아서 문제가 되고 갈등이 불거질 때, 이 갈등을 드러내고 그것을 민주적으로 해결하기 위해 만들어진 것이 식구총회다.

갈등은 끊임없이 이어졌다. 옷에는 곰팡이가 피었고, 기숙사에서 공부하는 시간에도 돌아다니며 시끄럽게 했고, 취침 시간 이후로도 산책을 했으니 말이다. 그러나 그 갈등을 숨기려고 하지 않았다. 갈등은 겉으로 드러나야만 해결할 수 있으니까.

많은 학생이 함께 기숙사 생활을 했지만 서열을 나누지 않았고 편도 가르지 않았다. 이것이 간디학교 스타일이다. 간디의 '간'자는 바로 여기서 시작된다. 서열 나누지 않기, 편 가르지 않기. 이렇기 때문에 어울려 지낼 수 있는 것이다. 기숙사 생활을 하면서 더불어 살아가는 방법을 조금씩 익혔다. 나와 맞지 않는 언어를 익혔다. 이것은 '열려 있기' 때문에 가능하다. 경계를 지워 버려야만 안과 밖이 소통할 수 있다. 이런 '열려 있기'는 무엇과도 접속할 수 있다는 용기의 표시이기도 하다.

선녀탕처럼 사건과 이야기를 담아낼 수 있는, 폭 넓은 서사가 가능한 공간도 또 없다. 특정한 사건만 발생하게 하는 노래방, 오락실 같은 곳으로는 어림없다. 기숙사는 함께 모여 생활하면서 만들어진 서열을 부수어 나가고 모두가 동의할 수 있는 규칙을 만들어 가면서 단순한 삶의 의미를 넘어 공동체적 모둠이 될 수 있는 채널과 놀이판을 만들어 주는 곳이다.

교무실, 선녀탕, 기숙사는 간디학교만의 언어를 만들어 내는 훌륭한 공간이다. 열림의 언어, 사건의 언어, 공동체의 언어를 익혀 가는 훌륭한 배움터다. 난 그곳에서 자랐고 졸업을 했다.

간디학교에서는 매주 월요일 아침 전체가 모여서 '주를 여는 시간'을 가진다. 한 주를 시작하면서 교사와 학생이 서로 돌아가며 하고 싶은 이야기를 나누는 자리이다. 어떤 날은 선생님이 어릴 적 일기를 읽어 주거나 옛날 사진을 보여 주기도 하고 어떤 날은 노래를 잘하거나 악기를 연주하는 학생들은 음악을 들려주기도 한다. 이 글은 그 시간에 읽어 준 것이다.

고민, 고민, 고민

아시는 분은 다 아시겠지만 저는 요즘 한 3주간 빈번하게 수업을 빠졌습니다. 뒤로 갈수록 하루 종일 수업에 들어가지 않은 날도 늘어났습니다. 어느 날 갑자기 무얼 해야 할지 어떻게 해야 할지에 대한 고민이 수없이 쏟아져 나왔습니다. 무얼 하는 것도 아니고 아무것도 안 하는 것도 아닌 매우 애매한 상태에서 마음은 계속 불안하기만 했습니다. 저 하나만 감싸 안고 주변은 생각하지도 않은 채 전전긍긍하며 지냈습니다.

선생님들은 화내는 대신 걱정을 해 주셨고 친구들도 수업에 나오라는 당부를 해 주었습니다. 그 말을 들은 저는 마음을 다잡고 몇 번 수업에 들어가 보았지만 집중은 더 되지 않았고 정신은 사방팔방으로 돌아다녀 포기하고 말았습니다. 수업을 듣지 않는다고 뭔가 할 일이 생기는 것도 아니었습니다. 학교 여기저기에 엉덩이를 붙이고 앉아 생각에 잠기는 일이 많아졌습니다. 하지만 말이 생각이지, 사실은 멍하니 시간을 죽이는 것과 다름이 없었습니다.

고양이와 함께한 시간

가만히 있기만 하면 흘러가서 죽어 가는 시간들이 저를 붙들고 늘어지는 것 같아 괜히 몸을 움직여 학교 이곳저곳을 돌아다녔습니다. 퇴비장 근처를 걷다 고양이와 닭을 보게 되었습니다. 그때 본 고양이의 모습은 매우 웃겼습니다. 퇴비장의 음식물 쓰레기를 골라 먹고 있다가 닭들에게 쪼여 도망가는 모습이었으니까요. 고양이들이 측은해진 저는 고양이를 쪼려고 하는 닭들을 쫓아 주었습니다. 어차피 할 일도 없겠다, 마냥 시간을 죽이는 것보다는 낫겠다 싶어 그날부터 한 3일간 퇴비장 근처에 앉아 고양이들을 지켜보았습니다. 그리고 먹지 않고 챙겨 둔 간식을 고양이들에게 주기도 했습니다. 그렇게 꾸준히 제 간식을 고양이에게 주었습니다. 그 고양이들이 간식을 먹는 것을 보며 고양이들과 같이 햇볕을 쪼이고 같이 졸기도 했습니다.

고양이들을 보고 있노라면 제가 하고 있는 고민이 다 쓸데없는 것처럼 보였습니다. 마치 고양이들이 '이렇게도 살 수 있는데 어떻게 살지 왜 그렇게 심각하게 고민하니?'라고 저를 비웃는 것 같은 느낌도 받았습니다. 어쨌든 그렇게 어울린 덕분인지 몇몇 고양이에게는 50센티미터 앞까지 다가갈 수 있는 쾌거를 이루게 되었습니다. 바람이 불고 쌀쌀한 날씨가 계속 되었지만 조금씩 줄어드는 거리에 그렇게 즐거울 수 없었습니다. 그걸로도 좋았습니다.

그러던 어느 날, 학교 여기저기를 돌아다니던 염소가 고양이들이 노는 곳 한복판에 자리 잡게 되면서 고양이들은 예전처럼 그 근처를 쉽게 돌아다니지 못했고 저도 고양이들을 잘 만나지 못하게 되었습니다. 할 일이 없어진 제가 눈을 돌린 건 글이었습니다. 그동안에도 매일 글을 읽고 쓰며 일정한 시간을 보내긴 했지만 그때부터는 하루 종일 컴퓨터 앞에 앉아 다른 사람의 글을 보고 제 글을 쓰며 보냈습니다.

과거와 현재와 미래를 점치다

어느 날 친구가 학습관 선생님에게 카드 점을 본다기에 따라나섰습니다. 저는 옆에서 친구가 점을 보는 것을 지켜보다가 저도 점을 보고 싶다는 말을 꺼냈습니다. 선생님은 다음 날 보자고 하셨고, 다음 날 저는 여느 때와 같이 낮 시간을 보내다가 기숙사로 올라가 청소가 끝난 후 학습관에 갔습니다.

선생님은 제 생년월일을 물으셨고, 저는 답했습니다. 선생님은 그걸 바탕으로 제 기본 성향에 대해 말씀하셨습니다. 그 성향이 맞는지 제게 물으셨고 저는 잘 맞는 내용에 놀라워했지만 속으로는 좀 부담스러웠습니다. 그 내용 대부분이 '도덕이나 미덕을 중시하는 성격'이라는 식이었던 겁니다. 근 3주간 거의 탈선을 하다시피 한 제게 완전히 맞는 것 같지는 않았지만 대체로 맞았기에 고개를 끄덕였습니다.

그러고는 알고 싶은 게 무엇인지 물으셨습니다. 저는 어렵사리 제 미래에 대한 불안감과 현재의 상태를 타계할 방법을 알고 싶다고 말씀드렸습니다. 횡설수설 말하는 동안 '아, 이건 점으로 알 수 있는 게 아닌데.'라는 생각이 들었지만 그만큼 절박했기에 혹시나 조금의 실마리라도 얻을 수 있지 않을까 하는 마음에 입을 다물고 조용히 말씀을 기다렸습니다. 선생님도 그건 점으로 알 수 있는 게 아니라고 하셨지만 제가 나아갈 길에 대해 같이 알아보자고 하셨습니다.

저는 안도하며 선생님의 지시대로 카드를 섞었습니다. 카드를 섞으며 강하게 염원했습니다. 내게 미래를 보여 달라고, 갈 길을 가르쳐 달라고. 그리고 저는 카드를 뽑았습니다.

'우리는 하나'

그게 제가 뽑은 카드의 이름이었습니다. 지구와 손을 잡은 채 지구를 둘러싸고 있는 사람들. 그리고 우주. 선생님은 카드를 보시고 '좋은 기'를 가지고 있다고 하셨습니다. 또한, 제게 알맞은, 제가 추구할 미래는 다른 사람과 '함께' 하는 것이라고 얘기하셨습니다. 전 사교성이 없습니다. 아니, 사람에 대한 적극성이 없다고 할 수 있겠습니다. 어울릴 수 있는 존재, 친구라 불리는 존재를 중3이 되어서야 겨우 사귈 수 있었습니다. 친구와 함께 논다는 것을 그제야 알았습니다. 친구와 수다를 떨고, 노래방을 가고, 같이 돌아다니는 것을, 저는 중3 때 처음 해 보았습니다.

어울림이라는 게 어떤 건지 안 지 이제 1년, 아니 이곳에서의 시간까지 합해 2년 정도 되었습니다. 그 때문인지 저는 가끔 사람들과 대화를 나누는 일이 힘들고 어렵게 느껴집니다. 약 8년의 학교생활을 친구 없이, 어울림 없이 보냈습니다. 아무 말 없이 조용히. 교실의 한 자리를 차지하고만 있었습니다. 중3 때 친구를 어떻게 사귄 건지 의문이 들 정도로, 저는 그 부분에서 매우 폐쇄적입니다. 그런 제가 추구할 미래가 '함께' 하는 것이라니. 정말 놀랍고 어색했습니다.

선생님은 카드를 다시 모으셨고, 전 다시 마음 깊이 염원하며 카드를 섞은 뒤 선생님의 말씀에 따라 카드를 뽑았습니다. 과거, 현재, 미래에 해당하는 카드를 다 뽑자, 선생님은 제게 현재의 카드를 보여 주셨습니다.

'친밀함'

이 친밀함이란 카드는 노란 잎과 분홍색 잎을 가진 나무 두 그루가 나란히 선 채 가지의 일부를 섞고 있는 그림이었습니다. 말할 것도 없이 역시 어색했습니다. 하지만 조금은 수긍할 수 있었습니다. 15년간 저와 같은 반이었던 이들은 전부 같은 반 '애' 혹은 '녀석들'이었습니나. 시나가는 말이라도 저는 같은 반 '친구'라 지칭해 본 적이 없었습니다. 하지만 이곳에서는 자연스레 친구라는 말이 나옵니다. 그건 제게 엄청난 발전입니다. 그리고 과거의 카드.

'내면으로의 전환'

한 여자가 명상을 하고 있고 그 주위를 악귀나 잡념 같은 것이 둘러싸고 있는 그림이었습니다. 하지만 평온한 여자의 마음을 알려 주듯 옷에는 물의 흐름이 그려져 있었고 여자 역시 부드럽게 웃고 있었습니다. 이 카드는 현재와 더 맞는 것 같다는 생각을 했습니다. 평온한 건 아니지만 주위에 잡념이 득시글거리는 게 꼭 지금과 같았기 때문입니다. 그리고 마지막, 미래.

저는 미래라고 뽑힌 카드를 보고 웃지 않을 수 없었습니다. 카드가 '네 미래는 이쪽이 확실해!'라면서 못을 박는 것 같아 계속 웃음이 나왔습니다. 선생님은 대단한 거라고 말씀하셨지만 제겐 황당하기만 했습니다. 미래로 나온 카드는 예의 '우리는 하나'라는 카드였습니다. 처음에 뽑은 것과 똑같은 카드가 나온 것입니다. 선생님은 세 카드를 나란히 놓으시고 과거에는 혼자, 현재에는 둘, 미래에는 수많은 이들과 함께할 것이라 해석해 주셨습니다. 그 해석이 어색했지만 싫지는 않았던 것 같습니다. 제 눈에는 전혀 다른 식의 해석이 보여서였는지도 모릅니다.

울 자리를 찾아 점을 보았을지도

그렇게 점을 다 보고, 선생님은 질문을 할 것이 있느냐고 물으셨습니다. 저는 제가 정말 즐겁게 할 수 있는 걸로 어떤 게 있을지 궁금하다고 했습니다. 이 질문을 하면서도 나에 대해 잘 모르는 사람은 답하기 어려운 것이라는 생각이 들었지만 이번에도 입을 다물고 답을 기다렸습니다. 선생님은 잠시 생각하시더니 친척 아이의 이야기를 해 주시며 언젠가는 일상에서, 혹은 뜻밖의 상황에서 자연스럽게 알게 될 거라며 외면하지 말고 그 문제에 대해 질리도록 고민해 보라고 하셨습니다.

그 질문을 시작으로, 저는 제 현재 상태에 대해 자세히 말하고 사람들을 대할 때의 어려움에 대해서도 말씀드렸습니다. 그러다 가족 이야기로 넘어갔을 때, 결국 울어 버렸습니다. 어쩌면 저는 울 자리를 찾아 점을 보았을지도 모른다는 생각이 들었습니다. 그리고 이왕 운 거 시원하게 털어버리자는 생각에 울면서도 이야기를 계속했습니다. 그렇게 울며불며 두서없는 이야기를 하던 와중에, 저는 예전과는 달리 제가 처한 상황을 이미 매우 객관적으로 볼 수 있다는 사실을 문득 알게 되었습니다. 될 대로 되라며 아무렇게나 지낸 줄 알았는데, 그게 아니었던 거였습니다. 이유 없이 느껴지는 박탈감까지 더해진 저는 울었습니다. 그렇게 12시가 다 되어 가는 시간까지 마음껏 울었습니다. 그리고, 후련해 했습니다.

기록은 흔적, 그리고 또렷한 나의 모습

저는 지금 글을 쓰고 있습니다. 다음 주 월요일에는 이 글을 많은 사람들 앞에서 읽고 있을 것입니다. 글이라는 것은 원래 기록입니다. 기록이라는 것은 남기는 일입니다. 흔적과도 같은 것입니다. 흔적을 만들고 무언가를 남기는 것은 다른 이들이 보아 주었으면, 알아주었으면 하는 마음에서 생기는 것입니다. 저는 꽤나 많은 글을 썼습니다. 그리고 이제야 그 모든 게 제 흔적이었음을 알게 되었습니다. 제가 쓴 글 하나하나가 모두 사람들 사이에 끼어 '어울리고' 싶었던 제 마음에서 기인한 것이었음을 알게 되었습니다. 저는 제 마음이 어떤지 확실히 알게 되었습니다. 그렇다고 현재에 대해 잘 알게 된 것은 아니지만 실마리는 찾은 기분이 듭니다.

그에 반해 미래는 아직도 잘 모르겠습니다. 선생님의 말씀대로 과거에는 혼자였지만 미래에는 모두 함께 어울릴 수 있을지도 모릅니다. 하지만 너무 오랫동안 홀로 지내서 마음이 비뚤어진 것일까요? 저는 어느새 선생님이 해석해 주신 것과는 전혀 다른 미래를 카드 안에서 보았습니다. 무엇이 맞는 건지 모르겠습니다. 이건 점을 봐 주신 선생님도 모르실 테고 점을 본 저는 물론, 여기 있는 그 누구도 알지 못하는 것입니다. 하지만 선택할 수는 있을 것 같습니다. 문제는 제가 무얼 선택할지 저도 잘 모르겠다는 점입니다.

제 나이는 열일곱입니다. 이제 몇 달 뒤면 열여덟이 됩니다. 사람들은 열일곱, 열여덟이 꽃다운 나이라고 합니다. 제 주위의 사람들과 친구들은 이미 모두 꽃을 서서히 피우고 있습니다. 아직 피우지 못했더라도 봉우리를 만들어 필 준비를 하고 있는 게 보입니다. 하지만 저는 괜히 늑장을 부려 봉우리는커녕 꽃대도 제대로 세우지 못한 것 같습니다. 늦기는 했지만 이제라도 꽃대를 세우고 꽃을 피우고 싶습니다. 늦은 만큼이나 활짝 피었으면 합니다. 저의 지금과 미래에 대해 아직도 잘은 모르겠지만 뭔가는 할 수 있을 것 같다는 생각이 듭니다.

그동안 속 썩여서 죄송했고요, 다음 학기에는 정상적인 생활로 복귀하도록 하겠습니다. 모두에게 감사드립니다.

어느 1기 졸업생의 삶

김한성 1기

간디학교를 졸업한 것이 9년 전의 일이다. 입학한 것은 12년 전, 4개월 후면 서른 살이 된다. "이름이 뭐였지?" 하고 물어야 하는 후배가 생기기 시작한 것은 약 2년 전부터이고, 작년부터는 가장 최근의 졸업생이 몇 기인지 헷갈리기 시작했다. 이제는 재학생들이 날 어려워해도 예전만큼 서운하지는 않으며 '대선배님'이라는 말을 들어도 손발이 오그라들지 않는다. 세월이 많이 흐르기는 했나 보다.

이런 글을 쓸 기회가 이따금씩 있었다. 간디학교에 대한 서면 인터뷰나 졸업생 초청 특강 같은 일을 준비하면서 자연스럽게 나의 과거(간디학교에서부터 시작된 10여 년)를 종종 돌아보아 왔다. 사람은 기억하고 싶은 것만 기억하는 경향이 있다. 나 또한 그렇다. 지난 10여 년간 무의식적으로 내 과거를 미화하고 왜곡하고 은폐해 왔다. 따지고 보면 안 그런 사람이 있겠느냐마는 어쨌든 이런 글을 쓸 때마다 그 점이 늘 마음에 걸린다. 가능한 한 솔직해지려고 노력하는데 말처럼 쉽지 않다.

열일곱, 알 수 없는 감정의 실체

디테일한 부분을 채워 나가며 그려 보면 내 캐릭터와 주변 환경이 대충 드러나지 않을까 싶다.

열일곱 살짜리 남자아이가 하나 있다고 치자. 아버지는 약간 완벽주의 성향이 있는 대학교수이고 어머니는 검소한 주부다. 두 분은 그때까지 자녀 앞에서 다투신 적이 없다. 그리고 두 살 터울의 여동생이 하나 있다. 17년간 맏아들로 자라면서 이렇다 할 사고를 친 적도 없고 하다못해 팔다리가 부러지거나 하는 일도 없었으며 학교 성적 또한 언제나 중상위를 유지해 왔다. 집에 오토바이가 한 대 있었으나 무서워서 탈 생각을 못했고 용돈이 넉넉하지는 않았지만 워낙 돈 써 본 경험이 적었던지라 크게 부족하다고 느끼지 않았다. 왼쪽 가슴에 대학 로고가 커다랗게 박힌 아버지의 촌스러운 빨간 점퍼도 아무 불평 없이 잘도 받아 입었다.

그즈음 나는 매 순간 속에서 화가 치밀어 오르고 있었다. 이유는 알 수 없었다. 야간 자율 학습은 왜 하는 걸까, 왜 매를 맞으면 성적이 조금이라도 올라갈까, 왜 내 가방은 이렇게 무거운 걸까, 학교에 다녀와서 코를 풀면 휴지가 새까매지는데 참 신기하구나, 그런데 이래도 괜찮은 건가? 왜 특수반(상위 30퍼센트만 모아 놓은 반)에 가서 수업 받고 오면 기분이 안 좋아지는 걸까, 저 선생은 왜 날 무시하나…….

지금은 무엇이 문제여서 그렇게 화가 났는지 열일곱 살의 나에게 잘 설명해 줄 수 있겠지만, 그때는 몰랐다. 그 감정의 정체가 무엇인지 몰랐기 때문에 부모님께 설명할 수도 해법을 찾을 수도 없었다. 그러다가 쉴 새 없이 돌아가는 일상의 속도가 이따금 불끈불끈 하는 그 감정들을 쓸어가 버렸다. 그러면 나는 다시 학교 특유의 비루한 부산함에 젖어 별다른 감정 없이 하루하루를 살게 되는 것이다. 그때 나는 고등학교 1학년생이었다.

뭔가 잘못되어 가고 있다는 느낌

누구에게나 자신이 처한 상황에 대해 뭐가 뭔지 모르겠지만 '적어도 이건 아니야.' 하는 생각이 들 때가 한 번쯤 있을 것이다. 고등학교를 입학해서 자퇴를 결정하기까지 약 7개월의 시간이 나에게는 그러한 시기였다.

어릴 때부터 음악을 좋아했다. 중학교 때는 클라리넷을 배웠는데, 이 시기에 막연히 음악과 관련된 직업을 가지고 싶다고 생각하게 된 것 같다. 하지만 예술고등학교에 진학할 정도로 진지하게 생각한 것은 아니었고 그럴 실력도 안 됐으므로 별다른 고민 없이 인문계 고등학교인 공주고에 진학했다. 한일고, 공주사대부고에 이어 지방에서는 나름 명문 축에 끼는 그 학교는 명성답게 입학식 날부터 야간 자율 학습을 실시했다. 나는 그 사실에 약간 충격을 받았던 것 같다. '앞으로 3년을 이런 식으로 살아야 한다는 말이지?' 하고.

가을이 올 때까지 고등학교 생활은 표면적으로는 아무 문제가 없었다. 그런데 뭔가 잘못되어 가고 있다는 느낌이 자꾸 들었다. 그렇다고 그런 느낌을 능동적으로 인식했던 것도 아니었다. 수년이 지난 뒤 돌이켜보니 그런 느낌으로 지냈던 것 같다고 기억하는 정도이다. 그래서인지 그 당시 사진 속에서 나는 딱히 이렇다 할 표정이 없는 얼굴을 하고 있다.

코너에 몰린 상황에서 외부로 발신되지 못하고 있던 내 메시지를 다행히도 부모님께서 알아차리셨다. 문제가 있다는 사실을 공유했다는 것만으로도 많은 것이 해결된 기분이 들었고, 머릿속으로만 굴리던 생각을 입 밖에 내면서 나도 모르던 내 욕구가 상당 부분 명확해졌다. 내가 원하는 것은 다음과 같았다.

1. 대중음악 작곡가가 되겠다.

2. 대학엔 딱히 진학하고 싶지 않다.

3. 일단 고등학교를 자퇴하고 지금 받는 피아노 레슨을 집중적으로 받겠다.

그리고 이 시기가 부모님의 활약이 가장 빛나는 대목인데, 두 분은 나의 원대한 계획에 일단 동의하신 뒤 한동안 유예 기간을 가질 것을 제안하셨다. 내용은 다음과 같다.

1. 겨울 방학 전까지는 학교생활을 잘 마칠 것.
2. 방학하면 야간 자율 학습, 보충 수업 하지 말고 피아노, 음악 공부만 열심히 할 것.
3. 방학 중의 생활이 잘 유지되면 개학할 때 자퇴할 것.

당장 학교를 뛰쳐나오고 싶은 마음에 몸이 달아 있었지만 일리가 있는 제안이었기에 수긍할 수밖에 없었다. 그렇게 곧 방학을 맞았고 이내 나는 10년 가까이 경험하지 못했던 거대한 자유와 맞닥뜨리게 되었다.

간디학교 말고는 갈 곳이 없었다

이 시기에 대한 기억은 정말 흐릿하다. 단편적인 장면 말고는 잘 기억나지 않는 것으로 보아 힘들게 보낸 시기였으리라 짐작할 뿐이다.

겨울 방학을 맞아 학교 대신 피아노 학원에 나가기 시작했다. 처음으로 능동적으로 선택한 길을 따라 걸어가기 시작한 것이다. 하지만 정작 자유로운 생활이 시작되자 가장 크게 다가온 것은 하루 종일 음악을 할 수 있다는 사실보다 집 밖을 나서면 온전한 자유인이 된다는 사실이었다. 낮에 거리를 걷는다는 것이 얼마나 즐거운 일인지 그때 실감했다. 꽤 추운 겨울이었음에도 공주 시내 온갖 골목을 신이 나서 헤집고 다녔다. 정말이지 너무나 달콤했다.

그렇게 눈앞의 자유를 만끽하는 데 정신을 팔다 보니 학교를 그만두겠다고 큰소리치던 초반의 기세와는 달리 음악 공부에는 소홀해질 수밖에 없었고 음악이라는 알리바이에 소홀해지니 밖에서 누리던 자유는 순식간에 불안으로 바뀌었다. 이제 뭘 해야 하지? 음악에 다시 달려들자니 덜컥 겁이 났고, 고등학교에는 절대 다시 돌아가고 싶지 않았다. 음악 말고 하고 싶은 것이 무엇인지 갈피를 잡을 수 없었고 개학이 다가오면서 곧 어디에도 속하지 못하리라는 생각이 들어 불안감은 더욱 커졌다.

그렇게 불안의 나날을 보내던 가운데 부모님께서 《녹색평론》 뒤표지에 실린 간디학교 신입생 모집 공고를 발견하고는 권해 주셨다. "한성아, 여기에서는 네가 좋아하는 음악도 할 수 있고 일반 학교에서 하는 최소한의 공부도 할 수 있단다."

갈 곳을 몰라 방황하던 내가 간디학교 입학을 결심하는 데에는 오랜 시간이 걸리지 않았다. 그간의 마음고생에 비해 자퇴 절차는 너무나 간단해서 허무할 정도였다. 이런 과정을 겪은 뒤 간디학교에 입학했다는 것은 요즈음 간디학교에 입학하는 학생들과는 다른 종류의 동기가 작용했다는 것을 의미하기도 한다. 공교육 시스템에 문제의식을 느끼고 좀 더 나은 교육 기관을 찾는 와중에 간디학교를 선택하게 되는 요즈음의 학부모와 그 자녀들과는 다소 다른 과정인 것이다. 내 입학 동기들 가운데에서도 "그래, 이런 게 대안이야!"보다는 자신에게 몇 남지 않은 '출구'로서 간디학교를 택한 친구들이 꽤 있다.

인간과 인간이 부대낀다 하루 종일, 3년 내내!

"학교생활이 어땠나요? 장단점이라든가 하는 게 있을 텐데." 간디학교가 세간에 알려지기 시작하던 무렵 기자들로부터 이런 질문을 받기 시작했을 때 10대였던 나는 정말 진지하게 고민했다. 뭐가 좋지? 우리 학교의 단점은 뭐지? 그렇게 열심히 고민해서 대답하면 신문이나 잡지에는 전혀 다른 말을 하는 내가 등장했다. 아무튼 당시의 3년을 10쪽도 되지 않는 짧은 분량의 글에 담기란 쉽지 않다.

공동생활을 하는 대안학교의 공통적인 특징일지 모르겠으나 간디학교에서는 인간관계가 일상생활에 너무나 크게 작용했다. 부대끼는 관계로 인해 몇몇은 성장했고 몇몇은 상처를 입고 도중에 학교를 떠났다. 그 당시 나 또한 인간관계에 집착했으나 상처를 주기도 하고 받기도 했다. 누군가와 친해지면 서로 진하게 닮아 갔고 관계가 틀어지면 그 즉시 일상은 작은 지옥이 되었다.

사람을 좋아하는 편은 아니었으나 간디학교 3년 동안 사람을 알아가는 재미를 맛보았다. 그 과정에서 상대에게 나를 보여 주어야만 하는 생소한 경험을 했고 그러한 밀도 높은 인간관계가 졸업 이후를 살아가는 데 좋은 성장의 계기가 되었다고 생각한다. 나와 맞는 사람과 그렇지 않은 사람을 더 잘 구별해 낼 줄 알게 되었고 웬만큼 맞지 않는 사람과도 그런대로 잘 지낼 수 있는 나름의 기술을 터득했다. 누군가와 같이 일할 때도 부대끼며 일해야 능률이 오르는 사람과 적당히 거리를 유지해야 하는 사람을 구분할 수 있게 되었다. 또한 10대 때의 실수 많은 연애 때문에 20대의 연애는 좀 더 풍성하고 행복할 수 있었다. 하지만 간디학교에서의 인간관계가 스스로를 성장시키기에는 너무 거대했던 나머지 상처를 안은 친구도 있었다. 그들을 보면 가끔 이유 없이 미안해진다.

아무것도 안 하기, 그러면서 더 크게 성장하기

10대 때 한 달 정도 아무것도 하지 않고 지내 본 적이 있는가. 학교도 학원도 가지 않고, 그래서 시계 볼 일이 거의 없는 생활 말이다. 간디학교 1학년 1학기 마지막 한 달 동안 우리는 그렇게 아무것도 하지 않고 지냈다. 간디학교에 입학하기 전까지 우리는 빡빡한 제도 안에서 살아왔고 그곳에서 풀려나 간디학교에 입학한 이후에는 집단적으로 급격한 무기력 상태에 빠졌다.

당시에는 제도권 교육에 대한 불신과 독기가 남아 있었다. 그런 상태로 학교 커리큘럼에 수동적으로 따라 걷던 우리는 점점 아무것도 제대로 해내기 힘든 상황을 맞았고, 이후 길고 긴 회의를 거쳐 한 달간의 유예 기간을 갖기로 결정한 것이다. 그 기간 동안 정해진 일정 없이 산책하고, 책을 읽고, 음악을 들으며 시간을 보냈다. 돌이켜보면 그 당시에 중요한 심경의 변화를 겪었던 것 같다. 자연스럽게 자신과 미래에 대한 생각을 하게 되었고 처음으로 이대로 살아서는 안 되겠다는 일종의 불안감도 느꼈다. 우리가 어떻게 한 달간 단체로 수업을 듣지 않겠다는 제안을 할 생각을 했는지도 의아하지만 그것을 받아들인 학교도 참 대단했다는 생각이 든다.

삶이 텍스트였던 교사들

1990년대 초·중반에 대안교육을 몸으로 실천하기 시작한 사람들과 10대 시절을 보냈다는 사실은 매우 감동적이다. 개인적으로 간디학교 3년을 되돌아볼 때 추억의 대부분은 선생님들과의 일이다. 입학 당시에 처음 만난 간디학교 선생님들은 내가 10년간 정규교육을 받으며 만난 사람들과는 본질적으로 달랐다.

대부분 20대 후반에서 30대 중·후반이던 선생님들은 입시 준비를 돕기에는 '하자'가 많았지만 학습의 수단이 교과서만은 아니라는 사실을 온몸으로 증명해 내신 분들이다. 보통은 대학생이 되고부터 쓰기 시작하는 리

포트를 우리는 고등학교 1학년 때부터 썼으며 해마다 역사 청문회를 열어 역할극을 했다. 그리고 철 따라 고구마를 심고 정자를 만들고 오솔길을 냈다.

한편 우리는 그런 선생님들을 곁에서 지켜보는 귀한 경험도 할 수 있었다. 선생님들과 우리들은 대부분의 일상을 공유했고 수업과 일상의 경계가 모호해지면서 선생님들의 삶은 그 자체로 좋은 텍스트가 되었다. 덕분에 나는 환경 문제를 다루는 수업을 들은 것도 아니고 '균형 잡힌 역사관 확립하기'라는 이름의 수업을 들은 적도 없지만 계면 활성제의 해악을 알게 되었고 국가보안법과 관련된 몇몇 해프닝이 왜 정말 해프닝 수준인지도 깨우칠 수 있었다. 그냥 어쩌다 보니 알게 된 것들이다. 내가 '좋았다'고 느끼는 것은 간디학교 자체에 대한 것이 아니다. 선생님들이 읽는 책을 어깨너머로 보고 무심코 제목을 메모해 두기도 하고 지나가듯 던지는 말씀이 잠자리에 들 때 이유 없이 떠오르기도 했던, 그런 일들 때문이다. 그런 일들이 모여 "간디학교요? 정말 좋았죠."를 만든 것이다.

불안감과의 타협

대학에 가기까지 몇 차례에 걸쳐 불안감과 타협했다. 음악을 하고 싶었던 나는 입학 후 록 밴드에서 베이스를 치기 시작했다. 밴드 생활은 너무나 즐거웠지만 고3이 되면서 연주자가 될 것인지에 대한 고민이 생겼고 결국 연주자보다는 무대 뒤에서 연출을 하는 기획자에 더 매력을 느끼게 되었다.

진로 선택의 과정에서 첫 번째 타협을 했다. 공연 기획이나 연출 쪽으로 가려고 한다면 대학보다는 공연 기획사 아르바이트가 더 빠르고 확실한 길이었을 것이다. 하지만 대학을 안 가는 것에 대한 이상한 불안감을 떨치지 못해 결국 '대학에서 그나마 이벤트 기획의 맛이라도 볼 수 있는' 광고

홍보학과를 선택하였다.

두 번째 타협은 처음으로 시행되는 대안학교장 추천 입학제 때문에 이루어졌다. 그것은 거부할 수 없는 유혹이었다. 당시 한신대학교는 수능 점수를 반영하지 않고 내신과 면접만으로 신입생을 선발했다. 3년 내내 뛰어논 나에게 그 기회는 외면할 수 없는 기회였다.

나를 비롯한 동기들은 대부분 수능 준비를 시작하였다. 하지만 대학에 대한 근본적인 고민은 부족했다. 왜 대학에 가야 하는지 고민하기보다는 대학은 가야 하는 곳이라 생각했고 그에 따라 스스로의 결정을 미화하기도 했다. "나는 내 진로를 결정했으며 그에 대한 열정과 믿음도 있다. 또한 내가 조사한 바에 따르면 대학의 관련 학과에서 공부하는 것이 내 꿈을 실현시킬 수 있는 가장 좋은 방법이다. 그래서 나는 수능 준비를 한다." 이러한 논리는 사실이라면 다행이지만, 아닌 경우 스스로 굉장히 초라해진다. 나 역시 예외는 아니었다. 다행히 내 적성에 맞는 길이었기에 별문제 없이 재미있게 지낼 수 있었을 뿐이다. 그러한 경향은 아무래도 불안감 때문이었다.

간디학교에서의 3년 동안 나에게 필요했던 것은 진로와 관련한 다양한 경험이었다. 그런 면에서 간디학교는 그리 성공적이지 못했다고 본다. 지리적인 이유도 있었겠지만 아무래도 초기니까 그런 면에서 부족할 수밖에 없었다고 생각한다.

대안학교 졸업생을 보는 시선

간디학교 입학을 위해 고등학교를 자퇴하던 시점부터 주변에서는 부모님을 두고 한동안 말이 많았다. 자식 농사를 망친다는 둥 저래서 대학은 어떻게 가겠느냐는 둥 부모님께 시시콜콜 여쭤 보지는 않았지만 뒷말이 많았다는 것은 알고 있다. 간디학교 졸업 즈음부터는 또 다른 뒷말이 들리기 시작했다. 별 탈 없이 졸업을 하기는 하는데 정녕 사람 구실을 하면서 살까? 헛바람만 잔뜩 들어서 꿈만 꾸는 이상주의자가 되지는 않을까? 조직의 질서에 잘 적응할까? 사회생활은 잘할까?

이런 의혹에 대해 내가 하고 싶은 말은, 간디학교 3년은 인생에서 아주 짧은 기간이라는 것이다. 남들은 별로 기억하지 못하는 에피소드가 어떤 사람에게는 크게 남아 이후의 삶에 끈질기게 영향을 주는 경우를 자주 볼 수 있다. 간디학교의 경우도 마찬가지다. 어떤 사람에게 간디학교는 그저 그런 3년이고, 누군가에게는 남은 인생을 바꿀 엄청난 경험이다. 의미는 스스로 부여하는 것이고 그것이 성장의 여부를 가늠할 수는 없다. 그러므로 대안학교에서의 시간을 밑거름 삼아 졸업한 뒤에 좋은 쪽으로 성장하는 사람이 있는 반면, 대안학교에서의 경험이 오히려 독으로 작용하는 사람도 있을 것이다. 반대로 일반 학교에서도 위의 두 경우 모두를 발견할 수도 있다.

사회에 나와 보니 사회생활의 문제와 직결되기로는 대안학교 졸업 여부보다는 그가 어떤 사람인지가 더 먼저이다. 따라서 대안학교를 졸업한 점이 사회에서 약점으로 작용하는 경우는 극히 드물다고 생각한다.

하자 센터에서 일하게 되기까지

오늘까지 사흘째 휴가 중이다. 남이섬에 와 있는데 관광객으로 북적이던 이 작은 섬은 저녁 여섯 시가 되면 쥐 죽은 듯 조용해진다. 원래의 계획은 이 원고를 마무리하고 여유 있게 회사 일을 정리한 다음 알랭 드 보통의 신작 《일의 기쁨과 슬픔》을 챙겨 우아하게 떠나는 것이었다. 그런데 휴가 떠나기 직전의 업무는 업무대로 절정으로 치달았고 원고는 뼈대만 만들어진 상태로 노트북 안에 잠들어 있다. 결국 나는 조용한 섬의 공기를 벗 삼아 '일'을 하는 휴가를 보내고 있다.

나의 일터 하자 센터는 '청소년을 위한 문화 작업장'으로 시작했는데 지금은 '사회적 기업 인큐베이팅 센터'로 체제를 바꾸어 활동하고 있다. 사회적 기업을 창업하려는 사람들이 모여 팀을 꾸리면 우리는 그들이 독립할 수 있도록 돕는다. 다양한 사람들이 섞여 시너지를 낼 수 있도록 세심하게 판을 짜고 사람을 필요로 하는 조직과 조직을 필요로 하는 사람들을 서로 만나게 한다.

내가 하는 일은 어떤 면에서는 간디학교의 역할과 비슷하다. 대안교육이 기존 공교육 시스템에 대한 대안이라면 사회적 기업 인큐베이팅 팀은 일류 대학이나 높은 연봉의 직장이 아니더라도 멋지고 풍요롭게 살 수 있는 길이 있다는 것을 실제로 증명하고 있다.

이런 일을 하면서 살 수 있음에 순간순간 누구에겐지 모를 감사를 드린다. 내 인생은 이 일을 시작하면서 풍요로워졌고 일의 역동성 속에서도 정신적인 안정을 찾을 수 있었다. 이 일은 나로 하여금 창의성을 발휘하게 하고 수많은 사람들을 만나게 하며 내 주변의 사람들에게 관심을 쏟도록 만든다. 그것은 일을 하면서 누리고 싶은 최고의 것들이기도 하다.

물론 나의 일상이 항상 풍요롭지만은 않다. 이 동네는 하루도 조용할 날이 없다. 창업을 하는 도중에 일어날 수 있는 모든 종류의 갈등이 일어나고 그 와중에 우리 팀은 언제나 조정자 역할을 해야 한다. 사회적 기업이 우리나라에서 막 태동하려는 분야인 만큼 일을 하는 데 변수가 많고 그래서 업무의 양도 굉장히 많다. 하고 싶은 일을 한다는 사실만으로는 이 격무에 대한 보상이 되지 않는다고 느낄 때도 종종 있다. 빈곤 문제를 주요 이슈로 삼는 일본의 활동가 아마미야 카린이 사회 활동가의 일을 두고 '보람 착취'라고 표현한 적이 있는데 그런 것을 느낄 때가 이따금씩 있다. 그럴 때면 일을 통해 얻는 성취가 무엇인지 잘 알 수 없게 되고 급기야 우울한 상태에 빠지기도 한다. 그러다 어느 시기가 지나면 다시 일에 여유가 찾아오고, 그러면 평화를 맛본다.

최근에는 하자 센터에서 활동하고 있는 어떤 예비 사회적 기업의 경영에 참여하고 있다. 지금 속해 있는 팀에서의 경험이 실제 기업을 창업하는 데 도움이 될 수 있으면 하는 마음에서이다. 직무 전환을 한 지 얼마 되지 않아서 새로 발을 담근 팀에서 '조직의 쓴맛'을 톡톡히 보고 있다. 하지만 지원자에서 경영자로의 변화된 삶은 기대감을 주기에 충분하다.

예전에는 일이나 환경이 바뀌면 견딜 수 없이 불안해지고는 했다. 최근에 깨달은 것은 불안은 일이 잘 진행되는 와중에도 생기는 아주 끈질긴 녀석이라는 것. 뭐랄까, 이것은 더위나 추위 같은 것이다. 10년 전이나 지금이나 여름에는 겨울을, 겨울에는 여름을 그리워하듯, 평생 가져가는 감정 같은 것이다. 그래서 요즘은 불안을 친구 삼아 곁에 두고 관찰하는 느낌으로 지내고 있는데 굉장히 효과가 좋다.

이제는 받은 사랑을 나누어 줄 때

내 글을 처음부터 죽 읽어 보았다. 그러고 나니 나는 복 받은 사람임이 틀림없다는 확신이 든다. 우선 부모님께서 깨어 있는 분들이셨기에 10대 후반에 남들이 가지 않은 길로 훌훌 털고 갈 수 있었다. 간디학교의 선생님들은 말할 것도 없다. 간디학교 친구들도 평생의 동반자로 남을 것이다. 1990년대 후반 우리나라에서 가장 뜨겁게 활동했던 사람들과 10대 시절을 함께 보냈다는 것이 나에게는 더없이 소중한 경험이다. 사회가 오해와 불신의 시선으로 간디학교를 바라보던 시기를 지금에 와서 여유 있게 되새겨 볼 수 있게 되었다는 것도 소중하다. 물론 나를 힘들게 했던 사람들도 많았지만 내가 쓰러지지 않을 정도의 '적당한' 시련만을 안겨 주어 오히려 그것이 나에게 성장의 좋은 계기가 되었다. 내 인생의 악역들에게도 응당 감사를 표해야 한다.

그래서 나는 보답하고 싶다. 지금 하는 일을 통해 그러한 감사를 세상에 대신 표할 수 있어 다행이라고 생각한다. 간디학교 졸업 당시 양희규 교장 선생님이 나누어 주신 졸업 책자의 속표지에는 이런 말이 적혀 있었다.

"너희들은 3년 동안 커다란 사랑을 받았다. 이제 밖으로 나가 그 사랑을 나누어 주어라."

이 말을 생각하며 다시 마음을 다잡는다. 아마 앞으로도 계속 이렇게 살아갈 것 같다.

간디학교 졸업생, 간디학교 교사가 되다

남호섭 교감

나를 행복하게 하는 제자

나는 요즘 행복하다. 교사로서 보람이 새삼스럽기 때문이다. 제자가 제 몫을 단단히 해내는 모습을 보는 일만큼 교사를 기쁘게 하는 일은 없을 것이다. 그런 제자를 교무실에서 날마다 보고 있다. 이 제자는 작년부터 모교의 교사가 되어 나와 같이 근무하게 된 것이다. 그는 나와 오랜 인연이 있었다. 쓰는 둥 마는 둥 하는 내 일기장에 그는 이렇게 등장하고 있다. 벌써 햇수로 10년 전 일이다.

전교조에서 주최하는 학생의 날 기념 마라톤 대회 안내가 식당에 붙어 있기에 "저거 한번 해 볼래?" 하니 고개를 젓는다. 작년 진주 시민 마라톤 대회에 나가 하프 코스를 완주했고, 제 집이 있는 경기도 이천에서부터 학교까지 선배 종명이와 자전거를 타고 온 적도 있고, 지리산이고 지난봄에 소풍 갔던 남해 금산이고 산에 가는 것도 좋아하는 녀석이기 때문에 다시 한 번 물었다.

"상품도 많은데 한번 달려 보지?"

"저 요즘 죽을힘을 다해 공부하고 있어요."

그러니 마라톤 하러 갈 시간이 없다는 거다. 수업 시간에도 제일 열심이다. 눈망울이 사뭇 진지하다. 어느 때는 시를 써서 내게 들고 오기도 했는데 요즘엔 시심이 말랐나? 안 씻기로 유명했고 산만한 것도 같더니 그리고 모든 말은 '펑크'로 귀결시키더니 녀석이 점점 멋있어진다. 중학교부터 간디학교를 5년째 다니면서 학교가 자기에게 해 주는 게 별로 없다는 걸 일찌감치 깨닫고 학교 탓도 안 하고 남 탓도 안 하고 제자리에서 제 몫을 단단히 해내고 있는 녀석이 보기 좋다. 멋대로 삐죽삐죽 솟은 머리카락들도 멋있어 보인다. 녀석은 우리 반장이다.

— 2002년 10월 30일 일기 가운데

10년 넘게 지방과 서울의 학교에서 교사로 살았다. 그런데 시간이 지날수록 학교 교육에 대한 회의가 일었다. 모든 교육의 초점이 입시에만 맞춰지고 성적 경쟁은 극심해지면서 아이들은 생기를 잃어 가는데 거기에 열심히 복무하고 있는 모습은 결코 내가 꿈꾸던 게 아니었다. 아이들과 나를 위해서 교육 운동에 참여하기도 하면서 교육의 본질에 대해 고민하는 날들이 많았다. 그러던 중에 대안교육 운동을 만나고 기꺼이 대안학교 교사가 되었다. 대안학교 교사 2년 차에 담임을 맡으면서 고등학교 2학년인 그와 만났다. 그는 나보다 대안학교 '물'을 3년이나 더 먹은 선배였다.

그때 그와 친구들은 야성이 넘쳤다. 눈빛이 살아 있었다. 그동안 내가 만난 아이들과는 달랐다. 자유로웠고 개성이 넘쳤으며 스스로를 사랑하고 있었다. 날마다 놀라움의 연속이었다. 그들의 내적 성장을 지켜보면서 교사로서 나름대로 애써 온 지난 세월이 부끄럽기도 했다.

학생 앞에서 애써 근엄한 표정을 지을 필요가 없었다. 여름이면 반바지에 맨발로 교실 수업을 할 수도 있었다. 교사인 내가 해방되는 느낌이 들었다. 그러면서 생각했다. 소위 말하는 대안교육이 우리나라에서 뿌리내리려면 대안학교 출신 아이들이 교사로 돌아와야 할 것이다. 자기들이 받은 교육을 후배들에게 전하게 될 때 비로소 대안교육을 제내로 평가해 볼 수 있을 것이라고. 그 무렵 그는 또 이렇게 내 일기장에 등장하기도 했다.

그는 선생이 될 것이다. 국어 선생이나 역사 선생이 되고 싶다니 그렇게 될 것이다. 저 자신을 표현하고자 하는 욕구가 끓어 넘쳐 기타를 치거나 시를 쓰면서 아이들을 가르칠 것이다.

오늘 거의 한 시간을 그와 이야기 나누면서 내내 기분이 좋았다. 그와 이야기 나누는 일은 늘 유쾌하다. 굳이 말을 안 해도 좋을 때가 많다. ○○대학교를 생각하고 있다는 말을 했다. 공부하자고 격려했다. 대안학교 특별 전형보다 일반 전형으로 응시할 것을 권유했다. 너보다 입시 공부 안 한 아이들에게 그 기회를 주자고도 말했다. 흔쾌히 공부하겠노라 했다. 지난 학기에 공부에 재미를 붙여 자신감도 얻고 성과도 있었다고 했다. 그런데 겨울 방학이 지나면서 리듬을 잃었다고 했다. 짜증 나서 책을 읽는다고 했다. 탁석산의 《한국인의 주체성》을 들고 있었다. 이해가 잘 안 가서 두 번째 읽는 중이라 했다. 《한국인의 정체성》도 읽었다고 한다. 얼마 전에는 조정래의 《한강》을 독파하는 것을 본 적도 있다. 그가 선생이 되면, 최소한 나보다는 좋은 선생이 될 것이다.

— 2003년 3월 8일 일기 가운데

그가 3학년 때도 나는 그의 담임이었다. 결과적으로 보자면 내 예언은 적중했다. 그는 정말로 선생이 되었다. 중·고등학교 6년 동안 대안교육을 받고 대학에 가서 교직 과정을 이수하고 모교에 돌아와 교사가 되었다.

나는 군사 독재 시대에 군사 훈련까지 받으면서 중·고등학교를 다녔다. 권위적이고 획일적인 학교 틀 속에서 성장하여 교사가 되었다. 비록 그런 교사에게서 배우지만 아이들은 달랐다. 대표적인 자유학교로 손꼽히는 우리 학교 아이들은 교사들의 딱딱한 머리를 말랑말랑하게 만들어 줄 때가 많았다. 아이들의 개성이 다양하고 거침없이 표현될 때에는 혼란스러울 때도 있지만 진지하게 교사의 역할을 고민하게 해 주었다.

그런 아이 가운데 하나였던 그가 선생이 되었다. 갑갑한 우리 교육 현실에 대해 '어둠을 탓하기보다 촛불 하나 밝히는 것이 낫다.'는 마음으로 시작된 대안교육의 결실 하나. 비록 하나의 열매라지만 그가 품은 무수히 많은 씨앗을 본다.

우리 학교 아이들은 성적 경쟁의 중압감에서 자유롭다. 대학 진학에서 완전히 자유롭지는 못하지만 '대안적인 삶'까지도 고민할 만큼 성장한다. 기숙 학교이기 때문에 부모의 욕심이 마음대로 개입할 수 없는 물리적 거리에서 학교를 다닌다. 그러다 보면 아이들은 어느 순간 덜컥 자기 자신과 만나게 된다. 자연스럽게 화두 하나씩 붙들게 된다. '나는 누구인가.' '앞으로 어떻게 살아야 할까.' 아이들은 그 나이에 풀 수 없는 이런 고민을 가장 잘 이해해 줄 수 있는 사람이 자기들과 똑같은 길을 걸었던 선배라는 것을 알고 있다. 그래서 그는 지금 우리 학교 아이들에게 가장 인기 있는 선생님이다. 아니, 형이나 오빠다. 아니, 친구다.

그는 이런 관계 속에서 선배 교사들의 한계를 넘어서고 있을 것이다. 국어 선생이자 고등학교 2학년 담임이라는 맡겨진 일에도 구속되지 않고 가르치고 배우는 일이 하나가 되는 기쁨을 맛보고 있을 것이다. 그를 잘 안다고 믿고 있는 내 눈에는 정말 그렇게 보였다. 그래서 어느 날 나는 그를 붙들고 단도직입으로 물었다. 그가 이 학교에 선생으로 온 지 1년이 지나고 새 학기도 반이 넘었으니 내 딴에는 오래 참았던 질문이었다.

• 모교에서 교사하기는 어떤가?

○ 좋아요. 좋은 사람들과 같이 있다는 생각이 들어서요. 그리고 좋아하

는 걸 하니까요. 제가 읽고 좋았던 글을 바로 수업에 쓸 수 있고 제 공부를 같이 나눌 수 있어서요. 수업에 간섭이 없으니까 다양하게 해 볼 수 있어서도 좋아요. 요즘 저는 일에 홀려 있는 듯해요. 사람들은 보통 일하다 보면 쉬는 것을 좋아하잖아요. 그런데 저는 지금 일이 좋아서 그런지 일과 쉬는 것이 구분이 안 가고 그럴 필요도 못 느껴요.

• 간디학교 다닐 때 배웠던 것이 도움이 되나?

○ (웃음) 기억이 하나도 안 나요. 그때 재미있던 수업을 활용해 볼까 하는데 떠오르지 않아요. 선생님들이 신고 다니시던 고무신, 학교에 걸어 다니시던 모습, 이런 것만 떠올라요.

• 어떤 교사가 되고 싶나?

○ 아직 교사라는 생각이 안 들어요. 어디 가서도 교사라고 말 못해요. 교사를 떠나서 제가 소중하게 생각하는 가치가 삶 속에 녹아 있으면 좋겠어요. 의식적이지 않고 자연스럽게요. 선생님들 사는 모습을 통해서 저도 배웠듯 제가 사는 모습이 중요하다는 생각을 하고 있어요.

• 대안교육은 어떠해야 한다고 생각하나?

○ '교육'에서 벗어나야 한다고 생각해요. 교육은 보수적일 수밖에 없잖아요. 세상살이에 필요한 틀에 맞는 사람을 만들어 내야 하니까요. 때로는 충동적이고 불규칙하고 게으름 같은 것도 드러낼 수 있는 사람을 만들 수 있으면 좋겠어요.

끝으로 그는 대안학교 출신으로 잘해야 한다는 생각이 들지만 그에 큰 부담은 없다고 '쿨'하게 말했다. 짧은 문답 속에서도 그가 선생이 되면 나보다 좋은 선생이 되리라 한 예언이 들어맞는 듯해서 기뻤다. 이렇게 예측 가능한 희망이 많아졌으면 좋겠다는 생각을 한다. 교육이란 말 앞에다 억지로 '대안'을 갖다 붙이지 않아도 그렇게 되면 좋겠다.

한 그루 나무가 되실 아버님

양희창 제천 간디학교 교장

아버님을 떠나보내며

얼마 전에 아버님께서 돌아가셨다. 짧지 않은 기간의 투병 생활을 잘 견뎌내시고 평화롭게 눈을 감으시는 모습을 지켜보면서 슬픈 이별 못지않게 죽음에 대한 여러 가지 생각을 하게 되었다.

죽음은 늘 우리 가까이 있는데도 영원히 살 것처럼 쓸데없는 것에 목숨을 걸고 살아가는 모습이라든지, 잘 죽는 것이 얼마나 힘든 세상인지에 대해서 말이다.

아버님을 보내면서 든 죽음에 관한 생각은 곧 '생명 교육'의 마무리 또는 '장례 문화'의 대안으로서 새롭게 제시해 보고 싶은 것이기에 이 글을 읽는 분들이 지혜롭게 잘 다듬고 보완해 주신다면 '잘 죽기 운동'이 펼쳐질 수도 있을 것이라는 바람을 가져 본다.

집에서 죽음을 맞이하는 행복

말기 암이라는 진단을 받고 아버님은 병원에서 집으로 오셨다. 극심한 진통을 줄여 주는 처방만 받아서 일주일에 한 번씩 가정 간호사가 오기로 하고 집에서 삶의 마무리를 하기로 하신 것이다. 이건 아버님의 선택이었다. 가족의 동의 아래 온갖 병원 치료를 마다하고 당신이 살던 집에서 어머님의 간호 아래 마지막 마무리를 하기로 하신 것이다.

출생에서 사망까지 모든 것이 병원에서 이루어지는 지금의 문화에서 가장 아쉬운 것은 병원이 결코 삶의 보금자리나 안식처가 될 수는 없으며 조금 더 수명을 연장할 수 있다 할지라도 평화로운 죽음을 맞이하기에는 너무나 삭막하다는 것이다.

집에서 아버님은 평소에 부르고 싶은 찬송을 마음껏 부르셨고 가족들도 편안한 마음으로 성경을 읽어 드리고 온갖 추억을 들추어내며 이별의 시간을 만들어 갔다. 아버님은 모든 가족에게 일일이 아쉬움과 사랑을 표현하셨고 남편으로서 아버지로서 부족한 점을 용서해 달라는 말씀도 하셨다.

자신이 살던 집에서 정서적으로 안정된 가운데 만나고 싶은 이들을 모두 만나고 죽기 전에 이별식을 하는 것은 매우 아름다운 일이라고 생각한다. 맥박계를 바라보다가 "이제 운명하셨습니다."라는 소리에 대성통곡하는 것보다 그전에 죽음을 받아들이고 충분한 만남의 시간을 보내는 것이 죽음을 맞는 사람이나 지켜보는 가족 모두에게 더 아름답고 충만한 일이 아닐까?

우리 가족은 이 부분에 많은 고심을 하였다. 병원에 계셨다면 조금 더 생명을 연장하셨을지도 모른다. 그러나 호스에 생명을 기대어 말 한마디 제대로 못하고 방사선에 다른 기관마저 파괴되어 마치 뭍에 나온 물고기처럼 버티는 것이 생명의 질에서는 비교할 바가 아니라고 최종적으로 판단했다. 우리가 불효자일까?

나도 집에서 죽고 싶다. 속 깊은 대화와 사랑의 표현과 깊은 만남이 가능한 곳에서 삶을 마무리하고 싶다. 내가 거닐던 자리와 아이들의 손때 묻은 사진과 아무렇게나 걸려 있는 아내의 옷을 바라보면서 축복과 용서의 말씀을 들으며 작별하고 싶은 것이다.

아버님은 우리에게 미소 지으며 마지막 포옹을 하시고는 주무시듯 돌아가셨고 그것은 집이었기에 가능했다고 생각한다. 자신의 죽음을 받아들이고 삶을 정리하는 것을 병원에서는 자꾸 미루게 만든다. 그게 남은 자들의 최선의 태도일까?

죽음은 삶의 중심을 잡아 준다. 쓸데없는 걱정에 귀한 생명의 시간을 낭비하지 않도록 도와주고 잊고 살아가는 것에 대해 각성하게 한다. 돌아가시기 3일 전에 아버님은 내게 아주 천천히 그리고 간간이 웃으시면서 이런 말씀을 하셨다. "참 오찻물이 맛있다. 희창아. 오찻물이 참 맛있다. 한 그릇만 마셔 보았으면 좋겠다."

아무것도 드시지 못하고 물도 수저에 떠 넣어 드리던 참이라 아버님의 말씀은 내가 얼마나 많은 것을 가지고 살아가고 있는지를 다시 한 번 깨우치게 했고 어떤 말씀보다 더 큰 울림으로 다가왔다.

장례식 안 하기

보통 병원에서는 맥박이 끊어지면 이불을 덮는다. 그러나 우리는 그렇게 하지 않았다. 숨소리는 들리지 않았지만 이마는 따스했고 가족들은 한 사람씩 마지막 이별을 고하였다. 그리고 예배를 드리고 한 시간이 지나서 이불을 덮어 드렸다. 슬픈 감정이 익숙한 것처럼 죽음이 친근하게 느껴졌다.

아버님과 어머님은 이미 오래전에 시신 기증 약속을 하셨다. 그래서 돌아가시기 전에 미리 기관에 연락을 해 놓았고 돌아가시고 세 시간이 채 안 되어 병원차가 도착하여 시신을 관에 넣고는 병원으로 떠났다. 그것으로 시신 기증은 끝났다. 1년이 지난 뒤에나 연락을 준다고 했는데 그때 화장을 하든지 매장을 하면 된다는 것이었다.

입관도 하관도 필요 없었고 빈소도 마련되지 않았으며 장례식도 없었다. 3일째 되는 날 교회에서 환송 예배를 드렸다. 받은 사랑이 너무 크다는 아버님의 유언에 따라 부조를 받지 않았고 유족들은 검은 옷만 차려입고 띠를 두르지 않은 채 함께 예배를 드렸다. 오신 분들에게 식사를 대접하면서 인사를 나누었고 그것으로 간단한 이별식은 끝났다.

평소 지나치게 검소하셨던 아버님은 평생 모으신 돈을 학교 사업에 바치셨고 자신의 몸마저 주고 가시는 데 조금의 미련도 없었다. 덕분에 가족들은 죽음을 통해 가문의 위세를 알리는 장례 절차나 부조 문화의 허례를 피할 수 있었다. 허리가 몹시 좋지 않은 어머님도 여자들만 죽어나는 장례 문화를 면하게 해 준 남편의 사랑을 되뇌셨다. 아버님의 뜻이 워낙 강하셨기에 조금씩 꺼림칙해하면서도 가족의 어른들도 반대하시지는 않았다. 큰아버님도, 다른 친척 어른들도 너무나 다른 이별 절차에 깊이 생각하시는 듯했다. 앞서거니 뒤서거니 가는 게 인생 아닌가?

돌아가시고 이틀 동안 조용히 아버님을 그리워하며 어머님을 위로하는 자리는 소중한 것이었다. 함께 마음을 다질 수 있었고 그래서 3일째 날 환송 예배를 드리는 동안 가족들은 마음속 깊은 평화를 누렸고 지쳐서 뭘 하는지도 모르는 장례식보다 훨씬 더 많은 감응을 받을 수 있었다.

사람들은 인생의 가지치기를 한 번도 제대로 하지 못한 채 죽어서도 자신이 알려지기를 원하고 죽음을 통해 살아서 못다 한 체면을 세워 보려고 한다. 그러나 아무리 화려하고 값비싼 꽃으로 관을 장식하여도 그건 살아 있는 이들의 자족일 뿐이다. 죽은 자는 말이 없는 것이다.

한 그루 나무 되기 운동이 확산되기를

아버님은 무덤을 남기기를 원치 않으셨다. 그래서 한 그루 나무로 남으시면 좋겠다는 우리들의 제의를 매우 기뻐하셨다. 내년 봄이면 간디학교 한 귀퉁이에 작은 나무를 심어 그곳에 아버님의 뼛가루를 뿌리고 작은 팻말을 걸어 놓을 것이다. '한 그루 나무가 되신 간디학교 초대 이사장 양영모 님' 그 나무 아래서 아이들이 쉬기도 하고 노래도 하겠지. 그렇게 죽음이 친숙한 것이 되고 살아 있는 자들의 안식처가 된다면 멋지지 않을까?

한 그루 나무 되기 운동은 우리 학교 학부모이기도 한 전남 장성의 한마음공동체 남상도 목사님께서 열성적으로 말씀해 주신 적이 있다. 그때 깊은 감명을 받았고 우리 가족부터 이 운동을 시작해서 확산시켜 나가야겠다는 생각을 하게 되었다. 그러던 중 아버님께서 적극적으로 지지해 주신 덕분에 자신 있게 이 운동을 펼쳐 나가자고 말할 수 있게 되었다. 벌써 한 그루 나무 되기 운동에 동참하겠다고 지지 의사를 밝힌 분들이 여럿 계시다.

우리나라 한 해 사망자는 약 25만 명이라고 한다. 적어도 20만 개의 무덤이 만들어지고 있는 셈이다. 산 자도 지내기 비좁은 땅덩어리에서 죽은 자의 공간이 더욱 늘어 가고 있는 것이다. 거기에다 무덤을 만들기 위해 훼손되는 나무는 얼마나 될까? 반대로, 무덤을 만들지 않고 한 그루 나무 되기 운동을 하면 10년이면 약 250만 그루의 나무가 심어지고 그에 따라 자손들의 삶도 더욱 풍성해질 것이다.

죽음은 가까운 것이 되어야 한다. 삶 속에는 죽음이 항상 함께하고 있으니까 말이다. 죽음을 통해 슬퍼하고 안타까워하는 것 이상으로 함께 나누었던 삶을 기억하고 새로운 느낌을 갖게 하는 영혼의 이어짐이 가능해야 하지 않을까? 떠난 이들이 남긴 나무 아래서 새들이 지저귀는 소리를 들으며 살아 있음과 떠남을 생각해 보는 것은 괜찮은 일인 것 같다.

죽음에 관한 교육을 하자

내가 아는 한 여고생은 할아버지가 돌아가셨는데 수능이 코앞이라며 장례식에 참여하지 않아도 된다는 엄마의 말에 기가 막혔다면서, 시험 점수가 조금 못 나온다고 한들 어떠냐 뭐가 잘못된 게 아니냐고 씁쓸해했다. 맞다. 이건 잘못되어도 한참 잘못된 것이다.

사람이 배운다는 게 다 뭔가? 오로지 더 많이 가지기 위해서 이토록 밤잠을 설치며 공부하는 거라면 이 세상은 절망 그 자체이다. 그런 마음이 벌써 죽은 상태이다. 사랑해 주셨던 이에 대한 그리움과 아쉬움을 제대로 표현하지도 못하고 공부만 죽어라 한 인간이 출세해서 만들어 갈 세상을 한번 생각해 보라.

죽음에 관한 교육을 제대로 해야 한다는 생각을 해 본다. 죽음이란 이토록 가까운 것이며, 잘 죽으려면 잘 살아야 하고, 잘 사는 게 많이 가지려고 버둥거리는 것이 아니라는 것을 말이다. 아니 더 솔직히 이야기하자면 나누려는 결단을 하지 않는다면, 욕심을 버리는 준비를 차근차근 하지 않는다면 잘 죽기 어려울 것이라는 생각을 전해 주고 싶다.

적게 가지려는 교육, 자족하고 감사할 줄 알게 하는 교육은 죽음에 대한 교육과 이어진다. 자연을 거스르지 않고 자신을 자연으로 되돌리는 귀한 몸짓이다. 버리지 못하고 끝까지 안달하는 사람도 끝내는 버릴 수밖에 없음을 가르쳐 주는 죽음의 메시지야말로 우리에게 필요한 복음이 아닐까.

공부 못하는 것은 원하는 것을 가질 수 없다는 뜻이며 이는 곧 실패한 인생을 의미한다고 생각하는 아이들이 오늘도 옥상에서 뛰어내린다. 얼마나 불행한 일인가. 이 아이들이 날개를 펴 보기도 전에 삶을 접도록 만드는 죽음의 세상에서, 잘 산다는 것의 핵심이 많이 가지는 데 있지 않다는 것을 말해 줄 수는 없을까.

좀처럼 입을 열지 않는 중학생 아들 녀석이 장례 예배를 마치고 엄마에게 이렇게 이야기하는 것이다. "엄마, 나도 잘 살아야겠다. 할아버지께 배운 게 많다." 아이들에게 비관이나 허무를 가르치자는 게 아니다. 잘 사는 게 뭔지를 알려면 우리가 언젠가는 떠나야 할 존재라는 것을 알게 해야 한다는 거다. 그래서 삶을 진지하고 겸허하게 받아들일 수 있도록.

아이들은 늙는다는 것에 대한 두려움과 거부를 나타낸다. 그러나 늙는다는 것이 그다지 비참하거나 슬픈 일이 아니라는 것을, 나뭇잎이 떨어지듯이 우리의 인생도 늙고 스러져 가는 것이 당연한 것임을, 그렇게 자신의 삶과 죽음을 받아들이는 것이 가장 자연스러운 삶임을 이야기해야 할 것 같다.

이제까지 이야기한 것들이 보편타당한 운동이 되려면 좀 더 세심한 분석이 이루어지고 문제점을 보완해야 할 것이다. 형편상 집에서 돌아가시기 어려운 사람들을 위한 대안이나 돈이 없으면 죽지도 못하는 상업성을 극복할 수 있는 배려가 필요할 것이다. 또한 시신 기증이 늘어날 경우 감당하지 못할 사태라든가 화장 문화가 생태적인 것인지에 대한 고민도 아울러 해 봐야 할 것이다.

어떻게 죽는 게 잘 죽는 것이며 어떻게 죽는 게 잘 산 것일까? 다시 원점으로 돌아가 나 자신에게 묻는다. 그러면서 다시 한 번 아버님이 가르쳐 주신 큰 원칙을 되새겨 본다.

"집에서 죽자. 무덤을 남기지 말자. 한 그루 나무가 되자."

희망을 노래하다

최보경 교사

최보경 선생님은 국가보안법 위반 혐의로 3년 동안 법정 투쟁을 하여 무죄 판결을 받았다. 이 글은 법정에서 한 최후 진술이다.

존경하는 판사님. 시간이 많이 흘렀습니다. 어느덧 다가온 결심 공판을 보며 문득 이 사건이 언제였던가, 기억을 떠올려 봅니다. 그날은 제 인생에 결코 잊을 수 없는 날이 되어 지금도 메아리칩니다. 이제부터 최후 진술을 하겠습니다. 참으로 고민이 많았습니다. 무슨 말씀을 어떻게 드려야 할까 수없이 고민했습니다. 다소 지루한 느낌이 드시더라도 피고인의 심정을 헤아려 너그럽게 이해해 주시기 바랍니다.

북녘의 하늘 그리고 그렸던 북녘땅!

'내 생애 단 한 번이라도 북녘땅을 디딜 수 있을까? 그 땅에서 올려다본 하늘은 어떨까?' 조국의 분단 현실을 온몸으로 부딪쳐 살았던 대학 시절 늘 머릿속에 맴돌던 망상이었습니다. 현실화될 수 없을 것이라 생각했기에 북녘의 땅과 하늘에 대한 망상은 늘 허무함으로 다가왔습니다.

그러던 어느 날 김대중 대통령과 김정일 국방위원장이 포옹하는 순간의 감격은 그 무엇으로, 그 어떤 수사로 말할 수 있겠습니까? 저도 모르게 터져 버린 눈물이 심장을 멎게 하였습니다. 남북이 함께 부르던 〈우리의 소원은 통일〉. 힘차게 맞잡은 두 손을 흔들며 목이 터져라 함께 불렀습니다. 분명 저는 남녘의 땅에 있었으나 마음은 이미 북녘의 땅에 있었습니다. 소떼가 남북의 땅을 가로지를 때 유람선이 남북의 바다를 가로지를 때 이미 우리네 마음속의 통일은 이루어졌습니다. 비록 이산가족의 얼굴에는 주름살이 깊이 패었으나 버스 창밖으로 맞잡은 두 손은 더 이상 헤어짐이 아니었습니다.

경상남도교육청에서 통일 업무 담당자 연수를 신청하라는 공문이 접수되었습니다. 장소는 금강산이었습니다. 학교는 저를 추천하였습니다. 얼마나 그리고 그렸던 꿈이었던가? 허무함으로 끝나 버린 꿈이 현실로 다가왔던 것입니다. 저는 잠을 이룰 수가 없었습니다.

2008년 2월 22일 북녘으로 가는 길. 아직 찬바람이 옷깃을 세우게 하였지만 마음은 너무나도 따뜻하였고 창밖에 주렁주렁 매달린 황태는 이곳이 강원도임을 깨닫게 하였습니다. 가방 속에 있던 박경리의 소설 《토지》를 읽으며 가는 내내 식민지 조국의 아픔과 분단의 슬픔이 스크랩 되었습니다. '이제 내가 북녘으로 간다. 그곳의 땅에서 올려다 본 하늘은 어떨까?' 이윽고 버스는 남녘을 지나 북녘에 도착하였고 안내원은 버스에서 내리라 하였습니다. '내가 드디어 북녘의 땅을 밟는다.'는 그 순간의 환희는 무엇으로 표현할 수 있을까요? 땅을 딛고 하늘을 보았습니다. 그 하늘은 구름 한 점 없는 청명함 그 자체였습니다. 황홀하였습니다.

그리고 사람을 만났습니다. 리목란 동무입니다. 웃음이 예쁜 친절한 여성 동무였습니다. 집은 평양이라고 했습니다. 남녘 손님을 위한 가게에서 물품을 판매하던 리목란 동무는 남녘에 꼭 가고 싶다고 했습니다. 우리는 같이 사진을 찍었습니다. 꼭 통일해서 남과 북에서 만나자고 약속했습니다. 지금 리목란 동무는 잘 지내고 있을까, 궁금합니다. 좋은 신랑 만나서 행복하게 잘 살라고 인사하고 남녘으로 내려왔는데 좋은 신랑은 만났는지 모르겠습니다.

2박 3일의 짧았지만 내 생에 결코 잊을 수 없을 시간이 지났습니다. 다시 남녘으로 내려오는 버스를 갈아탔습니다. 반납했던 휴대폰을 찾았고 곧바로 아내에게 전화를 했습니다. 뚜뚜뚜……. 전화를 받지 않았습니다. 다시 전화를 했습니다. 또 전화를 받지 않았습니다. 얼마나 시간이 지났을까. 아내로부터 전화가 왔습니다. 목소리가 무거웠습니다. 빨리 오라고만 합니다. 뭔가 있구나. 저는 직감했습니다. 함께 갔던 선생님께서 자신에게 온 문자메시지를 보여 주었습니다. '최보경 산청지회장 집과 학교에 압수수색'이라고 적혀 있었습니다. 머리에 둔기를 맞은 듯 저는 한동안 할 말을 잃었습니다. 마음은 돌덩이를 단 듯 무거웠고 집으로 내려오는 길은 참으로 멀었습니다.

두 딸과 국가보안법

입학식에 갔습니다. 큰딸 민희의 초등학교 입학식입니다. 그리고 중고 피아노를 샀습니다. 입학식 동행과 피아노는 두 딸에게 한 아빠의 약속이었습니다. 그런데 두려웠습니다. 구속이 되면 약속을 지킬 수 없게 되기 때문입니다. 서둘러 중고 피아노를 알아보고 샀습니다. 집에 놓인 피아노를 보니 마음이 놓였습니다. 그러나 마음은 여전히 무거웠습니다.

제가 텔레비전에 나왔습니다. 〈PD수첩〉을 비롯하여 각 방송사에서 연락이 왔습니다. KBS, MBC, SBS 등 방송 3사에서 취재하겠다고 했습니다. 제 딸 민희와 민서는 신이 났습니다. 아빠가 텔레비전에 나온다고 말입니다. 친구들에게도 자랑했답니다. 저는 그냥 웃었습니다. 유치원생이었던 두 딸은 이제 초등학교 3학년과 2학년이 되었습니다. 얼마 전에는 국가보안법이 뭐냐고 물었습니다. "아빠, 무슨 죄를 지은 거야? 아빠가 피고인이지?" 뭐라 말해 줘야 할지 고민이 커졌습니다. 뭐라고 이야기해야 할까요?

두 딸이 지난 공판에 처음으로 왔습니다. 솔직히 고백하면 공판보다는 내내 '두 딸이 어떻게 생각하고 있을까?'라는 고민과 걱정이 앞섰습니다. 집에 가서 어땠는지 물어보았습니다. 두 딸은 말했습니다. "아빠, 앉아 있는 게 정말 힘들었어요." 그러고는 신 나게 자기들 하고 있던 일을 계속했습니다. 다행이다 싶었습니다. 언젠가 두 딸과 진지하게 아빠가 겪은 국가보안법에 대해 이야기할 날이 올 것입니다.

작은 간디들

존경하는 판사님! 이제 저는 사건이 발생한 뒤 지금까지 내내 동요했던 제 마음을 붙들어 주었던 사람들의 이야기를 하고 싶습니다. 사건이 발생하고 집과 학교에서는 보이지 않는 난리가 났습니다. 집에서도 학교에서도 그 누구도 제게 쉽게 말을 걸지 않았습니다. 아니, 뭔가 말해 주고 싶은데 무슨 말을 해야 할지 몰랐던 것입니다. 국가보안법은 그런 법이었습니다. 저는 동료 교사들과 제자들의 심정을 충분히 이해할 수 있었습니다. 저는 생각했습니다. '내가 의연해야 한다. 억지로라도 웃어야 한다. 어차피 하루 이틀에 끝날 일이 아니지 않은가?' 그러나 마음의 평정을 찾기는 무척 힘들었습니다.

얼마 뒤 졸업생들이 학교로 내려왔습니다. 강당에서 재학생들과 간담회를 열고 이 문제를 어떻게 풀어 가야 할지 논의하였습니다. 교사 회의에도 참석하여 자신들의 생각을 풀어놓았습니다. 이날 이후 교사회는 교사대책위원회를, 졸업생은 졸업생대책위원회를, 재학생은 재학생대책위원회를, 학부모회는 학부모대책위원회를 꾸려 성명서를 발표하고 기자 회견과 서명 운동에 돌입하였습니다. 시민사회단체에서도 공동대책위원회를 꾸려 함께 문제를 풀어 가기 시작하였습니다. 만약 이들이 없었다면 어찌 제가 존재할 수 있었겠습니까? 가슴으로 함께해 준 이들이 없었다면 어찌 제가 버틸 수 있었겠습니까? 이제 이들은 저의 '존재 이유'가 되었습니다.

특히 제 제자들의 눈물겨운 마음을 잊을 수가 없습니다. 저를 위한 글을 써서 각종 언론에 기고하고, 책자를 제작하고, 종이학을 접어 주고, 소환 조사를 받으러 가는 제게 파이팅을 외쳐 주었습니다. 전국을 다니며 탄원서를 받았습니다. "우리 역사 선생님을 지켜 주세요." "보경 샘의 수업을 계속 듣고 싶습니다."라고 외치는 제자들을 보면서 저는 속으로 눈물을 삼킬 수밖에 없었습니다. 기소 후 지금까지 단식 릴레이를 하고 저를 위한 배지를 만들어 달고 다닙니다. 비를 맞으면서도 촛불 문화제를 열었고 흰옷을 입어 저와 함께한다는 의지를 보여 주었습니다. 또 저와 국가보안법을 소재로 다큐멘터리를 제작하여 각종 영상제에 출품하여 수상을 하기도 하였습니다. 저는 죽는 날까지 제자들의 사랑과 믿음을 결코 잊지 않을 것입니다. 그리하여 제자들은 이제 저의 작은 간디가 되었습니다. 간디는 멀리 있지 않았습니다. 위대한 성자 간디는 다름 아닌 저의 제자들이었습니다.

성찰과 행복

존경하는 판사님! 이제 마지막으로 성찰과 행복에 대하여 말씀드리고 싶습니다. 바로 행복의 성찰입니다. 이번 사건은 제게 분명 시련의 시간이었지만 그 시련은 성찰의 소중한 시간이었음이 분명합니다. 간디학교 교사로 산 지 12년을 맞았습니다. 지금까지 저는 뒤를 돌아볼 겨를도 없이 하루하루를 보냈는지도 모릅니다. 그러나 지난 재판의 과정은 저의 교육관을 되짚어 보게 했고 시대를 되짚어 보게 하였습니다. 그리하여 본질적으로 제 삶을 성찰하도록 만들어 주었습니다. 또한 함께 숨 쉬며 살아가는 당대 사람들의 삶도 돌아보게 하였습니다. 역설적으로 제게 국가보안법과 시련이 없었다면 이런 성찰이 가능했을까요?

그리하여 얻은 깨달음이 있습니다. 바로 행복의 깨달음입니다. 세상 모두는 행복하기를 바랍니다. 누구는 돈으로 행복을 찾고 누구는 권력으로 행복을 찾을 수도 있을 것입니다. 저는 '관계'로 행복을 찾았습니다. 사람과 사람의 관계입니다. 이것이 가장 소중한 깨달음이며, 배움이 되었습니다. 우리 시대를 살아가는 수많은 사람의 삶과 제 삶을 통해 우리들의 '관계'를 통해 사랑을 배우고 깊은 가슴속에서 울림을 느꼈습니다.

솔직히 고백합니다. 처음에 저는 분노로 가득 찼습니다. 지난 10년 저의 일상 하나하나를 감시하여 보고하고 저를 빨갱이 교사로 낙인찍은 것에 분노했고, 전화벨 소리에도 깜짝깜짝 놀라는 식구를 보며 분노했고, 수업을 하면서 '이건 국가보안법에 걸리지 않을까?' 하며 스스로 내면을 재단하는 저를 보며 분노했습니다. 무엇보다도 분노할 가치도 없는 지금의 현실에 분노하는 제 모습에 또다시 분노했습니다.

스스로 간디의 삶을 좇아 간디의 심정으로 법정에 임할 것이라 다짐하고 또 다짐했지만 분노 앞에서 저는 참으로 나약했습니다. 소크라테스는 정적들로부터 신에 대한 모독죄와 청소년 타락죄의 혐의를 받고 법정에 섰다고 합니다. 소크라테스의 친구들은 이를 인정하고 우선 목숨을 구하자고 하였습니다. 그러나 소크라테스는 철학적 사유의 완전한 자유를 위해 스스로 독배를 마셨습니다. 간디와 소크라테스는 결코 분노하지 않았습니다. 그런데 저는 그 분노를 참을 수가 없어 너무도 괴로웠음을 고백합니다.

지금 저는 분노를 버렸습니다. 무엇이 그 분노를 버리게 했을까요? 그건 바로 저에게 관계의 사랑과 행복을 가르쳐 준 제자들, 동료 교사들, 학부모님들, 그리고 함께 사람 사는 세상을 만들기 위해 투쟁하는 동지들이었습니다. 이제 저는 마음이 편안해졌습니다. 분노는 사라졌고 공판 과정에서 진실을 밝히기 위해 최선을 다했습니다. 결국 검찰은 3차례나 공소장을 변경해야만 했습니다. 저는 이제 어떠한 판결이 내려지더라도 자유로울 수 있습니다. 그리하여 이제 저는 희망의 노래를 부를 수 있을 것 같습니다. 사랑하는 두 딸의 피아노 반주에 맞추어 희망의 노래를 부를 그날을 기약하겠습니다. 6.15 공동선언과 10.4 선언의 합의 정신이 실천되고 세상 사는 모든 사람들이 사람답게 살 수 있는 그날이 반드시 올 것입니다.

사건 발생부터 지금의 결심 공판까지 지난 3년의 시간은 저에게 반성과 성찰의 시간이었고 '관계의 행복'을 깨달은 배움의 시간이었으며 '희망'을 발견한 시간이었음을 다시 한 번 고백합니다. 마지막으로 바쁜 의정 활동 중에서도 기꺼이 탄원서를 보내 주신 여덟 분의 국회의원님과 서른 분의 경상남도 도의원님, 시군 의원님, 간디학교 동료 교사와 제자들, 학부모님들, 멀리 유럽 벨기에에서 저의 소식을 듣고 직접 탄원서를 작성하여 보내 주신 해외 동포와 1만에 가까운 국민 여러분께 이 자리를 빌려서 감사의 말씀을 드립니다. 사건 발생 후 기꺼이 변론을 맡아 주시고 먼 길 마다하지 않고 내려와 주신 이석태 변호사님, 그리고 분단의 시대가 낳은 인연으로 조금은 편치 않게 만나 뵙게 된 검사님께도 그동안 노고에 대해 감사의 인사를 드립니다. 여러 가지 부족한 제 이야기에 끝까지 귀 기울여 주신 판사님께 다시 한 번 깊은 감사의 말씀 드립니다. 고맙습니다.

슬픔에 대하여

이임호 교사

이 글은 어느 봄날, 나무 아래서 혼자 울고 있는 학생을 보고는 마음이 안쓰러워 쓴 글인데 주를 여는 시간에 모두에게 읽어 주었다.

간디학교는 대안학교라서 그런지 어떤 학교보다도 사랑과 행복을 많이 말하는 학교입니다. 그래서 이 자리에서도 행복한 이야기들이 많이 오고가는 것 같습니다. 여러분의 밝고 환한 모습을 보고 있으면 저도 모르게 가슴속에서 참 부럽구나 하는 탄성이 저절로 나옵니다. 이렇게 꽃이 피고 숲이 푸르게 물드는 계절에는 여러분의 행복한 모습이 더 빛나는 것 같습니다. 나도 저런 고등학교 시절로 다시 돌아갈 수 있으면 얼마나 좋을까 하는 부러운 마음이 저절로 듭니다. 저뿐만 아니라 80년대에 고등학교를 다닌 사람들은 그 시절을 행복하게 기억하는 사람이 별로 없습니다. 그럴 수밖에 없었던 이유는 여러분도 역사를 배우니까 대강 짐작할 것입니다. 아무튼 이제 시간이 흘러 새로운 세대가 행복하게 자라는 모습을 지켜보면 우리 세대의 우울한 학창 시절이 이렇게나마 보상받는 것인가 하는 감회에 젖기도 합니다. 며칠 전에 학교를 방문한 어떤 손님이 “간디학교가 교육을 잘한다, 못한다 말이 많지만 아이들이 이렇게 행복하게 지내는 걸 보면 성공한 학교인 것 같다."고 말하는 걸 들은 적이 있습니다. 세상이 각박해질수록 여러분의 구김살 없는 웃음과 맑은 얼굴이 더 값지고 소중한 것이 아닌가 생각합니다.

그러나 오늘 저는 슬픔에 대해 이야기하고 싶습니다. 한 주를 시작하는 여러분들에게 행복하고 즐거운 이야기를 해야 하는데 난데없이 슬픈 이야기를 하려니 조금 어색합니다. 남이 보기에도 그렇고 우리 자신이 생각하기에도 간디인들이 행복하게 사는 것은 분명하지만 우리들 중에도 말 못할 슬픔을 안고 살아가는 사람이 있을 겁니다. 우리가 행복하니까 그런 사람이 눈에 잘 보이지 않을 뿐이지 어떻게 슬픈 사람이 없을 수 있겠습니까. 우리가 사는 이 작은 학교도 인간들이 모여 사는 곳인 이상 행복한 사람만 있을 수는 없겠지요. 지금 이 순간 이 자리에도 누군가는 슬픔에 잠겨 있을 수도 있지요.

여러분 나이에는 실감하기 힘들겠지만 사람이 사는 일도 그렇고 세상을 둘러보아도 슬픔이 더 일상적인 게 인간사의 보다 정직한 현실이라고 할 수 있습니다. 슬픔은 행복만큼이나 흔하고 자연스런 감정입니다. 이미 슬픈 일을 겪어 본 친구들은 이 말의 의미를 잘 이해할 것입니다. 어떤 슬픔은 시간이 지나면 회복되지만 다른 사람이 쉽게 위로할 수 없는 깊은 슬픔도 있습니다. 가끔 큰 슬픔에 빠져서 울고 있는 간디인을 볼 때가 있습니다. 조용히 흐느끼는 아이를 다독이는데 다른 공간에서는 깔깔거리는 웃음소리가 들려와서 당혹스러울 때가 자주 있습니다. 그럴 때마다 우리 학교에는 슬픔이 자리할 공간이 참 없구나 하는 생각을 하게 됩니다. 슬픈 사람은 대부분 슬픔이 클수록 감추거나 참으니까 우리 눈에 잘 보이지 않습니다. 우리 학교가 행복을 모토로 내건 학교여서 그런지 몰라도 슬픔이 불편하고 예외적인 감정이 되었다는 것을 자주 느낍니다. 간디학교에서는 슬픈 사람이 더 고독해 보입니다. 저는 슬픈 사람의 슬퍼하는 모습보다도 그 슬픔이 너무 외롭고 쓸쓸해 보여서 무척 언짢고 괴로웠다는 것을 말씀드리고 싶습니다.

매일매일 행복을 이야기하면서 즐겁게 살려는 게 무슨 문제이겠습니까. 그러나 우리가 너무 행복해서 혹은 행복하다고 착각해서 다른 사람의 슬픔이 우리에게 별로 와 닿지 않는다면 이것은 따져 봐야 할 문제가 아닐까 싶습니다. 행복 추구라는 이상이 때로는 마음의 눈을 흐리게 하는 것은 아닌지, 타인의 슬픔을 보지 못하게 하는 것은 아닌지, 보아도 낯설어서 이해도 공감도 못하게 만드는 것은 아닌지 생각해 봅니다. 간디인 중에 슬픈 일을 당한 사람이, 여기가 행복을 표방하는 학교라서 혹은 모두가 행복하기 때문에 숨어서 슬퍼하거나 혼자서 슬픔을 몰래 삭여야 한다고 생각한다면 우리가 그토록 소중하게 여기는 행복이란 것이 과연 무슨 가치가 있겠습니까.

물론 슬픔은 행복만큼 쉽게 나눌 수 있는 감정이 아닙니다. 슬퍼하는 사람을 위로하는 것은 쉬운 일이 아닙니다. 슬픔을 말없이 지켜보고 그 옆에서 함께 아파하는 것은 아무나 할 수 있는 일이 아닙니다. 타인의 고통에 나의 마음을 내어 주고 그 아픔을 나누어 갖는 일만큼 힘들고 어려운 일도 없습니다. 그러나 이 힘든 일을 회피하지 않을 때 공동체는 성숙해지고 인간은 성장합니다. 슬픔은 절대 슬픈 사람 혼자서 고독하게 감내해야 할 부정적인 감정이 아닙니다.

톨스토이는 이런 말을 했다고 합니다. "슬픔은 우리를 착하게 한다. 그러나 행복은 우리를 이기주의자가 되게 한다." 저는 이 말을 믿고 싶지 않습니다. 그러나 우리가 행복이라는 감정에 과도하게 집착할 때 그것을 잃지 않으려고 남의 고통을 외면하기 쉽다는 것만큼은 부정할 수 없을 것 같습니다. 만약 우리가 말하는 행복이 타인은 불행해도 나에게 아직 불행이 닥치지 않았기 때문에 마냥 누릴 수 있는 감정이라고 생각한다면 그것은 정직한 슬픔보다도 못한 순진한 감상에 불과하다는 것을 알아야 합니다. 간디학교 행복의 이면에는 슬픈 사람이 있다는 것, 그리고 그 슬픈 사람이 혼자 슬퍼하고 있다면 우리의 행복도 부질없다는 것을 이 아침에 말씀드리고 싶습니다.

우리는 모두 슬픔의 신비에 대해 조금은 알고 있습니다. 슬퍼하고 난 뒤에 마음이 깨끗해지고 순수해지는 것을 누구나 경험해 보았을 것입니다. 슬픔은 고통스럽지만 그것을 정직하게 감내해 낸 사람에게 정화되고 순정해진 마음을 선물합니다. 그 마음으로 우리는 세상을 조금은 다르게 봅니다. 투명해진 마음의 거울에 비치는 사랑과 행복은 새로운 의미로 다가옵니다. 이렇게 생각해 보니 "슬퍼하는 자에게 복이 있다."는 말의 의미를 조금은 알 것 같군요.

행복의 의미에 대해 다시 생각해야 합니다. 행복은 인생살이의 고통과 고뇌와 비통이 말끔히 제거되었을 때 맛보는 어떤 감정이 아닙니다. C. S. 루이스는 고통은 인간이 생의 의미를 깨닫도록 부르짖는 '신의 확성기'라고 했습니다. 구호 단체에서 일하는 어떤 분으로부터 들은 이야기인데 성금 모금을 해 보면 의외로 경제적으로 여유가 있는 사람보다 어렵게 생활하는 이들이 돈을 더 잘 낸다고 합니다. 왜 그럴까요? 어려운 일을 몸소 겪어 본 사람은 그게 어떤 건지 잘 아니까 그러지 않을까 짐작해 봅니다. 외면하지 못하는 거죠. 유복하고 편하게 자란 사람들은 그런 일이 실감나지 않으니까 둔감합니다. 도울 형편이 되지만 지갑을 쉽게 열지 않습니다.

여러분도 졸업하면 삶의 현장 속으로 들어가야 합니다. 살다 보면 어쩔 수 없이 마주해야 하는 고통이 세상 도처에 가득합니다. 그럴 때마다 행복했던 학교 시절이 못내 그리울 것입니다. 그러나 고통을 회피하지 말기를 바랍니다. 고통은 겪는 그 순간에는 괴롭고 아프지만 지나고 나면 타인의 아픔이 깃들 수 있는 빈자리를 마음속에 만들어 줍니다. 상처 입은 사람에게 손을 내밀게 하는 신비한 힘을 길러 줍니다. 사람과 사람 사이를 연결하고 묶어 주는 이런 유대감이야말로 행복의 가장 깊은 차원이 아닐까 생각합니다.

영국의 시인 윌리엄 블레이크는 "행복을 잉태한 것은 기쁨이다. 그러나 그것을 태어나게 한 것은 슬픔이다."고 했습니다. 저는 여러분이 대안교육을 통해 배워야 할 가장 중요한 가치는 타인의 고통을 이해하는 능력이라고 생각합니다. 행복이 값진 감정으로서 우리의 영혼을 살찌우는 것은 그런 능력이 우리에게 충만할 때입니다. 오래전에 어떤 책에서 읽은 에세이 한 편을 여러분에게 읽어 드리며 제 얘기를 마치겠습니다. 팀 깁슨이라는 사람이 쓴 글인데 제목은 〈우는 장소〉입니다.

"1960년대 초, 내가 열네 살이었고 인디애나 주 서부의 어느 소도시에서 살고 있었을 때 아버지가 돌아가셨다. 어머니와 내가 시외에 있는 친척 집으로 놀러 가 있는 사이에 갑자기 심장 마비를 일으켰던 것이다. 우리는 집에 와서야 아버지가 돌아가신 것을 알았다. '사랑해요.'라든가 하다못해 '편히 가세요.'라는 말을 할 틈도 없었다. 아버지는 그냥 그렇게 영원히 가 버렸던 것이다. 누나가 대학에 다니러 집을 떠나고 나자 우리 집은 네 사람이 부산스럽고 행복하게 살아가는 가정에서 정신이 멍해진 두 사람이 조용한 슬픔 속에서 살아가는 집으로 바뀌었다.

나는 상실의 고통과 외로움으로 정신 못 차리게 허우적거리고 있었지만 어머니가 몹시 걱정되기도 했다. 만일 어머니가 아버지 때문에 울고 있는 내 모습을 보기라도 한다면 어머니의 고통은 더더욱 커지게 될 터였다. 이제 나는 한집안의 새로운 가장으로서

어머니를 더 큰 아픔으로부터 지켜 주어야 할 책임을 느끼고 있었다. 그래서 어머니에게 더 큰 고통을 끼치지 않고서도 실컷 울 수 있는 방법을 한 가지 고안해 냈다. 우리가 사는 동네에서는 쓰레기를 뒷마당 뒤의 골목길에 놓여 있는 커다란 통들에다 버렸다. 그 쓰레기들은 일주일에 한 번씩 불태워지거나 넝마주이들이 수거해 갔는데, 나는 매일 저녁을 먹고 나면 쓰레기 버리는 일을 자청하곤 했다. 가방을 하나 들고 집집마다 돌아다니며 신문 쪼가리나 내가 찾아낼 수 있는 다른 것을 다 모아 가지고 골목길로 나가서 쓰레기통에다 집어넣곤 하는 식으로. 그 일을 마치고 나면 어두운 덤불 그늘에 몸을 숨기곤 했다. 거기가 바로 속이 후련해질 때까지 실컷 울 수 있는 곳이었다. 그런 다음, 내가 그때까지 무엇을 하고 있었는지 어머니가 눈치채지 못할 것이 분명하다는 생각이 들 만큼 감정을 추스른 뒤, 다시 집으로 돌아가 잠자리에 들 준비를 하곤 했다.

그 계책이 몇 주일 동안은 잘 통하는 것 같았다. 그러던 어느 날, 저녁을 먹고 나서 그 허드렛일을 할 시간이 되자 쓰레기들을 모아 버린 다음 덤불 속에 있는 예의 그 은신처로 숨어들었다. 그리고 집으로 돌아와 뭐라도 시킬 일이 없는지 물어보려고 어머니를 찾아 나섰다. 온 집 안을 구석구석 둘러본 끝에 마침내 어머니를 찾아냈다. 어머니는 어두운 지하실 한구석, 세탁기와 건조기 뒤에서 혼자 울고 있었다. 어머니 또한 나를 보호하기 위해 당신의 고통을 숨기고 있었던 것이다.

나는 지금도 드러내 놓고 겪는 고통과 사랑하는 사람을 보호하기 위해 혼자서 견디는 고통 중 어느 것이 더 큰지는 잘 알지 못한다. 하지만 그날 밤 지하실에서 우리가 서로 부둥켜안고 우리 두 사람 모두를 따로 따로 혼자 울도록 내몬 그 비참한 심경을 한꺼번에 쏟아 냈다는 것을 분명히 알고 있다. 또 우리가 다시는 혼자 울어야 한다고 느끼지 않게 되었던 것도."

민주주의란 이런 것

식구총회 기록

간디학교의 모든 일들은 식구총회에서 논의되고 결정된다. 이 시간에는 전체가 출석해야 하고 특별한 일이 없는 한 매주 열린다. 투표도 학생과 교사가 공평하게 1인 1표를 행사한다. 누구나 안건을 올릴 수 있고 어떤 제안도 할 수 있다. 간디인들이 민주주의를 배우는 생생한 학습 현장이다. 간디학교가 만들어 온 자랑스런 전통이다. 이제는 많은 대안학교가 이 제도를 모방할 정도로 자유로운 학교 운영의 상징이 되었다. 그러나 언제나 좋은 이야기와 즐거운 안건만 토론하는 것은 아니다. 가끔은 불편하고 괴로운 이야기도 해야 하는데 도난 사건을 토론한 식구총회 같은 것이 그렇다. 이 회의의 내용을 소개한다. 간디인들의 고민과 고뇌의 속살을 잘 들여다 볼 수 있는 토론이다. 이런 과정을 통해 간디인들은 직접 민주주의를 스스로 운영하고 체험하면서 성숙해 가고 있다.

• 기숙사에서 도난 사건으로 회의를 할 때 가장 많이 나온 의견이 훔쳐간 사람에게 어떤 태도를 취해야 할까 하는 거였어요. 예를 들어 자식이 잘못하면 부모님은 따끔하게 야단치지만 그 아이가 진심으로 잘 되기를 바라는 마음으로 혼내잖아요.

• 도난 사건이 그동안 여러 번 생겼는데 덮으려고 하는 분이 많습니다. 도둑을 맞았네, 어쩔 수 없지 하는 분위기가 있는 것 같아요. 저는 좀 세게 나갔으면 합니다. 돈을 잃어버린 사람이 가져간 사람을 아무리 포근하게 감싸 준다 해도 피 같은 돈이잖아요. 강경하게 대응해야 해요.

• 그렇게 강경하게 해서 범인이 나왔어요. 그럼 어떻게 할 거예요? 소년원에 보낼 거예요? 자퇴를 시킬 거예요? 그럴 수는 없잖아요. 같은 식구인데. 필요해서 돈을 가져갔으면 돈을 다시 가져다 놓으면 좋겠어요.

• 식구라는 게 모든 걸 다 감싸기만 하는 게 아니잖아요. 가족이 돈을 훔쳐 갔다고 생각해 봐요. 가족이라면 그걸 올바르게 지도해 주는 게 필요한 거죠. 범인이 나왔다고 해서 가족이 깨지는 건 아니잖아요. 부모님들이 돈 한번 들고 갔다고 해서 넌 우리 가족이 아니야, 도둑놈의 새끼야 하진 않잖아요. 돈을 잃어버렸다고 그냥 두는 게 책임지는 게 아니에요. 우리가 해야 할 건 범인이 나온 다음에 그전의 관계로 되돌리는 거예요. 그게 우리가 져야 할 책임이에요.

• 단어 선택을 부드럽게 해 주셨으면 좋겠어요. 범인이 아니라 가져간 사람이라고 하면 좋겠어요.

• 제 생각은 조금 다른데 그 사람을 찾게 되면 저는 그 사람 보는 게 힘들 것 같아요, 솔직히. 가족 안에서 부모님 돈을 훔친 아이를 지도하는 거는 진짜 자기가 낳은 자식이라서 그 정도의 사랑이 가능하지만 솔직히 우리는 가족이라고 얘기하고 서로 챙기고 배려하지만 그 정도로 서로를 생각하는 건 아닌 것 같단 말이에요. 그러니까 공개적으로 하는 것보다는 익명으로, 그 사람이 진심으로 뉘우쳐서 나올 수 있는 분위기를 만드는 게 좋을 것 같아요.

• 저도 동의하는데 익명으로 해 줄 테니까 나와라 할 때 바로 나오면 용서해 줄 수 있을 것 같아요. 하지만 상황이 여기까지 오고 기회를 충분히 줬는데 나올 마음이 없어서 그랬든 용기가 없어서 그랬든 이렇게 안 나오면 잘못된 거예요. 익명으로 해 줘도 나오지 않는다면 감싸 주기 힘들 것 같아요. 나중에 그 사람이 밝혀져도 얼굴 마주보기 힘들 것 같고 용기가 안나요.

• 시간을 많이 끌었잖아요. 그런데 결국 안 나온 상태잖아요. 익명으로 나와 주는 게 좋긴 하지만 그동안 익명으로 미안하다고 나온 경우가 없었어요. 언제까지 익명으로 해 주고 그 사람 양심만 바라고 있어도 될까 싶

어요. 가져간 사람 입장에서는 어, 익명으로 하라네, 난 안 나가야지, 다음에도 또 훔쳐야지, 할 수도 있을 것 같아요. 차라리 이런 일이 일어났을 때 빨리 나오게 해서 해결하는 게 더 좋을 수도 있다는 생각이 들어요.

• 이건 가져간 사람한테 하고 싶은 말인데요. 되도록이면 자수해서 사람들이 덜 지쳐 있을 때 나왔으면 해요. 점점 시간이 가고 사람들 신경이 날카로워질수록 분위기는 험악해질 거예요. 실수가 아니라 도벽이라면 그건 병이에요. 고쳐야 해요. 암도 조기 진단이 중요한 거거든요. 그러니까 제발 자발적으로 나왔으면 좋겠고 익명으로 나왔으면 좋겠어요.

• 이 비상 식구총회가 범인 잡는 게 아니라 예방이나 대안에 대해 이야기하는 자리면 좋겠어요.

• 예방할 거면 CCTV를 설치하면 안 되나요? 사생활 이야기도 하고 그러는데 별문제 없으면 안 볼 거잖아요. CCTV를 출입만을 확인할 수 있는 곳에, 생활에 지장을 안 주는 곳에 설치하면…….

• CCTV를 설치하는 순간 돌아올 수 없는 강을 건너는 거 아닌가요. 공동체를 이루고 산다는 것은 서로를 믿고 산다는 건데 CCTV를 단다는 것은 우리의 믿음이 무너지는 것 아닌가 싶어요.

• 그 말은 이상적이긴 하지만 현실적으론 안 그렇잖아요. 지금 사물함에 자물쇠도 달려 있잖아요. 그것도 하나의 보안 장치라고 할 수 있는데 어느 정도는 예방이라고 할 수 있겠죠. 어디에 놓아두어도 아무도 안 가져가는 게 아주 이상적인 거지요. 돈이 떨어져 있어도 아무도 안 들고 가면 좋죠. 그런데 그게 안 되잖아요. 양심을 외치고 있지만 양심이 이미 바닥으로 떨어져 있는 상태잖아요.

• 오랫동안 수많은 도난 이야기를 들으면서 뭐가 맞는지 아직 모르겠어요. 확실한 것은 훔쳐갔을 때 바로 잡는 거잖아요. 잡히면 어떻게 되는지 보여 주면 되거든요. CCTV든 뭐든 한번 쉽게 우리의 가치를 포기하면 그

걸 되돌리는 건 정말 어려울 수 있다는 생각입니다. 우리가 자물쇠를 아무렇지 않게 생각하는 것처럼.

• 자기 물건을 함부로 관리한 게 잘못입니다. 공동체 안에서 네 건 내 거고 내 건 네 거라고 장난스럽게 이야기하는 게 있어요. 큰 틀로 보면 남인데 서로의 물건을 쓸 때 긴장하고 배려해 주는 의식이 필요한 것 같아요.

• 훔친 사람이 자기가 했다고 밝히고 싶을 수도 있잖아요. 그런데 방법이 좀 그렇잖아요. 이것보다는 계속 익명 투표를 해서 나올 마음이 생기게 했으면 좋겠어요.

• 저는 돈을 가져간 사람이 맨 처음 돈을 가져갔을 때는 지금 이 자리에서 제가 돈을 가져갔습니다, 하고 밝힐까 갈등했을 거라고 생각해요. 그런데 액수가 커지고 여기까지 와 버렸잖아요. 지금은 많이 무뎌졌을 거 같아요. 그래서 아예 기숙사를 다 훑든지 해서 세게 나갔으면 좋겠어요.

• 솔직하게 말해서 제가 돈 가져갔어도 나오고 싶지 않을 것 같아요. 별로 와 닿지 않을 것 같아요. 예방을 잘해야 한다고 생각해요. 도난 사건을 어떻게 해결해야 할지도 당연히 이야기해야 하지만 진짜 중요한 것은 도난을 안 당하는 거라고 생각해요. 이게 제일 현실적이라고 생각해요. 서로에 대한 믿음의 가치를 포기하지 않으면서 도난 문제 없이 사는 방법은 관리를 잘하는 것뿐이에요. 사실 관리 잘하려면 할 수 있는 거잖아요.

• 도난은 어떻든 범죄입니다. 범죄임에도 불구하고 학교니까 특히 공동체니까 누가 돈을 훔쳤다고 법대로 할 수 없잖아요. 그러자고 만들어진 학교가 아니니까. 그러니까 법대로 할 수도 없고 잘못을 덮을 수도 없고. 저도 대책은 없지만 그래도 이 문제는 돌려서 말하고 부드럽게 말한다고 해결될 수 있다고 생각하지 않습니다. 이건 분명 잘못된 일이고 미안하지만 그 사람은 우리를 생각하지 않는 것 같아요.

• 생각해 봅시다. 결국 우리는 모두가 용의자입니다. 지금 분위기는 '우리

중에 범인은 있지만 나는 아니다.'인데, 이게 무섭습니다. 신뢰가 무너지고 불신을 하는 우리가 무섭습니다.

• 도벽이 있는 사람은 자기도 의식하지 못하고 훔치는 경우가 있는데 여자 애들은 특히 생리 도벽 같은 게 있어요.

• 학교를 집이랑 비교하지 맙시다. 아무리 식구라고 해도 혈육이 아닌데 집이랑 비교하는 건 안 맞는 것 같아요. 감싸 주자는 얘기도 나오는데 식구라고 해 놓고 식구 돈 훔치는 게 식구인가요. 그 사람을 식구로 대접해야 하는지 모르겠어요.

• 간디중학교 다닐 때 3일 밤낮을 이 문제로 식구총회 열었는데도 가져간 사람은 안 나왔어요. 방법은 확실히 잡아서 책임을 묻든가 아니면 계속 털리든가 두 가지밖에 없어요. 가져간 사람이 식구라고 말하는데, 그런 말 다 짜증 나요. 위선 같고요. 저는 식구로 안 느껴져요. 제가 왜 그 사람 때문에 이렇게 시간을 낭비해야 하는지도 모르겠고. 제 경험으로는 어떤 방법으로도 못 잡아요. 익명으로 고백하게 하자는데 절대 안 돼요. 그렇게 해서 나오면 된 사람이지만 이게 절대 안 나온단 말이에요. 말이 정리가 잘 안 되는데 아무튼 누군지 몰라도 잡히면 조진다, 진짜.

• 도난을 예방하려면 잘 관리하면 돼요. 견물생심이라고 하잖아요. 보면 가져가고 싶지 않겠어요? 돈을 보면 누구나 그렇지 않을까요? 가장 중요한 것은 관리인 것 같아요.

• 아무리 여자가 짧은 치마를 입고 있어도 성추행이 정당화 되는 건 아닙니다. 물론 견물생심이란 게 있으니까 예방을 해야 하지만 예방을 하는 것과 해결은 다릅니다. 신뢰를 깨고 있는 범인을 잡아야 한다고 생각해요.

• 제 생각에도 길은 두 개예요. 잡든가 털리든가. 1학년 때는 같이 공동의 책임을 졌어요. 다 같이 아침에 모여 반성하는 차원에서 뛰기도 했는데 안 됐어요. 그 다음에는 양심에 맡겨 보자 했어요. 역시 안 됐어요. 잡기가 너

무 힘들었어요. 자꾸 잡자고 하는데 못 잡아요. 그런데 잡아서는 어쩔 거예요? 앞에 놓고 때려요? 돈을 뱉으라고 해요? 저는 그 사람을 봐도 도둑이란 생각이 안 들 것 같아요. 급해서 그럴 수도 있었겠지, 그냥 친구인데 돈을 좀 가져갔다, 하는 생각밖에 안 들어요. 그러니까 우리, 도난이 터지면 그냥 전교생이 다 모여서 한번 놀아요. 그걸 빌미로. 그게 가장 좋은 것 같아요.

• 아마 한동안은 도난 사건 안 일어날 거예요. 비상 식구총회 하고 나면 그 영향이 있으니까. 타이밍을 놓쳤어요. 중요한 건 우리끼리 범인 추측하지 말아요. 나는 누군지 알 것 같아, 확실하지는 않은데 쟤가 그랬을 것 같아, 하고 수군대는 말을 들었어요. 그러면 당사자는 기분이 어떻겠어요. 그걸 생각해 봐야 할 것 같고요. 물론 범인을 잡아서 혼내야 한다고 생각해요. 그렇지만 계속 뒤에서 이야기한다면 짜증 나고 무서워서 안 나올 것 같아요. 뒤에서 이야기하지 말고 공식적인 자리에서 했으면 좋겠어요.

• 가져간 사람의 인격이나 도덕성 같은 거에 문제가 있기보다는 그 사람이 자라 온 상황이 복잡하게 얽혀서 그런 행동을 만들어 낸 것 같아요. 따지고 보면 그 사람도 피해자가 아닐까 하는 생각을 해요. 그러니까 돈을 가져간 당사자가 돈을 돌려주고 싶다는 마음이 들어서 갚을 수 있게 분위기를 만들어 줘야 한다고 생각합니다. 반성하게 배려해 줘야 합니다.

• 너무 가져간 사람 감싸 주는데요, 우리도 그 사람 배려하지만 그 사람도 우리를 배려했으면 좋겠어요. 그 돈 가져가서 어디다 썼는지 모르지만 그게 우리의 신뢰나 가치보다 더 중요한 건지 생각해 봤으면 좋겠어요.

• 여러분이 진지하게 토론하고 있는데 잘 들었습니다. 교사회 의견을 말씀드리면 먼저 매우 가슴이 아픕니다. 슬프게 생각합니다. 교사들은 여러분보다 훨씬 더 복잡합니다. 여러분은 잡아서 족치자는 사람도 있고 그냥 두자 하는 사람도 있는데 교사 입장에서는 가져간 사람도 우리 식구입니

다. 여러분도 식구 이야기 하지만 교사들이 볼 때는 더 가슴이 아픈 내 새끼들인 겁니다. 그러면 잡아서 어떻게 할 것인가. 단호한 결정을 내리기가 어렵습니다. 진행 수위를 보면 특히 남자 기숙사에서는 여러 차례 회의를 하면서 거의 압축되고 있는 거 같습니다. 잡을 수 있지요. 가방을 뒤진다든지 조금 더 적극적으로 의심을 가지고 잡는다면 충분히 잡을 수 있습니다. 그런데 어떻게 할까요? 어떻게든 추적해서 꼭 잡아내는 게 교육적 효과가 가장 클까요?

이런 이야기가 있습니다. 어떤 사람이 어릴 때 부모님 돈을 가져갔는데 부모님이 아시고 죽도록 패서 그 뒤로 절대로 손을 안 댔다고 하지요. 교육적 효과가 크죠. 반대로 어떤 사람은 부모님 돈을 가져갔는데 부모님이 아시는 것 같아도 그냥 지나갔다, 느끼는 바가 많아서 다음부터는 안 그랬다, 그래요. 여러분 입장에서는 내 돈을 가져갔으니까 얼마든지 심한 이야기를 할 수 있어요. 그러나 교사회의 입장에서는 딱 요거다, 이렇게 해야 한다고 정답을 낼 수 없습니다. 그래서 범인을 잡지 못합니다. 여러분이 그런 마음을 이해해 주시면 좋겠습니다.

여기가 간디학교이기도 하고 공동체이기 때문에 우리는 이상을 가져야 합니다. 꿈꾸지 않으면 사는 게 아니라고 했는데 이상을 가지고 해결하려 하지 않으면 안 됩니다. 가방 뒤지고 외부 도움 받아서 범인 찾는 건 이상이 아닙니다. 기숙사에서 몇날 며칠 이야기하고 식구총회 열어서 몇 시간씩 이야기하는 게 이상인 거죠. 가져간 사람이 양심의 가책을 조금 느낀다면 우리는 성공한 겁니다.

도난 사건 회의를 며칠간 하는데 또 돈이 없어져요. 그건 병입니다. 그럼 그 사람을 잡아서 어떻게 하겠습니까? 네 건 내 거다 내 건 네 거라고 생각하다 보니 조금씩 가져가서 그런 것 같아요. 그건 잘못이죠. 가져간 사람은 잘못된 사람이죠. 병이 있는 사람이 있을 수도 있다고 생각하고 옆 사람을 봐 줬으면 좋겠어요. 나쁜 놈 못된 놈이 아니라 병이어서 그렇다고 생각했으면 좋겠어요. 그리고 그런 사람은 자기가 병이 있으니까 집에 가서 치료를 받든지 선생님들한테 도움을 받든지 해야 해요. 힘들지만 우리는 이상적으로 이 공간에서 해결하고 살아가야 합니다.

간디 선생이었다면 어떻게 했을까 생각해 봅시다. 만약 당신이 돈이 필요하다면 내 걸 가져가라 전부! 가진 걸 모두 책상에 내놓고 가져가라 했을 겁니다. 날 총칼로 죽여도 좋다. 난 널 미워하진 않지만 너의 나쁜 마음을 낫게 하기 위해 기도하겠다, 그랬을 겁니다. 돈이 필요하면 돈 없는 친구 거 가져가지 말고 지금 교무실 가시면 잔뜩 털 수 있습니다. 친구들 거 가져가지 말고 교사들 거 마음대로 가져가세요. 그리고 커서 갚으세요.

• 저는 이번부터 돈이 없어질 때마다 전교생이 N분의 1로 갚아 주면 좋겠어요. 내가 왜 돈을 내냐고 할 수도 있지만 돈을 내고 싶지 않기 때문에 예방도 될 수 있을 거라고 봐요.

• 선생님들 말씀대로 병든 아이가 있으면 병을 고쳐 줘야 하잖아요. 그 사람을 치료해 주고 고쳐 주는 게 해결책이에요.

• 저는 공동의 기금을 만들면 좋겠습니다. 이름을 도난 예방 기금으로 하든 책임 기금으로 하든 한 사람이 한 달에 500원씩 내는 거죠. 1년이면 60만 원이 모이는 거예요. 그걸로 피해자 보상을 해 주지만 피해자도 어느 정도 자기 책임이 있다고 생각해서 50퍼센트만 주고 그런 일이 터질 때마다 경각심을 가질 수 있게 즉각 식구총회를 소집하면 좋겠습니다.

• N분의 1로 하자, 돈을 모았다가 피해자에게 주자, 하는 방법은 가져간 사람에게 우리의 믿음을 깬 책임을 지우지 않는 것 같아요. 만약 제가 그 사람이라면 어라, 피해자들 돈도 메워 주고 이야기만 하고 끝나네? 하면서 그냥 안 돌려주고 계속 그대로 살아갈 것 같아요. 취지는 좋지만 현실적으로 가져간 사람의 책임이 없다는 것이 문제입니다.

• 중학교 때 이런 일이 있었는데요, 도난은 아니지만 큰 사건이었어요. 어떤 학생이 체육 시간에 교실에 남아서 싫어하는 친구의 체육복을 잘랐어요. 처음에는 나오지 않았어요. 그런데 나중에 강경하게 나가니 무서우니까 나온 거죠. 책임을 다 졌어요. 그때는 힘들었지만 책임을 다 졌기 때문에 주변 친구들도 그 아이를 색안경을 끼지 않고 볼 수 있었어요. 저는 범인을 잡아서 책임을 지게 했으면 좋겠어요.

• 제가 지금 느끼는 기분을 말할게요. 친한 친구가 있어요. 그 사람이 나쁜 짓을 하고 있어요. 그러면 그걸 모른 척하고 가는 게 좋은 친구일까요, 아니면 꾸짖는 게 좋은 친구일까요. 가족도 마찬가지로 묻어 두는 게 좋은 가족일까요, 꾸짖는 게 좋은 가족일까요. 만약에 범인을 잡았어요. 그러면 우리 모두 그 사람을 평소대로 볼 자신이 있나요? 딱 보면 아, 저 사람 그랬었지 할 것 같은데. 그렇다고 묻어 두고 가면 그것도 정의는 아니죠. 어떻게 해야 할지 모르겠는데요. 지금 느낌은 수학적으로 표현하면 무한의 영역에 발을 들여놓은 것 같고 그래요. 닭이 먼저냐 알이 먼저냐 같기도 하고 밥에 국이냐 국에 밥이냐 같기도 해요. 이렇게 해도 안 될 것 같고 저렇게 해도 안 될 것 같아요. 아무튼 그래요.

• 저도 가져간 사람을 공개적으로 알게 되면 그 사람을 전처럼 볼 수 없을 것 같긴 해요. 그런데 그것도 그 사람이 져야 할 책임이라고 생각하거든요. 그 사람은 단순히 돈을 들고 간 게 아니라 우리의 믿음이나 관계를 배반한 건데 그 책임을 져야 하는 거 아닌가요?

• 저는 가져간 사람을 잡았다고 해도 공개적으로 앞에 나오게 해서 따끔하게 혼을 내자 하는 건 정말 아닌 것 같아요. 그건 너무 폭력적인 것 같아요. 여긴 간디학교인데. 반성을 하고 죄책감을 느끼게 하는 방향으로 가야지, 나오게 해서 너 왜 그랬냐 하는 건 좋은 방법이 아닌 것 같아요.

• 저도 그 말에 공감하고요. 범인을 잡아도 익명으로 잡았으면 좋겠어요.

만약 잡으려고 한다면 분명 용의자 명단이 나올 거예요. 그렇게 해서 만약 안 나오면 용의자 명단에 있는 사람들이 의심을 많이 받아요. 그러면 아닌 사람들이 너무 큰 상처를 받게 돼요. 그것도 문제고. 익명으로 나오면 좋은데 안 나올 것 같으니까 너무 혼란스럽습니다.

• 저는 어떻게든 익명으로 스스로 나오는 게 가장 좋다고 생각해요. 안 나올 거라고들 하는데 그 사람 생각은 다를 수도 있다고 생각해요. 저는 이런 분위기가 아니라 그 사람이 익명이라도 자수를 할 수 있는 여지를 만들면 좋겠어요.

• 도난방지위원회를 만드는 게 어떨까요. 기숙사마다 전담하는 사람을 두는 거죠. 도난 사건이 일어나면 그 사람들이 수사권을 쥐게 되는 거죠. 조금 더 빠른 대처를 가능하게 하고 또 아까 말했던 기금도 그쪽에서 관리하는 걸로 하면 되죠.

• 저는 약간 다른 생각이 있는데요. 일단 도난방지위원회는 현재 방지를 위해 노력을 해야겠죠? 방지위원회이니까. 도난 건이 터졌을 때 방지위원회가 나서서 수사권을 갖는다면 도난이 일어났을 때 사람들이 자기 일이라기보다는 도난당한 당사자와 도난방지위원회의 문제라고만 생각할 수도 있을 것 같아요.

• 현금 소지액을 제한하면 어떨까요? 돈 쓸 때 카드로 처리하고 지갑에 넣고 다니는 돈을 제한하면 현금 도난 사건이 일어나도 크게 상처 안 받을 것 같아요.

• 제한된 금액만큼 가지고 다니는지 누가 검사하나요?

• 강압적인 게 아니라 권장하고 캠페인을 하는 거죠.

• 저는 학교 내에서 아예 현금을 소지하지 않았으면 좋겠습니다. 학교 안에서 돈 쓸 일을 없게 만들면 돈을 안 가지고 다녀도 되잖아요. 기숙사에서는 사감 샘에게 돈을 맡기고 외출 나갈 때만 찾으면 되잖아요.

• 그런 의미에서 제천 간디학교처럼 대안 화폐를 만들어 사용해도 괜찮을 것 같아요.

• 대안 화폐도 좋은데 1학년은 예비비가 없잖아요. 엠티비 같은 건 현금으로 내야 하는데 1학년은 불편해요.

• 대안 화폐를 쓰지 않아서 도난이 일어나는 건 아니잖아요. 그러니까 도난이 일어나면 바로 자수 기회를 주고 안 나온다면 뒤졌으면 좋겠어요.

• 일이 일어나고 난 뒤에는 그런 방법을 쓸 수 있지만 일어나기 전에는 이런저런 방법을 궁리해 보자는 거예요.

• 대안 화폐를 쓰면 그것도 학교 안에서 화폐의 가치를 가지니까 도난당할 수 있어요.

• 이런 식으로 할 거면 차라리 기숙사 방문 열쇠를 각자 가지고 다녀서 그 방 사람만 들어갔다 나오도록 하면 돼요. 그런데 그러면 불편하잖아요. 편하고 믿을 수 있었는데 이렇게 되면 안 되죠. 그러니까 안 훔치면 되잖아요. 그러니까 범인님, 앞으로 안 훔쳤으면 좋겠어요, 제발.

• 피해자를 어떻게 도와줄지 이야기해 봅시다. 저는 책임이랑 보상이랑 다른 문제라고 생각해요. 다 같이 책임졌으면 좋겠고 보상도 했으면 좋겠어요. 잃어버린 사람한테는 정말 필요한 돈이었을 거예요.

• 보상에 관해서는 기숙사 회의에서 따로 논의했으면 합니다. 범위도 애매하고요.

• 저는 이걸 보상의 개념이 아니라 실용적인 해결 방안으로 생각해 보았으면 합니다. 누가 훔쳤어요. 그럼 그때마다 돈을 내야 하는 거예요. 누구나 그게 싫겠죠. 그럼 모두가 더 조심하기 때문에 괜찮을 것 같다고 생각해요. 물론 악용될 수도 있겠지요.

• 전 사실 보상 안 하고 싶어요. 우리 모두 돈을 훔친 게 아니라 한 명 혹은 몇 명이 훔친 건데 모두가 갚아 준다는 것은 용서해 주는 것과 같아요.

그런데 저는 용서가 안 돼요. 중학교 때 한 번 N분의 1로 갚았어요. 그 뒤에 더 심한 도난 사건이 일어났어요.

• 저도 찬성할 수가 없어요. IMF 사태는 방만한 기업들이 일으킨 잘못인데 국민 세금으로 갚고 금 모으고 했잖아요. 말이 안 돼요.

• 같이 단식을 한다든지 하는 걸로 책임을 지는 건 어떨까요?

• 다른 대안학교 선생님들과 이야기해 보면 거의가 다 도난 사건이 가장 큰 골칫거리라고 합니다. 해결책이 안 보인다는 거죠. 매번 이렇게 길게 이야기하다 보면 학교 전체가 피곤해져서 끌고 가야 할 일이 너무 커지는 거죠. 음주나 흡연은 공동체 약속을 위반한 사람이 눈앞에 드러나서 마무리하는 것도 크게 어렵지 않은데 이건 아니잖아요. 사건이 터지고 책임 이야기가 나오는 순간부터 집단의 자학으로 갑니다. 우리가 왜 이것밖에 안 될까 하고. 정작 훔쳐 간 사람은 듣고 있는지 자고 있는지 어떤지 모르는데. 집단의 자학은 장기적으로 좋지 않아요. 우리 안에 도난 사건의 당사자, 훔친 사람 서너 명이 있다고 칩시다. 그렇다고 우리 공동체의 수준이 떨어지는 건 아닙니다. 어느 곳이나 열 명 이상 모이면 도난은 있습니다. 신앙으로 뭉친 영성 공동체에서도 도난은 있어요. 그래서 집단의 자학이나 이미 일어난 일을 책임지려 하기보다 이후의 일을 대비하는 이야기를 했으면 좋겠습니다. 아침부터 지금까지 우리는 충분히 자책했다고 생각하거든요.

비상 식구총회에서 더 많은 이야기들이 오고 갔지만 지면 관계상 여기서 줄인다.

무엇이 간디학교를 만드는가

자유와 책임, 교육과 성장, 소통과 논쟁

공책을 보다가
나무 생각이 난다
작은 잎새 하나로 태어나
온 힘을 다해 힘차게 밀어 올려
큰 나무가 되어
결국 종이가 된

나는 나무의 생명만큼
값진 것을 쓰고 있는지
수학 기호를 쓰다
생각한다

— 〈**수학 공책**〉, 이누리(13기)

자유교육의 빛과 그림자

양희규 간디학교 설립자 · 금산 간디학교 교장

이 글은 간디학교 교육 철학의 이상과 현실을 돌아보면서 자유교육의 여러 가지 측면을 생각해 보는 글이다. 2009년 대안교육 잡지 《민들레》를 통해 금산 간디학교 학부모였던 김희동 선생님과 공개 서신 형식으로 토론하였던 것을 전재한 것이다.

교육에 정답은 없다

선생님과 저는 같은 또래 아이를 하나 두고 있고, 이번에 선생님의 아들 도현이와 우리 아이 해은이가 함께 간디 자유학교(금산)를 졸업한 걸 보면 보통 인연이 아닌 듯합니다. 도현이가 간디학교에 다니지 않았더라면 간디학교의 교육철학이나 저의 자유주의적 입장에 관해 훨씬 자유롭게 이견을 표현할 수 있었을 텐데, 학부모 입장이 되다 보니 벙어리 냉가슴 앓듯 3년을 보낸 것은 아닌지요?

저도 나이를 먹고 역경도 겪다 보니 제 교육적 견해가 옳다는 생각보다는 인생에 정답이 없듯 교육에도 정답은 없다는 입장에 서게 되었습니다. 교육에도 여러 가지 길이 있고 제 견해는 그런 여러 가지 길 가운데 하나일 뿐이라는 거지요. 이런 입장이 되다 보니, 좀 더 편한 마음으로 제가 하고 있는 교육의 한계나 약점을 보게 되고 늘 보완하고 수정해 가려는 자세를 가지게 되었습니다. 따라서 서로 의견이 다르다고 해서, 설령 도저히 만날 수 없는 의견 차이가 있다 하더라도 그 때문에 우정이나 의가 상하는 일은 결코 없을 것입니다. 저는 교육에서도, 아니 교육에서 오히려 '다름의 미학'이 가장 빛날 수 있다고 믿습니다.

감사드리는 것은 선생님의 편지가 저로 하여금 간디학교의 교육을 간디학교 테두리 밖의 관점에서 보다 객관적인 눈으로 바라볼 수 있는 기회를 주었다는 것입니다. 이런 기회를 통해 정말 소중한 배움을 얻었습니다. 아마 이 배움은 제 자신을 위해서나 간디학교 모든 식구들을 위해서 엄청난 가치를 발휘할 것입니다.

자유인가 방종인가

선생님도 아시겠지만, 1997년 간디학교를 열고부터 지금까지 '자유'는 그 무엇보다도 최대 관심사이자 최고의 과제였습니다. '간디학교의 교육은 자유교육인가 아니면 방치 교육인가' '학생들의 고삐 풀린 자유는 정착을 향해 가는 과도기 문화인가 아니면 퇴폐적인 개판 문화인가' 자유의 문제를 두고 교사와 학생, 학부모는 늘 문제를 제기하고 토론하고 갈등해 왔습니다. 그것은 아마 우리 사회에 지금까지 늘 자유가 부족했기 때문이고 더욱이 어린이나 청소년의 자유는 거의 없었기 때문일 겁니다. 그래서 기존 학교에 대한 대안으로 등장한 대안학교는 당연히 공교육과는 달리 '자유의 천국'이란 환상을 품게 하였습니다. 학교를 처음 시작했을 때, 학부모나 학생뿐 아니라 교사들 또한 이러한 환상을 가지고 있었던 거지요. 아이들에게 생활과 학습의 자유를 주기만 하면 모든 것이 잘될 것이라는 상당히 순진한 낭만주의적 낙관론을 가지고 있었던 겁니다.

하지만 '자유로부터의 도피'라는 책 제목이 말해 주듯이, 자유는 습득되어야 할 하나의 능력이고 따라서 자유교육은 자유의 능력을 전혀 갖지 못한 아이들에겐 별 소용이 없을 수도 있다는 우려를 가지게 되었습니다. 더 나아가, 그런 아이들에겐 오히려 현실 도피, 게으름, 비이성적인 반항의 구실과 핑계가 될 수 있지 않을까 하는 염려도 갖게 되었던 것이죠.

간디학교를 처음 시작했을 때부터 사실상 저는 어렴풋이나마 이런 문제점을 인식하고 있었던 것 같습니다. 한국 토양에서 완전한 자유학교는 가능하지 않다는 현실적인 판단을 하고 있었고 나름으로는 그것을 현실에 적용한 것입니다. 즉, 서머힐스쿨 식의 자유학교는 생각으로는 좋다고 할지 모르지만 한국의 학부모와 시민들이 자기 자식에게 그런 교육을 하려고 하면 주저할 것이라는 거지요. 모든 수업의 참여 여부를 학생이 결정할 수 있는 학교, 여학생들이 발가벗고 수영하는 학교, 음주와 흡연이 허용된 학교에 10년 전 자기 자녀를 보낼 한국 부모가 얼마나 되었겠습니까?

그래서 우리가 시작했던 1997년의 간디학교는 자유학교와 공교육 학교의 중간 정도라고 보시면 될 것입니다. 학생들에게 공교육보다는 훨씬 더 많은 자유(예를 들어 두발, 염색, 복장, 일부 수업 선택 등의 자유)를 준 것이지만 서머힐스쿨 식의 자유학교보다는 적은 자유를 준 것이지요. 그런 과정에서 저는 늘 스스로 불만스러웠습니다. 어느 정도의 자유를 허용하는 학교에서 출발하는 데 만족하였지만, 그 당시 학생들이 학습에 관해서는 거의 아무런 권한도 없는 간디학교의 상황에 그리 만족하지 못했습니다. 그리하여 지속적으로 학생들의 자유와 권한을 확장하고자 하는 노력을 해 왔습니다. 최근에는 학생에게 스스로 수업을 만들고 강사가 될 수 있는 권한, 교사 없이 스스로 공부할 수 있는 권한, 학교의 많은 부분을 교사와 학생이 함께 결정할 수 있는 권한을 주려는 노력 속에서 조금씩 '자유학교다운' 자유학교가 될 수 있도록 노력해 온 것입니다.

자유교육의 폐해는 자유교육의 책임인가

그러나 지난 10년간 이러한 노력을 하면서 많은 것을 깨닫게 되었습니다. 그 가운데 가장 중요한 점은, 교사나 학생이나 학부모나 모두 자유의 능력을 제대로 갖고 있지 않다는 것입니다. 심각한 문제는, 이러한 능력의 전제 없이 자유학교는 제대로 운영될 수 없다는 것이지요. 특히 교사와 학부모가 이러한 자유에 대한 굳은 신념과 자유에의 성장 없이는 자유학교는 그야말로 자유학교가 아니라 방종 학교 내지 개판 학교가 될 수밖에 없는 것입니다. 단적으로 표현하면 그렇습니다. '자유학교에는 그저 자기가 필요한 방식으로 이기적으로 행동하고자 하는 아이들, 아무것도 하지 않으려는 무기력한 아이들, 권리만 주장하고 책임은 지지 않으려는 아이들이 많다.' '자유학교 교사들은 그런 아이들을 호되게 꾸짖지는 못하고 문제의 뒤치다꺼리나 하고 있다.' '자유학교에서 반듯하고 책임감 있게 생활하는 아이들은 교사의 방치 가운데 늘 희생양이 되고 있다.'

간디학교에 온 교사 가운데에는 이런 상황에 절망하고 떠난 분들도 있습니다. 그분들은 아마도 김희동 선생님이 민들레만들래(공부 모임) 경험에서 깨달았듯이, '아, 자유교육이 아이들을 망치고 있구나.' '지나친 자유는 인간을 망치는구나.' '나이에 맞지 않는 자유의 허용은 아이의 영혼을 황폐하게 하는구나.' 하는 결론에 도달하게 되었을 것입니다. 자유의 능력을 전혀 갖지 못한 아이들에게 많은 자유를 주면 이기적으로 되거나 무기력하게 되거나 아니면 권리만 주장하고 책임은 지지 않으려 하는 현상이 나타나게 됩니다. 청소하기, 시간 약속 지키기, 무단 외출하지 않기, 기숙사에서 음주하지 않기, 남의 물건 손대지 않기 등 기본적인 규칙을 지키지 않아 끊임없이 전체 모임에서 그런 유치한 것들에 관해 이야기해야 하는, 그리 유쾌하지만은 않은 상황이 지속되는 것입니다. 이런 기본적인 것들은 이미 유치원에서 배웠어야 하는 것 아닌가요? 왜 이런 것들이 지켜지지 않아서 늘 모여서 에너지와 시간을 소비해야 하는 것인가요? 이러한 모습이 자유교육이라면 자유교육은 정말 한심하기 짝이 없는 교육에 불과할 것입니다. 그런데 생각해 봅시다. 이런 한심함을 조장하게 하는 것은 자유교육이 아이들에게 지나친 자유를 주었기 때문일까요?

사실 서머힐스쿨의 교장 닐은 이런 현상을 이미 알고 있었고 이렇게 고백하고 있습니다. 12~13세가 넘어가면 자유교육은 잘 되지 않는다고 말입니다. 14~15세에 서머힐스쿨에 온 아이들 가운데 어떤 아이들은 잘 성장했지만 어떤 아이들은 제대로 적응하지 못하고 불평만 하다가 떠났다는 것입니다. 교육의 성과도 거의 없이 말이지요. 닐은 중·고등학교 시절부터 시작한 갑작스런 자유교육은 실패하기 쉽다고 말하고 있습니다. 그런데 공정하게 이야기하자면, 이러한 실패는 자유교육 자체의 잘못이 아니라 자유와 책임을 가르치지 못했던 그 이전의 가정 교육이나 초등 교육에서 기인한 것이 아닐까 하는 생각을 하게 됩니다.

그럼 이제 선생님께서 제기하신 "자유주의 교육에 대한 근본적인 회의"에 관해 이야기해 보겠습니다. 자유교육은 인간의 자연적인 발달 과정을 인정하지 않고 어린아이에게도 어른에게 해당되는 자유와 책임을 지우는 것은 아닌가? 이것은 선생님이 자유교육에 관해 가지고 있는 가장 근본적인 비판입니다. 자유교육이 인간의 발달 과정 자체를 인정하지 않고 초등학교 아이에게나 고등학교 학생에게나 마치 다 자란 어른인 양 높은 판단력을 요구하고 있다는 것이지요. 아마도 서머힐스쿨에서 5~6세 아동에서부터 고등학생 연령의 아이들이 한자리에 모여서 생활 규칙을 만들고 그 규칙을 어길 경우 어떻게 처벌이나 처방을 할 것인지 결정하는 것을 생각해 보면 자유교육의 허점을 쉽게 상상할 수 있을 것입니다. 이런 경우의 극단적인 예는《파리대왕》의 비극입니다. 자유 능력이 없는 아이들이 모여 가장 잔인한 규칙과 비인간적인 처벌을 만들어 낼 수 있기 때문입니다. 따라서 어른의 적절한 가이드와 관여가 없는 상황에서 아이들에게 모든 책임과 권한을 부여하는 것은 매우 위험한 결과를 초래할 수 있을 것입니다. 저도 그런 경우를 간디학교나 다른 대안학교에서 경험하거나 관찰한 적이 있습니다. 그래서 자유교육은 결코 방치 교육이 되어서는 안 된다는 입장에 서 있습니다.

저는 아이들에게 허용하는 자유의 양이나 범위도 아이가 자라남에 따라 점점 넓어져야 한다는 생각에 동의하는 편입니다. 즉, 유아와 초등학생, 중·고등학생의 선택과 책임의 범위는 달라야 한다는 것이지요. 따라서 유아, 초등, 중·고등학교 연령의 아이들을 구분해서 교육하는 것이 보다 현실적이라고 믿고 있습니다. (물론 특별한 상황에서는 연령 구분 없이 한 가족처럼 교육할 수 있다고 봅니다만, 학교 형태를 취하는 한 그리고 적어도 40~50명 이상의 학생들이 함께 교육에 참여하는 한, 불가능하지는 않지만 현실화하기는 매우 어렵다고 봅니다.) 특히 안전과 건강에 관한 한, 아이와 청소년과 어른의 자유 범위는 다를 수밖에 없다고 생각합니다. 그래서 간디학교에서도 안전에 관한 한 학생들의 의결 자유를 인정하지 않습니다. 자기들 마음대로 여행을 떠나겠다거나 무단 외박을 하겠다면 허용하지 않습니다.

자유의 양과 범위

이와 같이 인간의 성장 과정과 거기에 어느 정도 비례한 자유의 허용이라는 대원칙에서 저는 선생님의 견해에 동의하고 있는 것 같습니다. 만일 차이가 있다면 자유의 양과 범위일 것입니다. 선생님은 제가 아이들에게 너무 많은 자유를 주고 있다고 생각하고 있는 듯합니다.

연령에 따른 적절한 자유의 양과 범위에 대해서는 상당히 다른 견해가 있을 것이라고 봅니다. 예를 들어, 18세 이전에는 거의 선택 능력이 없고 따라서 자유가 주어져서는 안 된다고 보는 과거의 입장도 있고, 그들에게도 상당한 자유가 주어져야 하고 그럴 경우에만 건강한 자유 시민으로 기를 수 있다고 보는 입장도 있을 수 있을 것입니다. 저는 분명 후자의 자유주의적 입장에 서 있고 아마도 선생님은 저보다는 조금 신중한 입장에 서 있을 것으로 생각합니다.

편의상, 자유의 영역을 학습 영역과 생활 영역으로 나누어 생각해 보고자 합니다. (물론 이 둘은 서로 연관되어 완전히 분리하기는 어렵습니다.) 선생님은 제가 생활과 학습 영역에서 모두 너무 많은 자유를 아이들에게 허용하고 있다고 보는 것 같습니다. 먼저 생활 영역에서, 자유교육은 인간이 기본적으로 지켜야 할 것들에 대해서도 지나친 자유를 허용한다고 생각하실 겁니다. 즉, 약속 지키기, 남을 고의로 해치지 않기, 자기와 다른 인간을 수용하고 관용하기, 함께 살아가기 위해서 청소와 같이 하고 싶지 않은 일도 하기 등 유치원 학생도 알 만한 것들에 관해서도 아이들의 다수결 원칙에 맡기고 시간 낭비를 하거나 방종을 조장하고 있는 것 아닌가 하는 것입니다. 다시 말해 이기주의적 인간을 만들어 내고 있는 것은 아닌가 하는 것이지요.

이러한 비판은 상황에 따라 그럴 수도 있고 그렇지 않을 수도 있다는 것이 제 생각입니다. 최악의 경우가 《파리대왕》의 사례이고, 최상의 경우는 아마도 닐 교장이 가장 왕성하게 활동했던 당시의 서머힐스쿨이 아닐까 싶습니다. 서머힐스쿨은 아이들에게 거의 무제한의 자유를 주었지만 그 아이들은 인간이 기본적으로 지켜야 할 규칙을 만들어 냈고 그 규칙을 어길 경우에 대한 처벌과 처방 또한 훌륭하게 만들어 냈습니다. 물론 그러한 배경에는 닐을 비롯한 자유주의 신봉자들의 '보이지 않는 손'이 상당히 작용했겠지만요.

간디학교의 아이들도 그들에게 자유와 책임이 주어졌을 때 기본적으로 지켜야 하는 규칙들을 정해 놓고 있으며 더 나아가 친절과 배려, 생태주의 가치나 공동체 가치와 같이 좀 더 적극적인 의미의 규칙, 예를 들어 음식 쓰레기 남기지 않기, 환경에 해를 주는 샴푸 쓰지 않기 같은 규칙도 스스로 만들고 있습니다. 학생들이 그런 규칙들을 잘 지키느냐고요? 학생들은 스스로 만든 규칙을 상당히 존중하고 있고 규칙을 어길 경우 일종의 죄책감이나 친구들에 대한 미안한 마음도 느낍니다. 학교나 교사들이 일방적으로 정해 놓은 규칙을 따를 경우와는 다른 느낌을 갖게 됩니다.

하지만 학생들의 집단에 따라 자율성의 능력이 상당히 다를 수 있으며 규칙 만들기도 제대로 되지 않고 규칙을 지키는 아이들이 거의 없어 그야말로 개판이 되는 경우도 있습니다. 이런 경우는 학생 집단에 기본 인성 교육이 되어 있지 않은 아이들의 비율이 높거나 그런 아이들이 전체 의견을 좌지우지할 경우입니다. 이러한 상황에 놓여 있는 자유학교는 아마도 자유의 천국이 아니라 악몽의 학교일 가능성이 높습니다. 자유학교를 추구하는 한국의 대안학교 가운데에도 이런 학교들이 있으리라 짐작해 봅니다. 그래서 자유학교는 어떤 다른 학교보다도 성공의 확률이 낮은 것 같습니다.

학습 영역에서도 저는 아이들에게 상당한 자유를 허용하고 있습니다. 특히 금산 간디학교의 경우, 지식 교과 가운데 필수 과목이 없습니다. 그래서 영어나 수학 같은 교과를 전혀 공부하지 않고도 졸업할 수 있습니다. 아마 이러한 저의 입장과 선생님의 입장에는 큰 차이가 있을 것이고 이러한 차이 뒤에는 인간의 지식과 지혜에 관한 철학이나 형이상학의 차이가 분명히 있으리라 생각합니다.

저는 지적 발달에 어떤 보편적인 순서나 길이 존재하지 않는다는 철학적 입장에 서 있습니다. 그리고 제가 잘 이해하고 있다면, 김희동 선생님은 인간도 자연의 일부이며 마치 한 그루의 나무처럼 인간의 지적 발달에도 이미 결정되어 있는 자연적 순서와 길이 있다는 입장에 서 있는 것 같습니다. 저는 깨달음의 길에는 과학이나 학문을 통한 분석적 길이 있는가 하면 다른 한편으론 직관을 통한 통합의 길이 있다고 믿으며, 지식이나 지혜의 길에도 개인마다 상당히 다른 길이 있다고 믿고 있습니다. 이것이 인간이 자연계의 생물체인 동시에 다른 생물체의 한계를 넘어서는 차이점이라고 보는 것입니다. (물론 인간이 자연의 일부라는 점에는 전적으로 동의합니다.) 그래서 저는 같은 연령의 아이들에게 같은 내용의 같은 교과를 가르치는 것에는 전적으로 동의하지 않습니다. 어떤 아이는 목수와 함께 일하면서 목수 일을 통해 어떤 아이는 학문을 통해, 또 어떤 아이는 예술 행위를 통해 인간과 자연에 관해 배울 수 있다고 보는 것입니다. 인생은 배움의 여행이며, 어떤 여행이 더 나은가에 정답은 없다고 보는 것이 저의 자유주의적 신념입니다. 이 부분에 관해서는 제가 어쩌면 발도르프 교육을 잘못 이해하고 있는지도 모르겠습니다만, 실수가 있다면 지적해 주시기 바랍니다.

자유교육은 보편적 대안이 될 수 있는가

그럼 자유의 양과 범위에 관하여 구체적인 질문을 던져 봅시다. '초등학교 학생에게 수업 선택을 마음대로 할 수 있는 자유를 허용할 것인가?' 지구상 대부분의 학교에서 초등학생은 물론이고 중학생과 고등학생조차 무엇을 배울 것인가, 그리고 어떻게 배울 것인가 하는 것은 학교와 교사가 결정합니다. 하지만 소수의 자유학교들은 이러한 보편적 관행에 맞서 아이들에게 스스로 무엇을 배울 것인가를 결정하게 하고 더 나아가 수업이 아닌 여러 경로를 통해 학습하는 것을 권장하고는 합니다. 이것은 자유주의자들이 아이들의 자연스런 발달 과정을 모르거나 인정하지 않는 것이 아니라 자유의 범위와 양에서 훨씬 더 많은 모험이 필요하다는 입장을 취하고 있기 때문입니다. 저도 그런 입장에 서 있습니다. 저 역시 우리 아이들을 기르면서 연령에 따라 자유의 양을 다르게 허용해 왔고 제가 만일 초등학교나 유치원을 운영한다면 그렇게 할 것이라고 믿습니다. 다만 저는 다른 교육자보다는 더 많은 자유를 주려고 노력할 것입니다. 아이들의 건강과 생명에 위험이 없는 한 말입니다.

그렇다면 여기에서 중요한 질문은, 아이들에게 가능한 많은 자유를 주어야 한다는 입장을 견지하는 자유교육이 보편적으로 적용될 수 있는 교육 철학인가, 혹은 자유교육이 대다수 아이들을 위한 대안이 될 수 있겠는가 하는 질문일 겁니다. 과거에 저는 이 물음에 대해 그렇다는 확신을 가지고 있었습니다. 두 가지 면에서 그러했는데, 하나는 "인간은 누구나 자유로운 존재로 성장해야 한다."는 당위론적 관점이고 다른 하나는 "인간은 실제로 상당히 자유로운 존재이다."라는 낙관적인 인간관 때문이었습니다.

지금도 저는 앞의 당위론적 생각은 그대로 가지고 있습니다. 인간은 누구나 진정 자유로운 존재이어야 한다는 것입니다. 하지만 두 번째, 인간은 대체로 자유로운 존재라는 생각은 최근에 이르러 많이 흔들리고 있습니다. 어쩌면 아이들은 물론이고 어른조차도 생각만큼 자유로운 존재가 아닐지도 모른다는 다소 비관적인 인간관에 도달한 것입니다. 자신의 자유로운 선택이라고 하면서도 실제로는 남의 이목이나 여론에 흔들리고 그에 대한 전적인 책임을 지는 삶을 살지 못하는 데 대해 변명이나 정당화를 하고 마는 것이 어쩌면 보통의 인간일지도 모른다는 것입니다. 그래서 서점에 가면 온통 "네 자신을 믿어라." "진정 원하는 삶을 살아라." "긍정적으로 살아라."라고 말하는 책들이 가득 차 있는 것 아닐까요? 결국 많은 이들은 제가 처음 예상했던 것과는 달리, 온전히 자유롭지 못하며 자기 문제에 대해 자유롭게 선택하지 못하고 책임도 못 지면서 살아가고 있는 것이 아닐까 하는 의문이 듭니다. 만일 이것이 사실이라면 자유롭지 못한 부모 아래 자라난 아이들은 자유와 책임을 배우지 못했을 것이고, 이렇게 자라난 아이들에게 갑작스레 많은 자유를 주는 것은 상당한 부작용을 낳을 가능성이 있지 않을까 하는 생각에 도달하게 된 것입니다.

이와 같이 과거의 제 입장은 상당히 후퇴한 것이 사실입니다. 한때 자유교육은 누구에게나 꼭 필요한 교육이라고 말해 왔습니다. 지금도 당위적인 관점에서는 여전히 자유주의 입장을 견지하고 있습니다. 하지만 현실에서 아이들이 가지고 있는 자유의 능력에 비추어 볼 때, 자유교육은 다수가 아닌 소수의 아이들을 위한 교육일지도 모릅니다. 전 지구적으로 보더라도 자유교육을 선택하고 있는 부모와 아이들은 소수입니다. 저는 더 이상 제 교육의 신념이 누구에게나 적용될 수 있는 '보편적인 대안'이라고 주장하지 않습니다. 오히려 소수를 위한 교육일지도 모른다고 말하기 시작했습니다.

생활 영역과 학습 영역에서의 자유

이제 제 입장이 어느 정도 이해가 되시는지요? 이런 맥락에서 선생님이 제기한 구체적인 질문들에 대답해 보기로 하겠습니다.(아마 앞에서 어느 정도 답변이 되었겠지만) 선생님의 질문은 자유의 허용 범위에 관한 것이라고 보고 있습니다. 간단히 요약하자면 이런 내용이지요?

1. 자유학교에서는 남에게 피해를 주지 않는 것이면 무엇이든 허용되는가? 예를 들어 흡연, 음주 같은 행위가 허용되는가?

2. 책임질 수 있는 행동을 할 수 있는 나이를 언제쯤으로 보는가? 예를 들어 초등학교 3학년 아이가 더 이상 공부하지 않고 프로 게이머의 길을 나서겠다고 할 때, 혹은 중1

학생이 친구들과 어울려 다닌다고 집에 들어오지 않을 때 어떻게 할 것인가?

3. 자유학교에서는 지나친 자유로 말미암아 하고 싶은 것만 하고자 하는 이기적인 아이들이 늘어나는 것은 아닌가? 끝까지 자기 하고 싶은 것만 하려는 아이들은 어떻게 해야 하나?

4. 마찬가지로 남에게 피해 주지 않는 범위 안에서 무엇이든 해도 좋다는 자유교육에 의해서 공동체성이 결여된, 철저하게 개인주의적인 '뺀질이'가 늘어나게 되는 것은 아닌가?

먼저 생활의 영역에서 보겠습니다. 원칙적으로, 간디학교에서는 생활의 영역에서, 고등학생의 경우 거의 무제한의 자유를 주고 있습니다. 어떤 생활 규칙을 정할지, 규칙을 어길 경우 어떻게 할지에 대해 학교가 일방적으로 결정하지 않고 전체 식구가 모인 자리(식구총회)에서 결정한다는 뜻입니다. 예를 들어, 남에게 피해를 주지 않지만 자신에게 피해를 주는 행위인 흡연이나 음주를 허용하고 있는가? 이 질문은 두 가지 뜻으로 해석할 수 있습니다. "학생들에게 그 결정권을 주는가?"가 하나이고 "결과적으로 간디학교에서는 그 행위들이 허용되고 있는가?"가 다른 하나입니다. 앞의 뜻이라면 "그렇다."는 대답이 나오고, 후자의 뜻이라면 "그렇지 않다."는 대답이 나올 겁니다.

예를 들어, 산청 간디학교에서 흡연할 경우 벌칙을 주는 규칙에 대해 그 규칙을 그대로 둘 것인가 아니면 없앨 것인가를 전체 회의에 두 번인가 붙인 적이 있습니다. 그때 대다수의 학생들은 흡연 행위를 처벌하는 규칙을 유지하자는 입장에 동의하였습니다. 간디학교 학생들은 남에게 피해를 주는 행위(폭력, 약속 안 지키기 등)뿐 아니라 자기 자신에게 해를 끼치는 행위(음주, 흡연)를 금하고 있으며 더 나아가 함께 살아가기 위해서는 하고 싶지 않더라도 해야 할 의무(샴푸 안 쓰기 등)도 정하고 있습니다. 물론 이러한 규칙은 학생의 힘만으로 만들어 낸 것은 아닙니다. 교사와 학생이 함께 장시간 토론하여 만들어 낸 결과물입니다. 이러한 과정이 비록 느리고 비효율적으로 보인다 하더라도 우리는 이것이 교육의 중요한 부분이라고 믿고 있습니다.

뿐만 아니라 간디학교는 서머힐스쿨과는 달리 가치관 교육을 중시하고 있습니다. 여기에 서머힐스쿨 식의 자유학교와 간디학교의 중요한 차이점이 있다고 봅니다. 서머힐스쿨은 자유 지상주의의 입장에서 자유만 주면 모든 다른 가치가 실현된다고 보는 반면, 간디학교는 자유 이외에도 건강, 사랑, 지혜 같은 다른 가치들이 있다고 보고 가치관 교육을 중시하는 것입니다. 이러한 가치관 교육은 아이들의 의사 결정에 가이드 역할을 하게 됩니다. 물론 주입식 가치관 교육을 하는 것은 아닙니다.

그렇지만 선생님의 염려처럼 자유학교에는 흡연을 하고 음주를 하는 아이들이나 하고 싶은 일만 하려 하는 이기적인 아이들, 그리고 공동체성이 결여된 '뺀질이'들이 상당수 있는 게 사실입니다. 그리고 자유학교에서 그런 아이들이 더 많은 것처럼 보입니다. 그럼 과거에는 그렇지 않았던 아이들이 자유학교에 와서 그렇게 변한 것일까요? 이것은 자유교육이 만들어 낸 결과라기보다는 그 이전의 잘못된 교육의 결과가 강제성이 사라진 자유교육의 환경에서 보다 선명하게 드러나는 것이라고 봅니다. 저는 이것이 보다 공정한 견해라고 믿고 있습니다. 그런 아이들은 유치원에서 배워야 할 것들을 배우지 못해 오랫동안 이기적인 습성에 젖은 아이들(가치관 교육의 결여나 방치 교육의 결과)이거나 오랫동안 부모의 억압을 받다가 갑자기 자유가 주어지자 제멋대로 방종하거나 무기력한 아이들(억압 교육의 결과)인 것입니다.

이제 학습의 영역에서 보겠습니다. 초등 3학년 아이가 프로 게이머가 되겠다고 한다면 허용할 것인가? 저희 집 아이가 프로 게이머나 백댄서나 재즈 음악가가 되겠다고 하면 반대하지는 않을 겁니다. 그러나 그런 선택을 통해 전인적인 성장이 가능한지에 관해서는 비상한 관심을 가질 것입니다. 즉, 우리 아이가 백댄서가 되기 위해 전인적인 성장을 포기한다면 저는 반대할 것입니다. 프로 게이머나 백댄서나 재즈 음악가가 되기 위해 학교를 가지 않는다 하더라도 전인적인 성장이 가능하다고 봅니다. 운동을 규칙적으로 해서 건강을 돌보고, 다양한 인간관계를 통해 소통과 배려를 배우고, 음악이나 댄스의 집중적인 공부를 해 가면서 인생과 세상 그리고 자연에 대해 배울 수 있다고 믿기 때문입니다. 물론 비주류의 길을 가는 아이들에게는 어른의 세심한 가이드와 코치가 더욱 필요하겠지요.

아마 아이들은 순간적인 판단과 선택으로 시행착오를 겪을 것입니다. 하지만 어른에 의해 주도면밀한 지시와 안내를 받아 실수를 하지 않는 것보다는 스스로 시행착오를 겪고 실수를 하는 것이 진정한 배움의 중요한 과정이라고 생각합니다. 학습 영역에서는 배우고자 하는 열정이 무엇보다도 중요하다고 생각하기 때문입니다. 이러한 열정을 촉발하는 것은 바로 자발성, 곧 자신의 진정한 선택과 자유인 것입니다. 따라서 학습 영역에서 저는 가능한 한 많은 자유를 아이들에게 주고 싶은 것입니다.

대안교육 현장에서 실천해 본 자유교육의 함의

마지막으로, 실제 한국의 대안교육 현장에서 자유교육이 어떤 함축적 의미를 가지게 될까 고민해 본 것을 정리해 보겠습니다. 워낙 짧은 시간 동안 생각한 것이라 숙고가 부족했을 것이고 간디학교 교사들 간에 충분히 공유되지 않은 부분도 포함되어 있어서 다소 조심스러운 면이 있습니다. 깊이 이해해 주시기 바랍니다.

첫째, 지난 10여 년의 경험과 그 경험의 분석에 따르면, 자유교육은 다수를 위한 대안이 되기 어렵다고 봅니다. 특히 어린 시절에 선택과 책임을 제대로 배우지 못한 중·고등학교 연령의 아이들에게 갑작스런 자유교육은 현실적인 대안이 되기 어렵습니다. 그래서 자유학교에서는 어린 시절 자유주의적인 부모의 가정에서 자유와 책임을 배우며 자라난 중·고등학생만 받거나 자유교육의 연령을 유아나 초등학교 연령으로 낮추어야 한다는 것입니다. 하지만 간디학교처럼 시골의 기숙형 학교로서는 초등 대안학교를 운영하기가 현실적으로 어렵기 때문에 자유학교의 철학을 가진 도시의 초등 대안학교와 연계하는 것이 현실적인 대안이 될 것입니다.

둘째, 다수의 아이들에게는 자유교육보다는 자유 허용의 범위에서 자유교육과 공교육의 중간 정도에 서 있는 교육(예를 들어 발도르프 교육)이 더 현실적이고 보편적인 대안이 될 수 있다고 봅니다. 자유를 경험하지 못한 아이들에게 갑자기 많은 자유를 주기보다는 연령에 따라 점진적으로 또 현실적으로 감당할 수 있는 정도의 자유를 허용하는 교육이 다수의 아이들에게 보다 교육적인 대안이 될 수 있다는 뜻입니다.

셋째, 유아 시절 기본적인 인성 교육이 부재하여 제멋대로가 된 이기적인 아이나 게임 중독이 된 아이에게 자유교육은 별 도움이 되지 못하거나 단기적으로는 오히려 독이 될 수도 있다고 봅니다. 어쩌면 이런 아이에게는 존중과 수용의 자유교육보다는 훈육과 엄격함을 통해 잘못된 습관을 고쳐 주는 것이 급선무일 것입니다. 특히 책임을 배우지 못한 중·고등학교 연령의 아이에게 자유교육은 회피할 핑계와 정당화를 일삼게 함으로써 오히려 독이 될 가능성도 있습니다. 자유교육을 통해 그런 아이를 변화시키려면 스스로 깨닫고 변화하기까지 상당한 시간과 교사의 헌신이 따라야 할 것입니다.

최근 많은 부모들은 영어·수학 같이 입시에 도움이 되는 공부만 강조하는 반면, 인간으로서 반드시 지켜야 할 기본적인 덕목을 가르치는 데에는 소홀한 경향이 많습니다. 차례 지키기, 약속 지키기, 친절, 용기, 정의 같은 기본 덕목 말입니다. 이런 것들은 어린 시절에 좋은 습관으로 정착되어야 할 것들입니다. 이런 기본적인 인간 교육이 부재하여 중·고등학교에 들어갈 무렵 아이들이 이기적인 인간이 되어 있는 것입니다. 또, 많은 아이들이 부모의 방치로 인해 게임 중독이나 인스턴트식품 중독에 빠져 있습니다. 이런 아이들에게 자유교육은 별 효력이 없을 수 있습니다. 오히려 사관학교식 교육이 나쁜 버릇을 고치는 데는 훨씬 더 효과 있는 방법이 될지도 모릅니다.

넷째, 학습에서 학생들에게 상당한 자유와 선택권을 부여하는 자유주의 교육은 적어도 단기적으로 볼 때 대학 입시에 상당히 불리한 결과를 낳을 수 있으므로 학부모에게는 매우 부담스러운 선택이 될 것입니다. 실제 금산 간디학교의 졸업생들은 졸업 후 곧바로 대학 진학을 하는 아이들이 많지 않습니다. 고등학교 졸업 후에 곧바로 대학에 가야 한다는 것을 받아들이지 않기 때문이기도 하고 3년간 자기 발견을 위해 다양한 교과 활동, 동아리 활동, 체험과 봉사 활동을 하느라 입시 준비를 하지 못했기 때문이기도 합니다. 그래서 학벌주의 사회인 한국에서 자유주의 교육을 선택한다는 것은 철저한 자유교육 신봉자가 아니라면 상당히 위험한 도박이 될 것입니다.

다섯째, 부모의 억압으로 위축되거나 자신감이 부족한 아이들에게 자유교육은 다소 도움이 될 수 있습니다. 이런 아이들은 이기적이기보다는 자신감이 결여된 아이들입니다. 이런 유형의 아이들은 왕따를 당하기도 합니다. 자유학교에 와서 자신감을 많이 회복하기도 하는데, 증세가 심하여 극도의 무기력증에 빠져 아무것도 하지 않으려는 아이는 치료가 필요하며 학교 형태가 아닌 비학교 형태의 교육이 더 맞을 것입니다.

김희동 선생님, 선생님의 편지를 받고 많은 생각을 하게 되었고 스스로의 한계에 대해 깊이 고민할 수 있었습니다. 생각을 정리하기가 쉽지는 않았지만 생산적인 시간이었던 것만은 분명합니다. 이러한 기회를 주신 것을 진심으로 감사드립니다. 다음에 만나면 더 많은 이야기를 나눌 수 있으리라 생각하며 이만 줄이겠습니다. 늘 행복하시길.

수능 거부 1인 시위를 한 이유는

박두헌 9기

11월 11일, 흔히 빼빼로 데이라 불리는 이날, 학교에 체험 학습 신청서를 내고 산청 촌 동네에 사는 고3 다섯 명이 서울로 출발했다. 학교 일정은 뒤로한 채 버스에 올라탄 이유는 그날이 우리에겐 빼빼로 데이가 아니라 수능 'D-day 1일'이었기 때문이다. 적어도 하루 전에는 서울에 올라가야 다음 날 오전 광화문 정부 종합 청사 앞에서 1인 시위를 할 수 있기에. 그들 중에는 나도 포함되어 있었다. 다섯 명 중에 한 명은 대안학교에 대한 영상물을 제작하던 중 수능을 거부하는 고3들을 영상에 담고 싶어서 같이 서울행 버스를 탔다.

대학에 대한 고민

수능 거부 1인 시위를 해야겠다는 생각을 처음 한 것은 2학년 때였다. 대안학교에 들어와서 1년 동안은 별 생각 없이 놀았지만 2학년이 되면서 진로와 진학에 대해 남들처럼 고민하게 되었고 자연히 '진로'보다는 코앞에 닥친 '진학'에 더 깊은 고민을 하게 되었다. 처음에는 대학에 가지 않을 것이라는 생각은 못했고 성공회대 사회과학부를 마음에 두고 있었다. 진학에 대해서 결정지으면 마음이 편해야 하는데 아무래도 영 마음에 내키지가 않았다.

왜 그럴까 오랫동안 생각해 보고 나서야 그 이유를 알게 되었다. 뭔가 찝찝하고 어정쩡했던 이유는 진학에 대해 고민할 때 제대로 된 절차를 밟지 않았기 때문이었다. 대학을 갈 것인가 말 것인가에 대한 고민은 하지 않고 전공 분야를 먼저 선택했다는 말이다. 순서에 따른다면 먼저 대학에 갈지 말지, 가야 한다면 왜 가야 하는지에 대해 생각을 한 뒤에 나에게 맞는 대학을 선택해야 하는데, 대학을 간다는 전제를 깔아 둔 채 전공 분야를 먼저 골랐던 것이다. 왜 대학을 가야 하는지에 대한 근본적인 질문을 던질 수 없었던 건 어쩌면 의식 깊은 곳에 '고졸'이라는 꼬리표에 대한 사람들의 시선과 세상의 손찌검에 대한 두려움이 자리 잡고 있었기 때문일지도 모른다.

그 찝찝함에 대한 본질을 알고 나니 너무 짜증이 났다. 대학을 가야 할지 말아야 할지에 대한 일차적인 질문을 던질 수 없게끔 만든 사회가 너무 싫었다. 그래도 나는 나름 제도와 관습, 권력이나 억압으로부터 자유롭고 깨어 있다고 생각해 왔는데 결국 그 모든 것들에 얽매어 있다는 것을 깨달았다. 어른들이 만들어 놓은 힘의 논리에 족쇄가 묶인 채 헤어 나오지 못하는 느낌이었다.

그제야 대학에 가야 할지 말아야 할지에 대한 질문을 다시 던지게 되었고 대학을 가지 않겠다고 부모님께 말씀드렸다. 내게 대학이 별로 필요 없다고 느낀 것도 있지만 무엇보다도 지금의 대학을 거부하고 싶었기 때문이다. 젊은 나이의 오기나 객기로도 볼 수 있지만 피비린내 나는 지금의 제도와 관습에 복종하고 싶지 않았고 가능한 한 그 벽을 부수고 싶었다.

1인 시위를 준비하며

우리나라의 교육이 잘못되었다는 말을 많이 듣고 공감은 했지만 진학에 대해 진지하게 고민하면서 그것을 제대로 느낄 수 있었다. 우리나라의 교육은 비합리적이고 비인격적이며 비상식적이다. 결정적으로 비교육적이다. 한마디로 미친 짓이다. 매년 성적 비관으로 죽는 학생이 200여 명에 달한다고 한다. 학생만 죽는 것이 아니다. 자식의 성적을 비관하여 죽는 부모들도 있단다. 한국 사회에서는 수능 점수로 한 사람의 인생이 평가되고 결정되기 때문에 학생들은 수능 공부에 매진하느라 자신의 삶을 진지하게 설계할 여유가 없고 꿈을 가질 수도 없다. 학교에 가면 옆 친구를 밟고 일어서는 법부터 배워야 하고 그 학생들이 자라서 사회인이 되면 학교에서 배운 약육강식의 원리를 열심히 실천하며 살 것이다. 이러니 교육이 비교육적일 수밖에.

평소에 이런 문제의식을 공유하던 몇몇 친구들은 내가 수능 시험을 치르는 날 1인 시위를 할 계획이라고 밝히자 재밌겠다면서 같이 시위를 준비하기로 했다. 수능 일을 보름 정도 남기고 이 모임이 결성되었다.(사실 뭐 대단한 것도 아니고 '결성'이라는 말까지 쓸 필요는 없지만.) 지금의 교육과 입시제도에 어떤 문제가 있는지 각자 생각을 나누고 피켓에 어떤 내용을 담을지 정하고 어떤 퍼포먼스를 할지 구체적인 의견을 나누었다. 지금의 제도를 거부만 할 것이 아니라 대안을 제시할 수 있어야 한다는 의견이 나와서 '입시폐지대학평준화국민운동본부(이하 입시폐지운동본부)'에서 주장하는 대학 평준화에 대해 같이 공부했다. 1인 시위를 할 때 혹은 어떤 것에 대해서 반대하고 운동을 할 때에도 많은 공부가 필요하다는 것을 새삼 느꼈다.

수능 시험 날 벌인 1인 시위

전날 친구네 집에서 밤늦게까지 피켓을 만드느라 정작 당일에는 다들 피곤해서 전철을 타고 가는 내내 꾸벅꾸벅 졸았다. 정부 종합 청사에 도착해 1인 시위를 시작하려는데 전경들이 많아서 괜히 겁이 나기도 했다.(법적으로 1인 시위는 집회 신고 없이 언제 어디서든 할 수 있다.)

1인 시위에 대한 구체적인 계획을 짜는 동안 골칫거리가 하나 있었다. 법적으로 1인 시위는 혼자 해야 하는데 1인 시위를 하겠다는 녀석이 네 명이나 되었던 것이다. 그렇다고 집회 신고를 하자니 절차도 까다롭고 당시로써는 현실적으로 불가능해 보였다. 그래서 두 명씩 두 팀으로 나뉘어 한 팀은 정문에서 다른 한 팀은 후문에서 피켓을 번갈아 들기로 했다.

정문 앞에서 나는 피켓을 들고 친구는 그냥 서 있는데 갑자기 전경들이 우리를 둘러쌌다. 둘이 같이 있으면 1인 시위를 하는 것이 아니라서 법적으로 문제가 있다는 것이다. 다른 한 명은 의사를 표현하는 어떠한 행동도 하지 않고 있다고 했으나 그래도 곤란하단다. 그래서 친구는 나와 조금 거리를 두고 떨어져 있다가 번갈아 가면서 피켓을 들기로 했다. 그런데 후문 상황은 달랐나 보다. 한 명이 피켓을 들고 있고 다른 한 명이 옆에 서 있는 것은 문제가 없었다고 한다. 우리나라 법은 정부 종합 청사 앞문과 뒷문에서 다르게 적용된다. 1인 시위를 준비하시는 분들은 참고하시길.

그날 우리만 입시 폐지를 외친 것은 아니었다. 입시폐지운동본부에서 집회 신고를 하고 후문 쪽에서 행사를 연다는 정보를 얻어 같이 그 행사에 참여하게 되었다. 그 뒤 1인 시위를 알리려고 부른 기자들과 인터뷰를 한 뒤 다시 교대로 1인 시위를 진행했다. 이번 수능 날은 다행히 춥지 않았는데 바람이 심하게 불어서 피켓을 들고 서 있기 힘들었다.

전경 가운데 한 분이 "우리 너무 미워하지 마요. 우리 그렇게 나쁜 사람들 아니에요."라고 말한 것이 재미있어 기억에 남는다. 실제로 전경들과 얘기를 나누면서 그렇게 못되거나 폭력적이지 않다는 느낌을 많이 받았다. 비록 서로 의견은 다르지만 우리가 하는 일에 관심을 가지고 귀 기울여 들으려고 노력하는 것 같았다.(뭐 전체 중에 일부분일 수도 있겠지만.) 다만 안타까운 것은 이 일을 진행하면서 '법'이라는 그늘 아래 '정의'라는 단어를 찾기는 힘들었다는 점이다. 법치주의는 참으로 무서운 사상인 것 같다.

우리가 벌인 시위가 인터넷에 올라온 뒤 기대 이상으로 큰 화제가 되어 당황스러우면서도 기뻤다. 시위를 하는 동안 지나가는 버스 안에서 한 할아버지가 엄지손가락을 추켜올리시기도 한 반면 기사 댓글 중에는 염색한 머리에 딴지 거는 사람들도 있었다. 여담이지만 기사가 화제가 되어서 그런지 며칠 뒤 학교로 어떤 중년 남성이 전화를 걸어서는 학생들에게 도대체 뭘 가르치는 거냐며 욕을 퍼붓는 에피소드도 있었다. 전화를 받은 선생님이 듣다가 중간에 끊어 버려서 끝까지 듣지는 못했지만.

"뭐 하고 살 건데?"

기자들과 인터뷰를 하면서 대학을 가지 않으면 졸업 후의 진로는 어떻게 되느냐는 질문을 많이 받았다. 기자들뿐만 아니라 고3이 되면서 어딜 가나 어느 대학 갈 거냐는 질문을 받고, 대학에 가지 않을 거라고 하면 바로 다음 코스로 받는 질문이 그거다. 망설임 없이 대답하지만 이 질문이 가끔은 씁쓸하다. 이 질문은 종종 "대학도 가지 않을 거면 뭘 하고 살 건데?"라는 비아냥에서 비롯되기도 하기 때문이다. 학력과 학벌주의 사회의 한계에서 사고가 멈추어 버린 사람들은 현실을 직시하라고 가르치려 들지만 글쎄, 난 그다지 마음에 들지 않는다.

최근에 담임 선생님이 나를 교무실로 부르셨다. 그러곤 뜬금없이 앞으로의 계획에 대해 물으셨다. 졸업 후의 행로가 불분명한 학생이 꽤나 걱정되셨나 보다.

"뭐 대학 졸업한 학생들이 다들 그렇듯이 자취하고 알바하면서 살겠죠. 졸업 후에 바로 소속될 단체 같은 건 없어요."

"그럼 구체적인 계획은 없는 거네?"

"그렇죠, 뭐. 졸업하자마자 하고 싶은 일을 할 수 있다면 좋겠지만 아마도 힘들 테니까 일단 독립하고 입에 풀칠하며 천천히 준비하겠죠. 다만 내가 원하는 배움을 유지할 시간적 금전적 여유가 있을지 걱정이에요."

"그래서 지금 하고 싶은 건 뭔데?"

"지금은 민중가요를 더 배우고 부르고 싶어요."

선생님은 다소 놀라셨다. 아마도 민중가요를 부르겠다는 학생이 현실감이 없어 보이고 그런 것을 본업으로 삼기는 힘들다고 느꼈을 것이다.

세상이 내가 생각하는 만큼 그렇게 만만한 곳이 아니라는 것은 익히 들어서 알고 있지만 일단 지금은 사회에서 티격태격 모든 악한 것들과 부딪히며 살고 싶다. 안전하고 넓은 길은 재미없으니까. 뭘 하며 먹고 살지가 아니라 무슨 생각을 하며 어떻게 살지에 대한 마음만 굳건히 가지고 있다면 어떻게든 내가 바라는 대로 살아지겠지 하는 막연한 자신감만 있다.(그래, 이 학교에 와서 얻은 건 근거 없는 배짱밖에 없다.) 그리고 그 삭막한 세상을 살아가는 데 한 줄기 마음의 등불이 될 것이 내겐 민중가요인 것이다.

선생님의 당황스러움이 이해가 안 되는 것은 아니었다. 부모님과도 이런 갈등이 없지 않았으니까. 부모님은 아들이 대학에 진학해서 더 많은 배움을 얻기를 원하셨고 아무 대책 없어 보이는 내가 분명히 걱정되셨을 것이다. 하지만 무슨 생각으로 대학에 가고 싶지 않아 하는지 알고 나신 뒤에는 든든한 지원군이 되셔서 이번에 1인 시위를 할 때에도 응원해 주셨다. 부족해 보이기만 하는 아들의 손을 들어 주기가 분명히 쉽지 않으셨을 텐데 항상 감사한 마음을 가지고 있다.

진정 나의 선택인가

조기 교육을 받아서 초등학생 때부터 일등을 밥 먹듯이 하고 고등학생 때 모의고사 일등급을 유지하다가 수능에서 고득점을 얻어 명문 대학을 간다. 혹은 돈 조금 더 보태서 미국에 유학을 가면 더 좋다. 화려한 이력서를 들고 돈 많이 버는 직업(적성까지 맞으면 금상첨화)을 얻어 화목한 가정을 꾸린다. 남녀노소 불문하고 대한민국 국민 공통의 꿈이다. 학부모들의 꿈이자 학생들의 꿈이다.

나는 얼마 전까지 교회에 다녔었다. 내가 다니던 교회는 인간적인 교회, 사랑이 넘치는 교회였다. 형제자매들이 해외로 유학을 가면 진심으로 축하해 주고 축복해 준다. 형제님들은 품격 있고 경제적으로도 부유한 분들이어서 자식들이 해외로 유학 가는 건 흔한 일이다. 자매님들은 자식들의 성적 현황을 공유하며 서로 조언해 주고 학원을 추천해 준다. 촛불 문화제는 외면하면서 학원비가 오르고 달러 환율이 오르면 세상의 부조리를 논한다. 다른 건 다 안 돼도 공부를 하느라 교회에 나오지 못하는 것은 어쩔 수 없는 일이고, 고3이 되면 교회에 나오지 않아도 이유를 궁금해하지 않는다. 신앙보다는 성적이 먼저인가 보다.

그 교회에 다니는 어떤 중학생은 고등학생인 내가 너무 대책 없어 보였는지 철 좀 들라는 눈초리를 보내기도 한다. 그리고 학원에서 열심히 공부해 성적이 오른 자신을 자랑하지만 난 그 아이를 보면 한창 웃어야 할 나이에 늘 그늘이 져 있는 것 같아 안타까운 마음이 가시질 않는다.

학생들은 이렇게 자기 최면을 걸곤 한다. 지금의 고통을 잠시만 참으면 시험에서 더 높은 점수를 받을 수 있고 더 행복한 삶을 살 수 있겠지. 언제까지나 하고 싶은 것만 하며 살 수는 없지 않은가. 삶에는 이겨 내야 할 시련이 항상 있기 마련이고 나의 꿈을 이루기 위해 지금도 열심히 공부해야 한다고 말이다. 우리나라에선 이런 모습을 철들었다고 하는 것 같다.

그런데 좀 이상하지 않나? 이렇게 많은 사람들이 비슷한 꿈을 꾸고 있다는 것이 말이다. 되도록 많은 사람들이 엘리트와 기득권을 향한 꿈을 꾸게 하는 것은 어쩌면 우리의 꿈이라기보다는 무한 경쟁 자본주의 사회의 꿈은 아니었을까? 그것이 자본주의 사회를 원활하게 돌아가게 해 주기 때문이다.

우리는 살면서 수없이 많은 선택을 한다. 수없이 많은 갈림길을 만나 어디로 가야 할지 방황하기도 하고 눈에 잘 띄는 넓은 길을 주저 없이 가기도 한다. '선택'이라는 단어의 속성을 생각해 보면 '나'라는 주체는 빠질 수 없다. 하지만 현실은 그렇지 않다. 슬프지만 대개는 둘 중 하나이다. 자신의 삶을 선택 당하거나 혹은 선택 당하려고 발버둥치거나.

과연 우리가 하는 선택들이 주체적인 것이었을까? 만약 아니라면 누가 혹은 무엇이 우리의 길을 선택하려 드는 걸까. 받아들이는 사람마다 다르게 생각하겠지만 한 가지 확실한 건 책상 앞에 앉아 공부만 한다고 세상이 예뻐진다거나 나의 삶이 '내 것'이 되는 것은 아니라는 사실이다.

간디학교의 두 가지 고민

남호섭 교감

간디학교가 대안학교로서 풀지 못한 숙제 중에는 일제고사 문제와 신입생 선발에서 생기는 탈락자 문제가 있다. 일제고사에 대해 어떻게 대처해야 할지 교사, 학생, 학부모가 모여 전체회의를 열기도 했고 선발 방법에 대해서도 좀 더 나은 방법은 없는지 해마다 고민하고 있다. 일제고사 토론회에서 발표한 글과 선발 후 탈락자들에게 쓴 사과의 글을 소개한다.

일제고사에 대한 교사회의 생각

이런 자리가 좋습니다. 교육 현안에 대해 터놓고 얘기하면서 우리 학교의 정체성을 다시 새기는 계기로 삼으면 좋겠습니다. 앞으로 우리 앞에 더 크고 많은 일들이 닥쳐옵니다. 이 자리가 우리의 힘을 모으는 기회가 되기를 바랍니다.

제가 교사회를 대변한다고 하지만 교사회에서 나온 이야기를 다 하지는 못할 것입니다. 문맥을 이해하고, 언급된 말 이외의 말까지 마음으로 들어주기를 바랍니다. 교사회는 간디학교뿐만 아니라 우리나라 모든 학생들에게 실시하는 일제고사에 원칙적으로 동의하지 않습니다. 교사회 입장을 정리하기 위해 두 차례 회의를 거쳤고 그 결과를 가지고 교장 선생님과 한 차례 회의를 한 끝에 생각을 모은 것입니다. 아니 모두의 생각을 재확인한 것이라고도 할 수 있습니다.

우리가 이 시험에 대해 걱정하는 것은 서열화입니다. 시·도교육청이 서열화되고 시·군교육청이 서열화되고 단위 학교가 서열화됩니다. 또한 단위 학교의 결과를 학교 평가, 교장·교감 평가, 교사 평가에 적용합니다. 결과를 정보 공시하여 만천하에 공개합니다. 수능 성적 등과 연계하여 학교를 등급 매기게 될 것입니다. 텃밭 가꾸기, 음식 만들기, 옷 만들기, 농촌 활동, 지리산 종주 등이 국·영·수 과목과 동등한 중요성을 띠는 우리 학교의 경우는 억울한 면이 많습니다.

하지만 교과부나 교육청에서는 이런 것을 고려하지 않습니다. '기초 학력 미달자'를 없애라고 분명하게 내세우고 있습니다. 우리 학교의 이런저런 사정을 말해도 고등학생으로 이 정도도 모르고서야 되겠느냐, 이것부터 해 놓고 다른 것을 하라고 말합니다. 그러면서 돈도 준다, 인턴 교사도 지원해 준다고 합니다. 그리고 1등부터 수십만 등까지 등수를 매기는 것은 아니고 학습 부진 정도를 따지는 것일 뿐이라는 논리를 폅니다. 차라리 일일이 등수를 매겨 줄 세운다면 교사들은 경쟁을 조장해서 아이들 다 죽인다고, 학생들은 원하지 않는 내 등수를 매기지 말라고, 강력하게 항의하고 거부할 수 있을 텐데 그것은 아니라는 겁니다.

같은 지역에 있는 인가받은 대안학교와 이 문제를 같이 풀어 보려고도 했습니다. 하지만 그 학교는 일제고사를 통해 학력 향상을 해 보겠다는 생각을 가지고 있었습니다. 그래서 다른 대안학교와의 연대도 불가능합니다. 간디 선생도 거대한 힘에 맞서기 위해서는 공동체의 힘이 필요하다고 했는데 공동체를 이루지 못한 지금 우리는 아주 작은 한 조각에 불과할지도 모릅니다.

이런 가운데서도 우리는 우리가 할 수 있는 최선의 방법으로 일제고사에 대응해 왔다고 생각합니다. 연대할 수 있는 학교도 없는 외로운 저항이었지만 학교 철학에 맞지 않고 교육의 본래 목적에도 맞지 않는 시험을 순순히 받아들일 수 없었습니다. 두 해 동안 우리는 그나마 자존심을 지켰다고 봅니다. 학생 여러분은 이 시험을 무시한 것이 되고 결과에 대해서도 가볍게 취급함으로써 최소한 우리 학교 안에서는 일제고사를 무력화시킨 것입니다.

그 결과 교육청과 학교 사이에는 많은 갈등이 있었습니다. 교육청에서는 우리 학교 성적이 다른 학교 성적을 까먹기 때문에 경남교육청 전체 점수에도 큰 영향을 끼친다고 힐난하기도 했고 학력 향상 지원금을 받기만 하고 결과는 없다며 질책성 추궁을 하기도 했습니다. 특별 장학 지도를 나와서는 시험에 응시한 네 명의 학생을 따로 만나 길게 면담도 했습니다. 이 시험에 대한 학교나 교사, 학생들의 분위기까지 조사했습니다. 잘 알다시피 이 일로 지원금의 일부가 끊기고 학교는 기관 경고를 받았습니다.

그렇지만 아무도 교육청에 주눅 들지 않았습니다. 그런 일이 있은 뒤에도 학교의 책임 있는 어느 누구도 선생님들에게 위축될 수 있을지도 모르는 말을 한 적이 없습니다. 물론 학생들에게 부담이 될 수 있는 말을 한 적도 없습니다. 우리 학교, 또는 교사회는 이렇게 지금까지 당당했습니다.

올해로 이 시험이 세 번째입니다. 교사회가 예년에 비해 적극적으로 이 문제를 풀어 가려는 의지를 보이는 이유는 이를 통해 학생, 학부모, 교사가 생각을 나누면서 더 나은 교육적 효과를 거둘 수 있지 않을까 하는 생각 때문입니다.

이 시험의 본질을 살펴봅시다. 학교와 학생을 경쟁 체제로 내모는 측면이 너무도 강한 시험입니다. 하지만 기초 미달 학생을 파악해서 최소한 이 정도로는 끌어올려야 한다는 논리도 무시할 수 없습니다.

이 문제를 어떻게 풀어야 할까요. 전국적으로 따져 봐서 내 위치는 어떤 단계인가 궁금해하는 학생도 있을 것입니다. 학습에 대한 열의가 많은 학생이나 부모님이 존재한다는 것도 우리 학교의 현실입니다. 학생 가운데에는 '학습 멘토링' 등을 통해 학력을 끌어올려 이번 시험에서 자신의 위치를 점검해 보려는 이도 있을 것입니다.

일제고사에 대한 반대는 쉬울 수 있습니다. 그러나 왜 반대하는지 자기 정당성을 마련하는 것은 아무 생각 없이 시험에 응하는 것보다 더 어려울 수 있습니다. 반대하는 분위기에 휩쓸려서 혹은 그저 시험 보기 귀찮아서 반대 목소리를 크게 낸다면 몇 안 될지도 모르지만 이 시험을 통해 자기 점검을 해 보려는 사람들을 위축시킬 수 있습니다. 따라서 시험 보려는 사람들도 당당해야 합니다. 시험의 당사자인 학생들도 지도하는 학교나 교사들도 이 문제 앞에서 당당해야 합니다.

교사회는 이 시험이 품고 있는 비교육적 측면 때문에 동의하지 않습니다. 그래서 이 시험을 수용해서 시험에 응시하도록 학생들을 설득할 필요를 느끼지 못했습니다. 그렇다면 전면적으로 거부할 것인가. 이 문제에 대해 많이 논의해 보았습니다. 그런데 이럴 경우 먼저 걸리는 문제는 지금까지 시험을 본 학생들이 있었는데, 올해도 이 시험을 통해 자신의 학력 수준을 점검해 보려는 학생들에 대한 배려는 어떻게 할 것인가 하는 것이었습니다. 또 한 가지는, 교사들이 전면에 나서 거부하든 학부모가 거부하든 모든 책임은 교장 선생님 한 사람에게 돌아간다는 점이었습니다. 구체적인 징계가 교장 선생님께 내려올 것입니다. 이런 점을 뻔히 알면서 교장 선생님에게 징계를 감수하면서까지 이 문제를 풀자고, 어쩌면 강요에 가까운 요구를 할 수는 없었습니다. 그리고 또 한 가지는, 지금 이 문제뿐만 아니라 교육 정책과 관련하여 외부로부터 우리 학교로 닥쳐오는 많은 문제들이 있기 때문에 여기에 힘을 빼는 것이 과연 옳은가 하는 고민이 있었습니다.

교사회가 도달한 결론은 "교사회는 일제고사에 동의하지 않는다. 다만 시험 참여 여부는 학생 의견을 존중한다."는 것입니다. 그리고 "이 뒤에 생길 수 있는 문제는 교사회가 책임진다."는 것입니다. 못 다한 말이 더 많고 아쉬운 점이 많지만 이렇게 결정을 내릴 수밖에 없는 교사회의 판단을 존중해 주기를 바랍니다.

신입생 선발을 마치고 나서

올해만큼 신입생 선발이 힘든 적이 없었던 듯하다. 전국에서 180명이 지원했고 1차에서 60명, 다시 2차에서 41명이 최종 합격자로 결정됐다. 1차 전형을 끝내 놓고도 교무실로 걸려오는 전화벨 소리에 움찔거리고는 했는데 최종 합격자를 발표하고 나서는 더 심해졌다. 발표가 나면 학부모뿐만 아니라 지원자 본인들도 학교에 전화를 걸어 온다. 떨어진 이유를 알고 싶다고 묻기도 하고 간디학교에 가장 어울린다고 자부했는데 떨어졌다면서 울기도 하고 다른 데는 가고 싶지 않으니 내년에 다시 도전하겠다고도 한다. 함께하지 못하게 된 어린 학생 139명의 모습이 자꾸만 떠올라 아무 일도 손에 안 잡혔다.

전형에 직접 참여한 교사들은 모든 지원자를 생생히 기억하고 있다. 1차 서류 전형에서는 학생의 자기소개서나 학부모 소개서, 그리고 추천서의 절실한 내용을 읽었고, 2차 전형에서는 학생이나 학부모를 직접 만나기 때문에 누구 하나 쉬 잊히지 않기 때문이다. 입학 전형이란 어차피 '떨어뜨리는 일'이라고 자위해 보지만 떨어진 학생 입장을 생각해 보면 어떻게든 잘 '붙이는 일'이어야 한다는 생각이 든다. 하지만 다섯 명 가운데 한 명만 붙는 꼴이 된 이상 아무리 잘 붙이려 해도 뜻대로 될 수 없는 상황은 안타까울 뿐이다.

올해 경쟁률이 예년보다 썩 높았던 것은 아니다. 합격자 발표 이후 교사들이 치르는 고통도 유독 심했다고 볼 수도 없을 것이다. 그런데 왜 올해가 더욱 힘들게 느껴지는 걸까. 아마도 서류 전형을 통해서 읽은 학생들의 학교생활이나 가정에서의 일들이 마음을 무겁게 하지 않았을까 생각해 본다. 학교 성적 때문에 동무들과 경쟁해야 하고, 초등학교부터 학원에서 시달리다 보니 거칠고 메말라진 성격으로 동무들을 함부로 대하고, 집단 따돌림 현상은 흔해 빠졌고, 가정은 힘들고 지친 아이들을 따스하게 위로해 줄 곳이 못 되고, 부모의 삶도 힘겹고. 이것이 우리 학교를 지원하는 학생만의 문제가 아닐 것이라는 생각이 들면 더욱 마음이 무거워진다.

성적의 중압감에서 벗어나 동무들과 마음껏 웃고 떠들고, 나이에 걸맞은 감성을 키우고, 둘레의 모든 것이 더불어 살아가야 하는 존재라는 것을 깨닫고 싶어 하는 아이들이 우리 학교를 지원한다. 집 가까이에는 이런 학교가 없다며 다들 멀리서 꼭 합격시켜 달라고 찾아온다. 어쩌다가 우리 교육이 이렇게 되었을까. 교육의 본래 뜻을 저버리는 공교육에 영감과 자극을 주고자 지난 십여 년 애써 왔다고 자부하는 우리 학교도 경쟁 위주의 교육 정책에 힘겹게 맞서야 할 때가 많다.

아직 어린 학생은 물론이고, 경쟁 사회에서 살아남기 위해 허덕이는 학부모, 진학률로만 평가받아야 하는 학교는 어디로 가는지도 모른 채 무작정 앞만 보고 달려가고 있다. 이 대열에서 벗어나 다른 교육, 다른 삶을 추구하려는 아이들이나 부모들의 용기에 힘입어 우리 학교는 존재한다. 해마다 우리는 남들과 다른 길을 가려는 용기 있는 아이와 학부모를 전형을 통해 만난다. 그러나 늘 지원자가 많아서 경쟁을 피해 온 아이들에게 또 경쟁을 시키는 가슴 아픈 일이 벌어진다. 1차, 2차 전형에서 떨어진 아이들과 비교할 수는 없겠지만 우리 또한 해마다 되풀이되는 이 일이 얼마나 고통스러운지 모른다.

문제는 아무리 세밀하게 전형 요소를 세워도 해가 갈수록 붙이고 떨어뜨리는 일이 어렵기만 하다는 점이다. 요즘 대학에서 실시하고 있는 입학사정관 제도와 유사한 전형 방법을 우리 학교는 10년 전부터 해 오고 있다는 자부심이 없는 것은 아니다. 해마다 전형이 끝나면 교사들이 모두 모여 평가회를 하면서 고쳐야 될 것과 보태야 될 것에 대해 진지한 토론도 한다. 하지만 결과를 놓고 멀리 내다보면 그것이 정답이 아니라는 것을 쉽게 알 수 있다. 우리 학교 입학 전형에서 떨어지고도 집 가까운 학교를 잘 다니는 아이들도 얼마든지 있는 반면 우리 학교에 기쁘게 들어왔지만 마음에 안 들어 도중에 그만두는 경우도 있다.

아직 아무것도 제대로 갖추어지지 않은 중학교 졸업반 아이들을 붙이고 떨어뜨리는 일은 애초부터 잘못된 일일지 모른다. 아이의 잠재적인 가능성을 놓고 본다면 우리가 하는 일이 참으로 헛되다는 생각을 지울 수 없다. 합격한 아이나 떨어진 아이 모두에게 간디학교는 잠깐 스치는 인연일지 모른다. 합격했다고 앞으로의 삶이 확 달라지리라는 생각도 위험한 것이고 떨어졌다고 해서 앞날을 걱정하는 것도 잘못일 것이다.

아이들은 모두 귀한 존재다. 그것을 누구보다 잘 알고 있는 우리 학교 교사들은 고통 속에서 올해도 139명의 아이들을 떨어뜨렸다. 아직도 아파하고 있을 아이들을 생각하면 마음이 무거워 위로의 말도 떠오르지 않는다. 그래서 우리들은 겸손한 마음으로 우리가 추구하는 교육의 바른 길로 매진할 수밖에 없다. 아이들을 고통에 빠뜨리는 우리나라 교육 현실을 바꿔내야 한다는 생각이 더욱 강하게 든다. 아이들에게는 아무 잘못이 없다. 우리를 포함한 어른들의 잘못만이 있을 뿐이다.

2 3 4 5 6 7 8 9 10
hanjipe-itha
mamagom-Babygom
tungtungHae
nalthinhae
Babygomen
U-ssuk U-ssuk
Jarlhandai

세상의 모든 학부모를 만났다

장용성 학부모

간디학교에서는 신입생을 선발할 때 학부모 면접도 함께 본다. 학부모 면접에는 재학생 학부모 중에서 한 명이 면접 위원으로 참여한다. 면접 위원으로 선정되어 학부모 면접에 직접 참여한 한 학부모의 글을 싣는다.

"이건 아주 어려운 일이야!"

전혀 예상하지 못했던 부탁이었다. 신입생 학부모 면접관이라니! 더구나 하루도 아니고 3일씩이나. 그 3일도 노는 날이 아니라 일하는 평일이다. 월급쟁이 공무원이 무슨 염치로 평일 3일씩이나 연가를 낼 수 있단 말인가? 3일 연가를 내기 위해 2주 동안 이리 뛰고 저리 뛰었다. 다행히 연가 결재는 쉽게 났다. 그런 과정에서 주변 사람들은 학부모가 학부모 면접을 본다는 사실에 의아해했다. 고등학교에서, 그것도 대학 입학 사정관 제도도 아닌데 그런 까다로운 절차가 왜 필요한지 궁금해했다. 우리 아들이 다니는 산청 간디학교는 아주 특별한 학교라는 간단한 설명에서부터 인간을 위한 자유학교라는 의미심장한 설명까지 쭉 나열하고 다녔다. 3일씩이나 연가를 내야 할 아주 중요한 일이라는 느낌을 주어야 했기 때문이다. 우리 학교는 일탈 학생을 위한 대안학교가 아니라 삶에 진지한 아이들이 오는 곳이며, 한국 최초의 대안학교이며, 빛나는 전통과 역사를 간직하고 있다고 자랑했다. "여러분, 우리 산청 간디학교는 정말 멋진 곳입니다."

50년 동안 입시 교육의 문제점을 토론했지만 학벌이라는 독버섯이 없어지지 않는 한 퇴행적 교육 현상은 사라지지 않을 것이다. 비뚤어진 교육 체계는 반드시 비뚤어진 아이들을 낳게 마련이다. 이런 아이들은 자신이나 학교나 부모를 믿지 못하게 된다. 요즘 아이들이 거칠고 사나운 것은 아이들의 문제가 아니라 어른의 문제인 것이다. 의식 있는 부모들은 이런 현상을 잘 알고 있다. 이들은 일반 고등학교를 피한다. 비주류라는 낙인과 학교 부적응아라는 누명을 쓰더라도 아이들이 좀 더 행복해지는 방향으로 마음을 옮긴다. 간디학교는 이런 부모들의 요구를 제대로 받아들이는 학교다. 주변에서도 이런 의식을 가진 학부모들이 점차 늘어나고 있고 이들 가운데 용기 있는 학부모들은 간디학교의 문을 두드린다. 이런 학부모 가운데 더 간디 학부모다운 학부모들을 가려내야 한다. "이건 아주 어려운 일이야!"

면접의 기준 세우기

면접 전날 마산에 있는 형님 집에서 자면서 이런 문제를 고민했다. 고민을 이어 가다 보니 학부모들을 가려내는 적당한 기준이 떠올랐다. 간디학교에서의 지난 3년을, 내가 만난 다른 학부모들과 간디학교의 샘들을, 그리고 간디학교 아이들을 생각하니 답이 나왔다. 개방성, 다양성, 신뢰성, 관계성, 참여성. "야, 멋지다!"

첫날 학교에 도착하니 8시였다. 이른 아침부터 학교를 챙기시느라 바쁘신 교장 샘을 만나서 잠시 담소를 나누었다. 문득, 교장 샘의 손을 보았다.

서류에 도장만 찍는 손이 아니었다. 마치 막노동 현장 노동자의 손 같아서 마음이 짠했다. 교무실에서 면접 준비로 바쁘신 샘들께 인사하고 대략적인 면접 일정과 지원자의 신상 기록을 검토했다. 빽빽하게 채워진 개인 추천서와 학부모 추천서, 교사 추천서를 읽었다. 지난 3년이 새삼스러웠다.

학부모 면접은 벽화집 2층에서 3일 동안 진행되었다. 교실 안쪽에 면접관이 앉고 면접 대상인 학부모들은 문 쪽에 앉았다. 내 왼쪽에는 교장 샘이 오른쪽에는 교감 샘과 정미숙 샘이 앉으셨다. 면접에 대한 이야기를 나누고 기본 정보와 면접 기준도 확인했다. 심호흡으로 마음을 가다듬고 첫 번째 지원자 학부모의 긴장된 얼굴을 만났다. "저 마음 내가 알지."

간디학교를 선택한 이유와 배경을 먼저 듣고 특별한 사항에 대한 보충 질문이 쭉 이어졌다. 교감 샘, 정미숙 샘, 그리고 교장 샘이 질문을 하시고 마지막으로 내가 했다. 면접 사흘 동안 이 순서는 간혹 바뀌기도 했고 교감 샘과 정미숙 샘이 보충 질문을 하시기도 했다. 한 명에게 주어진 면접 시간은 15분에서 20분 사이였다.

같은 마음, 다른 빛깔

첫날 면접은 전체 3일 가운데 가장 어려웠다. 첫날이라는 이유도 있었지만 대체로 특이한 개인사와 배경을 가진 분들이 많았기 때문이다. 그분들의 이야기를 들으면서 가슴이 '쿵' 하고 흔들리는 일도 있었다. 아픈 상처를 가지고 있는 아이에게는 반드시 아픈 상처를 가진 부모가 있다. 1997년 IMF 사태로 무너진 한국 중산층의 흉터를 들여다보는 마음은 편치 않았다. 어머니 쪽은 적극적인 분이 많으셨지만 아버지 쪽은 심드렁하신 분도 계셨다. 우리 아이가 왜 이런 학교에 와야 하는지 잘 모르겠다는 듯이.

시험 치러 온 것처럼 외운 것을 또박또박 대답하는 분도 많으셨다. 몇 년 동안 입학을 준비한 분에게서는 묵은 된장과 같은 진한 맛이 느껴졌다. 피상적으로 알고 있는 것과 깊이 알고 있는 것의 차이일 것이다. 이런 차이는 이미 대안교육을 경험해 본 학부모에게서도 볼 수 있었다. 아이를 대안학교에 보내는 것과 대안학교 학부모가 되는 것은 같지 않다는 것을 새삼 느꼈다. 아이를 사랑하는 마음은 같지만 드러내는 빛깔에서 차이가 났다.

어머님과 아버님의 호흡이 잘 안 맞는 경우도 있었고 도전적인 질문에 당황하시는 분도 계셨다. 가정은 윤택했지만 관계는 빈약하거나 옷차림은 반짝거렸지만 아이에 대한 믿음은 초라한 경우도 있었다. 아들에 대한 어머님의 지극한 사랑이 있었고 딸에 대한 아버지의 무한한 애정도 있었다.

교감 샘의 질문은 온화했고 정미숙 선생님의 질문은 따뜻했다. 교장 샘의 질문은 공격적이었고 나의 질문은 음흉했다. 경제적으로 어려운 분은 그것을 감추기보다는 드러내야 하는 아픔이 있었다. 아이가 아픈 분들은 설움에 복받쳐 눈물을 짓기도 했다. 아이가 힘들어했던 순간을 회상하며 안타까워하는 분도 계셨다. 점심을 먹고 오후 5시까지 이어진 면접은 꽤 힘들었다. 학부모들의 아픔이, 그 속에 담겨 있는 아이들의 고통이 짠하게 전해지는 하루였다. '아, 이렇게들 아프구나.' 간디의 하늘은 맑기만 했다.

과거의 두려움과 현재의 용기 사이에서

둘째 날 면접은 첫날보다는 약간 수월했다. 학벌 사회에서 말하는 소위 '우수한 자원'들이 꽤 보였다. 학부모 역시 첫날보다 대답을 잘하셨다. 나에게 중요한 것은 정답이 아니라 진심이었다. 이 학교에 아이를 보내려는 이유에 대해 긴 시간 진지하게 고민하신 분들은 진심이 느껴지는 대답을 하셨다. 대안중학교를 졸업하고 간디학교를 선택하신 분들이 꽤 있었다. 초등학교를 갓 졸업한 13살짜리 어린 아이를 부모의 품에서 떼어 놓는 일은 정말 쉽지 않다. 아무리 우리나라 교육이 엉망진창이라 하더라도 어머니의 품속보다 더 따뜻한 곳은 이 세상에 없으니까. 그러나 어머니의 사랑은 작은 곳에서 큰 곳까지 끝 간 데 없다. 지금은 아프지만 나중에는 그 아픔을 발판 삼아 더 좋은 아이가 될 것이라는 굳은 믿음이 깔려 있을 것이다.

왕따나 폭행으로 지울 수 없는 상처를 입은 아이도 있었다. 자기소개서를 읽어 보면 행간에서 그 아픔이 진득하게 묻어 나온다. 그 아픔 속에는 두 가지가 있었다. 두려움과 용기. 과거의 두려움과 현재의 용기다. 부모의 말 속에도 두 가지가 있었다. 대안학교는 이런 아이들만 전적으로 받아 주는 곳이라는 착각과 폭력 없는 밝고 자유로운 곳에서 미래를 그려 봤으면 하는 소박한 희망이다. 어느 쪽인지 구분하는 것은 그다지 어렵지 않았다. 그런 종류의 사랑은 온몸으로 외치기 때문이다.

반복되는 일은 지루함과 피로함을 동반한다. 오늘 만난 학부모들은 분명 서로 다른 이름을 가졌지만 빛깔은 어제보다 다양하지 않았다. 긴장이 약간 풀리는 순간 점심시간이 되었다. 식당에서 밥을 먹고 커피를 마시려고 면접실로 왔다. 다른 분들은 자리에 안 계셨다. 커피를 마시면서 내가 쓴 어지러운 메모들을 물끄러미 봤다. 맥이 쑥 빠졌다. 불쑥 내가 무슨 큰 죄라도 짓고 있지 않나 하는 의구심이 들었기에.

커피가 썼다. 어제부터 지금까지 본 면접 점수를 쭉 돌아봤다. 50여 분의 얼굴을 떠올려 봤지만 이름과 얼굴이 딱 들어맞는 경우보다는 안 들어맞는 경우가 더 많았다. 황당했다. 눈을 감고 마음을 가다듬었다. 어제 아침부터 지금까지 있었던 일을 중심으로 하나하나 더듬어 갔다. 그리고 다시 점수표를 폈다. 떠오르는 기억을 바탕으로 점수의 숫자를 재확인했다. 하나씩 하나씩. 다 읽고 나서 씩 웃었다. "나는 타고난 면접관인가?"

오후 일정이 계속 되었다. 역시 아침과 크게 다르지 않았다.

아는 얼굴과 모르는 얼굴 사이에서

면접 마지막 날은 아는 얼굴과 모르는 얼굴 사이의 갈등으로 시작되었다. 살아온 세월이 제법 있는지라 이렇게 저렇게 알게 된 사람의 얼굴도 있었고 여기저기서 들은 사람의 이름도 있었다. 마음속에서 수시로 일어나는 유혹의 갈등을 잠재우는 일은 그다지 어렵지 않았다. 오히려 더 냉정해지기도 했다. 최종 합격자 발표 이후, 누구에게 들은 바로는 다음에 만나면 가만두지 않겠다는 협박 아닌 협박도 있었다.

지원자 가운데에는 어릴 때부터 아토피를 앓은 아이들도 제법 있었다. 그런 학부모 가운데에는 아이 때문에 생태 문제에 눈을 뜨고 생태의 관점으로 삶을 가꾸어 오신 분도 계셨지만 그 반대의 경우도 있었다. 십수 년 동안 불치에 가까운 아토피와 싸우느라 몸과 마음이 다 지쳐서 물 맑고 공기 깨끗한 곳에서 공부시키고 싶은 마음은 백번 이해할 수 있지만 그것이 이 학교의 입학 이유는 되지 않는다고 본다.

간디학교에 들어오기 위해 재수를 선택한 아이의 학부모도 계셨고, 오랜 방황 끝에 마음잡고 열심히 살아 보겠다는 아이의 학부모도 계셨다. 엄청 잘생기고 목소리도 성우 빰칠 정도의 '훈남' 아버지도 계셨고 면접관보다 더 수다스럽게 웃고 떠들고 즐기는 듯한 학부모도 계셨다. 더 이상 물러날 곳이 없다는 듯 단호하게 호소하는 어머니, 생태적 의지가 굳고 자신의 삶에 떳떳한 어머니, 아버지의 반대를 무릅쓰고 어떻게든 아이를 여기에 보내려는 애타는 모정도 있었다. 어려운 질문에 얼굴 붉히시다 고개를 숙이던 어머님, 면접 때 제대로 답변하지 못하시고 운동장 한켠에서 멍하니 담배만 태우던 아버지, 홀몸으로 살아오며 어렵게 이어 왔던 아이의 애처로운 삶을 눈물로 호소하던 어머니, 아이에게 확고한 믿음이 있는 진보적 아버지, 자신은 보수지만 아이의 길만은 제 손에 맡기고 싶다는 아버지.

오후 5시가 조금 넘어서 면접이 끝났다. 교장 샘은 먼저 나가시고 나는 자리에서 오늘 본 면접 점수를 다시 훑어봤다. 머릿속을 스쳐 지나가는 감상은 많았지만 이것이 최선이라고 스스로 위안했다. 아쉽지만 내가 더 손댈 수 있는 영역이 아니었다. 나머지는 다른 샘들께 맡겨 두어야 했다. 안도감과 피로가 엄습했다. 면접철을 덮고 잠시 멍한 상태로 있었다. 한 인간의 역사란 인류의 전체 역사보다 복잡다단하다는 어느 역사학자의 독백을 떠올렸다. "이분들이 우리나라 학부모 모두구나."

중요한 것은 아이들의 능력과 잠재력

마지막 면접이 끝날 즈음에 교장 샘이 보시던 자료에 눈이 갔다. 이번 선발의 전체 배점이 항목별로 적혀 있었다. 학부모 면접, 아이들의 개인 면접과 집단 면접의 배점을 진지하게 계산해 봤다. 아무리 생각해도 학부모 면접은 아이의 당락에 크게 영향을 끼치지 못할 것 같았다. 아마도 아이들의 능력이 80퍼센트쯤 되고 학부모의 능력은 10퍼센트 정도? 그리고 나머지 10퍼센트는 운일 것이다. 생각이 여기에 미치자 갑자기 해방감이 느껴졌다. 3박 4일 동안 잠자리와 식사를 신세 진 산청 간디학교 면접의 달인 나눔이 아빠의 말이 떠올랐다. 이거 하고 당락은 상관없다는 걸걸한 목소리가 맞는 말이라는 생각이 들었다. "휴, 어쨌든 다행이로구나."

4박 5일의 면접 여행은 이렇게 끝났다. 진영휴게소에 차를 세우고 커피를 마셨다. 휴게소 유리창에 흐릿하게 비친 내 모습을 보면서 이렇게 중얼거렸다. "야, 좋은 경험했어. 그리고 수고했다."

간디학교가 사교육을 허용할 수 없는 이유

백승원 교사

간디학교에 사교육을 허하라?

2003년 가을, 한 달에 두 번 서울에서 산청으로 내려와 예비 교사 연수를 받던 시절 양희규 선생님으로부터 들은 이야기다. 학교 설립 초기, 유난히 국·영·수 중심의 지식 교육을 등한시하는(?) 간디학교의 교육 과정이 못미더웠던 일부 학부모들이 아이들을 진주의 어느 학원에 단체로 다니게 한 적이 있단다. 그래서 오후 늦게 학원 승합차가 아이들을 실어 가고 밤늦게 다시 데려다 주는 진풍경을 한동안 볼 수 있었단다. 다행히 이 웃지 못할 해프닝이 오래 지속되지는 않았지만 1990년대 후반의 간디학교 학부모들이 대안교육과 사교육을 어떻게 사고했는지를 보여 주는 단면임에는 분명하다. 더불어 인가 받은 대안학교가 '제도 안의' 대안성이라도 견지하기 위해서는 교사 교육, 아이들 교육 못지않게 학부모 교육도 중요하다는 것을 보여 주는 사례이기도 하다.

외부인의 시각에서 대안학교라면 사교육으로부터 완전히 자유롭거나 원천적으로 불가능하리라 예상해 온 것과는 달리, 그동안 간디학교는 사교육을 암묵적으로 허용해 왔다. "학교에서 가르치지 못하는 것을 밖에서 배우겠다는데 학교가 왜 간섭이냐?"라는 학생과 학부모의 주장에 뭐라 딱히 대답할 수 없었기 때문이다. 물론 앞서 언급한 극단적인 사례는 그 이후 더 이상 발생하지 않았다. 그러나 음악과 미술을 비롯한 예술 분야로 범위를 제한하기는 했으나, 최근 몇 년간 평일 저녁에 진주까지 나가서 사교육을 받고자 하는 아이들이 급증했다. 이에 교사회는 지난 겨울 연수를 통해 이 문제를 장시간에 걸쳐 깊이 논의했고 더 이상 주중 사교육을 허용하지 않기로 결정했다.

'간디학교에 사교육을 허許하라'는 오랜 요구에 답변이 궁하기는 10여 년 전이나 지금이나 마찬가지지만, 이 글이 교사회의 '난데없는' 주 중 사교육 불허 결정이 못마땅한, 혹은 그 이유가 궁금한 학생과 학부모를 위한 답변이 될 수 있기를 기대한다.

예술 분야 진로를 위해서는 사교육이 필수다?

학교 설립 초기에 비해 교실 수업을 통한 지식 학습이 강조되고 제자리를 찾아가면서 지식 교과에 대한 사교육 수요는 사라지다시피 했다. 여기에는 EBS를 비롯한 인터넷 강의도 한몫했으리라 생각한다. 문제는 음악과 미술을 비롯한 예체능 실기 분야에 대한 사교육 수요가 갈수록 늘어 간다는 것이다.

간디학교에는 출중한 음악 교사와 미술 교사가 있지만 예술 과목의 특성상 대학 입시를 위한 실기의 전 영역을 도와줄 수는 없는 노릇이다. 그러다 보니 실용 음악과 디자인 분야의 사교육은 불가피함을 인정하여 허용해 왔던 것이다. 주로 주말을 이용한 개인 레슨 형태였던 음악에 비해,

디자인을 비롯한 미술 분야의 사교육은 보다 적극적인 학원 수강을 요구했다. 일주일에 적어도 두세 번은 진주로 나가야 한다는 것이다. 정규 교육과정 외에도 야간에 이루어지는 교육 활동과 동아리 활동, 기숙사 생활을 중요하게 여기는 학교의 특성상 수용하기 곤란한 요구였지만 "미술 전공은 학원에 다니지 않으면 대학에 못 간다."고 발을 동동 구르는 아이들을 차마 주저앉힐 수 없었다. 그래서 많게는 주 중에 이삼 일, 주말 이틀을 포함해서 일주일에 사오 일 정기적으로 학원에 다니는 아이들이 생겨나기 시작했다. 대학 입시를 위해 사교육이 공교육을 밀어내고 예술 교육을 전담하는 상황이 간디학교에서도 벌어진 것이다.

예술가로 살기 위해서 반드시 대학에 가야 하고, 대학에 가기 위해서는 반드시 학원을 다녀야 하며, 그렇게 대학에 들어가서 졸업하고 나면 다시 생계를 위해 학원 강사로 일해야 하는 이 악순환은 도대체 어디서부터, 누구를 위해 시작된 것인지 회의를 갖지 않을 수 없다. 모든 것을 학원에서 배워야 한다면 정작 대학에서는 도대체 뭘 가르치고 배운단 말인가.

우리가 주 중 학원 수강을 불허하는 이유

아이들을 불안하게 만든다

예술 분야로 진로를 정한 아이들이 1학년이나 2학년 때 학원에 가서 상담을 받으면 거의 예외 없이 뒤처져 있다는 불안감을 갖게 된다. "이미 남들보다 늦었다." "대학에 가려면 지금부터라도 남들보다 두 배는 열심히 해야 한다."는 말이 아이를 지배하게 되는 것이다. 그런데 같은 학원에 3학년이 가면 "아직 늦지 않았다. 지금부터 올인 하면 충분히 가능하다."는 정반대의 논리를 펼친다. 1학년은 이미 늦었고 3학년은 아직 늦지 않았다니 이 무슨 앞뒤 안 맞는 말인가.

분야를 막론하고 불안감과 열패감으로부터 출발한 공부가 즐거울 수 있을까? 더군다나 그것이 예술이라면 더더욱 자존감과 창작의 즐거움, 미적 열정에서 출발하는 것이 맞지 않을까? 지난 몇 년간 대학 입시를 위해 학원을 다닌 아이들은 학원에 발을 들여놓는 순간부터 대학에 합격하는 순간까지 끊임없이 불안해했다. 다른 학교 아이들은 일주일 내내 학교 수업을 마치고 밤늦게까지 학원에 살다시피 하는데 고작 일주일에 두세 번 가는 저로서는 그 아이들을 따라갈 수 없다는 것이다. 학원 강사의 시각과 대학교수의 시각은 다를 거라고 나름대로 경험에 근거한 위로를 해 보았지만 이미 불안함에 짓눌린 아이들의 귀에는 그저 현실을 몰라서 하는 소리로밖에 들리지 않았을 것이다.

학교생활이 무너진다

대학 입시라는 미래를 준비하는 데 집중하다 보니 현재의 학교생활 가운데 대학 입시와 관련 없는 듯 보이는 것에는 소홀해질 수밖에 없다. 무엇보다 학원에 다니는 아이들의 일상이 대다수 다른 아이들의 일상으로부터 괴리되는 것이 문제였다. 물론 학원에 다니면서도 학교생활에 충실하고자 노력했던 아이들도 있었음을 인정한다. 하지만 저녁도 제대로 못 먹고 지나가는 차를 얻어 타고 진주로 나가서 밤늦게 기숙사에 들어오는 생활이 반복되다 보니 아침에 일어나면서부터 낮에 공부하고 저녁에 동아리 활동하고 밤에 잠들 때까지 학교생활이 제대로 될 리가 없다. 두 가지를 모두 소화해 내기에는 과부하가 걸릴 수밖에 없고 어느덧 저도 모르게 생활의 중심축이 학교가 아니라 일주일에 두세 번 가는 학원이 되어 버리는 것이다. 졸업한 아이들로부터 들은 고백이지만, 학원 간다고 진주에 가서는 PC방에서 놀다가 들어오는 아이들도 많았단다. 그러나 담임 가운데 누구도 학원으로부터 그런 내용을 전달받은 적이 없다. 하긴, 학원 입장에서 학부모도 아닌 학교 선생에게 굳이 그런 이야기를 할 필요가 없었을 것이다.

교사로서 가장 곤란하면서도 화가 나는 것은 매년 수능 시험을 보고 나면 진주의 일부 미술 학원이 아이들을 서울의 대형 입시 학원으로 넘겨 버리는 관행이었다. 학교에서 허락을 안 해 주면 결석하라고 했단다. 다들 그렇게 하니까. 두 달이 채 안 되는 기간에 지불해야 하는 학원비도 수백만 원대였다. 차마 아이들에게는 말하지 못했지만 사교육 판의 속성상 진주의 학원과 서울의 학원 사이에 어떤 거래가 오고 갔을지는 능히 짐작할 수 있었다. 다른 학교는 대학 입시를 위해서라면 대충 눈감아 주는데 우리 학교는 왜 결석 처리를 하느냐고, 학교가 왜 자기 앞길을 막느냐고 항의하는 아이들에게 뭐라 해 줄 말이 없었다. 대학 입시에 종속되지 않는 교육과정을 운영하겠다는 학교 철학이 대학 입시 앞에서 무력하게 무너지는 순간이었다.

효과가 없다

무엇보다도 예술 분야의 주 중 사교육은 별다른 효과가 없다는 것이 경험을 통해 입증되었다. 우리 학교 아이들의 경우 다소 특수한 사례이기 때문에 선불리 일반화할 수는 없지만 지난 몇 년간의 입시 결과가 그렇다. 졸업과 동시에 영역을 불문하고 예술가로 살고자 하는 아이들이 가장 선호한다는 학교에 입학한 아이들 가운데 학교를 다니면서 주 중에 사교육을 받은 아이는 지금까지 단 한 명도 없다. 오히려 학원과 거리를 두고 대학 입시와 상관없이 학교생활의 전 영역에 최선을 다하고 온전히 즐겼던 아이들이 서울대보다 들어가기 어렵다는 그 학교에 혼자 힘으로 합격하고는 했다. 신기하기도 하고 한편으론 아이들의 잠재력을 발견하는 데 눈이 밝은 그 학교 교수들이 고맙기도 했다. 미대 입시의 경향을 좌지우지한다는 서울의 모 사립 대학 미대에 합격한 아이도 특별히 관심을 갖지 않았던 교사들은 몰랐을 정도로 학교에서 혼자 그림 그리던 아이였다. 학원은 1월에 실기 시험을 앞두고 잠시 다녔단다. 학원식 예술 교육의 효용성에 대해서 의심을 가질 수밖에 없는 가장 가슴 아픈 대목은 재수하기 싫어서 학원을 다녀야 한다고 말했던 아이들의 상당수가 재수를 해서야(선배들의 경우를 보자면) 굳이 그렇게까지 하지 않아도 들어갈 수 있었을 대학에 겨우 들어갔거나 현재도 재수를 하고 있다는 사실이다.

공존을 위하여

여기까지 읽으면 사교육이라면 무조건 부정적으로 생각하는 사람이라고 단정할지도 모르겠다. 하지만 전혀 그렇지 않다. 오래전 일이지만 학비를 벌기 위해 짧게나마 학원 강사 생활을 하면서 만난 아이들과 보낸 즐거운 기억을 지금도 소중하게 간직하고 있다. 사범대 출신이 아닌 내가 교사라는 직업을 긍정적으로 바라보게 된 계기가 되기도 했다. 무엇보다도 사교육이 창출하는 고용 효과가 공교육을 월등히 능가하고 있는 현실에서 어떻게 사교육을 '악의 축'으로 볼 수 있겠는가? 오히려 나는 공교육과 사교육이 상호 보완적으로 공존해야 한다고 보는 편이다. 우리 학교에서 매 학기 20여 개의 프로그램을 운영하고 있는 방과후학교는 공교육과 사교육이 각자의 장점을 살려서 긍정적인 시너지 효과를 내는 대표적인 경우라고 할 수 있다. 우리가 경계하는 것은 앞서 살펴보았듯 대학 입시로 인해 공교육과 사교육의 역할과 기능이 전도되는 경우이다.

간디학교와 동일한 제도적 근거를 갖고 있는 수도권의 어느 대안학교는 입학할 당시 '사교육 포기 각서'를 받는 것으로 유명하다. 지역적 특수성을 감안한 나름의 고육지책이겠지만, 한편으론 그만큼 많은 재학생이 공공연하게 사교육을 받고 있고 그로 인해 학교의 정체성이 위협받고 있다는 현실을 반영한 것이 아닐까 싶다. 교사 연수에서는 우리도 '사교육 포기 각서'를 받아야 한다는 의견이 나오기도 했지만 개인적으로 그렇게까지 하고 싶지는 않다. 각서를 받는 순간 역설적으로 사교육의 불가피함을 인정하는 격이 되지 않을까 싶어서이다.

다행히도 올해 재학생들과 학부모들은 교사들의 이런 고민을 잘 이해해 주고 있다. 학원을 다니던 아이들이 학원을 그만두는 과정에서 진통이 없지 않았지만, 학교생활에 최선을 다하면서 혼자 힘으로 예술 분야의 대학 입시를 준비하는 아이들이 고맙고 기특하다. 이 아이들이야말로 대학들이 경쟁적으로 선발해야 마땅한 아이들이다. 그 노력에 합당한 좋은 결과가 있으리라 믿어 의심치 않는다.

사랑에도 대안이 필요하다

이주현 8기

이 글은 대안교육 잡지 《민들레》에 실린 것을 전재한 것이다.

간디학교를 다니던 3년간 저는 꿈속에 빠져 있었던 것 같습니다. 아주 깊고 달콤한 꿈속에요. 제 생에 그런 꿈같은 시기가 또 올까요? 그 꿈속에서 사랑하고 아파하고 고민하고 즐기며 성장하는 동안 저는 지구상에 태어난 한 인간으로서의 저를 발견할 수 있었고 앞으로 해야 할 일과 하고 싶은 일에 대한 확신을 가질 수 있었습니다. 더 이상 무엇을 바랄 수 있겠습니까. 저라는 인간을 이만큼 성장시켜 준 학교를 어떻게 사랑하지 않을 수 있을까요. 하지만 간디학교에서 보낸 3년은 살면서 가장 외롭고 괴로웠던 시기이기도 했기에 여기서는 그곳에서 겪은 괴로움의 자락들을 몇 가지로 묶어서 이야기해 보려고 합니다. 졸업한 지 2년이 지난 시점이라 현재의 학교 상황과 얼마나 일치할지는 모르겠습니다. 이 글이 현재 대안학교 안의 선생님들, 아이들 그리고 학부모님들께 조금이라도 도움이 되었으면 하는 바람입니다.

진로에 대해 다시 고민하게 해 준 간디학교

학교를 다니는 동안 저는 막연히 프로그래머가 되겠다는 꿈을 갖고 있었습니다. 초등학교 때부터 시작한 프로그래밍과 알고리즘은 제가 유일하게 밤을 지새우며 매달리던 것이었고 단순하고 명쾌한 것을 좋아하는 제 성격과도 일치했기 때문입니다. 하지만 졸업할 즈음 제가 진정으로 행복해질 수 있는 길은 프로그래머가 되는 것이 아니라는 생각이 들었습니다.

그 이유는 두 가지입니다. 하나는 사람에 대한 애정이 생기기 시작했다는 것입니다. 그 원인이 419일 동안 한 연애에 있는지, 아니면 학생회장이라는 역할 덕에 많은 사람을 편견 없이 바라보려고 노력한 결과인지, 수업을 땡땡이치면서 즐겼던 산속에서의 넘치는 여유에 있는지는 모르겠습니다. 하지만 유일하게 아름다움을 느끼던 물리 공식보다 사람들의 웃는 모습이 더 멋지다는 것을 발견했고, 좀 더 많은 사람들을 웃게 만드는 일이 제가 진짜로 행복해질 수 있는 길이라고 생각했습니다.

다른 하나는, 우리 사회에 아직도 마음 놓고 웃을 수 없는 상황에 처해 있는 사람이 많다는 것을 알게 되었기 때문입니다. 간디학교를 다니면 자연스럽게 우리나라의 왜곡된 역사와 정치 현실, 그리고 사회적 약자에 대한 정보를 많이 주워 먹게 됩니다. 그런 쪽으로 아는 것이 많고 사회 활동에도 적극적인 선생님들이 계시기 때문이죠. 그런 정보들을 접할 때마다 참 가슴이 아파서 많이 울었습니다. 그리고 그 사람들이 행복해지지 못한다면 저도 행복하지 못할 것이라고 생각했습니다. 하지만 아는 것이 없으면 누군가를 제대로 돕지 못할 것이고, 사회를 움직일 힘이 없으면 좀 더 많은 사람을 웃게 할 수 없을 것입니다. 그래서 이 복잡한 사회에 대해 공부하기 위해 대학 진학을 결심했고, 이왕이면 명문 대학에 입학해서 훗날 제 활동의 가능성을 키우고 싶었습니다. 영향력이 큰 사람이 될수록 더 많은 사람들을 웃게 만들 수 있을 것이라고 믿었으니까요.

다분히 개인적인 제 생각을 적은 이유는, 대안학교 학생으로서 수능을 준비하는 것이 바람직한가 하는 물음에 답하기 위해서입니다. 실제로 학교 내에서 수능 공부를 하는 학생들이 존중받지 못하는 경향이 있었고 대안학교 학생이면 남들이 가지 않는 길을 걸어야 하는 것 아니냐는 압박도 있었습니다. 많이 답답했습니다. 노동자의 삶을 개선하기 위해 노동 현장으로 뛰어드는 것은 용기이고 사회 시스템을 좌우하는 집단을 움직이기 위해 스스로 사회적 위치를 높여 보려는 노력은 비겁이라는 말입니까.

한 졸업생 누나의 말을 빌려 제 생각을 이야기하자면 '무엇을 하면서 사느냐'보다 '어떻게 사느냐'가 더 중요하다고 생각합니다. 점수에 따라 사람을 판단하는 획일적인 교육 시스템에 반감을 가진 이라면 그 사람이 가고자 하는 길에 따라 그 사람을 판단하려는 사고에도 반감을 가질 것입니다. 각자의 이야기를 들어보기 전에 선입견을 갖는 것은 옳지 않습니다. 자발적 신념에 따라 수능이라는 길을 선택한 사람의 선택과 과정도 존중받아야 합니다. 만약 그 선택에 부족한 점이 있다면 그것은 상상력이지, 용기나 자발성이 아닌 것입니다. 문예창작과에 가고 싶어서 3학년 내내 수능 공부를 했던 제 친구도, 같은 시기에 가수를 꿈꾸며 컨테이너에서 노래만 부르던 친구만큼 멋있었습니다.

꿈꾸는 동안 잃어버린 것들

간디학교의 수업에서 느꼈던 점과 학교를 졸업하고 시험 공부를 하면서 느꼈던 점에 대해 이야기해 보겠습니다.

학교를 졸업하고 시작한 수능 준비는 저에게 무척 힘든 일이었습니다. 새롭게 배워야 할 것이 너무 많았기 때문이기도 하지만 가장 힘들었던 점은 지식을 대하는 태도 자체를 잊고 있었다는 것이었습니다. 공부 자체는 상당히 재미있었습니다. 하지만 지식을 이해하는 데 그치는 것이 아니라 그것을 암기하고 활용해서 문제를 푸는 과정 자체가 너무나도 생소했습니다. 저만의 공부 방법을 찾는 것도 상당히 힘들었습니다. 이렇게 저렇게 부딪쳐 보고 실패도 하면서 더 나은 학습법을 찾아 가야 하는데 학교 다니는 동안 그런 경험은 거의 해 보지 못했으니까요. 하루에 열여섯 시간씩 죽어라 공부했는데도 성적을 올리는 것은 쉬운 일이 아니었습니다. 결국, 재수하는 내내 누구보다 열심히 공부했는데도 수능에서 제 성적은 기대에 못 미치는 것이었습니다. 노력에 비해 안 좋은 결과라고 생각했지만 열심히 공부하는 과정 자체는 정말 즐거웠던 기억으로 남아 있습니다.

단순히 공부하는 방법이나 습관에 대해 학교에서 가르쳐 주지 않았다는 이야기를 하려는 게 아닙니다. 제 개인적인 게으름을 탓할 일이지 자발성을 철학으로 삼고 있는 학교에서 챙겨야 할 부분은 아니라고 생각합니다. 학교 안에서 스스로 열심히 공부해서 서울대에 입학한 졸업생 누나도 있었으니까요. 다만 제가 아쉬운 것은 학교 수업에서 배움의 즐거움을 느낄 수 있는 분위기가 형성되지 않았다는 점입니다. 바꾸어 말하면, 열정적으로 배우는 경험을 해 보기 힘들었고 제가 들었던 대부분의 수업이 대안적이지 못했다는 뜻이기도 합니다. 또한 대안적으로 보이는 수업조차도 더 이상 새로운 대안을 찾으려는 노력이 보이지 않았다는 걸 이야기하고 싶습니다.

3학년이 끝나갈 즈음, 수능을 준비했던 것이 학교생활을 통틀어서 가장 재미있게 공부한 경험이었다고 말한 친구가 선생님한테 "그건 길을 찾으려는 네 노력이 부족했기 때문이지 학교 탓이 아니다."라며 혼나는 것을 보았습니다. 하지만 그것이 단순히 개인의 게으름에 기인한 문제만은 아니라고 생각합니다. 또한 학교를 졸업하고 수능 공부할 때만큼 무엇인가를 치열하게 해 본 적이 없다고 말하는 아이들도 종종 봅니다. 자신에게 이익이 되는 목표가 없으면 공부를 안 하려는 아이들이기 때문일까요? 저는 그것이 학교에서 배움의 즐거움을 찾지 못했기 때문이라고 생각합니다.

간디학교의 수업은 크게 이과 수업과 문과 수업, 그 밖에 간디학교만의 독특한 수업들로 이루어집니다. 하지만 간디학교만의 수업은 이수 단위가 매우 적기 때문에 제한적으로 선택할 수 있습니다. 저는 컴퓨터 프로그래밍을 진로로 생각하고 있었기 때문에 이과 수업 위주로 수업을 신청하고 역사와 그 밖의 수업을 들었습니다. 제가 들은 수업을 중심으로 아쉬웠던 점을 말씀드리겠습니다.

이과 수업을 먼저 이야기해 보자면 저는 원래 수학과 과학을 상당히 좋아하는 학생이었습니다. 초등학교 때부터 경북대학교 영재 센터에 과학과 수학을 배우러 다녔고 특히 좋아했던 물리는 학원에 다니면서 고등학교 과정을 미리 다 끝내기도 했습니다. 하지만 간디학교에서 과학과 수학은 제가 가장 싫어하는 과목으로 변했고 수업에 계속 빠지기 시작했습니다. 시간이 지날수록 수업 시간에 거의 대부분 자거나 안 들어갔고 이과 선생님들과의 관계도 심각하게 나빠졌습니다. 도대체 왜 갑자기 수학과 과학에 그렇게 흥미를 잃었던 것일까요? 먼저, 수업의 진행 방식과 교재가 일반 학교와 다를 바 없었다는 점을 꼽을 수 있겠습니다. 대안적이지 않았다는 뜻입니다. 간디학교에서의 이과 수업은 교과서 읽기 수업 이상은 아니었거든요. 보통 교과서 위주로 진도 나가는 수업에서 학생들이 창의성을 발휘하기란 힘든 일이고 과학과 수학의 아름다움을 느끼며 스스로 학습 동기를 갖기도 어렵습니다. 하지만 교과서 위주의 수업 방식에만 문제가 있다고 생각하지는 않습니다. 학원에서의 경험상 그런 식의 수업에서도 충분히 살아 있는 수업이 진행될 수 있었으니까요.

정말로 부족하다고 느꼈던 것은 선생님의 열정이었습니다. 가르침에 대한 열정이 아닌 담당 과목에 대한 열정 말입니다. 사랑의 원초적 형태라고도 불리는 순수한 호기심을 기반으로 세워진 학문을 그렇게 따분하게 배우는 것은 저에게 고통이었습니다.(하지만 그땐 수업에 안 들어가는 게 얼마나 선생님들을 힘들고 괴롭게 만드는 것인지 미처 생각하지 못했기에 지금 생각해 보면 땡땡이쳤던 게 무척 죄송스럽습니다.)

역사 수업은 딱딱함의 정도가 훨씬 덜한 편이었습니다. 토론과 발표 등 수업 방식도 다양했고 현대의 사회 현상과 많이 연관되어 있어 흥미로웠습니다. 또한 간디학교에서 여는 많은 행사나 사회 활동이 수업을 기반으로 이루어지고 있어서 많이 공부하지 않을 수 없었습니다. 하지만 학교를 졸업하고 여러 가지 경로를 통해 그때 배웠던 것을 다시 배우고 생각한 뒤에 저는 조금 참담한 심정이 들었습니다. 사회 문제에 대해 살아 있는 지식을 배우고 활동했다는 저의 믿음이 깨졌기 때문입니다. 간디학교 시절의 저는 주사위의 한쪽 면만 보고 그 주사위가 하나의 숫자만을 가지고 있다고 생각했던 것 같습니다. 다양한 면이 있다고 주장하는 바깥의 사람들을 무시한 채, 왜 주사위가 그쪽 면만 있는지에 대한 근거들을 머릿속에 채워 넣었던 것입니다.

그걸 깨닫고 나니 학교 다니면서 느꼈던 새로운 지식에 대한 갈망이 어디에서 연유한 것인지 찾을 수 있었습니다. 수업 시간에 새로운 것을 많이 배우고 느끼고 가슴 아파 울기도 했지만 명확한 학문적 성취감은 느낄 수 없었던 것입니다. 그런 까닭에 그때 공부했던 내용이 저에겐 일종의 사상교육에 불과했던 것은 아닌가 하고 조심스럽게 생각하게 되었습니다. 사상적인 다름을 발견하기 힘든 분위기 속에서 아이들은 특정한 지식을 당연하게 여기며 받아들입니다. 하지만 정말로 그것이 당연한 것인가 고민해 볼 기회는 부족합니다. 반론이 형성되지 않기 때문입니다. 하나의 신념을 확고히 갖고 있는 선생님께 배우는 것은 간디학교가 아니었다면 불가능했을 것이고 상당히 의미 있는 경험이었습니다. 하지만 답이 없는 학문을 마치 답이 있는 것처럼 배웠다는 점에서 배운다기보다는 기존의 주장을 여과 없이 받아들이는 과정이 아니었을까 생각합니다. 그리고 그런 방식은 저에게 어쩌면 또 다른 형태의 주입 교육으로 작용했던 것 같습니다.

학교에서 누구보다 땡땡이를 많이 쳤던 제가 이런 이야기를 할 자격이 있을지는 모르겠습니다. 다르게 생각하는 아이들도 분명히 있을 것이기 때문에 모두가 공감하는 문제라기보다는 제 개인적인 의견으로만 받아들여 주시면 좋을 것 같습니다. 잡지 기획상 아쉬웠던 부분을 부각시켜 글을 쓰게 되어 마음이 불편합니다. 즐겁게 배우는 분위기가 형성되지 않았던 것은 선생님과 학생 모두의 책임이지 한쪽의 일방적 잘못이라고 생각하지는 않습니다. 졸업하고서야 느꼈던 점이 현재 학교에 계시는 분들에게 조금의 도움이라도 될 수 있을 것 같기에 이렇게 글을 씁니다.

방치는 사랑의 또 다른 이름인가

이번에는 학교라는 풀밭에서 저를 방목하셨던 간디학교 선생님들과 저를 통제하려고 하셨던 학원 선생님들을 둘 다 경험하고 난 뒤의 느낌에 대해 말씀드리려고 합니다. 간디학교와 재수 학원은 분명 그 설립 목적부터가 다르고 추구하는 가치도 다릅니다. 그래서 선생님들이 학생을 대하는 방식을 비교하는 것은 의미가 없을 것입니다. 제가 이야기하고 싶은 것은 방식이 아닌 태도의 문제입니다. 조금 구체적으로 말하면 어느 공간에서 제가 더 사랑받고 있다는 느낌을 받았는지 이야기하고 싶습니다.

간디학교에서는 무슨 일을 하든지 학교 규칙에 크게 위배되는 경우가 아니면 선생님들이 관여하시지 않습니다. 단지 자신의 행동에 스스로 책임지라는 말씀만 하실 뿐입니다. 그런 방식 덕분에 강압적인 분위기의 중학교를 졸업한 저는 굉장한 자유를 경험했고 자유에 따른 책임이 분명하게 존재한다는 사실도 깨달았습니다. 하지만 제가 그렇게 자유로운 생활을 했다는 것은, 바꾸어 말하면 넘치도록 주어지는 자유 외에 어떠한 도움도 받기 힘들었다는 말이기도 합니다. 외출이 자유롭지 않은 학교 규칙상 대부분의 시간을 학교 안에서만 보내다 보면 굉장한 고립감을 느끼게 됩니다. 그런데 거기에 선생님들의 방치와 무관심이 더해지면 마치 무인도에 있는 것이 아닌가 하는 생각이 들 정도로 외로운 마음이 듭니다.

대표적 사례를 들자면, 저는 학교에서 충고나 조언을 들은 기억이 거의 없습니다. 그나마 학생회장이라는 역할을 거치면서 받을 수밖에 없었던 충고도 다른 아이들이 선생님께 들은 내용을 저에게 전달해 준 것이 대부분입니다. 그렇게 간접적으로 들려오는 말들은 저를 더 외롭게 만들었습니다. 학원에서 보내던 시간 동안 가치 있는 충고를 많이 들었던 것과는 상당히 대조적입니다. 학원에서는 저를 향해 쏟아 내는 충고와 걱정 속에서 진짜 선생님이 나를 사랑하고 내 미래를 걱정하신다고 느낄 수 있었는데, 간디학교 선생님들은 저를 너무 방치하셨다는 생각이 듭니다. 한 반에 60명이 넘는 학원에서도 사랑받는다는 느낌을 받을 수 있었는데 왜 한 반에 20명도 채 안 되는 학교에서는 그런 느낌을 받기가 힘들었을까요. 이러한 제 생각이 "엄마 아빠가 나한테 해 준 게 뭐 있어!"라고 소리치는 사춘기 청소년 같을 수도 있겠습니다만, 그 당시엔 정말 괴로웠습니다.

자유가 아닌 방치는 심리적 고립감 외에 더 큰 문제를 발생시킵니다. 그것은 인간의 성숙과 성장에 관한 부분입니다. 뉴턴이 "내가 남들보다 조금 더 멀리 보고 있다면 그것은 내가 거인의 어깨 위에 올라서 있기 때문이다."라고 말한 것과 비슷하게 사람은 앞선 사람들과의 지적이고 정신적인 교류 속에 한 걸음 더 성장할 수 있습니다. 그것은 교육의 중요한 역할 가운데 하나라고 생각합니다. 간디학교 선생님들은 분명 저를 일깨워 줄 수 있을 만큼 충분한 거인들이었다고 생각합니다. 하지만 일주일에 몇 시간

안 되게 만나는 학원 선생님들께서 저에게 주셨던 충고를 통해 얻었던 영감을 생각해 본다면 하루의 대부분을 같은 공간에서 보내는 분들과는 왜 그런 교류를 할 수 없었던 것인지 안타깝습니다.

학생들이 느끼는 사랑의 결핍은 결코 자유를 중시하는 학교 분위기로 인한 착각에서 오는 것이 아닙니다. 그것은 글로 표현할 수 없는 선생님들과의 사적인 경험에서부터 제가 얻은 확신이기도 하고 몇몇 친구들과 나눈 대화를 통해 낸 결론이기도 합니다. 학생회가 많은 노력을 기울여 해결하려고 했던 선생님들과의 소통 문제도 결국은 그런 부분에 원인이 있지 않았을까 싶습니다. 지금은 아니지만 저는 한때 사랑의 정의를 '그 대상이 잘되기를 바라는 마음'이라고 내렸던 적이 있습니다. 선생님들께서 그런 마음을 조금만 더 아이들에게 표현해 주셨으면 합니다. 아이들이 알아듣고 느낄 수 있는 언어로요. 선생님들이 아이들을 사랑하지 않는다고 생각하는 것은 아니지만 많은 것이 그러하듯이 사랑의 방식에도 대안이 필요하다고 생각합니다.

기억은 잘 나지 않지만 예전에 양희규 선생님이 쓰신 글 가운데 이런 내용이 있었습니다. 한 학교의 담임을 맡으셨을 때 옆 반 선생님은 아이들을 때리면서까지 엄하게 교육하는 타입이었고 자신은 말로 아이들을 설득하는 타입이었는데 두 분 다 아이들을 사랑하는 마음이 컸기 때문에 두 반 아이들 모두 훌륭하게 자랐다고요. 아이들을 사랑하는 마음이 중요하지 그 방식은 중요하지 않다는 것이 요지였던 것으로 기억합니다. 제가 하고 싶은 말도 이것입니다. 지금의 선생님들은 때리거나 설득하려는 시도조차 거의 하지 않으시니까 사랑이 부족하다고 느끼는 것입니다. 그렇다고 선생님들이 우리를 사랑하지 않는다고 말할 수는 없지만 단지 가만히 지켜보는 것만이 선생님으로서 가져야 할 사랑의 표현 방식은 아니라고 생각합니다.

이렇게 글을 쓰는 것은 쉬운 일이지만 학교 현장에서 대안을 만들어 나가는 일은 어려운 일입니다. 어려운 길을 가시는 선생님들과 후배들에게 제가 조금이라도 도움이 될 수 있는 방법은 이런 쉬운 일밖에 없기에, 많이 모자란 줄 알면서도 글을 쓰게 되었습니다. 이 글은 학교에 대한 비판임과 동시에 저 자신을 반성하는 글이기도 합니다. 거친 글, 잘 걸러서 읽어 주시기를 당부 드리면서 이만 줄입니다.

식구총회 시간에는 '간디인들에게 한마디' 시간이 있어서 누구나 자기 생각을 표현하고 사회 문제에 대해 여론을 환기하는 발언을 할 수 있다. 그 중에서 몇 가지 소개한다.

불편함이 우리를 깨어 있게 한다

김서경 11기

간디학교를 3년 다니다 보면 공통적으로 얻을 수 있는 게 여러 가지 있다. 체력, 깡, 개그, 근성, 말발……. 그리고 빼놓을 수 없는 것 가운데 하나가 바로 '귀차니즘'이다. 그렇다. 지금 간디학교 사람들은 만사가 귀찮다. 게으름 피우는 분위기가 만연하다 못해 고착화된 상태다.

학교의 중심인 도서관에 들어가 보라. 나무늘보를 연상케 하는 한 무리의 간디인들을 목격할 수 있다. 선생님과 도서부원들의 잔소리에도 불구하고 몇몇은 다락이나 소파에서 남이 있건 없건 마냥 잔다. 교실에 들어가도 비슷한 풍경을 볼 수 있다. 수업을 할 때에도 큰 차이는 없다. 왜? 수업 듣는 게 귀찮으니까. 그렇다면 과연 수업 듣는 것만 귀찮아할까? 절대 아니다. 동아리 활동이든 문화의 밤이든 기타 학교 행사든 모두 귀찮아하는 사람 천지다. 방과 후엔 어떨까? 걱정하지 마시라. 편안한 기숙사가 우리를 기다리고 있다. 그러나 여기서 중요한 건 기숙사에 올라가는 것 또한 무척이나 귀찮아한다는 것이다. 기숙사 올라가는 길에는 인사성이 참 밝아 보이는 한 무리의 간디인들이 언제나 90도로 절을 하며 엄지손가락을 추켜올려 히치하이킹을 한다.

이것뿐만이 아니다. 여름에는 교실에 설치된 에어컨으로 시원한 바람을 쐬고 겨울에는 보일러를 팡팡 틀면서 언 손을 녹인다. 팥죽 같은 땀을 흘린 뒤에는 순간온수기가 설치된 샤워실에서 개운하게 샤워를 한다. 밤중에는 노트북으로 열심히 과제를 하거나 인터넷 강의를 듣는다. 우리들은 점점 더 편안함에 익숙해져 가고, 갈수록 더 편안해지고 싶어 한다.

어느 누가 편안한 것을 싫어할까. 편안함을 추구하는 건 인간이면 누구나 가지고 있는 기본적인 욕구 가운데 하나다. 그렇지만 우리는 또한 편안해지는 것을 경계해야 한다. 편안함에 익숙해지면 당연하지만은 않은 것들을 당연시하게 된다. 새로운 대안을 찾아 이곳에 온 우리들이 무기력하게 늘어져 있는 것이 당연한 일일까? 생태주의를 지향하는 학교에서 더우니까 에어컨을 틀고 추우니까 보일러를 트는 게 당연한 일일까?

세상에는 편안함을 추구하는 것보다 더 중요한 가치들이 있다. 우리가 오로지 더 편안해지기 위해서 얼마나 많은 소중한 가치를 무시하고 있는지 돌아보자. 불편함을 통해서 기억했던 것들을 편안함을 통해서 얼마나 많이 잊고 있는가. 에어컨을 설치하고 샤워실을 만들면서 무시된 환경의 가치. 불편한 전산실 대신 편안한 노트북을 선택하면서, 귀찮은 학교 행사 대신 편안한 기숙사 침대를 택하면서 무너진 공동체의 정신과 가치. 엄지손가락을 올리면서 까맣게 잊어버리는 두 발의 소중함과 건강의 가치. 잊혀서는 안 되는 가치들이 잊히고 있는 지금, 우리는 편안함이 아니라 불편함의 정신을 회복해야 한다. 불편함과 함께 걸어야 한다.

올바른 가치를 잊지 않고 지켜 나가려면 자기 성찰이 필요하다. 다른 사람들이 불편함을 기피하는 것을 보면서 눈살을 찌푸리며 욕만 한다면 변하는 건 아무것도 없다. 위기의식을 느끼는 사람부터 달라지자. 타인을 바라보는 게 아니라 자기 자신을 들여다볼 때에만 상황은 개선된다.

잊지 말자. 불편함은 우리를 진정으로 깨어 있게 한다. 한 명 한 명의 진지한 성찰과 실천 속에서 우리의 생활 속에 고착화된 귀차니즘을 이겨 낼 때 학교에 가득한 심각한 무기력을 극복할 수 있을 것이다.

우리 노트북 쓰지 말아요

안다미로 12기

제가 하고자 하는 이야기는 노트북이나 각종 전자 기기 사용에 관한 것입니다. 이미 학교에 만연하기도 하고 민감하기도 한 주제라 말해도 될까 고민을 많이 해 보았는데, 신입생도 들어오고 새 학기도 시작된 시점에 함께 고민해 보는 것이 좋을 것 같다는 생각이 들어서 이야기하려고 합니다.

학기 초라 그런 것인지 아니면 요즘 학교 분위기가 그런 것인지는 모르겠지만 많은 학생이 무척 열심히 공부하고 있는 것 같습니다. 짧게는 곧 있을 중간고사부터 멀리는 수능, 혹은 자신의 진로와 꿈을 향한 노력들을 하는 것이지요. 이런 바람직한 현상과 함께 늘어 가는 것이 있습니다. 바로 노트북과 PMP 같은 전산 기기의 사용입니다. 수많은 콘텐츠를 제공하고 작업의 효율성을 높여 주는 전산 기기들은 인터넷 강의, 음악 작업, 글쓰기 작업, 포토샵 작업 등 많은 도움을 주고 있습니다. 편리함 때문에 점점 그 수가 늘어나는 것은 어쩌면 당연한 것 같습니다. 하지만 저는 전산 기기의 수많은 장점에도 불구하고 우리가 그것을 사용하는 것에 대하여 다시 한 번 생각해 봐야 한다고 생각합니다.

전산 기기가 우리에게 주는 이점은 무척 많습니다. 학과 공부가 좀 부족한 학생들은 인터넷 강의로 배움을 더하고 학교에서는 보기 힘든 콘텐츠를 접할 수도 있습니다. 또, 음악이나 글쓰기 같은 창작 작업을 할 때 생기는 작업 시간의 단축과 편리함에 대해서는 이야기할 필요도 없을 것입니다. 하지만 저는 그 많은 장점에도 불구하고 전산 기기의 이용이 영 찜찜합니다. 그건 우리가 살고 있는 이곳이 간디학교이기 때문이겠죠.

여러분, 우리가 왜 이 산골짜기에서 학교를 다니고 있나요? 간디학교가 이곳에 있기 때문이라고 말씀하시는 분도 있을 것입니다. 그렇다면 간디학교는 왜 이런 곳에 자리 잡았을까요? 그건 간디학교가 자연 친화적인 삶을 지향하고 편하게만 살기보다는 어렵고 힘들더라도 생태적인 방법으로 살고자 하기 때문이라고 생각합니다. 우리는 그런 간디학교에 동의하기 때문에 이 학교를 다니고 있는 것이지요. 고리타분하고 현실과는 괴리가 있는 뜬구름 잡는 이야기처럼 들릴지도 모르겠습니다. 하지만 우리가 지향하는 가치를 끊임없이 고민하는 것이 간디학교를 다니는 학생이 취해야 할 자세라고 생각합니다. 우리가 휴대폰 사용에 민감하게 반응하는 것도, 환경 치약을 사용하는 것도, 생태 화장실을 만든 것도 다 같은 맥락이 아니었나요?

저의 이런 이야기에 반대하는 분들이 있으실 거라 생각합니다. 학교의 가치를 존중하지만 현실적으로 처한 상황도 고려해야 하며 진로를 위한 개인의 권리와 선택을 학교에서 막을 순 없다고 생각하시겠죠. 간단하게 말하자면 인터넷 강의를 듣지 않았을 때 떨어지는 성적에 대한 걱정 같은 것이겠죠. 학교에선 자발적인 것을 자주 이야기하는데 자발적으로 공부하는 것이 무엇이 문제인지 이해가 안 될 수도 있을 것입니다. 하지만 그것조차 꼭 필요한 것인지 생각해 봤으면 합니다. 인터넷 강의를 듣지 않으면 공부가 되지 않을까요? 단지 더 노력하는 것이 힘들기에 쉬운 길을 택하려는 것이 아닐까요? 1학년 때 듣고 감동을 받았던 교가 〈꿈꾸지 않으면〉에 나오는 대로 선생님들은 늘 말씀하시지요. 쉬운 길로 가려고만 하지 말고 노력해서 낯선 길을 가 보지 않겠느냐고요. 그저 가슴속에만 남겨 두기엔 너무 멋진 말이라고 생각합니다. 그 말을 실천할 때 우리의 삶은 두 배로 아름다워지고 우리는 성장할 것이라 믿습니다.

생각해 보면 전산 기기에 대한 대안은 무척 많다고 생각합니다. 인터넷 강의 대신 학습 멘토링을 신청하고, 워드 프로세서 대신 노트와 펜을 잡고, 기타 프로그램 대신 진짜 기타를 잡을 수도 있지 않을까요. 선생님들도 과제물 채점할 때 손으로 쓴 것에 더 높은 점수를 주시면 좋겠습니다. 불편하고 어렵고 멀리 돌아가야 하는 길인 것은 분명합니다. 하지만 우리는 할 수 있을 거라 생각합니다. 여담입니다만 신문에서 인터넷 강의를 듣는 뇌와 문제를 푸는 뇌는 다르다는 기사를 본 적이 있네요.

전산 기기 사용 시간에 대해서도 말하고 싶습니다. 원래 전산 기기의 사용 시간은 기숙사 규칙과 함께 가는 것으로 알고 있습니다. 그럼 한 번 시간을 체크해 볼까요? 새벽에 일어나서 전산 기기를 사용하는 사람이 없다면 대부분은 방과 후에 전산 기기를 사용합니다. 주된 이용 시간은 밤 9시 청소 시간 전까지이겠지요. 그런데 우리 학교 전산실은 8시 30분에 문을 닫습니다. 공부하고 올라가면 바로 청소 시간입니다. 그리고 취침 시간까지 대략 1시간이 남는데 이 시간에만 전산 기기를 쓰는지 의문입니다. 이 시간 이후에는 원칙적으로 기숙사가 아닌 학습관에서 서기청란 선생님과 함께 인터넷 강의를 들어야 하는데 잘 지켜지는 것 같지는 않습니다. 직접 사용해 본 적이 없어서 추측으로 글을 쓰는데 만약 틀린 부분이 있다면 지적해 주십시오.

마지막으로 제가 하고 싶은 말은 전산 기기 오남용이 많다는 것입니다. 목적과 다르게 사용하거나 영화를 보는 등 규칙을 위반하는 경우가 자주 있습니다. 규정이 명확하지 않고 사용자가 늘어나면서 생긴 당연한 현상이라 생각되지만 별로 옳다고 생각되진 않습니다. 이것은 꼭 필요한 곳에만 사용하겠다던 공동체의 약속을 어긴 것이니 솔직히 제 생각은 흡연, 음주와 다를 것이 없다고 생각합니다. 어떤 부분에서는 더 나쁘다고 생각합니다.

전산 기기는 자신의 꿈을 이루는 데 무척 좋은 도구가 될 수 있습니다. 또 그것은 개인이 선택할 수 있는 권리입니다. 하지만 2학년의 3분의 1 이상, 3학년의 절반이 전산 기기를 사용하고 꾸준히 사용 비율이 늘어나는 지금 한 번쯤 생각해 봐 주세요. 정말 필요한 것인가요? 여러분, 우리 노트북 쓰지 말고 공부해요!

지리산을 지켜 주세요

장성원, 양아영 10기

안녕하세요, 간디인 여러분! 지구 특공대(환경 지킴이 동아리) 장성원입니다. 우리가 매년 가을마다 찾는 지리산, 그 지리산이 요즘 시끌시끌합니다. 여러 가지 원인이 있겠지만 논란의 중심에는 케이블카가 있습니다. 케이블카를 모르는 사람은 없겠지요? 저 개인적으로 이 문제를 알게 된 건 1학년 사회 시간 때였고 그 뒤 한동안 잠잠하다가 산이나 강이나 뭐든 가만히 놔두지 않는 정권이 들어서고 해가 바뀌더니 다시 논쟁이 시작되었습니다.

케이블카 자체에 대한 논란은 1989년 덕유산 케이블카 설치 이후로 계속되어 왔습니다. 그러다 지리산 케이블카 설치가 자연공원법에 위배되는 행위라는 지적이 나오자 2008년 지침에 대한 타당성을 검토해 보는 가이드라인이라는 게 만들어집니다. 솔직히 가이드라인이 뭔지 저도 정확히는 모르지만, 자연공원법을 개발 지향적인 국정 방향에 맞추도록 하는 정책이죠. 그리고 얼마 지나지 않아 자연공원법 개정안이 나오고 그 개정안을 입법화하는 중입니다. 케이블카 설치를 합법화하기 위해서이지요.

산청군은 3년 전부터 케이블카 설치를 추진하고 있답니다. 함양군과 구례군 역시 케이블카 설치를 추진하고 있습니다. 왜 이렇게 다들 케이블카를 설치하지 못해 안달일까요? 그 이유 가운데 지겹도록 반복되는 레퍼토리는 바로 '경제적인 측면'이라는 거죠. 케이블카가 설치되면 더 많은 등산객이 방문하고 그만큼 주변 지역 경제가 활성화된다는 겁니다. 케이블카를 탔을 때 넓어지는 조망권도 있고요. 그 밖에는 몸이 불편한 장애인이나 노약자의 이용, 부상자의 조속한 후송이나 쓰레기 운반 등의 이유가 있기도 합니다.

하지만 여러분, 국립 공원은 돈을 버는 수단이 아닌 보호해야 할 대상입니다. 국립 공원은 안 그래도 너덜너덜해진 우리나라의 자연 생태계가 그나마 잘 보존되어 있는 곳이고 또 계속해서 보존해 나가야 하는 곳입니다. 그런 곳에 케이블카를 설치하는 게 과연 맞는 일일까요? 케이블카 설치 자체가 자연을 인위적으로 바꾸는 것입니다. 승강장 주변의 부대시설들로 인해 산은 유흥지로 전락하게 되고 케이블카 설치업자는 더 많은 수익을 내기 위해 사람들이 선호하는 산 정상을 개발하게 됩니다. 그렇게 되면 정상은 풀 한 포기마저 나지 않는 민둥산이 되어 버립니다.

길게 말할 것 없이 현재 케이블카가 설치된 곳의 상황을 예로 들면 케이블카가 설치된 내장산과 덕유산 등 전국 7곳의 국립 공원에서 정상부 훼손, 생태계 단절, 경관 파괴 등의 문제가 발생하고 있다고 합니다. 무엇보다 그렇게 경제성 운운했던 케이블카는 모두 적자라네요. 케이블카로 쉽게 출발지부터 정상으로 오르락내리락하는 바람에 중간 거점의 이용이 줄고 그만큼 체류 기간이 줄어들기 때문에 숙박업 같은 지역 경제에는 도움이 안 되는 거죠.

미국 국립 공원에는 케이블카가 단 1개도 없고 일본 국립 공원에는 1990년대 이후 케이블카가 건설되지 않고 있으며 오히려 기존에 설치된 것을 철거하고 있습니다. 게다가 미국의 경우 자연 보호와 경관 관리를 최우선의 과제로 삼아 국립 공원 내부에 케이블카는 물론 경관이나 생태를 훼손할 소지가 있는 시설물의 설치를 엄격하게 금하고 있는 상황이죠. 또 대만의 국가 공원에 건설되는 케이블카도 도심과 공원 초입만을 연결합니다. 하지만 지금 대한민국에서는 국립 공원에 케이블카를 설치하기 위해 자연공원법을 개정하고 최근에는 그것을 입법 예고까지 하고 있는 상황입니다.

지금 우리가 할 수 있는 것은 무엇일까요? 케이블카반대범국민대책위원회에서는 현재 국립 공원 곳곳에서 케이블카 설치를 반대하는 1인 시위를 벌이고 있습니다. 지리산 산골 속에서 살고 있는 우리가 가장 먼저 행동해야 되는 것인지도 모릅니다. 물론 "내가 저딴 거에 왜?"라면서 귀를 후비는 사람들도 있겠죠. 하지만 조금이라도 관심을 가져 주세요. 주변에서 "지리산 케이블카가 뭐지?"라고 하면 "그건 말이야……" 하면서 케이블카에 대해 얘기해 주세요. 돈을 위해 자연을 이용하고 파괴하는 자본주의의 산물인 케이블카에 대해 얘기해 주세요. 지리산을 외면하지 말아 주세요. 힘을 모아서 지리산을 지킵시다!

안녕하세요. 저도 지구 특공대 양아영입니다. 오늘 지구 특공대가 너무 말을 많이 하는 것 같아서 죄송하지만 꼭 알려 드리고 싶어 이렇게 나왔습니다. 요즘 정부는 왜 지리산을 가만두지 않는 걸까요? 앞에서 성원이가 말했듯이 지금 지리산은 케이블카 때문에 많이 시끄럽습니다. 하지만 이것 말고도 하나가 더 있습니다. 위쪽에서 케이블카로 시끄럽다면 아래쪽에서는 지리산 댐 때문에 시끄럽습니다.

한국수자원공사(이하 수자원공사)에서는 지리산이 있는 함양군 마천면에 댐을 건설하려고 합니다. 왜일까요? 함양군과 산청군에 안정적으로 용수를 공급하고 거의 매년 여름마다 되풀이되는 홍수의 피해를 줄이며 주변 지역을 개발하고 지역 경제를 활성화하기 위해서라고 합니다. 하지만 수자원공사에서는 왜, 그리고 어떤 요인으로 용수가 부족한지에 대해서는 충분한 근거 자료를 제시하지 않았습니다. 한편 산청군청에는 물 부족으로 인해 피해를 입은 자료는 존재하지 않고 유역 주민들을 대상으로 한 면접 조사에서도 물 부족을 겪은 경험이 전무하다고 합니다. 비만 오면 물이 급격히 불어나는 지리산 자락 하천에 홍수 조절 댐을 만든다는 게 말이 되지 않습니다.

지리산 댐 계획 예정지인 용유담 지역은 지리산 뱀사골, 백무동, 칠선계곡 등 계곡물과 크고 작은 물길들이 모두 합수되는 곳입니다. 큰비가 오면 하류 지역 홍수 조절은커녕 댐 수문 열기 바쁠 지역에 홍수 조절 댐이라니요.

무엇보다 슬픈 것은 어렸을 때부터 지리산 자락에서 살아오신 분들이 댐 건설 때문에 다른 곳으로 이주해야 한다는 것입니다. 지리산 댐이 생기면 시원하게 흐르는 칠선계곡도 수몰된다고 합니다. 댐은 물을 가두어 일정한 양이 되면 방류를 합니다. 이때 안개가 발생하는데, 안개 발생 일수의 증가는 일조량을 감소시켜 주변 농작물의 생장을 방해합니다. 댐이 건설되면 곶감으로 큰 소득을 올리고 있는 마천 지역에서 곶감 건조가 어려워져 질 좋은 제품을 생산하지 못해 막대한 손해를 입게 될 것입니다. 게

다가 안개는 인체의 호흡기 질환을 유발하는 요인이 되어 연세가 많은 분들의 건강을 크게 해칠 것입니다.

이렇게 단점만 많은 댐을 지으려고 하다니 정말 정부는 생각이 없는 듯 합니다. 여러분, 이 문제가 자신과는 상관없는 일이라고 생각하지 말아 주세요. 제가 그저 나대고 싶어서 이렇게 나와 이야기하는 게 절대로 아닙니다. 집을 잃고 생계를 책임질 일을 잃고 깨끗한 공기를 마시고 쉴 수 있는 지리산을 잃는 것입니다. 만약 다른 곳에서 이런 이야기가 나온다면 많이 많이 이야기해 주세요. 저는 함양군 마천면과 아주 가까운 실상사 주변에 사는 주민으로서 너무 속상합니다. 저는 우리 집이 제가 어렸을 때부터 봐 왔던 지리산 속에 남았으면 합니다.

간디인의
나이테

이것이 간디교육이다

산수 잘하는 아이보다는
시 잘 쓰는 아이가
말 잘하는 아이보다는
잘 들어 주는 아이가
일등 하는 아이보다는
꼴등을 즐길 줄 아는 아이가
부러운 걸 보니

나 아직은
잘 살고 있구나

— 〈**그래도**〉, 이누리(13기)

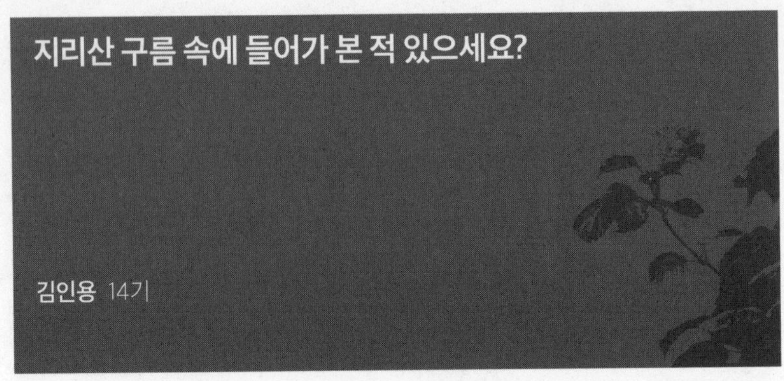

지리산 구름 속에 들어가 본 적 있으세요?

김인용 14기

간디학교는 지리산 자락에 있다. 그래서 개교 때부터 지금까지 한 해도 거르지 않고 해마다 지리산 종주를 다녀오고 있다. 이 행사에는 교사와 학생이 모두 참가하고 학부모들도 함께해 오고 있다.

나를 설레게 한 지리산 종주

정확히 1년 전이었다. 중3이던 작년 9월 13일 추석 연휴 마지막 날, 간디학교에 대해 알아보기 시작했다. 학교 홈페이지에 들어가서 학사 일정을 보고 2학기 일정에 지리산 종주가 있다는 것을 알게 되었다. 산이라고 해 봐야 야트막한 동네 뒷산 외에는 가 본 적 없는 나로서는 2박 3일 동안이나 산을 오르는 학생들이 대단해 보였고 이런 걸 전교생이 참여하여 매년 실시하는 간디학교가 무언가 엄청나게 느껴졌다. 이동 학습이란 건 어느 학교에나 있는 것이지만 산을, 그것도 남한에서 두 번째로 높은 산을 남들의 도움 없이, 씻지도 못하고 불편한 잠자리와 그 외의 것들을 감수하면서 종주한다는 건 매우 인상적이었다. 나중에 혹시라도 내가 간디학교에 진학하게 된다면 가장 기대되는 행사였다.

그로부터 찰나의 순간 같은 1년이 흐르고 어느새 간디학교의 학생이 되어 실제로 지리산 종주를 하게 되었다. 조가 정해지고 조 모임을 하고 지리산 관련 영상을 보고 강의를 듣고 짐 배분을 하면서도 소풍 가는 것만 같았는데 떠나기 전날 복도에 산더미처럼 쌓여 있는 등산 가방을 보고서야 지리산 종주를 간다는 것이 실감 났다. 내가 가게 된 코스는 가장 난이도가 쉬운 성삼재 코스였다. 일부러 빵빵하게 채운 등산 가방을 메고 제주도 도보 여행에 나섰던 나는 이번에도 극한을 경험하고자 정령치 코스를 가려고 했지만 가위바위보에서 져서 성삼재 코스를 가게 되었다.

9월 7일 : 부대찌개는 맛있어

지리산 종주를 떠나는 날. 아침 8시에 도서관에 보관한 우리 조의 짐을 가져오기 위해 잠겨 있는 도서관에 들어갔다가 세콤을 울려 버렸다. 교무실 가서 열쇠 가져올 생각을 하지 못했던 것이다. 교장 선생님의 짧고 굵은 훈화와 발대식을 마치고 버스에 올랐다. 모두들 들떠서 신 나게 떠들다가 1시간쯤 지나서는 한 명도 빠짐없이 곯아떨어졌다. 도착해서 버스에서 내리니 경치가 너무 좋았다. 성삼재가 해발 1100미터에 위치한 곳이라 그런지 주위 풍경을 한눈에 내려다볼 수 있었다. 기분을 상쾌하게 해 주는 서늘한 공기도 일품이었다.

다 같이 준비 운동을 하고 조별로 기념 촬영을 끝낸 다음 산행을 시작했다. 조금 힘들었지만 수다도 떨면서 무난하게 노고단 대피소에 도착했다. 아직 길들이지 못한 등산화 때문에 발뒤꿈치가 약간 쓸렸다. 점심으로는 식당 샘들이 준비해 주신 주먹밥과 사과를 먹었다. 조장이었던 동혁 형이 우리 조의 주먹밥과 사과를 챙겨 줬다. 식사량이 많은 나를 위해 형이 가장 큰 주먹밥을 골라 줬는데 남들보다 두 배는 더 많은 것 같았다. 덕분에 첫 식사를 든든하게 할 수 있었다.

식사를 마치고 다시 출발했다. 노고단까지의 길은 잘 포장이 되어 있었는데 이후의 길은 그냥 산길이었다. 모두들 힘들어하지 않고 수월하게 산행을 했다. 내가 포함된 배려조의 조원은 어진 누나, 지유, 민주, 나, 민균 형, 동혁 형이었다. 어진 누나는 작년 지리산 종주를 할 때 너무 힘들어서 중간에 주저앉아 울기도 했다기에 막판에 내가 짐꾼이 되지 않을까 노심초사했는데 멀쩡하게 잘 걸어갔다. 깊숙한 산속으로 들어갈수록 나무가 너무 빽빽해서 어떤 곳은 하늘도 잘 보이지 않을 정도였다.

오후 2시쯤 되자 조원 모두 조금씩 지쳐 가고 있는 것이 느껴졌다. 처음에는 민균 형이랑 동혁 형이랑 장난도 치며 걸었는데 시간이 지나자 모두들 말이 없어졌다. 그래도 다들 그럭저럭 잘 걸어갔는데 민주는 많이 힘들어 보였다. 나는 민주 뒤에서 걸어갔는데 민주는 급경사를 만날 때마다 헉헉거리며 숨을 가쁘게 몰아쉬었다. 다리에 힘이 풀려서 급경사를 오르거나 내려갈 때마다 발목이 홱홱 돌아가서 몇 번이나 넘어질 뻔하였다. 그래도 불평 한마디 없이 묵묵히, 하지만 약간 위태롭게 걸어갔다. 나는 다 좋았는데 등산화에 자꾸 쓸리는 발뒤꿈치가 거슬렸다. 첫날에 물집이 생기면 이만저만 아프고 불편한 일이 아닐 수 없기에 최대한 뒤꿈치에 부담이 가지 않도록 요령껏 걸었는데 이걸 신경 쓰다 보니 여간 불편한 게 아니었다.

계속 걸어가다 보니 사람들이 모여 있는 것이 보였다. 재은 누나가 바닥에 앉아서 고통스러운 표정으로 다리를 잡고 있었다. 다리에 쥐가 났다고 했다. 찬우 형이 선두에 계신 종크 샘께 이 사실을 알리기 위해 급히 뛰어갔다. 걱정이 됐지만 심하게 다친 것도 아니었고 무엇보다도 우리가 길을 막고 있는 통에 다른 분들에게 방해가 됐으므로 금방 그 자리를 떠나야 했다.

자꾸만 나타나는 산들이 야속할 무렵 연하천 대피소에 도착했다. 지리산에 있는 대피소 가운데 가장 구렸다는 연하천이지만 개인적으로는 가장 좋았던 것 같다. 식수대가 대피소 바로 앞에 있어서 물을 구하기가 가장 쉬웠기 때문이다. 하지만 확실히 화장실에서 나는 홍어 삭힌 냄새는 위압적이었다.

우리 조는 두 번째로 도착해서 다른 조보다 일찍 밥을 지었다. 메뉴는 부대찌개였다. 각자 가방을 뒤져서 코펠, 버너, 바람막이, 자바라, 가스, 음식 재료 등을 꺼냈다. 요리는 똑 부러지는 어진 누나가 주로 담당했는데 굉장히 믿음직스러웠다. 부대찌개가 완성될 무렵 다른 조가 도착해서 음식을 준비하기 시작했다. 이날은 날씨가 맑고 구름도 별로 없었는데 노을을 배경으로 각 조에서 저녁을 준비하느라 복작대는 모습이 보기 좋았다.

다른 조들은 대부분 고기를 구워 먹었다. 그런데 준비해 온 고기가 상한 조가 있었다. 보기에는 정말 맛있어 보였는데 한 입 먹어 보니 이상한 냄새가 났다고 한다. 지형이 형이 먹어 보고는 상했다고 판단하고 모두 버렸단다. 부대찌개가 완성됐을 때 민주는 우리 조에서 가장 먼저 숟가락과 젓가락을 챙기고 먹기 좋은 센터에 자리를 잡았다. 대피소에 도착하기 직전에 만난 급경사에서 비틀거리던 모습은 온데간데없었다. 금방 체력을 회복하니 다행이라는 생각이 들었다.

찌개는 정말 맛있었다. 맨밥도 맛있었다. 객관적으로 봤을 때 필리핀 쌀 같은 느낌이 없잖아 있었고 부대찌개도 소금과 고춧가루가 덜 들어가 싱거웠지만 그런 건 중요치 않았다. 정말 신기한 경험이었다. 먹는 동안 아무 말도 하지 않았다. 말이 필요치 않았으리라. 방금 도착해서 힘들어하는 사람들과 고기가 상해 버린 조에게는 부대찌개를 나누어 주었다. 식사를 마치고 소금으로 이를 닦아 보았는데 정말 짰다. 그래도 하고 나니 치약보다 더 깔끔하고 효과도 좋은 것 같았다. 설거지를 마치고 조별 모임을 했다. 그리고 다른 조의 뒷정리를 도와주었다.

잠들기 전에 돌아보니 힘든 산행을 마치고 시원한 밤공기에 열을 식히며 든든한 식사를 하고 난 뒤의 느낌이 아주 좋다. 뭐랄까…… 산 아래에 있는 나를 구속하는 온갖 것들로부터 초탈해서 굉장히 자유로운 느낌이었다. 대피소 소등 시간이 9시여서 다들 자리를 펴고 잘 준비를 했다. 2박 3일 동안 입을 옷을 하나밖에 가지고 오지 않았는데 낮에 땀을 많이 흘렸지만 기능성 소재라 그런지 전혀 찝찝하지 않았다.

9월 8일 : 600계단은 허풍이라고!

6시에 기상했다. 좁은 자리와 가방 때문에 다리도 못 펴고 다닥다닥 붙어 자서 후덥지근하고 갑갑했음에도 불구하고 정말 잘 잤다. 아침을 먹고 조별로 스트레칭을 하고 출발했다. 모두들 몸 상태가 어제보다 많이 좋아진 것 같았다. 발걸음도 여유로워서 주위를 더 자주 구경할 수 있었다. 오전에는 코스가 짧아서 10시 30분쯤에 벽소령 대피소에 도착했다. 조금 쉬다가 11시쯤 되니 배가 고파서 이른 점심을 먹기로 했다. 메뉴는 라면과 나가사키 짬뽕이었다. 점심을 먹던 중 중산리 코스로 간 사람들과 만났다 하루 못 본 건데 왜 그리 반가웠던지. 하지만 일단 배가 고팠으므로 먹기만 했다. 그래도 배고파하는 중산리 코스 사람들을 위해 선뜻 라면과 나가사키 짬뽕을 한 봉지 더 끓여 주었다. 8봉지 정도 끓인 것 같았는데 깔끔하게 다 먹어 치웠다.

식수대가 멀리 있어서 양치질은 하지 않았고 뒷정리를 끝낸 후 12시에 다시 출발했다. 중산리 코스 사람들이 말해 준 대로 처음 1킬로미터는 평지여서 아주 만만했다. 그 다음부터는 아주 빡셌다. 그렇지만 산행하는데 많이 적응했고 밥을 세 끼 먹으며 짐도 줄어서 갈 만했다. 토끼봉을 오를 때 너무 귀찮았지만 형들하고 장난도 치고 주위 경치도 구경하고 기념

사진도 찍으면서 잘 올라갈 수 있었다. 소문의 600계단은 나, 동혁 형, 찬우 형이 계단을 일일이 세 본 결과 217개였고 결국은 선배들의 허풍이었음이 드러났다.

세석대피소에 도착한 뒤에는 짐을 대충 정리하고 잠깐 쉬었다가 식수대로 씻으러 갔다. 아래쪽에 계곡이 있다는 말을 듣고 아이들과 같이 가서 몸을 대충 씻고 등목을 했다. 씻고 돌아와 보니 꽤 많은 사람이 도착했다. 밥을 짓고 3분 카레를 끓이는 동안 다른 사람들과 같이 대피소 입구에 자리 잡고 도착하는 이들을 반겨 주었다. 정령치 코스 팀이 도착할 때에는 다른 코스 팀보다 더 많은 박수를 쳐 주었다. 많이 힘들었는지 정령치 코스로 간 사람들 중에 눈물을 보인 사람도 몇 명 있었다. 하지만 하이라이트는 발목 부상에도 불구하고 세석 대피소까지 같이 산행을 한, 불굴의 의지를 보인 나은이였다. 식사 준비하던 사람 모두가 "윤나은! 윤나은!" 이러면서 환호성을 보냈다.

세석 대피소에서 남자들이 서로의 바지를 벗기는 장난을 많이 했는데 여러 명이 당했다. 안쓰럽다. 이러는 와중에 식사가 준비돼서 항상 그렇듯 맛있게 먹었다. 여전히 배가 고파서 다른 조에 가서 구걸하던 중 성현 형이 음식이 너무 많이 남았다며 도와달라고 했다. 그래서 깔끔하게 쓸어 드렸다. 그랬더니 배가 좀 찼다.

잠자리는 연하천 대피소보다 훨씬 좋았다. 담요 대신 매트리스가 있다거나 한 건 아니지만 인테리어가 더 편안한 느낌을 주었고 가방을 놓는 칸이 따로 있어서 다리를 쭉 뻗고 잘 수 있었다. 소등 시간이 지나도 옅은 조명을 켜 줘서 밤에 화장실 갈 때도 편했다. 몸을 씻었는데도 찝찝했다. 그렇지만 잠은 잘 잤다.

9월 9일 : 이렇게 많은 산은 처음이야

촛대봉에서 일출을 보기 위해 새벽 4시에 일어났다. 바람이 많이 불어서 추웠다. 아침 메뉴는 미역국이었는데 맛있게 잘 끓여졌지만 다들 잠이 덜 깨서 그런지 평소처럼 잘 먹지는 않았다. 원래 계획한 출발 시간은 5시 30분이었는데 아침 식사가 생각보다 오래 걸려서 5시 50분에 출발했다. 몸이 무거웠다. 어깨가 결렸고 다리는 굳은 것 같았다. 발바닥도 욱신거렸다. 그래도 걸을 만했다. 걸어가는 동안 날이 점점 밝아 왔다. 하늘에 구름이 많았고 해가 뜨는데 정말 수채화로 그린 것 같았다. '그림 같은 풍경'이라는 말이 어떤 것인지 가슴으로 느껴 본 순간이었다.

천왕봉까지 가는데 내리막이 하나도 없고 대부분 오르막이었다. 그래도 문제없이 잘 갔다. 우리 조에서 제일 힘들어하던 민주도 좀 비틀거리긴 했지만 씩씩하게 잘 올라갔다. 짐도 많이 줄고 무엇보다도 '이게 마지막이다!'라는 생각 덕분에 더 수월하게 갈 수 있었던 것 같다. 장터목대피소에서 휴식을 취하고 물을 보충하여 다시 출발했다. 기온도 낮고 바람도 엄청 불어서 바람막이를 입어도 추웠다. 동혁 형은 검은색 간디학교 티셔츠 하나만 입고 버텼다. 존경스럽다. 오르는 내내 정말 힘들었다.

육체적으로 힘들진 않았다. 산을 오르는 것이 놀라울 정도로 귀찮아서 힘들었다. 하지만 멀리서 천왕봉이 보일 때는 급한 경사 때문에 네 발로 뛰어갔다. 먼저 올라와 있던 조들이 박수치며 축하해 주었다. 천왕봉에서 내려다본 풍경은 정말 압권이었다. 주위에 있는 다른 봉우리들에 비해 천왕봉이 훨씬 높았는데 아무리 둘러봐도 산밖에 보이지 않았다. 산이 그렇게 많은 건 처음이었다.

구름도 대박이었다. 그날은 구름이 잔뜩 껴 있었고 아주 약간 비도 내렸다. 산 능선을 넘으며 우리한테 돌진하는 구름을 온몸으로 맞는 느낌은 절대 잊지 못할 것 같다. 어려서부터 구름 속에 들어가 보고 싶었는데 소원

성취한 셈이다. 잠깐 쉬고 기념사진을 찍고 하산했다. 내려오는 건 까짓 거 밥이라고 생각했는데 오산이었다. 하산을 시작하고 30분 만에 발바닥이 터질 것 같았다. (나중에 알고 보니 등산화를 잘못 매서 그렇다고 한다.) 다리에 힘이 풀려서 발을 쿵쿵 내딛다 보니 무릎에 무리가 갔다. 쉴 때도 오른쪽 무릎이 시큰거렸다. 하지만 그 정도는 사뿐히 무시하고 반쯤 뛰다시피 하며 내려왔다. 법계사에서 점심을 먹었는데 식수대 물이 너무 조금씩 나와서 엄청 불편했다. 점심 메뉴는 라면이었고 3일 동안 거의 인스턴트 식품만 먹어서 그런지 그렇게 맛있지는 않았다.

1시에 다시 하산을 시작했다. 주위 풍경이고 자시고 무조건 앞사람 발만 보고 순식간에 내려갔다. 샘들이 2시간 넘게 걸릴 거라고 하셨는데 1시간도 안 되어서 도착했다. 세상에! 포장도로가 어찌나 반갑던지. 화장실에서 물이 나온다는 사실이 왜 그리도 신기했던지. 버스 타는 곳까지 1.7킬로미터를 더 가야 했지만 그 정도는 아무것도 아니었다. '아, 끝났다.'라는 마음으로 편하게 내려갔다. 발바닥과 무릎의 통증도 별 문제가 되지 않았다. 내려가는 길에 그린포인트 제도에 관한 홍보 문구를 보고 동혁 형이 우리 조 쓰레기를 챙겨서 포인트를 적립하고 왔다. 버스에 도착하고 30분 정도 낮잠을 잔 뒤에 해단식을 했다.

지리산 종주를 해내다

지리산 종주를 하는 2박 3일 동안 몸무게가 5킬로미터 빠졌다. 밥을 세 그릇씩 먹었는데도 말이다. 집에 와서 이틀 동안 잠만 잤고 오른쪽 무릎은 걸을 때마다 욱신거렸지만 곧 나았다. 이렇게 말하고 나니 엄청 대단한 일을 한 것 같지만 사실 별 거 없었다. 내 가방은 지유 것보다도 더 가벼웠다. 그리고 다시 한 번 말하지만 내가 간 성삼제 코스는 난이도가 가장 쉬운 곳이었다. 극심한 운동 부족 탓인 것 같다. 어쨌든 살이 많이 빠져서 기분이 좋았지만 추석 때 다시 원상 복귀됐다.

내적인 변화로는 자연 친화력이 높아졌고 웬만한 화장실은 다 깨끗하게 느끼게 됐다는 점이다. 그리고 내추럴한 삶이란 어떤 것일지 조금이나마 짐작할 수 있게 되었다. 첫날 연하천 대피소에서 저녁 먹을 때의 노을과 셋째 날 아침의 해돋이, 그리고 천왕봉에서 바라본 산과 구름은 절대 못 잊을 것 같다.

조금 불편한 점도 있었지만 전체적으로 이번 지리산 종주는 정말 재미있고 만족스러웠다. 나중에 나이 먹고 가족들이나 지인들과 같이 와 보고 싶다. 그리고 체력 단련을 꾸준히 해서 내년에는 가장 어려운 코스에 도전해 보고 싶다.

뚜벅이들의 제주 여행

신승현 14기

싱그러운 여름, 기말고사를 마치고 나면 간디학교 1학년들은 8일간 제주도 일주 도보 여행을 떠난다. 이 글은 100킬로미터 이상을 걸어야 하는 긴 순례를 기록한 것이다.

첫째 날 : 설레는 출발

아침 8시 30분에 최종 준비를 마치고 발대식을 열었다. 보성으로 가기까지 2시간 30분 동안 버스를 탔는데 이야기도 나누고 게임도 하고 다 같이 노래도 불렀다. 엠티 가는 분위기였다. 보성 차밭에 도착했을 때엔 비가 조금 내리고 있었다. 구경하기는 무리라고 생각했지만 다행히 비는 점차 그쳤고 오히려 비가 내린 뒤 적당히 낀 안개 덕분에 차밭의 경치가 운치 있었다. 잠깐 산책하고 점심을 먹고 나서 주위 풍경을 배경으로 사진 찍기에 다들 바빴다.

보성 차밭 구경을 마친 뒤 다시 버스를 타고 장흥항으로 갔다. 3시 30분 출항하는 배인데 1시 30분에 도착했다. 배를 기다리는 2시간도 지루하지 않았다. 처음에 한두 명씩 휴대폰과 카메라를 꺼내 서로의 모습을 찍기 시작했는데 어느새인가 다들 돌아다니면서 셀카를 찍었다. 이날 찍은 사진 가운데 절반 정도는 이때 찍은 것 같다.

배를 탄 뒤 몇몇은 멀미와 피로 때문에 통로 바닥에 드러눕기도 하고 음악을 듣다가 잠에 빠져들기도 했다. 나는 처음에는 책을 읽다가 이내 친구들 따라 군것질도 하고 이야기도 하고 사진을 찍으면서 시간을 보냈다.

마침내 제주에 도착했다. 성산포에 도착하자마자 버스를 타고 숙소인 대동호텔에 갔다. 도보 여행을 준비하면서 명석 샘이 장난으로 "이름만 호텔"이라고 말씀하셨기에 안 좋을 거라고 생각했는데 막상 와 보니 좋다. 초호화 고급 호텔 같은 곳은 아니지만 있을 건 다 있고 시설이 무지 깔끔한 데다가 무엇보다도 직원 분들이 친절하셨다. 음식도 맛있는 데다가 직원 분들이 우리 학교 식당 샘들처럼 계속 맛있게 먹어라 하시면서 일일이 챙겨 주셨기에 기분 좋게 식사를 할 수 있었다.

식사를 마치고 다음 일정인 문용표 님 강의가 시작되기 전까지 잠깐 시간이 났다. 호텔 바로 앞에 분수 같은 곳이 있었는데 그 속에 뛰어 들어가 이동 학습 분위기를 한껏 냈다.

8시 30분, 마침내 문용표 님의 강의가 시작됐다. 문용표 님은 제주도의 대안학교인 곶자왈작은학교의 설립자이시다. 곶자왈은 바위 무덤 위에 생겨난 숲을 뜻하는 제주 말인데, 풀과 나무가 황량한 바위 위에서 숲을 일구어 냈듯이 학생들이 어려운 환경 속에서도 꿈을 이루어 낼 수 있길 바라는 의미에서 이렇게 이름을 지었다고 하셨다. 그분은 먼저 자신의 학교를 소개해 주시고 제주도의 문화에 관해서 자세히 설명해 주셨다.

둘째 날 : 일곱 시간을 걷다니!

아침 8시가 조금 넘어서 대동호텔을 나섰다. 샘들 말씀으로는 7박 8일간 묵는 숙소 가운데 상당히 좋은 편이고 실제로도 시설이 좋은 데다가 직원

분들도 가족처럼 따뜻하게 대해 주셨던지라 아쉬웠다. 아쉬움을 뒤로 한 채 우리는 해안가로 향했다. 학생들이 우르르 몰려다니니 도보 여행 시작부터 많은 사람들의 시선을 끌었다. 쳐다만 보시는 분도 계셨고 깃발을 보시더니 "간디학교 파이팅!"이라고 응원의 메시지를 보내 주시는 분도 계셨다.

용두암을 잠깐 지나친 뒤 조금 더 걷고 나서 첫 휴식 장소인 해안가 공원에 도착했다. 해안가 절벽에 조성되어 있는 곳이었는데 도착하자마자 바쁘게 걷느라 제대로 보지 못했던 바다 구경도 하고 해안 절벽의 풍경을 배경으로 사진도 찍었다. 이제 막 시작해서 들뜬 마음에 다들 '벌써 5킬로미터를 왔어?' '5킬로미터가 이 정도밖에 안 되면 20킬로미터든 그 이상이든 별거 아니겠네.' 하는 분위기였다.

쉬는 시간이 끝나고 다시 걸었다. 들떠서 축제 때 부를 합창곡과 가요, 동요도 부르고 수다도 떨면서 힘차게 걸어갔다. 제주도로 도보 여행을 온 고등학생이 아니라 소풍 온 초등학생 같았다. 중간중간에 쉴 때에도, 식당에 도착해서 식사를 할 때까진 그랬다.

오후엔 분위기가 사뭇 달라졌다. 오전 동안에 체력 소모가 컸던 탓인지 '20킬로미터든 그 이상이든 별거 아니겠네.' 하는 표정을 짓던 녀석들이 반나절도 안 돼서 '우리 언제 쉬어?' 하는 표정을 짓게 되었다. 수다와 노래, 그리고 해안가에서 풍경을 배경으로 사진을 찍던 모습도 다 사라졌다.

오후에 다락쉼터에서 쉬고 있는 동안 병수 샘이 앞으로 3.4킬로미터만 더 가면 숙소에 도착하니 조금만 더 힘을 내라고 말씀하셨다. 우리는 그 말만 믿고 힘들고 지치더라도 '조금만 더, 조금만 더……' 하고 걸었는데 아무리 걸어도 숙소가 나타나질 않았다. 결국 우리가 예상했던 것보다 30분 가까이 더 걷게 되었는데 나중에 병수 샘이 4.3킬로미터를 3.4킬로미터로 잘못 알았다고 하시면서 미안하다고 하셨다. 병수 샘은 이 일로 '강구라'라는 별명을 갖게 되셨다.

아침 8시에 출발해서 오후 5시 40분까지 쉬는 시간 빼면 대충 7~8시간을 걸었다. 본격적인 첫 도보 일정이 이렇게 끝났다. 아침까지만 해도 다들 힘차고 파릇파릇했는데 오후에는 너무 대조되게 기운이 없었던 것 같다. 비록 생각보다 힘들고 지치는 하루였지만 전체 일정 중 첫날이면서, 동시에 가장 긴 여정을 별 탈 없이 지나왔기에 뿌듯하다.

셋째 날 : 속마음을 털어놓을 여유가 생기다

숙소인 곽지어촌계 리조트를 나서자마자 해안 도로로 향했다. 나뿐만 아니라 모두들 피로가 쌓였던 탓인지 어제 아침을 시작할 때와는 달리 거의 조용했다. 그나마 흐린 날씨 덕분에 무덥지 않고 시원해서 다행이었다.

해안 도로를 걷는 도중에 길가 정자에 앉아 계시던 어떤 할아버지께서 우릴 보시더니 아무나 한 명 오라고 하셨다. 마침 임호 샘이 가까이 계셔서 그리로 가셨는데 그 할아버지께서 학생들(우리들)한테 아이스크림이라도 사 주라고 하시면서 5만 원을 선뜻 내 주셨다. 이때 샘이 즐거운 얼굴로 "자, 여러분 박수!"라고 외치셔서 잠깐 동안 모두 웃었다. 그 할아버지는 어떤 분이신지 여쭤 봐도 끝까지 자신을 밝히지 않으셨다. 밤에 조별 모임을 하기 위해 잠깐 모일 때에도 그 할아버지 이야기가 나왔는데 정말 감사하단 생각이 들었다.

서너 시간을 걸어서 마침내 상록가든에 도착했다. 넉넉지 않은 사정 때문에 흑돼지 전문 음식점에서 흑돼지가 조금 들어간 김치찌개를 먹게 되어 아쉽긴 했지만 다들 배가 고팠던 참이라 맛있게 먹었다. 뒤쪽 테이블에서 몇몇 친구들이 계속해서 여러 가지를 추가로 시켰는데 특히 병준이가 배가 많이 고팠는지 "여기 공기 밥 더 주세요." "반찬 더 주세요."를 계속

해서 외쳤다. 나중에 알아보니 공기 밥만 14그릇이나 추가했다고 하는데 마음씨 좋은 사장님이 모두 공짜로 주셨다고 한다.

식당이 바다 바로 옆에 있어서 식사를 마치고 해변가를 산책했다. 쉬는 시간이 끝날 때쯤 다들 선크림을 바르고 있었는데 현정이가 다른 애들 얼굴에 선크림으로 글씨를 써 줬다. 제훈이 볼에는 '바보'라고 쓰고, 지은이는 하트, 병준이는 '가로', 현정이 자신은 '세로', 그리고 내 볼에다가는 'TH'를 써 줬다. 그 상태로 각자 기념 샷을 찍기 위해 다양한 표정을 짓는데 다른 애들이 내 얼굴만 보면서 웃었다.

걷고 쉬고 또 걷다가 풍력 발전기가 무지 많이 보이는 싱계몰 공원에서 휴식을 취했다. 근처에 조약돌로 된 지압 길이 있었는데 몇몇 친구들이 양말을 신고 걸어가는 것을 본 상수 샘이 나더러 사진을 찍어 줄 테니 맨발로 걸어 보라고 하셨다. 아무 생각 없이 샘 부탁을 들어드렸는데 양말을 벗고 맨발을 조약돌 위에 올려놓는 순간 '내가 왜 이 짓을 하는 거지?' 하는 생각이 들었다. 한 걸음 한 걸음 내디딜 때마다 고함을 지르면서 춤을 췄다. 보고 계시던 상수 샘은 특유의 웃음소리를 내시며 박장대소하셨다.

한창 쉬고 있을 때 젊은 여성 몇 분이 구경하기 위해 잠시 근처를 지나가셨다. 그때 '노총각'이신 길현 샘과 상수 샘이 "야, 누구 잘생긴 애가 가서 번호 따 와라."라고 하셔서 잠깐 웃었다.

해안 도로를 따라 한 시간 정도 걸어서 마침내 미리내민박집에 도착했다. 아침부터 샘들이 오늘 묵게 되는 숙소가 이번 도보 여행 때 묵게 되는 숙소 가운데 제일 안 좋은 곳이라고 하셔서 다들 왜 후진 곳으로 가냐고 불만이었는데 막상 와 보니 무지 좋다. 에어컨도 빵빵하게 잘 돌아가고 깔끔하고 경치 좋은 테라스도 있다. 내가 쓴 방은 아니었지만 옆방은 평면 HD TV까지 있었다.

각자 방에 짐을 풀고 난 뒤에 식사를 했는데 지금까지의 여정 중에서 제일 호화롭고 말 그대로 만찬인 식사였다. 고등어구이에, 돼지 양념구이, 단호박전 등 5000원이라는 가격이 믿기지 않을 정도로 푸짐한 데다가 주인 분들도 우리가 반찬을 받기 위해 줄을 서고 있을 때 일일이 "어서 오세요." "맛있게 드세요."라고 반갑게 인사하며 친절하게 맞아 주셨다. 친구들도 식사 도중, 그리고 조별 모임을 할 때에도 지금껏 한 식사 중에 제일 맛있다고 했고 샘들도 이번에 처음 왔는데 오길 정말 잘했다고 하셨다. 나중에 샘들에게 듣기로는 주인 분들께서 우리가 다들 예의 바르고 착해서 칭찬을 많이 했다고 하셨다. 그 말을 듣고 오히려 무안해졌다. 친구들도 그 말을 듣고 너무나도 맛있는 저녁을 먹고 주인 분들도 정말 친절하셔서 오히려 우리가 감사하다는 반응을 보였다.

기분 좋게 식사를 마치고 각자 방으로 돌아갔다. 마침 6시 40분이 되어 TV를 틀고 〈무한도전〉을 봤다. 서해안고속도로 가요제를 하는데 멤버들마다 노래가 다 좋았다. TV를 보면서 처음 듣는 노래를 따라 불렀는데 〈무한도전〉이 끝나고 식당에서 모임을 할 때에도 다른 방을 쓰는 친구들도 다 〈무한도전〉 이야기만 했다.

어느덧 도보 여행 셋째 날이 지나갔다. 첫째 날과 둘째 날의 피로가 쌓여서 아침에는 눈도 제대로 뜨지 못할 정도로 힘들었지만 점차 걷는 것에 익숙해져 갔다. 나뿐만 아니라 다들 조금씩 지쳐서 어제와 그제의 씩씩함은 느껴지지 않지만 대신에 조곤조곤하게 이야기하면서 속마음을 털어놓을 기회가 조금씩 생기는 것 같다.

넷째 날 : 윗세오름에 오르다

오늘 아침 식사도 어제 저녁과 같이 호화로웠다. 닭찜에다가 충무김밥, 샐

러드가 나오고 주인 분들도 여전히 친절하게 맞아 주셨다. 식사를 마치고 떠나기 직전에 다 같이 모여 있을 때 주인 분들께서 입구로 나오셔서 일일이 작별의 인사를 해 주셨다. 이렇게 따뜻한 사람들을 만나는 것이 여행의 묘미가 아닐까 싶었고 다음에 제주도로 여행을 오게 된다면 꼭 이곳에 다시 들러야겠다는 생각이 들었다.

미리내민박을 나서선 바로 버스를 타고 한라산 윗세오름 입구로 갔다. 처음에는 경사가 조금 져서 불평하거나 힘들어하는 친구도 있었지만 이내 평탄한 길이 나오자 대부분 어젯밤에 본 〈무한도전〉에서 나온 노래를 부르며 힘차게 걸어갔다. 오르는 길에 처음 보는 분들과 "안녕하세요." 하고 인사를 나누고 또 그분들한테서 "좋은 일 한다." "대단하다." "힘내."라는 말도 많이 들을 수 있었다.

하루 종일 안개가 껴서 윗세오름에서 전체적인 제주도의 모습은 볼 수 없었지만 대신 안개 낀 한라산의 운치 있는 경관을 만끽할 수 있었다. 오르는 도중과 올랐을 때에도 틈틈이 사진을 찍었다.

윗세오름에서 도시락을 먹고 자유 시간을 보낸 다음 단체 기념사진을 찍고 하산했다. 올라올 때보다 산길이 험해 걷다가 잠시 멈추면 다리가 떨렸다. 하지만 평소에 도보하는 것보단 훨씬 쉽게 느껴졌다. 그렇게 2시간 정도 걷고 주차장까지 내려와 준호네 부모님이 가져오신 수박을 먹고 버스에 올라탔다. 버스를 타자마자 피곤해서 바로 잠들었는데 숙소인 탐라스포텔에 도착할 때쯤 깨어 보니 나뿐만 아니라 모두들 피곤했는지 잠들어 있었다.

탐라스포텔은 폐교를 개조한 곳이라 넓은 운동장이 있었다. 우리가 쓰던 방은 교실을 개조한 것이라 남자 16명이 다 같이 써도 여유로울 만큼 넓어서 좋았다. 도착해서 저녁 식사가 나올 때까지 운동장에서 뛰놀기도 하고 방에서 단잠도 잤다.

저녁 식사를 하고 나자 주인 분께서 특별 공연을 해 주셨다. 제주의 역사에 관해서 짤막하게 설명해 주시고 제주 민요를 불러 주셨다. 솔뫼바람인 지우에게 장구 반주를 부탁하시며 노래를 부르시기도 하고 그에 맞춰서 인용이가 춤을 추기도 했다. 마지막에는 공연에 대한 답례로 축제 때 부를 합창곡을 다 같이 불러 드렸다.

원래 윗세오름에서 내려온 뒤에는 제주4·3평화 기념관을 방문할 예정이었는데 그곳이 갑작스럽게 문을 열지 않는다고 하기에 바로 숙소로 왔다. 기념관을 가지 못한 것은 약간 아쉽지만 덕분에 탐라스포텔의 운동장에서 오랜만에 운동을 하거나 푹 쉬기도 하고 밤에는 멋진 공연도 보면서 지금까지의 여정 중 처음으로 여유를 가질 수 있었다. 윗세오름을 오르는 것도 평소에 걷는 것보다 덜 힘들었고, 오르고 내리는 동안 많은 사람들과 인사를 나누게 되어 좋았다.

닷새째 : 멋진 밤바다와 만나다

탐라스포텔을 출발할 때 주인 분께서 한 명 한 명에게 잘 가라고 하시며 일일이 하이파이브를 해 주셨다. 어젯밤에는 간디학교 학생들이 매년 밝아진다고 칭찬을 많이 해 주신 데다 멋진 공연까지 보여 주었는데 이렇게 일일이 작별 인사까지 해 주시니 조금 더 머무르고 싶단 생각이 들었다.

어젯밤에도 일기를 쓴다고 혼자서 늦게까지 깨어 있던 탓에 아침에 잠깐 비몽사몽했지만 금방 괜찮아졌다. 친구들도 걷기에 익숙해진 데다가 출발하기 전에 병수 샘이 평소보다 2~3킬로미터 정도 짧게 걷는다고 말씀해 주셔서 그런지 첫날처럼 노래를 부르면서 힘차게 걸었다.

오늘이 윤성이의 생일이어서 휴식 시간이 되었을 때 나랑 지은이, 그리고 현정이가 계획한 대로 윤성이한테 갑작스럽게 생일 축하 노래를 불러 주며 생일을 축하해 주었다. 미리 준비한 선물도 주었다. 윤성이 부모님께서 윤성이의 생일이라고 케이크와 빵을 보내 주셨는데 빵은 나중에 먹기로 하고 케이크는 원래 있던 간식과 같이 먹을 수 있었다.

다시 한 시간쯤 걷다가 점심을 먹을 원순이네식당 근처의 바닷가에 도착했다. 점심을 먹기까지 한 시간 정도 여유가 있어 낮잠을 자기도 하고 모래사장에서 뛰놀기도 했다. 점심으로 고등어조림을 먹었다. 동주와 나현이를 포함한 몇몇 친구들이 고등어조림을 못 먹는 체질이라 먹지 못했지만 대부분은 공기 밥을 추가로 시켜 먹을 정도로 맛나게 먹었다. 식사를 하고 있을 때 식당 건너편 차도로 중학생 정도 되는 아이들이 우리처럼 도보 여행을 하고 있었다. '꿈꾸는학교'에서 왔다고 하는데 처음 듣는 학교였지만 우리처럼 도보 여행을 하는 학생들이 있다는 것이 반가워서 손을 흔들어 주었다.

오후에 다시 걷다가 해안가 정자에서 쉬었다. 바다를 보니 신이 나서 영재와 주환이, 나, 그리고 정한이가 바다를 배경으로 점프 샷을 찍었는데 바로 옆에서 모두가 지켜보는 가운데 은세가 길현 샘한테 도발을 했다가 밀려 넘어지는 해프닝이 벌어지기도 했다. 다시 걷고 또 걸어서 마침내 숙소인 소라의 성에 도착했다. 숙소 자체는 나쁘지 않지만 남학생 16명이 모두 한 방을 쓰게 되어서 다들 불만이 적지 않았다.

밤에는 승재 샘과 지유, 그리고 혜미와 근처 슈퍼마켓에서 맛난 거를 사가지고 등대까지 산책을 갔다. 먼 바다에서 오징어잡이 배가 오징어를 잡기 위해 어둠 속에서 촛불처럼 불을 밝히고 있었고 가까이 육지에는 군데군데 불빛이 켜져 있었다. 한적하지만 나름대로 멋진 시골 바닷가 마을의 야경이었다. 급하게 나온다고 카메라를 챙기지 않은 것이 애석했다.

이젠 거의 다 걷는 것에 익숙해져서 전보다 여유도 있고 많은 이야기도 나눌 수 있었다. 하지만 지영이, 민주, 그리고 수빈이는 아파서 같이 걷지 못했고 같이 걸었던 친구 중에서도 몇몇은 발바닥에 물집도 많이 잡히고 힘들어해서 아쉽다. 다들 빨리 나아서 마지막까지 기분 좋게 함께할 수 있으면 좋겠다.

엿새째 : 성산 일출봉에 오르다

오늘은 지금까지의 여정 중 처음으로 해가 쨍쨍했다. 더위로 평소보다 힘들었지만 그동안 안개 때문에 보지 못했던 제주도의 에메랄드 빛 바다를 바라보며 걸을 수 있었다. 섭지코지 해변에서 쉬게 되었는데 휴식 시간이 되자마자 다들 곧바로 카메라를 들고 모래사장을 배경으로 사진을 찍었다. 성산 일출봉까지 가는 길에도 평소에는 걷기에만 바빴던 것과는 달리 카메라를 갖고 있는 친구들은 틈틈이 바다와 멀리 보이는 성산 일출봉을 배경으로 사진을 찍었다. 제주의 바다는 무지 맑고 깨끗한 데다 마치 그라데이션 효과를 준 것처럼 거리에 따라 색깔이 조금씩 달라서 정말 멋졌다.

11시쯤 되자 마침내 성산 일출봉에 도착했다. 워낙 유명한 관광지인 만큼 외국인이든 한국인이든 사람이 엄청 많았다. 제주도의 시골길로만 다니다 많은 사람을 보니 신기했다. 관광객 가운데 중국인이 많아 친구들이 장난으로 중국어를 따라 하기도 했는데, 병준이가 정말 웃겼다.

성산 일출봉을 처음 와 본 친구들은 분화구에 못 들어가서 '여기까지 왜 왔지?' 하는 분위기였다. 나도 성산 일출봉에 약간 실망이었지만 올라가고 내려갈 때 마주치며 우리와 인사를 나누고 응원해 줬던 사람들을 만난 걸로 만족했다.

성산 일출봉에서 내려온 뒤에는 회덮밥을 먹었다. 병수 샘이 전부터 갈치회덮밥을 먹게 될 거라고 하셨는데 음식점 종업원에게 여쭤 보니 아니었다. 병수 샘이 제주도 와서 왜 이러시지 하는 생각이 들었다. 오후에 다시 걷다가 잠시 세계조가비박물관에 쉴 겸해서 들렀는데 형형색색의 신기한 조개류가 전시되어 있었다.

숙소까지의 코스는 전체 여정 중에서 쉬지 않고 가는 가장 긴 코스라 다들 많이 지쳤다. 그러나 푸른바다리조트 건물이 보일 때쯤 다들 기운을 내기 시작했고 도착했을 때엔 예상보다 훨씬 고급스러운 숙박 시설에 행복해 했다. 엄청나게 좋은 리조트에서 쉬고 저녁에는 목살 파티까지 해서 하루 동안 쌓였던 피로가 싹 가실 정도로 행복했다.

마지막 날 : 드디어 완주!

오전에 숙소를 떠나 걷다가 대안에너지 홍보관을 관람하고 잠시 쉬었다. 다시 30분쯤 걸어 이번 도보 여행의 최종 목적지인 월정 해수욕장에 도착했다. 잠깐 멈추어 섰다가 보경 샘과 길현 샘이 휴지로 결승선을 만들고 병수 샘이 신호를 보내자 모두들 앞만 보고 뛰어나갔다. 드디어 116킬로미터를 완주했다는 환희에 차서 서로 수고했다는 말을 나누고 껴안아 주기도 했다. 해변을 배경으로 단체 기념사진을 찍었다.

점심은 학부모님들께서 보내 주신 돈으로 김밥과 피자를 먹었다. 아침부터 비가 많이 내리고 있어 주위에 마땅히 먹을 곳이 없었는데 마을 분들이 흔쾌히 허락해 주신 덕분에 마을회관에서 식사를 할 수 있었다. 마을회관에 들어가기 전에 병수 샘이 빌려 쓰는 곳이니 조용히 식사만 하자고 당부하셨지만 너무 즐거웠던 나머지 다 같이 크게 웃으며 이야기를 나누었다. 식사를 마친 뒤 비 내리는 바다에서 수영을 즐겼고 나와 몇몇 친구들, 그리고 보경 샘은 제주4.3평화기념관을 잠시 견학하고 숙소로 갔다.

숙소에서는 TV를 보거나 낮잠을 자면서 그동안 쌓였던 피로를 풀었다. 몇몇 친구들은 낮잠을 너무 많이 자다가 식사 시간을 놓칠 뻔하기도 했다.

저녁 식사 후에는 친구들과 산책을 하기도 하고 근처 매점에서 기념품을 사기도 했다. 매점 주인이 되게 친절했는데 학생이라고 물건을 싸게 해 주고 초콜릿을 낱개로 2~3개 시식해 보라고 나눠 주시기도 했다. 밤에 몇몇 친구들과 다시 찾아갔더니 이번에는 백년초 크런치 한 상자를 뜯어서 나누어 주셨다.

밤에 조별 모임을 한 뒤에 며칠 뒤가 해인이 생일이기도 하고 마침 해인이 어머니가 제주도에 와 계셔서 잠시 들러 해인이를 위한 생일 파티를 열어 주었다. 다 같이 생일 축하 노래를 불러 주었고 깜짝 파티가 끝난 뒤에는 부모님들이 보내 주신 치킨을 먹으며 즐거운 시간을 보냈다.

걷기의 매력

날씨 운이 정말 좋았던 것 같다. 샘들이나 형, 누나들은 제주 도보 여행 때 무더위 때문에 고생할 거라고 했는데 우리는 딱 이틀만 비가 오거나 햇빛이 쨍쨍거리고 나머지 날은 모두 적당히 흐려 시원하게 걸을 수 있었다.

제주도에는 네 번째로 와 보는 것이다. 어느 여행이나 그렇듯이 이전에 제주도를 여행할 때에는 자동차를 타면서 유명 관광지만 다녔는데 이번에는 처음으로 직접 걸으면서 여행한 것이다. 차를 타고 다닐 때와는 느낌이 완전히 달랐다. 차를 타면 20~30분 걸릴 것을 하루 종일 걸었다고 생각하면 잠깐 허무하기도 했지만 걸으면서 남는 것이 훨씬 많은 것 같다. 차를 탔다면 무심코 지나갔을 경치와 풍경 하나하나를 간직할 수 있었고 관광객의 시선으로는 보지 못하는 제주도의 모습을 보았다. 걷다 보니 '제주 사람'의 마음도 어느 정도 알 수 있게 되었던 것 같다. 또한 걷는 동안에 친구들과 샘들과 많은 이야기도 나눌 수 있었고 힘들 때 서로 도와주면서 더욱 가까워진 것 같다.

이번 여행 동안에 잘해 주신 미리내민박 사람들, 탐라스포텔 사람들, 그리고 길에서 마주쳐 응원의 메시지를 보내 주신 분들, 샘들과 친구들한테 모두 고맙다. 제주도의 경치 하나하나가 떠오른다. 형, 누나들이 1학년 때 하는 전체 활동 중에서 제주 도보 여행이 제일 기억에 남을 거라고 했는데 정말 그럴 거란 확신이 들었다. 기회가 된다면 제주도든, 다른 곳 어디든 도보 여행을 또 한 번 해 보고 싶다.

마지막으로, 14기, 모두들 수고했다는 말을 전하고 싶다. 시간이 지나 언젠가 '제주도'를 떠올렸을 때 이번 여행이 서로가 웃으며 이야기 나눌 수 있는 멋진 추억으로 남길 바란다.

쌀 한 톨에 천 원도 비싸지 않다고

길도영 13기

5월 모내기 철이 되면 간디학교 학생들은 2박 3일간 농촌 활동을 하러 간다. 전교생이 산청군의 농가로 흩어져 바쁜 일손을 돕고 농민들과 함께 지내면서 흙을 체험한다.

논일이 이렇게 힘들 줄이야

논에서 일하는 게 이렇게 힘들 줄 몰랐다. 논 두 곳에서 모판을 옮기고 떼어 냈는데 건장한 우리도 힘이 들었다. 그런데 그런 논 열여덟 곳을 할머니, 할아버지 두 분이서 모두 다 하신단다. 건강한 학생 네 명이 해도 논 두 개 가지고 쩔쩔맸는데. 쌀 한 톨에 천 원을 받아도 모자라겠다는 생각이 들었다. 농사짓는 게 힘들다고들 해서 '아, 그렇구나.'라고만 생각했지 이렇게까지 힘든 줄은 몰랐다. 직접 몸으로 겪어 보니 쌀 한 톨이 다르게 보였다.

식당 샘들께 감사하다

3일 동안 총 일곱 끼니를 책임지는 밥 당번을 맡았다. 워낙에 밥해서 먹이기를 좋아하는 편이라 수많은 지원자가 있었지만 가위바위보에서 당당히

이겨 어마어마한 경쟁률을 뚫고 밥 당번이 되었다. 열 명을 먹이는 밥을 해 본 적은 있었지만 열여덟 명이나 되는 사람들의 밥을 해 보기는 처음이었다. 무슨 일이든 그렇듯이 처음에는 재미있다. 식단 짜고 요리하는 재미, 상을 차려서 사람들 밥 먹이는 재미. 그런데 딱 두 끼가 지나니까 재미는 점점 가시고 힘에 부치더라. 한 끼에 칼질하는 시간만 이삼십 분. 밥 양도 많아 밥물 맞추기도 쉽지 않고 볶음 요리를 하려고 하면 팔에 근육이 생길 정도로 힘들었다. 게다가 계속 맡아야 하는 기름 냄새. 코가 피곤해지니 밥맛도 떨어졌다.

메뉴가 많은 편도 아니었다. 매끼에 메인 메뉴 딱 하나. 물론 힘들게 음식을 한 만큼 맛있게 먹어 주는 사람들을 보면 정말 몇 배로 보람찼다. 그런데 그것보다 더 생각났던 건 우리 학교 식당 샘들. 120명의 입맛을 어떻게 다 충족시키는 것인지. 존경스러웠다. 네 명이서 20명 먹이기도 이렇게 벅찬데, 네 분이서 무려 120명의 입을 만족스럽게 한다는 게 얼마나 힘드실까. 아무 생각 없이 맛있게 먹었던 볶음밥이 생각났고 음식이 모자라면 바로바로 음식을 해 주시는 샘들이 생각났다. 내가 3일 동안 한 밥의 양만큼 식당 샘에 대한 존경과 사랑도 불어났다. 식당 샘들의 마음을 아주 제대로 느끼고 왔다.

농활 갈 곳이 남아 있을까

이틀 동안이나 할머니, 할아버지 두 분이서 농사지으시는 논에 가서 일을 했다. 일을 끝내고 쉴 때마다 할머니는 초코파이와 비타 음료를 주셨다. 그렇게 앉아서 할머니의 넋두리를 가만히 듣고 있으면 가슴이 찡해 왔다. 매년 와 줘서 너무 고맙다고, 늙은이 둘이서 이 모든 일을 다하기엔 너무 힘이 들어 내년에는 일을 안 할 거라고, 일손이 필요해서 알아 봐도 이미 다른 사람들이 일하는 사람들을 다 데리고 갔다고, 일손이 없어서 걱정이라고. 할머니, 할아버지는 나이도 굉장히 많아 보이셨고 몸도 썩 좋아 보이시진 않았다. 10년, 아니 5년 뒤에 과연 농활 갈 곳이 남아 있기나 할까? 가장 중요하다는 식량 문제인데 할머니, 할아버지들께 이렇게 힘든 농사일을 너무 많이 맡기고 있는 게 아닐까, 하는 생각이 들었다. 앞으로 우리나라의 식량 문제가 걱정되었다. 그리고 대한민국의 학생으로서 죄송하기도 했다.

사회 복지 기관에서 그들과 함께 살다

황웅희 14기

간디학교 학생들은 직업과 진로의 선택을 위해 현장 체험과 인턴십을 반드시 다녀와야 한다. 이 글은 겨울 방학 중에 사회 복지 기관으로 인턴십 체험 활동을 다녀온 뒤에 쓴 후기이다.

요셉의 집으로 떠나다

11월 27일부터 8일간 강원도 영월에 세워진 '요셉의 집'에서 인턴십을 다녀왔다. 만약 당신이 이런 시설에 파견된다면 풍족히 살아 왔고 줄 것이 많아서 여행 가방과 쇼핑백에 무언가를 채울지도 모른다. 그러나 가족이나 사랑 혹은 추억조차 선사받지 못한 그들에게는 선물이 도리어 고통일 수 있지 않을까. 나는 시설 내에서는 돈을 쓰지 말고 가능한 한 가진 티를 내지 말라고 하시던 다미로 아버님의 말씀을 그런 뜻으로 이해했다. "밥도 먹지 못한 사람에게 초콜릿을 주는 것은 잔인한 행동이다." 이것이 시설 생활에 합류하는 나에게 제시된 첫 번째 도덕률이었다.

대구 수성구에 사는 내가 강원도 영월로 가기 위해서는 동대구 시외버스터미널에서 버스를 타고 제천을 거쳐 가야 했다. 꽤 오래 차를 기다려야 했고 비용도 왕복 3만 원 정도 들었지만 향하고 있는 방향은 차비의 아까움을 깨끗이 잊게 해 주었다. 오후 6시 20분경, 아버님과 1톤 포터가 기다리고 있는 영월읍내 버스 정류장에 도착했다. 4시간 30분 정도 걸린, 꽤 긴 시간이었다. 후에 들어 보니 한국은 서울—지방간 교통 인프라는 튼실하지만 지방—지방간 교통은 상당히 부실하다고 한다. 과속 산업화의 잔재일까.

읍내에서 벗어나 국도를 타다 산골 마을로 들어서는 데 10분 남짓 걸렸다. 꼬불꼬불한 비탈길을 따라 5분여 달리자 어두컴컴한 시설이 눈에 들어왔다. 차에서 내리자 아버님은 입소자들에게 나를 소개시켜 주셨다. 그들은 산을 깎아 마련한 사유지에 비스듬히 세워진 숙소의 위층을 야간용 전구를 들고 재건하던 중이었다. 어색한 인사를 나누고 아버님을 따라 아래층 사무실로 향했다. 바깥쪽 절벽과 접한 1.5평 남짓한 직사각형 방이 요셉의 집 사무실이었다. 여행 가방만 한 온풍기 하나가 감당하는 난방에서부터 시설의 자금난이 걱정되기 시작했다.

기도로 함께한 식사 시간

짐을 풀어 놓고 지갑을 맡긴 뒤 저녁 식사를 하기 위해 바로 옆 식당으로 자리를 옮겼다. 중앙에는 온 식구를 위한 밥상 하나가 놓여 있었고 좌측으로 전국 각지에서 후원 받은 다양한 책들이 비치되어 있었다. 식구들은 나를 살갑게 맞아 주었다. 자리에 앉은 입소자들이 미소로 나를 반기는 동안 아버님은 그룹 홈의 주부 역할을 하시는 아델라 이모님과 아가다 이모님을 소개했다. 요셉의 집에서는 담당 사회 복지사들을 이모 혹은 삼촌이라고 불렀다. 입소자들에게 고아원처럼 삭막하고 집단적인 시설에 사는 것이 아니라 따스한 가족의 품에서 살고 있노라는 느낌을 은연중에 주려는 것 같았다. 세례명이 아닌 '정 선생님'과 '자갈' 삼촌, '세바스찬'까지 소개하셨다.

식사는 일종의 의식 같았다. 모든 사람이 함께 숟가락을 들고 함께 마치는 방식이었다. 전통적인 한국의 밥상 문화와 같았다. 다만 추가된 점이 있다면 천주교가 근간이 되는 단체였기에 식사는 항상 기도로 시작했다. 기도는 식사를 함께하는 사람들에게 손쉽게 공동의 정체성을 부여하는 것 같았다. 나 역시 성호를 그으며 의식에 참여했고 나흘 후에는 직접(!) 식사 기도를 하기도 했다. 그분들이 아니었다면 평생 해 보지 못할 감동적인 경험이었다.

식사 준비는 거의 아델라 이모님이 전담하였다. 다만 설거지와 테이블 세팅은 6명의 입소자들이 각각 분담하고 있었다. 부엌과 식당은 벽과 문 하나를 사이에 두고 있었고 부엌은 꽤 말끔해 보였지만 냉장고 등의 기자재는 낡아 정부의 지원이나 사회적 기업의 후원이 더 필요해 보였다. 식사를 마치고 사무실로 돌아가 있자 곧 아델라 이모님과 함께 숙소로 이동하게 되었다. 나는 노트북과 캐리어를 끌고 12인승 차에 몸을 실었다.

도듬 공동체 숙소에서 지낸 첫날 밤

15분 남짓 달려 도착한 곳은 읍내의 말쑥한 빌라였다. 이 빌라를 알기 위해서는 요셉의 집과 한바라기 전반을 이해해야 했다. 요셉의 집은 1988년 서울에 세워졌다가 1993년 영월로 이전한, 개인이 운영하는 복지 시설이다. 이곳은 2010년 11월 비영리NGO 한바라기에 편입된다. 한바라기는 일종의 사회 복지 연맹으로, 여성 복지 시설 '은총의 집', 남성 복지 시설 '요셉의 집', 아동 센터 '비탈에 선 나무', 한국·네팔 사회 복지 연대 '한네연', 치유 마을 '꼬라데', 사회적 기업 '요셉 농장', 정서 장애인 그룹 홈 '도듬 공동체' 등이 소속된, 연간 참여 인원 1만 8000명, 생활 인원 1000명에 이르는 거대한 연대 복지 사업체다. 그 가운데 연수 기간 중 첫 이틀간 묵게 되는 이 빌라는 도둠 공동체 소속 숙소였다. 본디 이곳에는 경증의 지체 장애를 가진 입소자 3명이 담당자 '자갈' 삼촌과 함께 살던 곳이지만 그들은 주로 요셉의 집과 요셉 농장에서 일했기 때문에 고등학교 학생 클라이언트들이 도둠 공동체와 잠자리를 교환하게 된 것이다. 숙소는 1층이었는데 방 셋에 욕실 하나가 딸린 30평 정도의 현대적인 주택이었다. 나는 꽤 깔끔한 방을 배정받고 대단히 흡족한 기분으로 간단히 씻고 잠이 들었다.

H를 만나다

다음 날부터 일이 시작되었다. 아버님과 자갈 삼촌은 연말 행사에 대비한 3층 공사 때문에 다른 입소자들과 함께 눈코 뜰 새 없이 바쁘게 움직이셨다. 서투른 인턴이라는 이유로 중노동에서 제외된 나는 훈훈한 사무실에 앉아 아가다 이모님께 사회 복지에 대한 전반적인 강의를 듣거나 홍차 맛에 대한 이야기 등을 나눌 수 있었다. 앉아 있는 입장이었지만 그저 놀기만 한 것은 아니었다. 아무도 일을 시키는 사람이 없기에 더욱 해야 할 일이 눈에 들어오게 되었다. 아델라 이모님의 식사 준비를 돕고 시장에서 사온 물품을 하역하고 손님을 배웅하는 등 큰 도움은 안 되더라도 나름대로 내 위치를 잡는 법을 배워 나갔다.

그날 아침, 내가 담당하게 될 클라이언트를 소개받았다. 가정 해체로 인해 2009년부터 이곳에 입소하게 된 H라는 13세 소년이었다. 아가다 이모님이 내게 맡기신 일은 사례 관리였다. 클라이언트 한 명을 지정해 생활 전반을 주의 깊게 관찰하고 상담 등을 통해 관리하는 것이다. 나는 상담처럼 전문성이 필요한 교육을 받지 못했기 때문에 혹여 부정적인 영향을 끼치지는 않을지 걱정이 앞섰다. 아니, 그보다도 올바른 상담 목표는 가지고 있는지조차 확신할 수 없었다. 마음 같아서는 눈칫밥이 가득한 그 아이의 눈에 담긴 모든 근심거리를 단칼에 해결해 주고 싶었지만 슬프게도 나는 초짜였으므로 가장 기본적이고 가장 우회적인 이야기부터 꺼내야 했다.

우선 인생 1기에 진입하는 시기임을 감안해서 기초적인 진로 욕구가 무엇인지 알아보고 싶었다. "커서 무엇을 하고 싶은가?" 하는 물음에서 출발했다. 주변에서 들은 말대로 그 아이의 최대 관심사는 축구였고 장래 희망도 축구 선수 외에 생각해 본 적이 없으며 평소 취미 생활 역시 축구 이외에는 없다고 했다. 대단한 집념이라는 생각이 들었다. 진로에 대한 현실적이고 다양한 가능성을 제시하기보다 의지를 지원하는 쪽으로 가닥을 잡기로 했다. 꿈을 방해하는 걸림돌이 무엇인지 물어보자 그 아이는 주변인들을 설득시켜 동의를 얻어 냈지만 원하던 축구 중학교에 입학하지 못했고 실력도 충분하지 못하다고 대답했다. 우선 무산된 축구 중학교 입학을 대체할 기관을 찾아 나서야 했다. 이야기를 나누다 보니 지역 헬스 센터에서 청소년 축구 교실을 열고 있지만 나이 제한 때문에 참가하지 못했다고 했다. 내가 도움 줄 수 있는 몇 안 되는 주제 가운데 하나를 발견한 것이다.

대화의 막바지에 이르러 이곳 생활에서 느낀 불만이나 불편한 일이 무엇인지 물어보았지만 의외의 대답이 돌아왔다. 싫은 게 아무것도 없다는 것이다. 나와 만난 지 얼마 되지 않아서인지, 원래 그런 말을 잘 꺼내지 않는 건지, 극단적인 낙천주의자인지, 아니면 어떤 이유가 있는지는 모르겠지만 이상하게도 축구 이상은 요구하지 않았다. 나는 H에게 축구 교실을 알아보겠노라 약속하고 무엇이든지 할 수 있다며 자신감을 넣어 주려 애쓴 뒤 첫 상담을 마쳤다.

사무실로 돌아와 이모님과 상담했던 이야기를 나누다 축구 교실 문제가 나왔다. 이모님은 "그건 종전에 이야기가 된 부분이고 축구 교실 쪽에서 초등학교 6학년까지만 받는다고 했지만 정 선생님이 그쪽과 잘 이야기해서 중학생도 가능하도록 연령 제한을 풀었고 그것이 아이에게 전달이 안 된 듯하다."고 말씀하셨다. 다음 주제로 넘어가도 될 것 같았다.

한국의 사회 복지사가 갖추어야 할 덕목

그날 점심때쯤 강원랜드에서 복지 재단 사람들이 다녀갔다. 다들 서글서글하고 인상이 좋았다. 과연 역할에 맞는 사람들을 뽑았다는 생각도 들었다. 그들은 입소자들의 발 치수에 맞는 나이키 운동화와 프라이드치킨 두 마리, 그리고 꽤 큰 케이크를 남기고 갔다. 이 대목이 나의 인턴 경험에서 가장 주목할 만한 것이라고 생각한다. 복지사들이 애써 사비를 털지 않고도 클라이언트의 삶을 증진시킬 수 있는 절호의 기회 아닌가! 아가다 이모님께선 재정이 풍족하지 않은 한국의 사회 복지사들은 이런 깨알 같은 기부를 요구하고 찾아다니는 것이 아주 중요하다고 말씀하셨다. 이모님이 쇼핑몰 홈페이지에 쓰고 계시던 유부초밥 리뷰도 이제야 이해가 갔다. 다음에 또 부탁하기 위해 정성껏 리뷰를 쓰는 것이다. 아가다 이모님이 내게 권하듯 말씀하시던 '전천후 복지사'의 일면이 이런 것일까. 잘할 수 있을 거라는 자신이 들었다.

다음 날 아침 일찍 일어나 샤워를 했다. 내가 고대하던 일을 하며, 내가 동경하던 평수의 집에서, 내가 제일 좋아하는 시간대에 인간이 할 수 있는 가장 상쾌한 일을 하고 있다는 사실 자체로 행복했다. 옷을 입고 쉬는데 누가 밖에서 나를 불렀다. '절 명상' 시간이라고 했다. 어제 저녁 하루 시간표에서 어렴풋이 본 첫 일과가 이것이었구나. 내 담요를 가져가 널찍이 깔고 그들을 따라 했다. 〈생명 평화 백대 서원〉 기도문을 외고 두 손을 합장하여 가슴 앞에 놓은 뒤 배하고 다시 일어서서 합장한다. 이 이상의 설명은 생략하고 싶다. 글을 읽는 당신도 평화로운 시간에 절 명상을 꼭 한 번쯤 해 보기를 권한다. 아침 식사는 중·고등학생 입소자들과 도둠 공동체 숙소에서 함께 생활하는 아델라 이모님이 준비하셨다. 고구마, 만두, 우유 등으로 구성된 간단한 식사를 하고 요셉의 집으로 출발했다.

시설 생활을 하며 절감한 것은 문화 콘텐츠의 부족이다. 요셉의 집에서 지낸 지 며칠 되지 않아 나는 식구들의 밥상 위 대화가 포켓몬스터, 게임, 여자 전화번호, 이 세 가지 주제에서 크게 벗어나지를 못한다는 것을 느꼈다. 참다못한 나는 입소자들의 교양이 일반인에 비해 심각하게 부족하지 않느냐고, 대화의 질이 거의 유치원생 수준에 머물러 있는 게 아니냐고 아가다 이모님께 여쭈었는데 이모님은 그게 당연하다고 하셨다. 우선 그들이 대단히 결핍된 환경에서 성장했다는 점을 짚었다. 복잡한 상황 때문에 대부분 초등 교육조차 정상적으로 받지 못했고 그 내면에도 사랑은커녕 제대로 된 보살핌도 받지 못했다는 것에 대한 분노와 공허함이 자리 잡고 있다고. 그래서 본능적인 부분, 예컨대 식욕과 성욕 등에 일반인보다 더 큰 집착을 보인다고 말씀하셨다.

내가 잘못 생각했구나, 하고 넘어갔지만, 아직도 생각이 바뀌지 않았다. 그들은 이곳 요셉의 집에서 충분치는 않더라도 건강한 생활을 하고 있는 것이 분명했다. 하지만 그들의 삶에 윤기는 흐르지 않아 보였다. 요셉의 집이 그들에게 불충분한 서비스를 제공했다는 것이 아니다. 모든 복지사가 매 순간 최선을 다하고 있었다. 결정적인 문제는 자금일 것이라 생각한다. 이모님께 한 번 들은 내용이라 정확하지는 않지만 정부가 요셉의 집을 돕는 금액은 매월 복지사 두 명분의 봉급이 전부다. 그 외의 모든 프로그램, 특히 돈이 드는 독서 등의 문화생활은 복지 재단 등에서 지원받거나 사비로 해결해야 한다는 소리다. 턱없이 쪼들리는 조건이다. 정 선생님께 여쭈어 보니 1년에 네 번 정도 영화를 관람하고 계절마다 다양한 프로그램을 진행하고 있다고 하셨지만 그들의 대화에 피카츄 이상의 것을, 빵과 물 이상의 것을 등장시키기 위해선 이보다 훨씬 많은 문화적 공급이 뒷받침되어야 할 것이다. 그리고 그것을 위해서는 그를 충당할 수 있는 금전적 지원이 필요하다.

H의 분노 조절 다스리기 돕기

능숙한 주부의 손맛이 느껴지는 아델라 이모님의 점심 식사를 먹고 다른 사람들이 공사하러 나가자 나는 다시 H와 대화를 시작했다. "축구 교실에 들어갈 수 있는 나이가 13세까지였는데 정 선생님께서 해당 단체와 잘 이야기해서 16세까지 들어갈 수 있도록 했다."는 사실을 알려 주었다.

아가다 이모님이 H에게 욱하는 성격이 있다고 하신 것이 떠올랐다. 감정 관리에 보탬이 되고자 분노 해결 방법 찾기를 돕는 것을 목표로 잡고 30분 정도 이야기를 나누었다. 평소 어떤 불만이 있는지 물었다. 한참을 생각하더니 꾸중을 들을 때 짜증 난다고 했다. 모든 꾸중을 들을 때 그런지, 가령 스스로 생각해도 잘못이 확실할 때도 그런지 물으니 그건 아니라며, 꾸중 받는 상황이 이해가 되지 않을 때만 그렇다고 했다. 그럴 땐 어떻게 하는지 묻자 그냥 참는다고 했다. 이철자 선생님이 가르쳐 주신 화에 대한 대처 방법이 떠올랐다. 선생님은 분노와 같은 부정적인 감정은 글로 쓰면서 가라앉힐 수 있다고 말씀하셨다. 그 방법을 H에게 가르쳐 주고 싶었다. H가 일기 쓰기를 귀찮아한다는 점을 고려해 억울하게 꾸중 들은 일이 있을 때만 공책 절반 정도에 어떤 일이 있었는지, 지금의 기분은 어떤지, 앞으로 어떻게 하고 싶은지를 쓰고 맞은편 페이지에는 최근의 가장 기분 좋은 일도 함께 쓰기로 했다. 우리는 그 일기장을 '좋은 일 반, 나쁜 일 반'이라는 의미에서 '반의 하루'라고 부르기로 했다.

송년 잔치 준비 회의와 마르타 이모님의 생일잔치

다음 날 회의가 열렸다. 나는 인턴 자격으로 참관할 수 있었다. 회의 진행 순서는 독특했다. 우선 여는 글로 회의 참석자들을 축복하고 지난 안건을 보고한 뒤 토의에 들어갔다. 간디학교 식구총회처럼 주관자가 개략적인 안을 짜 와 그에 대해 직원들과 토의하는 것이다.

이번 회의의 주관자는 안정선 아버님이었고 명칭은 '2011년 은총·요셉 송년 잔치'였다. 두 그룹 홈이 함께 주관하며 모든 복지사가 스태프로 참여하고 지역 주민까지 초청하는 큰 잔치였다. 진행은 크게 4단계로 잡았다. 1부 발표회로 아이들에게 즐거움을 제공하고 2부에서는 놀이와 춤 명상을 통한 몸과 마음 풀기, 3부는 새해맞이 기도 행사, 4부에는 음식을 나누며 친교의 시간을 갖는 것이다. 각 부 준비는 순서대로 정 선생님, 안정선 아버님, 아가다 이모님, 아델라 이모님께서 주관하셨다. 나에게도 캠코더 촬영 담당이라는 임무가 주어졌다. 촬영 연습은 당일 아침에 하기로 했다.

회의록에는 간단한 재정과 관련된 정보도 나와 있었다. 은총의 집 프로그램에 고용된 강사비는 간식비로 충당하고 대신 기명의 후원자들이 20만 원 상당의 간식비를 후원한다는 내용이었다. 시설의 많은 프로그램이 그렇게 아슬아슬하게 운영되는 듯했다. 복지사보다는 대통령이 되고 싶은 마음, 아니 신이 되고 싶은 마음마저 들었다.

해거름에는 은총의 집 책임자이신 마르타 이모님의 생신잔치가 준비되어 있었기에 모든 식구가 트럭에 나눠 타고 은총의 집으로 향했다. 가 보니 벌써 잔치 준비가 한창이었다. 닭볶음, 잡채, 해장국 등 모든 음식은 그쪽 입소자들이 직접 만든 것이었다. 중학생 정도의 아이들이었는데 정말 대단한 실력이었다. 식사 기도가 끝나자 나에게 질문 공세가 쏟아졌다. 그러나 별 볼일 없는 사람임을 간파한 아이들의 관심이 곧 시들해지자 생일잔치 내내 나는 완전한 이방인으로 남아야 했다. 은총의 집에는 내 또래도 더러 있었지만 내가 낄 대화는 아니었다. 파리의 한 택시 운전사가 그랬듯이, 나는 고향도, 처지도, 역할도 다른 삼중의 이방인 신세였다. 하지만 아직도 의문이 든다. 그 차이들은 원래 보이지 않아야 하는 것이 아닐까. 내 눈에만 그 극소한 것들이 소통을 가로막는 완고한 장벽으로 비쳤던 것이 아닐까. 혹여, 내 본심 깊숙이 그들과 잠시라도 섞이지 않고자 하는, 나를 격리함으로써 그들과 다른 인간이 되려 하는 지독한 위선이 있었던 것 아닐까. 그 물음에 나는 확답을 내릴 수 없었고 아직도 그것이 사실이면 어떡하나, 겁이 난다.

즐거운 송년회

이곳에 온 지 닷새째 되는 날, 사람들이 온종일 투입되었던 3층 공사는 거의 끝나 갔다. 3층에는 입소자들의 전용실로 쓰일 20평 남짓한 거실과 다섯 개의 방이 마련되었다. 며칠 전만 해도 잔뜩 쌓여 있던 황토 미장재는 간데없고 나무 바닥으로 마감하는 작업마저 막바지에 이르렀다. 천정, 벽, 바닥을 모두 나무로 마감해 놓으니 들어가는 것만으로도 몸이 정화되는 느낌이었다. 자갈 삼촌과 입소자들은 문을 달기 위해 자로 치수를 표시하고 나사를 박고 있었다. 날이 저물자 나는 캠코더를 충전하고 2011년의 하이라이트, 송년회 촬영을 준비했다. 하지만 송년회장에 들어갈 때만 해도 아버님이 이 일에 얼마나 베테랑인지 짐작조차 하지 못했다. 그저, 아버님의 귀에 걸린 무선 핀 마이크와 함께 4채널 앰프를 보고서 상상만 할 뿐이었다.

송년회는 계획대로 척척 진행되었다. 나는 과정을 즐기고 동시에 기록하는 데 몰두했다. 3부 기도의 밤에서 아가다 이모님의 글 솜씨가 번득였다. 세상을 초연한 듯하면서도 따듯하게 바라볼 줄 알았고 그것을 글로 옮길 줄 아는 분이셨다. 기도 순서가 끝나자 참가자들은 새해를 축하하며 서로 안아 주었다. 나는 캠코더를 스탠바이 시키지도 않고 포옹을 하러 돌아다녔는데 편집할 때 꽤 힘드셨을 잔치 영상 편집자께 사과드린다. 흩어진 사람들은 아델라 이모님이 닭강정과 떡 등으로 차리신 잔칫상에서 식사를 했다. 제헌 형을 비롯한 간디학교 사람들과 학부모님도 상당히 많이 모였는데 모두들 밤늦게까지 남아 축배를 들었다.

늦게까지 이어진 송년회와 술자리로 다음 날 아침 식사 시간은 10시 30분으로 늦춰졌다. 2시 30분이 넘어 잠든 나는 일어나자마자 밥을 먹어야 했다. 주말에는 딱히 배정된 일이 없었다. 세수를 한 뒤 2층 사택에서 만화 《데스노트》를 읽으며 빈둥거리다가 사무실에 와서 일지를 정리하거나 새해 안부 전화를 걸며 시간을 보냈다. 오후 간식 시간에는 미처 해결하지 못한 남은 케이크와 떡, 과자를 나눠 먹었다. 나는 탄력적인 시간 운영이 마음에 들었다. 구성원들의 컨디션에 따라 그때그때 조정되는 일정과 식사 시간, 식사와 간식 시간에 서로 나누는 대화, 기부 받은 신발의 치수가 안 맞는 차질이 생길 때에는 즉각 공급자에게 연락하거나 구성원끼리 교환하는 능숙한 대응, 잘못을 저질렀을 때 처벌하지 않고 가족같이 타이르는 부드러움 등. 앞으로 이 일을 업으로 삼아야 할지도 모르는 나로서는 한 번의 연수로는 부족하겠다는 생각이 들었다.

원칙과 상식, 가끔은 거스르는 게 정답

요셉의 집에는 하루 1~2회 간식이 제공된다. 그런데 유독 그것만은 내 성에 차지 않았다. 메뉴가 온통 과자며 음료수였기 때문이다. 자연식은 가끔씩 나오는 제철 과일밖에 없었다. 하루는 아가다 이모님께 이에 대해 문제 제기를 했다. 역시 대답은 나의 생각을 넘어선 것이었다. 이모님은 이곳 사람들이 얼마나 많은 양의 그릇을 비우는지 아느냐고 반문했다. 앞에서 말했듯이, 그들은 엄청난 결핍 속에서 살아 왔다. 그리고 그것은 일반인 이상의 식욕으로 나타난다. 요셉의 집은 무엇보다 먼저, 입소자들의 마음을 치유하는 데에 집중한 것이다. 나는 더 이상 할 말이 없었다. 만약 내가 그곳의 책임자였다면 매일 고구마나 옥수수를 주었겠지, 그것이 원칙적으로 올바른 선택이라 믿은 채로 말이다. 그러나 세상은 언제나 원칙과 상식으로 흘러가는 것이 아니다. 때로 그것을 역행하는 것이 옳을 때도 있는 것이다.

3층 공사가 마무리된 이후로는 크게 할 일이 없었다. 요즘 하는 말로 '잉여'로웠다. 하지만 1일부터 내리기 시작한 눈으로 도로가 얼기 시작했기 때문에 눈을 쓸러 나가기로 했다. 눈 쓸 구역은 50미터의 급경사를 포함한 내리막이었는데, 한 명은 제설용 밀대로 큰 눈을 밀고 나를 포함한 네 명은 차바퀴가 지나갈 선을 중심으로 비질을 했다. 내가 사는 대구나 부산은 눈이 거의 오지 않고 오더라도 순식간에 녹는 지역이었기 때문에 눈을 쓸어 본 적은 처음이었다.

제설 작업이 끝나고 얼마 되지 않아 닭 모이를 나르기 위해 다시 한 번 나갔다. 요셉 농장이라는 말이 무색하지 않게 주택 하나 정도 크기의 양계장이 설치되어 있었다. 20킬로그램짜리 포대를 들고 가다가 도랑물이 흐르다 그대로 얼어붙은 곳에서 넘어져 한참을 미끄러지기도 했다. 영하 16도의 날씨였으니 그럴 만했다.

1월 4일, 나는 8일간의 연수를 마치고 '다녀오겠습니다.' 하는 마음으로 작별을 고했다. 아슬아슬하게 잡아 탄 열차를 타고 서울 영등포로 올라가 네팔로 향하는 아버님 일행이 빠트린 카메라를 전달하고 다시 동대구로 가는 무궁화호에 올라탔다.

나는 그곳, 영월 요셉의 집에서 많은 것을 배우지는 않았다. 다만 하나의 세계를 접했을 뿐이다. 상상 너머에 있던, 지독하게 춥고 척박한 곳에서 의지와 연대로 '지하실의 꼬마'를 거두어들여 오롯한 사회인으로 성장시킨 그들은 불가능을 모르는 날개 없는 천사들이었다. 그들에게서 일종의 가능성을 선사받았다. 나도 언젠가 그들의 세계에 진입할지도 모른다는 뿌듯한 가능성. 어째선지, 이 느낌이 그리 낯설지만은 않다.

언론의 쪽창을 들여다보다

박민성 10기

인턴십으로 신문사를 선택한 것은 노무현 전 대통령의 서거 때 갖게 된 언론에 대한 관심이 바탕이 되었다. 어떠한 생각을 하는 사람들이, 어떠한 방식으로 기사를 쓰는지 궁금했다. 또한 진실은 무엇인지 궁금했다. '조중동'의 편향된 기사에 가려 진실이 보이지 않았기 때문이다. 나뿐만 아니라 모두가 그럴 것이라고 생각하며 진실을 써서 세상에 알리고 싶었다. 그래서 한겨레신문사를 선택했다. 우리나라 신문사 가운데 가장 진실한 기사를 쓴다고 생각했기 때문에.

(사)민주언론시민연합(이하 민언련)에서 여는 언론학교 강좌 프로그램과 한겨레신문사 인턴 프로그램을 병행했다. 언론학교는 매주 화요일과 목요일 저녁 7시에 열렸다. 그 외의 시간에는 한겨레신문사에서 기자 체험을 했다. 사회 부문 24시팀 기자님들을 하루씩 돌아가면서 따라다니게 됐다.

언론학교 첫 강의

6월 29일 화요일 저녁 7시에 언론학교 강사이신 최민희 전 민언련 대표이자 방송위원회 부위원장님의 강의를 들었다. 사실 왜곡은 물론이고 과장 보도, 이지매 보도, 떼거리 보도 등에 대해 알아 가면서 한국 언론의 실상에 의문이 생겼다. 우리나라의 신문사는 광고 의존 비율이 구독료보다 상대적으로 높다고 한다. 그래서 기사의 논조가 대기업에 의해 좌지우지되는 경우가 많다고 한다. 정치권력과 기업의 유착을 감시하고 진실을 써야 하는 신문이 기업에 발목 잡힌 꼴이 되어 버린 것이다. 신문사가 기업에 좌지우지되지 않고 독자적으로 살아남기 위해서는 구독료를 올려야 하며 배달 서비스를 하지 않아야 한다고 말씀하셨다. 인턴으로 가는 첫 단계에 발을 디뎠다. 내가 사는 곳의 현실을 제대로 인지하는 것이 중요하다.

사회 체험, 진지하게 준비할 걸

6월 30일 수요일에는《한겨레》송채경화 기자님을 따라 마포경찰서로 갔다. 그곳에서 오후 1시 30분에 열린 한 명문대 교수의 '생명수 사기 사건'에 대한 반박 브리핑을 들었다. 그는 전기 파동을 일으키는 장치를 이용해 특정 물질이 담겨 있는 정보를 다른 물질로 전사시킬 수 있다고 주장했다. 예를 들면, 전사 장치 한쪽에 인삼을 올려놓고 다른 한쪽에 세라믹 볼을 올려놓은 뒤 장치를 가동시키면 인삼의 좋은 성분이 세라믹 볼 쪽으로 옮겨진다는 것이다. 그렇게 만들어진 세라믹 볼을 물에 넣어서 마시면 그 물이 '생명수'가 된다는 것이다.

경찰은 국립과학수사연구소 물리 분석과 등 전문적인 기관의 감정 결과에 따라 교수를 판매 사기로 검거했다. 이에 당사자가 반박 브리핑을 연 것이다. 브리핑이 끝나자 기자님이 브리핑 내용에 대한 보도 자료를 나누어 주고는 나에게도 기사를 써 보라고 하셔서 기사를 쓰려고 노력했다.

기자라는 직업에 대해서 제대로 알지 못하고 간 것 같다는 생각이 들었다. 엄연한 사회 체험이고 그에 마땅한 과제를 주셨는데 잘못해서 어리광을 부렸다. 학생이라는 신분으로 가만히 있으면 뭐든 해 줄 것이라고 생각하며 아무런 준비 없이 간 것이다. 후회가 막심한 하루였다.

최저 생계비로 한 달 나기 프로젝트

7월 1일 목요일. 김소연 기자님과의 만남은 장수 마을에서 이뤄졌다. 서울 성북구 삼선동 장수 마을에서는 특별한 프로젝트가 시작되고 있었다. 올해 이뤄질 최저 생계비 계측을 현실화하기 위한 '최저 생계비로 한 달 나기'라는 프로젝트였다. 이 프로젝트는 말 그대로 최저 생계비 계측이 이루어지기 전인 7월 1일부터 7월 31일까지 1인 가구, 2인 가구, 3인 가구 등 각 가구별로 지급되는 최저 생계비를 가지고 장수 마을로 들어가 생활하는 것이다. 김소연 기자님도 이 프로젝트에 참가하셨다. 기자님은 현지 주민인 희망이네로 들어가서 한 달간 같이 생활하신단다. 3인 가구 최저 생계비는 111만 919원. 집세, 가사용품, 전기세, 수도세를 이 돈으로 해결해야 하는데 그나마 여름이라 난방비는 안 들어간다. 삼시 세끼 꼬박꼬박 밥해 먹는 것이 프로젝트의 규칙이다.

최저 생계비는 '국민이 건강하고 문화적인 생활을 유지하기 위한 최소한의 비용'이다. 현재의 최저 생계비를 가지고는 문화적인 생활은 고사하고 먹고살기에도 빠듯하다. 이러한 문제를 해결하기 위해, 그리고 올해 이루어질 최저 생계비 계측의 현실화를 촉구하기 위해 이 프로젝트가 기획되었다. 프로젝트에 참가하시는 김소연 기자님은 정부의 사회 복지 정책 가운데 사각지대를 찾아서 지적하고 대안을 마련하며 소외당하는 사람들을 위한 기사를 쓰고 계신다.

원하는 활동을 했다. 내 발로 뛰어다녔다. 땡볕에 서서 글을 받아 적고 좁고 가파른 동네를 돌아다니며 말로만 듣던 공간을 직접 둘러보았다. 땀이 흘렀지만 전혀 찜찜하지 않았다. 너무도 당연하게 느껴졌다. 그곳에 사는 사람들은 일상이겠지, 이런 날들이. 동네를 둘러보고 난 뒤 걸어 내려오는데 할머니 한 분이 올라가시다 말고 튀어나온 시멘트 계단에 앉아 계셨다. 인사를 하니 정답게 맞아 주셨다. 여기도 정 많은 사람이 사는 세상이었다.

언론학교에서는 SBS 박수택 기자님이 '굴절된 방송 역사와 방송 개혁'이라는 주제로 강의를 했다. 박수택 기자님께서는 방송의 주인은 시민, 서민, 유권자, 소비자, 납세자, 근로자, 사회적 약자, 소외 계층이라는 것을 절대 잊지 말아야 한다며 강조하셨다. 또한 좋은 방송이란 문제점을 지적하고 당당하게 뉴스를 보도할 수 있는 방송이라며 좋은 방송을 만들기 위해서는 시청자 또한 보여 주는 대로 보지 말고 숨겨진 것을 보아야 한다고 하셨다. 무조건적으로 수용하기보다는 한 번 더 생각해 보는 시각을 가져야 한다. 비판적 시각 가지기. 간디학교에서 배우는 것이다.

신중한 글쓰기를 배운 날

7월 2일 금요일. 오늘은 관악경찰서로 출동했다. 경찰서 로비에서 홍석재 기자님을 만났다. 어딘가 불편해 보이셨다. 안절부절못하는 것 같아 보이기도 하고. 알고 보니 신문에 난 기사의 부제목이 잘못 적히는 바람에 사람들 사이에서 파동이 컸나 보다. 술 취한 사람이 자기 집으로 착각하고 물을 두드리다 차량털이범으로 몰렸다. 경찰서로 가게 되어서 11시간 만에 오해를 풀고 풀려났다는 이야기였는데, 부제목이 '11시간 동안 수갑을 차고 있었다'는 투로 나가서 경찰서에서 그 기사에 대한 반박 브리핑을 열었다. 수갑은 1시간 만에 풀었다는 것이었다. 흥미로웠다. 잘못된 기사로 인해 기자를 상대로 반박 브리핑이라니. 그래, 잘못된 것은 바로잡아야 한다. 아, 부제목은 기자님의 잘못이 아니다. 데스크가 기사를 읽고 부제목을 정하는데 기사를 읽으면서 오해가 있었던 것 같다.

재판을 참관하다

7월 5일 월요일. 송채경화 기자님을 만나러 서울중앙지방법원으로 갔다. 기자님을 만나 뵙고 422호 법정에서 열리고 있는 용산 참사 재판 과정을 보러 갔다. 주요 인물들의 재판은 끝나고 그곳에 있다 연행된 사람들에 대한 재판이 열리고 있었다. 검사나 판사가 묻고 피고인이 답하는 형식으로 이루어졌다. 판사는 용역들에게 화염병을 던졌는지에 대한 질문과 발각되었을 당시 어디에 있었는지에 대한 상세한 설명을 요구하며 재판을 진행했다.

오후에는 전교조의 집회·시위법 위반, 시국 선언으로 인한 국가공무원법 위반에 대한 재판이 열렸다. 그 재판은 2시경에 417호 법정에서 시작할 예정이었는데 법정으로 가기 전에 금속 탐지기를 통과해야 했다. 그곳을 지나 들어가려는데 금속 탐지기 앞에서 쌍용자동차 노조원들과 검사하시는 분들 사이에 시비가 났다. 검사하시는 분들은 노조원들에게 가방을 열어 달라고 요구했고 노조원들은 가방을 억지로 열게 하는 것은 인권 침해라며 다른 사람들은 그냥 가게 하면서 왜 우리는 막아서느냐고 했다. 검사원들은 법정에서는 카메라나 무기 소지가 금지되어 있다며 가방을 열 것을 다시 요구했다. 그러나 쌍용 노조원들은 여기서 재판을 몇 번이나 했는데 우리가 무기나 카메라를 가지고 들어가는 것 같으냐고 되물었다. 그

시비를 끝까지 보지는 못하고 재판 시간에 맞춰 법정으로 들어갔다.

재판이 시작되고 집시법 위반에 대해 판사와 변호사의 말이 잠시 오갔다. 그리고 연세대학교 법학과 교수 한 분이 증인으로 나와서 국가공무원법 위반에 대해 질의와 응답을 이어갔다. 재판 중에 오가는 내용을 받아 적었다. 교수님은 "전교조가 시국 선언을 한 것은 위법이 아니며, 헌법에 명시되어 있는 표현의 자유를 일반법인 국가공무원법으로 판결하는 것은 위헌"이라고 말씀하셨다. 재판은 6시가 다 되어도 끝나지 않았다. 5분 휴정을 하는 동안 기자실로 가 기자님을 만나 뵙고 일정을 종료했다.

법원에서 나오니 손목이 아팠다. 관절에 무리가 간 것 같다. 3시간 동안 필사한 것이다. 쓰고 있을 때는 몰랐는데 긴장이 풀렸는지 손목이 아파 왔다. 서울중앙지방법원에서 재판 중인 사건들은 세상에서 이슈가 되었다가 잊힐 즈음 나온다. 용산 참사와 전교조 시국 선언만 해도 몇 년 전 일인데 법원에서는 현재 진행 중이다. 우리가 잊어버린 것들이 법원에서는 잊히지 않고 있었다.

대안학교를 지키려는 기자 회견

7월 6일 화요일. '보금자리 지구 내 비인가 대안학교 존치 요청을 위한 기자 회견'이 과천 정부 청사 앞에서 열렸다. 김민경 기자님을 따라간 이곳에서는 볍씨학교, 산어린이학교, 큰나무학교, 이렇게 세 군데의 비인가 대안학교 학생들과 선생님들이 학교를 지키기 위해 거리로 나왔다. 경기 광명시에서 시행될 예정인 보금자리 주택 건설 자리에는 이 세 군데의 대안학교도 포함되어 있었다. 땅을 내어 주어야 하는 비인가 대안학교들이 모여서 교육 공간을 지켜내고자 이 자리에 나온 것이다. 이날 기자 회견의 형식은 간디학교 BKLOVE의 문화제 형식과 비슷했다. 청소년 풍물패로 시작해서 초등학교 1, 2학년 아이들의 합창, 그리고 학교를 지켜달라는 글을 읽는 아이들. 기자 회견이 진행되는 내내 기자님과 나는 그 사람들이 말하고자 하는 바를 수첩에다 열심히 적었다. 학교 측에서 성명서 발표와 경과 보고를 한 뒤 기자 회견은 끝이 났다. 학교를 지키기 위해서 거리로 나온 학생들이 용감해 보였다.

모두가 기자인 세상이라

7월 7일 수요일. 황춘화 기자님을 만났다. 기자님은 정부 중앙 청사 별관 앞에서 민간인 사찰 관련 기자 회견을 하니 그곳으로 가 보라고 약도를 그려 주셨다. 기자 회견은 11시부터 시작할 예정이었는데 1시간가량 떠돌다 끝끝내 그 장소를 찾아내지 못했다. 기자들은 지리를 잘 알아야 한다는 것을 절실하게 깨달았다. 결국 민간인 사찰 관련 기자 회견은 보지 못하고 12시에 청계 광장 소라탑 앞에서 열리는 '2011년 4대강 사업 예산 요구 규탄 기자 회견'을 취재하러 갔다. 4대강 사업에 9조 2000억 원 규모의 예산을 잡은 것을 규탄하는 기자 회견이었다. 주 내용은 4대강 사업은 민심에 반하는 것이라는 사실이 지난 6.2 지방선거로 판명 났다는 것, 더 이상 4대강 사업을 진행시키면 안 된다는 것, 그리고 7.28 재·보궐선거를 앞두고 야권이 연대를 이뤄야 한다는 것이다. 이 기자 회견은 4대강 사업 중단을 위한 정계, 종교계, 시민·사회계, 학계, 문화·예술계 연석회의에서 주최했다. 연석회의 참석자들이 구호를 한 번 외쳤다. 그러자 근처에서 돌아다니시던 종로경찰서 경비과장이 확성기를 들고 "연석회의 여러분들은 구호를 외치고 피켓을 드는 행위 등 미신고, 불허가 집회를 열고 있습니다"라며 해산 경고를 보냈다. 그래도 연석회의 참석자들은 끝까지 기자 회견을 마쳤다. 그러나 경비과장 또한 우리의 따가운 눈총과 자신의 말이 먹히지 않음에도 불구하고 꿋꿋하게 해산 조치를 내렸다.

언론학교에서는 오연호 오마이뉴스 대표님이 '인터넷과 시민 참여의 저널리즘'을 주제로 강의를 하셨다. 대표님은 6.2 지방선거 운동이 한창 벌어지고 있을 때 천안함 사건이 터져서 모든 뉴스에서 천안함 관련 이야기를 하였어도 그에 크게 영향 받지 않는 결과가 나온 것은 뉴 미디어인 인터넷의 영향이라고 하셨다. 인터넷 신문은 종이 신문과는 다르게 시간이나 공간의 제약을 받지 않으며 기자와 독자 간의 소통이 손쉽게 이루어질 수 있다고 하셨다. 모든 사람이 기자가 될 수 있다고 말씀하시며 '기자'라는 직업에 대한 '론'이 있어야 한다고 하셨다. 기자라는 이름으로 누릴 수 있는 권리를 이용하여 기자 직업의 본질을 흐려서는 안 된다고 말이다. 모두가 기자인 세상이라. 그럼 신문 기자라는 직업은 어떻게 되는 거지?

처음 해 본 인터뷰, 웃음과 함께라 성공!

7월 8일 목요일. 반가운 재회가 이루어졌다. 첫날 잔뜩 긴장해서 만난 기자님을 또 만나 뵙게 되었다. 송채경화 기자님이시다. 우리는 연신내역으로 향했다. 연신내역 역무실, 이곳 역무원이면서 웃음 치료사로도 활동하고 계시는 분을 만나 뵈어 인터뷰를 했다. 약 1년 전부터 매주 목요일 오후 3시에서 4시까지 한 시간 동안 연신내역에서 웃음 치료를 해 오셨다. 인터뷰를 끝내고 3시쯤에 웃음 치료하는 현장을 보았다. 재미있었느냐고? 직접 가서 보시라. 보고 느끼고 한바탕 실컷 웃고 나면 스트레스도 사라지지 않을까.

웃음 치료가 거의 끝나 갈 무렵 기자님이 웃음 치료 강의를 듣고 있는 분을 인터뷰해 보라고 하셨다. 두근거리는 마음으로 옆에 앉아 계신 소녀 같으신 할머님께 인터뷰를 시도했다. 처음에는 실패했다. 성함과 연세를 알아내지 못했다. 두 번째 시도는 성공했다. 소녀 같으신 할머님은 여기에 처음 오신 거라고 하셨다. 할머님은 아픔까지도 잊어버리고 웃으셨다며 환하게 웃어 주셨다. 앞으로도 계속 참석할 예정이라고 하시면서 말이다. 정말 예쁘게 웃으시면서 대답해 주셔서 인터뷰하는 나도 긴장을 풀고 즐거운 마음으로 인터뷰를 마칠 수 있었다.

오늘 인터뷰 대상이던 분은 웃음 치료사로서 사람들을 웃게 해 주려고 정말 많이 노력하셨다. 계속 웃고 웃고 또 웃고. 한 시간 동안 웃으면 살도 빠지지 않을까. 마련되어 있는 의자에 앉아서 옆 사람과 윙크를 하고 옆구리를 찌른다. 바쁜 삶 속에서 타인과의 유대감을 형성한다. 웃음 치료를 하는 동안 역에서는 커피와 차를 제공하면서 역에 대한 호감도 또한 높였다. 함께 웃는다는 것이 건강한 사회다.

언론학교에서는 김용철 변호사님이 '삼성과 언론'을 주제로 강의를 하셨다. 신문사별 삼성의 광고 의존도는 2010년 7월 8일 기준으로《한겨레》15퍼센트,《경향신문》20퍼센트, 오마이뉴스 20퍼센트, 프레시안 0퍼센트, 그리고《조선일보》5퍼센트라고 한다.《한겨레》같은 경우는 삼성을 비판하는 기사를 자주 실어 광고를 받지 못해 경영난 때문에 기자 3분의 1이 사직했다고 한다. 삼성의 홍보팀은 신문사에 특정 기사를 요구해 들어 주면 억대 광고를 준다고 한다.

김용철 변호사의 책《삼성을 생각한다》는 국내보다 해외에서 더 관심이 높다고 한다. 외신은 김 변호사에게 이렇게 파격적인 내용의 책이 나왔는데 한국의 언론은 왜 이렇게 조용한지에 대해 집중적으로 물어보았다고 한다. 김 변호사는 이 책을 던져 놓음으로써 밥상을 차려 놓았다 생각한다고 했다. 나머지는 한국 언론이 집중적으로 취재해서 기사를 쓰기를 바랐다고 한다. 자신이 일하던 회사에 대한 배신이 아니냐는 질문에 국가, 사회 공동체, 공익을 위해 이야기한 것은 배신이 아니라고 하셨다. 삼성이 경쟁업체 없이 독주하다 보니 이상한 유착 관계가 형성되었다며 기업과 언론이 상부상조하는 것을 없애기 위해서는 근본적인 문제를 해결해야 하나, 국가가 저지하지 못하고 삼성에는 노동조합이 없으니 결국에는 소비자가 삼성의 물품을 사지 않는 방법으로 해결해야 한다고 하셨다. 그러자 한 수강인이 질문을 던졌다. "삼성에서는 정의롭게 살 수 없나요?" 이에 대해 김용철 변호사는 "목숨을 걸어야 한다."고 답변하셨다. 대한민국은 '삼성 공화국'이라는 말을 뼈저리게 깨달았다.

편집실에서 보낸 하루

7월 9일 금요일. 한겨레신문사로 인턴십을 나온 이래 처음으로 회사 안에서 일했다. 편집실에 기사가 들어오고 수정 단계를 거쳐 신문 지면으로 올라가 발간되는 단계까지 보았다. 여태껏 기자들이 어떤 방식으로 취재해서 기사를 쓰는지 보았다면, 여기는 본격적으로 신문이 만들어지는 곳이다. 기자들과 데스크에서 사용하는 '한겨레신문사 프로그램'이 따로 있다. 신문사에서는 이 프로그램을 통해 기자들과 메일을 주고받거나 글을 쓰는 등의 작업을 한다.

오전에는 기자님들이 오전 보고를 한다. 오전 보고란 기자님들이 호기심을 가지고 오늘 어떤 기사를 쓰겠다는 것을 간략하게 적어서 각 팀장님께 보고하는 것을 말한다. 오전에 열리는 부장 회의에서는 기자님들이 쓸 기사를 취합해서 무엇을 쓸지 갈무리하여 편집 위원실에 보고한다. 채택된 기사는 쓰이고 기삿거리가 될 만하지 않은 기사는 잘린다.

오후 2시가 넘어 부장 회의를 다시 하면서 기사 작성에 대해 논의한다. 바뀐 기사가 있으면 바뀐 내용대로 지면에 넣는다. 수정할 기사와 보완할 기사에 대해서도 의견을 나눈다. 부장 회의가 끝나고 확정된 기사에 대한 다음 날 신문 지면 계획이 잡힌다. 4시가 되면 기사가 들어온다. 데스크에서는 기사를 받아 좀 더 자연스럽게 문맥을 고치고 맞춤법을 확인하고 지면과 매수를 맞춘다. 이렇게 수정이 끝난 기사는 편집을 하는 곳으로 넘어간다. 신문 지면을 편집하는 전용 프로그램이 있다. 거기에 맞춰서 사진, 기사나 칼럼, 삽화를 넣는다.

신문 지면 편집까지 전부 마치면 인쇄실로 보내져서 우리가 받아 보는 신문지에 인쇄되어 나온다. 6시 40분쯤에 첫 판이 나오는데, 그 신문은 배달 거리가 먼 제주도로 보내진다. 몇 시간의 간격을 두고 그 다음 판이 나온다. 2판, 3판은 전라도, 경상도 등의 순서대로 보내진다. 마지막 판은 다음 날 수도권에 배달된다. 나는 제주도로 보내질 첫판(7월 10일자)을 들고 한겨레신문사를 나왔다.

편집부에서 보낸 하루는 기자님을 따라다닐 때와 또 다르다. 한겨레신문사는 회사이다. 모두 컴퓨터 앞에 앉아서 자판을 두드리고, 전화를 받고 한다. 그러나 전체적으로는 자유로운 분위기이다. 복장도 그렇고 에어컨도 24도 정도로 맞추어져 친환경적이다. 일을 한다면 이런 곳에서 일하고 싶다.

열정을 배우다

처음에는 8일간을 어찌 지낼까 고민했는데 이제 마친다니 아쉬웠다. 내가 다녔던 길과 보았던 건물을 내일부터는 보지 못한다. 애오개역에서 한겨레신문사까지 걸어가는 길이 힘들어서 무슨 놈의 신문사가 이렇게 멀리 있느냐고 불평하면서 뛰던 거리를 더 이상 가지 않는다. 아쉽다. 이제 적응했는데, 익숙해지려 하는데, 끝이다.

고3이다. 내년이면 대학이나 사회로 뛰어든다. 그래서 간디학교에는 인턴 프로그램이 있다. 평소에 관심 있던 분야에서 일하고 있는 사람들을 직접 만나 보고 사회를 겪어 보라고. 솔직히 이번 한겨레신문사 인턴 체험을 하면서 거창한 건 배워 오지 못했다. 기사를 잘 쓰게 된 것도 아니고 갑자기 어휘 실력이 향상된 것도 아니고. 앞으로 나가게 될 사회를 곁눈질만 하고 온 것이다. 그렇지만 한 가지 확실하게 배워 온 것은 있다. 한겨레신문사에서 일하고 있는 사람들을 만나면서 느낀 것들. 그 사람들의 가치관이나 이상 같은 걸 이야기하는 게 아니다. 그건 바로 열정이다. 자신이 하고 있는 일에 대한 자신감과 보람. 그렇게 자신의 삶을 살아가는 기자님들이 멋져 보였다. 어떤 일을 하게 되든 열정을 가지고 살아가고 싶다는 생각이 들도록 해 주었다. 감사드린다. 아직 어리다고 생각하는 나에게 필요한 것 또한 열정이니까 말이다.

18세의 무전여행기

이정민 11기

7월 26일 : 똘기와 즉흥성으로 출발한 무전여행

9시 반에 일어났다. 9시에 깼지만 일어나기가 귀찮았다. 씻고, 냉장고에 있던 빵을 데워 먹었다. 준비는 11시쯤 끝났다. 그리고 출발. 앞으로의 여정에 비하면 놀라울 정도로 긴장감 없는 출발이었다. 하늘은 눈부실 정도로 맑았고 가슴은 아닌 듯하면서 설렌다. 대부분의 여정은 히치가 될 테지만, 처음부터 해이해지면 안 된다고 판단, 도보로 집을 나섰다. 목적지인 삼가까지는 15킬로미터 정도. 거뜬히 걸어갈 수 있으리라 예상했지만 첫날부터 고난의 행군. 처음 5킬로미터 정도는 갈 만했지만 곧 오른쪽 어깨가 비명을 질러 댔다. 평소에도 쑤시곤 하던 어깨였다. 평발인 발바닥은 둔하게 아파 왔다. 고통에 곧 익숙해졌지만 발바닥이 어디론가 도망가기라도 하는 게 아닐까 하는 걱정이 걷는 내내 머릿속을 채웠다.

꿀맛 같던 휴식. 쉬면서 앞으로 갈 길을 생각하면 마냥 가슴이 부풀었다. 걸으면서 자꾸만 웃음이 나왔다. 지금 처해 있는 상황이 그다지 실감 나지 않았다. 충동적으로 시작한 무전여행이었다. 여행을 좋아했기에(심지어는 무단 외박으로 혼자 남해에 놀러 갔을 정도로) 이번 여름에도 여행을 할 작정을 했고, 제일 먼저 부딪힌 것은 돈 문제였다. 그렇다. 돈이 없었다. 그래서 결정했다. 무전여행이다.

여행 도중 만났던 폐가. 호기심을 못 이겨 시내를 건너고 언덕을 넘어 결국 구경했다. 별 거 없었다. 하지만 그런 것이다. '무전여행은 다른 사람의 삶과 직접 만날 수 있다. 무전여행이야말로 진짜 여행이라고 할 수 있기 때문에 무전여행을 하겠다.' 같은 마음가짐으로는 절대로 끝까지 할 수 없다. 그런 마음은 조금만 높은 벽을 만나도 무너지고 만다. 무전여행을 하는 데에 필요한 것은 침착함보다 똘기이고 계획성보다 즉흥성이다. 나는 똘기와 즉흥성이 충만한 상태로 떠났기 때문에 수많은 역경과 고난에도 불구하고 무전여행을 무사히 끝낼 수 있었다.

삼가에는 4시쯤이 되어서야 도착했다. 한 시간에 3킬로미터 정도밖에 못 간 셈이다. 원인은 배낭에 있었다. 멋도 모르고 쑤셔 넣은 옷가지들, 두툼한 겨울용 침낭, 사흘간 먹을 쌀 등 10여 킬로그램의 배낭이 나를 압박했다. 하지만 다섯 시간을 내리 걸은 내게 무엇보다 절실한 것은 휴식이었다. 오늘의 목적지에 재빨리 당도하기 위해 히치를 시작했다. 첫 히치는 운이 좋았다. 5분 만에 성공했다. 진주로 가는 어느 아저씨였다. 무전여행을 한다고 하니 잠시 놀랐다가 오늘이 첫날이라고 하니 웃었다.

목적지는 원지였기 때문에 중간에 내려서 다시 원지로 가는 차를 히치하기 시작했다. 30분 정도 만에 히치가 되었다. 산청에서 전기 공사를 하는 아저씨였다. 산청에 전봇대가 있는 곳은 다 가 봤다고 한다. 물론 우리 학교도. 곧 원지에 도착했다. 단성고등학교 운동장에서 호섭 샘에게 전화했다. 곧 올 거라 하셨다. 호섭 샘 댁에서 하루를 묵었다.

7월 27일 : 눈물 젖은 쇠고기 국밥

10시, 호섭 샘 댁을 나섰다. 호섭 샘은 가면서 먹으라고 곡물바 몇 쪽과 식빵 두 쪽, 그리고 라면 하나를 가방에 넣어 줬다. 길을 나서자 보인 것은 익숙한 원지 거리였다. 아직도 실감이 나지 않았다. 원지 다리밑에서 산청을 향한 히치를 시작했다. 여행의 최종 목적지는 서울이었는데 무전여행만 하면서 돌아다니기에는 심심한 점이 없잖아 있어, 전국의 문학관 탐방도 같이 하려고 했다. 그러기 위한 루트를 찾다 보니, 합천-남원-곡성-담양-고창-김제-군산-예산-안성-서울에 이르는 여행로가 완성되었다. 오늘 목표는 남원이었다.

히치는 금방 되었다. 한우리연수원에서 근무한다는 아저씨였다. 초등학교 6학년짜리 아들이 있다고 했다. 얼마 전 아들을 혼자 등산시켰다고 했다. 혼자서도 잘 갔다 오더라면서 아저씨는 웃었다. 산청에는 곧 도착했다. 20분 정도 걸어 함양으로 가는 히치를 시작했다. 히치 운이 좋았다. 엄지손가락을 몇 번 흔들기도 전에 히치가 되었다. 업무차 생초로 가는 아저씨였다. 내가 타자마자 몇 분간 통화를 하더니 한숨을 쉬었다. 남의 비위를 맞추는 일은 정말 고달프다고 했다. 나에게 커서 이런 일 하지 말라고 했다. 나는 네, 라고 대답했다. 생초에는 바람이 불었다. 둑에 올라 강을 바라보았다. 그 순간, 길 잃은 외로움이 내게로 들어오는 것을 느꼈다. 여행의 나머지 시간, 그 외로움은 나와 동행했다. 나는 외롭지 않았다.

생초에서의 히치는 잘 되지 않았다. 몇 번이나 자리를 옮기고 두 시간쯤 지난 뒤에야 히치 할 수 있었다. 그렇지만 내가 그토록 기다린 것은 그 할아버지를 만나기 위해서인 듯했다. 함양으로 향하는 트럭이었다. 여순 사건 때 부모님을 여의고 어렵게 살아왔다는 그 할아버지는, 나에게 무척이나 마음을 쓰셨다. 여기까지밖에 태워 주지 못해 미안하다며 몇 번이나 마다하는 내게 기어코 돈 몇천 원을 손에 쥐여 주셨다. 이것밖에 못 준다고 했다. 그리고 여행을 하다가 힘든 일이 생기면 꼭 연락하라며 주소와 연락처를 적어 주셨다.

함양 읍내에 내려 점심을 먹었다. 점심은 식빵 한 쪽이었다. 입맛이 없었다. 남원까지는 반쯤 온 듯했다. 30분쯤 기다리자 히치가 되었다. 인월로 가는 차였다. 그 차의 아저씨도 어릴 적 무전여행을 해 본 적이 있다고 했다. 중학생 때였다. 굴다리 같은 데서 잤다고 했다. 많이 추웠다고. 아저씨는 내게 빵과 우유를 권했다. 나는 배고플 때를 대비해 반쯤 남겨 두었다. 인월은 시골 읍내였다. 읍내를 통과해 남원 가는 길에 이르기까지는 얼마 걸리지 않았다. 하늘은 회색이었다. 먹구름이 꿈틀대고 있었다. 불안해진 나는 서둘러 히치를 시작했다.

남원으로 가는 차. 해태 트럭이었다. 아저씨에게는 나만 한 딸이 있다고 했다. 빗방울이 떨어지기 시작했다. 얼마 안 가 빗방울은 장대비로 변했다. 아저씨는 곧 그칠 소나기라고 했지만 어쩌나 하는 걱정은 장맛비처럼 쏟아졌다. 구불구불한 길을 달려 남원에 도착했다. 다행히도 비는 거의 내리지 않았다. 고맙다고 인사하고 남원 시청에서 내렸다. 관광 안내도를 얻기 위해서였다. 남원시 관광 안내도를 얻을 수 있었다. 그러나 없는 게 나았을 관광 안내도 때문에 수 시간을 헤맸다. 40분 정도를 걸어서 고속터미널로 간 다음(관광 안내도에서는 한 블록밖에 떨어져 있지 않은 고속터미널은, 실제론 셀 수 없을 정도로 많은 블록을 지나야 도착할 수 있었다.) 다시 시청으로 갔다가 결국에는 6시쯤 남원역에 도착했다.

남원역에 도착한 나는 앞으로 어떻게 할 것인가는 둘째 치고 배가 너무 고팠다. 어디에 가면 밥을 얻어먹을 수 있을까, 하고 남원 시내를 서성거렸다. '한우촌'이라는 간판이 눈에 들어왔다. 무슨 말을 할 것인가. 나를 어떻게 생각할 것인가. 수많은 생각들이 머릿속을 스쳤다. 눈을 딱 감고 들어섰다. 생존이 걸린 이상 체면이고 뭐고 없었다.

"무전여행을 하는 학생인데 청소나 설거지 해 드리고 밥이랑 김치 정도만 얻어먹을 수 없을까요?"라는 말을, 들어가자마자 속사포로 내뱉었다. 주인아주머니는 흔쾌히 허락하셨다. 곧 무언가를 내 오셨다. 쇠고기 국밥이었다. 눈물이 날 것 같았다. 장하다고, 딱하다고, 밥을 준 것에 모자라 아주머니는 돈까지 쥐여 주셨다. 나오는 내게 누룽지도 한 뭉치 주셨다. 아주머니에겐 나만 한 아들이 있다고 했다. 배는 든든했다. 이제는 잘 곳이 문제였다. 빗방울이 조금씩 떨어지고 있었다. 남원역으로 갔다. 역 대합실 구석에 침낭을 깔고 잠을 청했다.

7월 28일 : 문 열어 준 마지막 교회

7시쯤 일어났지만 그때까지 비몽사몽 상태였다. 자정이 넘도록 사람들이 있더니 새벽에는 새벽차를 타기 위한 사람들이 들락거렸다. 제대로 된 잠은 한숨도 못 잤다. 역 화장실에서 세수를 했다. 역에서 나와 어제 받은 빵을 먹었다. 쉰 맛이 조금 나기는 했지만 죽을 정도는 아닌 듯했다. 그러나 90퍼센트쯤 먹으니 헛구역질이 나서 버리고 말았다. 오늘의 목적지는 혼불문학관. 걷다가 히치를 하고 다시 걸어 9시에 도착했다. 혼불문학관을 둘러보자 배가 고파 왔다. 혼불문학관 앞 초막에서 누룽지를 끓여 먹었다. 비가 조금씩 오기 시작했다. 히치가 안 되어 남원행 버스에 올랐다. 남원 시내버스터미널에는 곧 도착했다.

비 오는 와중에 곡성 가는 히치를 시작했다. 히치가 되지 않았다. 나는 빗속을 걸어 곡성으로 향했다. 빗속에서 걷는 모습이 안쓰러웠던지 업무차 곡성에 가는 아저씨가 태워 줬다. 곧 곡성에 도착했지만 비는 여전했다. 밀짚모자만 쓰고 비 오는 곡성읍을 배회했다. 비 피할 곳을 찾는 일이 시급했다. 길가에 즐비한 교회의 문을 두드렸다. 대여섯 곳을 기웃거렸지만 모두 문을 닫은 상태거나 나를 받아주지 못한다고 했다. 절망적인 기분이 되었다. 마지막 남은 교회 문을 두드리자 목사님이 나왔다. 얼마든지 괜찮다고 했다. 그 순간만은 어떤 신이라도 믿을 수 있을 것 같았다. 목사님 댁에서 씻고 손빨래를 했다. 저녁을 배불리 먹고 지금은 기숙사에 가 있는 목사님 아들의 방에서 편안하게 잤다.

7월 29일 : "무전여행은 사람을 비굴하게 만든다."

곡성에 있는 조태일시문학관에 갈 거라고 하니, 목사님은 그곳까지 태워 주시겠다고 했다. 조태일시문학관은 먼 데다 다니는 차도 별로 없었다. 목사님이 태워 주시지 않았다면 못 갈 뻔했다. 문학관을 둘러보는 동안 목사님은 산에 올랐다가 내려왔다. 목사님은 다시 곡성까지 태워 주셨다. 곡성으로 가는 길에 다슬기 수제비도 먹었다.

다음은 담양이었다. 전남대 교수님의 차를 히치 했다. 무전여행은 사람을 비굴하게 만든다고 했다. 그 말은 많은 생각을 하게 만들었다. 담양가사시조문학관에서 다음 목적지인 고창까지는 버스를 타고 갔다. 교수님은 무전여행을 하면서 돈을 쓰는 것 또한 또 다른 경험이라면서 돈을 주셨다. 버스를 타고 휙휙 지나가는 사물들을 보니 기분이 묘했다. 무전여행을 하면서 돈은 소중한 것이 아님을 느꼈고 무전여행을 하다가 돈을 쓰면서 돈은 중요한 것임을 느꼈다.

고창은 아무리 둘러보아도 잘 데가 없었다. 시외버스 터미널의 대합실에서 잠을 청했다. 터미널에는 다방이 있었다. 또각거리는 구두 소리가 밤새 다방을 들락거렸다. 어떤 아이는 자정쯤 대합실 구석에서 침낭에 누워 있는 나를 발견하고는 아빠에게로 달려가 "아빠, 저기 이상한 사람이 자고 있어."라고 말했다. 울고 싶었다.

7월 30일 : 식당에서 쫓겨나다

모기와의 사투로 밤새 한숨도 못 잤다. 시시때때로 달려드는 모기를 잡다가 고개를 드니 어느새 먼동이 터 왔다. 거울을 보니 얼굴은 퉁퉁 부어 있었다. 세수를 했다. 고창의 미당시문학관까지는 걸어서 갔다. 걷다가 중간에 만난 식당에서 아침을 얻어먹었다. "설거지나 청소를 해 드리고 밥이랑 김치 정도만 얻어먹을 수 없을까요?"라고 하자 내쫓겼다. 어림도 없는 소리라고 했다. 주위에 다른 식당은 없었다. 아침을 포기하고 터덜터덜 걸어가자 식당 주인아주머니가 뒤에서 소리쳤다. "학생, 밥 먹고 가." 밥을 먹고, 설거지를 하고, 청소를 하고, 인사를 하고 나왔다.

미당시문학관에는 점심 조금 전에 도착했다. 일찍 출발한 덕이었다. 미당시문학관 주위에는 지나다니는 차가 한 대도 없었다. 정읍으로 가는 버스를 탔다. 정읍으로 가는 버스 안에서 전북 지도를 펴 보다 근처에 동학농민혁명기념관이 있는 것을 발견했다. 주저 없이 내려서 동학농민혁명기념관을 향해 걷기 시작했다. 점심으로는 라면을 끓여 먹었다. 기념관은 멀었다. 오후 꼬박 걸었지만 도착하기도 전에 날이 저물었다. 근처의 마을회관에서 잠을 청했다. 저녁은 마을회관에 있던 라면이었다.

7월 31일 : 하루 종일 걷다

일찍 일어나 동학농민혁명기념관으로 향했다. 여기까지 걸어 온 보람이 있다고 생각될 만큼 볼 게 많았다. 이날은 무지하게 걸었다. 기념관에서 신태인읍으로 걸어간 다음 신태인읍에서 김제의 아리랑문학관까지 걷고 걷고 걸었다. 점심은 굶었다. 목표한 아리랑문학관에는 거의 폐관 시간에 가까워지고서야 도착했다. 하지만 관리인 아저씨의 배려로 폐관 시간을 훌쩍 넘기고도 원 없이 볼 수 있었다. 대단했다. 잠은 근처 마을의 이장님 댁에서 잤다. 신분이 불확실하다고 한바탕 곤혹을 치르기도 했지만 결과적으로는 밥도 잘 얻어먹고 잠도 잘 잤다.

8월 1일 : 인생을 배우다

이날은 이동 거리가 장난이 아니다. 우선 김제에서 군산까지 가서 채만식 문학관에 갔다. 다른 문학관에 비해 얻을 것은 없는 곳이었다. 군산에서 히치를 했지만 잘 되지 않아 일단 걷기로 했다. 전북과 충청도를 잇는 다리를 건넜다. 점심으로 고구마와 토마토와 봉봉을 먹었다. 쓸모없게 된 전북 지도를 보았다. 얼마나 보았는지 접히는 부분은 죄다 찢어져 있었고 끄트머리 부분은 너덜너덜해졌다. 안녕, 전북.

히치는 쑥쑥 되었다. 덤프트럭을 히치 했다. 스님 차를 히치 하고, 어느 부부의 차도 히치 해서, 충청도는 순식간에 지나갔다. 무전여행을 하는 동안 수많은 차를 히치 했다. 나를 태워 주는 사람도 각양각색이었다. 밑바닥 인생이라고 자처하는 덤프트럭 운전사 아저씨부터 전남대 교수님이라는 아저씨까지.

직업에는 귀천이 없다고 하지만 그 누가 덤프트럭 운전사가 되고 싶어 할까. 평소에도 심지어는 히치를 할 때에도 어느 정도는 이런 생각을 했던 게 사실이다. 교수님이라고 하면 차를 타면서도 은근히 쫄아 붙었고 덤프트럭 운전사라고 하면 마음을 좀 편하게 가지기도 했고. 하지만 여행을 하며 내 생각이 완전히 틀렸다는 것을 깨달았다. 이혼을 생각 중이라던 덤프트럭 운전사 아저씨도, 나의 뿌리를 알아야 한다던 교수 아저씨도, 모두 나름의 깨달음과 인생철학을 가지고 살아간다. 가끔씩 툭툭 몇 마디를 던지던 운전사 아저씨의 말에서도, 조근조근 이야기하던 교수 아저씨의 말에서도 인생이 묻어 나왔다. 그리고 그 인생에 높낮이나 깊고 얕음이란 없었다. 어린 생각을 품었던 나는 여행 내내 부끄러웠다. 안성에서 히치를 해 준 아저씨에게 딱히 잘 데가 없다고 하니 아저씨 집에서 재워 주셨다. 아이가 네 명인데 모두 매우 귀여웠다.

8월 2일 : 친절한 할아버지의 집에서

안성에 있는 문학관에 가려고 했으나 휴일이었다. 용인까지 걸었다. 용인에 도착할 무렵 어떤 할아버지가 여행 중이냐고 물어 왔다. 그렇다고 대답했더니 할아버지의 집에서 자고 가라고 하셨다. 건축 사무소장을 하시는 분으로, 집은 건축 사무실로 쓰던 3층짜리 건물이었다. 평소에도 여행하는 아이들이 보이면 꼭 밥을 먹여 주고 거기서 재워 준다고 했다. 경기도식 김치찌개를 끓여 먹고 잠자리에 들었다.

8월 3일 : 무전여행, 내 삶을 밝혀 줄 촛불

아침 일찍 병원에 가는 할아버지를 따라나서 서울로 갔다. 목적지인 친척분의 집까지는 멀지 않았다. 곧 친척분의 집에 당도하는 것으로 실질적인 무전여행은 끝이 났다. 마지막은 허무한 감이 없잖아 있었다. 마지막이라고 제일 큰 고난이 기다린다든지 하는 소설적인 전개를 기대한 건 아니었지만. 왠지 뒤를 안 닦고 바지를 입은 기분이라고 해야 하나. 어쨌든 나의 첫 번째 무전여행은 이렇게 끝이 났다. 시간과 여타 문제로 무전여행기가 갈수록 내용이 빈곤해져서 많이 아쉽다. 하지만 괜찮다. 그때 느꼈던 감동들은 아직도 오롯이 내 가슴에 남아 있고 앞으로도 내 삶의 먼 길을 밝혀 줄 촛불이 될 거라는 사실은 바뀌지 않으니까. 돈이 없는 한 나의 무전여행은 계속된다.

〈우상의 눈물〉로 깊이 들여다본 선과 악

이 글은 《학교 도서관 저널》에 '간디학교의 독서 토론'으로 소개된 것을 전재한 것이다. 토론자는 독서 토론 동아리 황금가지 학생들과 지도교사 이임호이며 토론 작품은 전상국의 단편 소설 〈우상의 눈물〉이다. 교사는 ● 학생은 ○로 표기했다.

● 이 소설을 읽으면서 궁금했던 것은 요즘 학생들은 이걸 얼마만큼 실감 나게 읽을까 하는 점이었다. 1980년에 쓴 작품이니까 너희들이 태어나기 한참 전의 이야기인데 당시의 교실 풍경이나 청소년 문화랄까 정서 같은 게 낯설지는 않았니? 선생님은 80년대 후반 무렵 대학에 들어가서 처음 이 소설을 읽었는데 너무나 실감이 나서 숨죽이며 읽었던 기억이 난다.

○ 세대 차이 같은 거 말씀인가요? 뭐, 그렇지도 않아요. 이 소설을 읽고 아주 옛날이야기라는 생각은 별로 안 했어요. 사실 우리 학교같이 자유로운 학교에서는 절대 일어날 수 없는 이야기지만. 여기에 나오는 학생들 간의 싸움이나 알력이랄지 힘 대결 같은 건 정도의 차이는 있지만 10대들의 세계에는 조금씩은 다 있는 게 아닐까 싶어요. 그리고 소설이 꼭 똑같은 경험을 해야 이해할 수 있는 건 아니잖아요.

• 그래, 그렇다면 다행이구나. 그럼 먼저 소설의 핵심 인물인 기표에 대해 얘기해 보자.

○ 네, 기표는 정말 나쁜 아이죠. 자기 눈에 아니꼽게 보이는 친구를 잔인하게 폭행하는 장면은 정말 질릴 정도예요. 유리병을 깨서 자기 팔뚝에 그어 피를 핥게 한다든지 담뱃불로 지진다든지 하는 건 무섭네요. 그리고 또 그런 잔인성을 무기로 재수파라는 조직을 이끌고 학교에서 제일 두려운 존재가 되죠.

○ 그중에서 체육복을 갈가리 찢는 장면은 진짜 섬뜩해요. 어쩌면 이렇게까지 비뚤어져 있나 싶어요. 그런데 특이한 건 유대가 그렇게 끔찍하게 당하고도 기표를 단순히 증오하거나 무서워하지만은 않는다는 점이에요. 뭐랄까, 기표에게 묘하게 끌리는 면이 있죠.

• 자세히 보면 기표는 그냥 나쁜 사람은 아니지. 작품 속에서 '악 그 자체, 거짓 착함을 가장하는 교활함조차도 없는 철저한 악'이라고 표현되어 있는데 이 점이 흥미로워 보여. 유대가 기표에게 린치를 당하고도 그다지 나쁜 감정이 생기지 않는 이유를 곰곰이 생각하면서 그가 악마의 자식 같은 존재이지만 동시에 순수하다고 하는 게 예사롭지 않지. 그리고 이어지는 사건이 시험 사건인데.

○ 이 사건이 묘해요. 기표를 낙제에서 구해 주자고 형우를 중심으로 공부 잘하는 아이들이 공모해서 커닝을 시켜 주는데 기표가 커닝 페이퍼를 찢으며 어떤 새끼냐고 하죠. 반 아이들이 하나둘 일어나 서로 자기가 그랬다고 그러고……. 그런 뒤에 형우가 야산에 끌려가 죽도록 맞죠. 그런데 여기서 형우가 비장의 카드를 꺼냅니다. 자기를 때린 기표와 재수파를 불지 않고 침묵함으로써 교묘하게 기표를 압박하죠. 결국 재수파도 무력화시키고……. 그리고 형우가 의도한 것인지는 모르겠지만 그 사건으로 형우는 학교에서 영웅이 되죠. 학우를 아끼고 의리로써 지켜 주고 참다운 우정을

보여 준 사람이라고 칭찬이 쏟아지죠.

• 그래, 그 사건 이후로 모든 게 역전되지. 이때부터 기표가 갑자기 변하기 시작하는데.

◦ 그래요. 담임이 기표가 감추고 싶어 하던 가정 사정을 알아냅니다. 그리고 기표를 위한 모금 운동이 벌어지고 담임과 형우는 반 아이들의 동정심을 유발하기 위해 멋진 연설을 하면서 기표 집의 가난한 처지를 낱낱이 공개하죠. 그리고 거기서 그치지 않고 급우를 돕는 반 아이들 이야기를 신문에 내고 영화로 만들 계획까지 세웁니다. 그때 기표가 갑자기 사라지면서 소설이 끝납니다.

• 이 모든 일을 관찰하는 사람은 유대지. 유대의 마음이 어떤가를 보면 표면적으로는 나무랄 데 없는 형우나 담임에게 자꾸 반감을 느끼고 있지. 두 사람은 늘 좋은 의도로 행동하는데도 유대는 그게 의심스럽거든. 그건 겉으로는 악행으로 똘똘 뭉친 기표에게서는 못 느끼던 감정이지.

◦ 그 이유는 작품을 자세히 보면 알 수 있는 것 같아요. 담임도 반을 위해서라고 하지만 유대를 스파이로 이용해 먹으려고 하고 커닝 사건 같은 것의 내막을 다 알고 있으면서도 모른 척 시치미를 떼고 그러잖아요. 형우도 기표와 맞서서 자기의 정의감을 과시하려는 게 역력히 보이죠.

◦ 그러니까 유대가 담임과 형우에게 느낀 건 착한 행동의 이면에 감추어진 이기주의 같은 것이 아닐까 싶어요. 그런 걸 딱 꼬집어 뭐라고 해야 할지 모르겠지만.

◦ 나는 그걸 위선이라고 부르고 싶어요.

• 그래, 정확한 표현 같구나. 담임과 형우가 기표를 위한다고 계획하는 일들에 대해 유대가 어떻게 따지는지 한번 보자. "누구를 위해서 그렇게 하자는 거냐, 기표냐 아니면 우리들 자신이냐."고 묻지.

◦ 그래요. 저도 읽으면서 그 점이 싫었어요. 특히 반에서 기표를 돕자고

하면서 멋진 말로 늘어놓는 연설은 정말 역겹게 들려요. 기표를 돕자고 하는 행동 속에 숨어 있는 위선적인 면이 느껴져서 그런 것 같아요. 기표의 처지를 진짜로 동정한다면 남의 불행을 그렇게 여러 사람 앞에서 내놓고 얘기할 수는 없다고 봐요.

• 나는 모든 일을 지켜보는 유대의 눈이 날카로워지면서 인식이 깊어지는 게 이 소설에서 참 중요한 부분이라고 생각해. 예를 들어 담임과 형우가 도저히 보지 못하는 걸 보고 있거든. 기표가 악하기는 하지만 그런 악행이 자기 방식대로 '이 세상을 살아갈 수 있는 힘'이라고 이해하고 있지. 모두가 기표의 겉모습만 보고 비난하지만 그가 왜 그렇게 살 수밖에 없는지에 대해 공감하는 사람은 유대 말고는 없지. 다들 자신이 생각하는 착한 방식으로 기표를 도우려고 한단 말이야. 그리고 그런 자기중심주의랄까 편협함은 결국 위선을 낳게 되는데 유대는 그것을 점차 깨달아 가거든. 유대가 담임과 형우에게서 결정적으로 환멸을 느끼는 것도 겉으로는 기표를 위한다지만 가난이라는 약점을 들추어서 골치 아픈 존재를 무력화시키려는 음흉한 의도를 알아채는 순간이지.

○ 그래요, 분위기를 막 불우 이웃 돕기식으로 몰아가서 기표가 갑자기 고분고분해지고……. 그 장면이 제일 불편했어요. 기표의 몰락을 설명하는 부분이 너무 인상적입니다. 제가 읽어 볼게요. "형우는 기표네 가정 사정을 낱낱이 이야기함으로써 이제까지 우리들에게 신화적 존재로 군림해 온 기표의 허상을 빈곤이라는 그 역겨운 것의 한 자락에 붙들어 맨 다음 벌거벗기려 하는 것 같았다. 기표는 판잣집 그 냄새나는 어둑한 방에서 라면 가락을 허겁지겁 건져 먹는 한 마리 동정 받아 마땅한 벌레로 변신되어 나타났다."

• 기표는 마지막에 갑자기 종적을 감추면서 "무섭다, 나는 무서워서 살 수가 없다."라는 말을 남기는데 이걸 어떻게 설명할 수 있을까? 무엇이 무

섭다는 것이지?

◦ 왜 그런 말을 했는지 심정은 공감이 가는데 그걸 구체적으로 설명하려니까 어려워요. 좋은 소설이나 영화를 보면 인상적인 대사나 지문 하나가 큰 충격을 주거나 가슴이 먹먹한 감동을 주는데 기표의 마지막 말도 저에겐 그런 느낌을 주었어요. 너무 쇼킹했어요.

◦ 아마도 자기가 받아들이기 힘든 상황이 계속 전개되니까 이러지도 저러지도 못하는 처지가 괴로웠던 게 아닐까요. 악의 세계에서 지배자로 군림해 오다가 갑자기 착하게 살아야 하니까 뭐가 뭔지 헷갈렸을 수도 있고 담임과 형우의 도움이 자신의 약점을 들추기는 해도 겉으로는 좋은 의도로 하는 것이니까 옛날처럼 막 거부할 수도 없고. 자신도 모르게 자신이 바뀌어 가니까 무서웠던 게 아닐까요?

• 그래, 그렇게 볼 수 있겠지. 여기서 잠시 자선에 대해 생각해 봤으면 해. 우리는 남을 도울 때 스스로 좋은 일을 한다고 믿기 때문에 자칫하면 타인의 불행을 이용해 자신의 미덕을 드러내려는 숨은 마음이 있다는 걸 놓치기 쉽지. 남을 도울 때는 먼저 이런 점을 경계하면서 도움받는 사람의 자존심을 다치지 않도록 섬세해야 하고 겸허해야 하거든. 그러려면 자연히 조용하고 표 나지 않게 행동할 수밖에 없고. 그래서 성경에서도 오른손이 하는 일을 왼손이 모르게 하라고 한 건지도 모르겠다. 그런 점에서 보면 도움받는 사람이 자선하는 사람의 의도대로 바뀌길 원한다면 그것은 절대로 올바른 자선의 태도가 아니지. 그리고 사람이란 존재가 손바닥 뒤집듯 그렇게 쉽게 바뀌는 것도 아니고. 자기기만에 빠진 의로운 행위는 이 소설처럼 매스컴의 미화라는 덫에 걸리면 더 걷잡을 수 없게 되지. 이 소설에는 어떤 면에서는 가난한 사람의 삶에 대한 이해나 존중 없이 행해지는 자선 행위가 얼마나 파괴적일 수 있는가를 보여 주는 측면도 있다고 봐.

기표의 마지막 말은 가난하지만 나름대로 당당히 살아가는 자신을 교묘한 방식으로 파괴하는 세상에게 외치는 기표 나름의 반항이고 항의라고 할 수 있지 않을까? 선량한 말과 동정과 자선의 외피를 두른 세상이 자신을 압박한다고 생각하니까 그가 선택할 수 있는 것은 사라지는 것밖에 없었는지도 모르지. 자신은 그냥 악한 존재이고 세상은 아니꼽지만 자기보다는 선하다고 생각해 왔는데 실상을 보니까 세상이 자기보다 더 악하다는 걸 알고는 무서웠던 게 아닐까. 기표의 절규는 정말 많은 의미를 내포하고 있는 것 같아. 세상의 허위를 향해 내지르는 한 소년의 외침치고는 말이야.

○ 그래요. 그 마지막 구절을 읽고는 뒤통수를 한 대 얻어맞은 것처럼 놀랐어요. 유대도 기표의 폭력이 고통스러웠지만 기표의 세계를 존중해 준 건 기표에게는 형우나 담임 같은 이중성이나 위선이 없었기 때문이거든요. 비록 기표가 악한이었지만 왜 한때나마 아이들의 우상이었는지도 알 것 같아요.

○ 다 읽고 나니까 씁쓸했어요. 기표의 적나라한 폭력보다 담임과 형우의 위장된 행동이 더 폭력적이라는 생각을 하게 돼요. 선과 악의 문제를 결코 단순하게 판단하며 살 수 없다는 걸 실감하게 됩니다. 세상의 비밀 한쪽을 훔쳐 본 느낌이 들어요.

• 이 소설을 읽고 나니까 문득 도스토옙스키가 한 말이 떠오르더구나. "교활한 천사보다 순수한 악마가 낫다."라는 구절을 어디선가 읽은 적이 있어.

○ 이 이야기에는 그런 인간성의 어두운 면을 폭로하는 측면도 있지만 제가 보기에는 힘과 권력을 비판하는 소설로도 보여요. 예를 들어, 교실이라는 작은 조직 내에서 담임이 하는 교묘한 행동이나 형우와 기표의 대결 같은 것은 힘과 지배력을 얻기 위해 싸우는 모습을 잘 함축하고 있는 것 같아요.

• 그래, 그거 아주 멋진 분석이다. 그래서 이 소설을 단순히 교육 문제를 다룬 학원 소설로 한정할 수는 없다고 봐. 고등학교 교실에서 벌어지는 이야기지만 이건 우리 사회에 대한 알레고리지.

◦ 이 소설을 집단이 소수자나 아웃사이더를 어떤 식으로 배제하는지에 관한 이야기라고 볼 수는 없을까요? 예를 들어 담임이 자기 반을 항해하는 배에 비유한다든지 하면서 일사불란함을 강조하고 거기에 거역하는 사람들을 역행 가지라고 하면서 잘라 버려야 한다든지 하잖아요.

• 그렇게 볼 수도 있겠다. 대체로 학교나 사회는 기표 같은 반사회적인 인물을 형우의 표현처럼 인간을 구제한다는 명분으로 모범적인 존재로 만들어 편입시키려고 하지. 그런데 여기서 주목할 것은 개인의 개성을 존중하지 않는 집단주의가 자신의 명분에 도취될 때 그것은 소수자에게도 가혹한 것이지만 스스로도 위선이라는 윤리적 모순 때문에 결국 파탄에 이르고 만다는 점이야. 반면에 기표의 악마성은 역설적으로 정상적인 사람들의 허위를 폭로하는 기능을 수행하고 있다는 점도 눈여겨볼 만하지. 만일 집단 내에 아웃사이더들이 존재하지 않는다면 그런 각성을 하기가 쉽지 않겠지.

문학에는 흔히 트릭스터라고 하는 특이한 역할을 하는 인물이 가끔 등장하지. 트릭스터란 원래 신화에 나오는 말이야. 악동이나 괴짜를 뜻한다고 할 수 있지. 트릭스터는 기존의 관습과 룰을 파괴하기 때문에 정상적인 인간들을 쩔쩔매게 하고 사회가 고수하려는 가치들을 파괴하고 전복하니까 골치 아픈 존재지만 결국에는 영혼의 안내자 역할을 하면서 활력을 잃은 주인공이 새로운 비전을 찾도록 도와준다고 해. 〈우상의 눈물〉을 트릭스터형 소설이라고 할 수 있을지는 모르겠지만 아무튼 기표는 두고두고 생각해 볼 만한 인물임에 틀림없어.

소설 전태일

김성은 14기

이 글은 현대사 수업의 '전태일 표현하기' 과제물로 작성한 것이다. 과제는 시, 소설, 만화, 에세이 등 다양한 형식 가운데 가장 마음에 드는 것으로 골라 수행하도록 했다.

우리네 청춘이 저물고 저물도록
미싱은 잘도 도네 돌아가네.

– 민중가요 〈사계〉 가운데

시다.

이 말은 나를 부르는 호칭이었고, 또 나와 함께 일하는 십여 명의 친구들을 부르는 호칭이었고, 또 여기 평화시장 건물 안 다락방에 쪼그리고 앉아 단추를 달거나 구멍을 뚫거나 천을 다리고 실밥을 뜯는 사천여 명의 내 또래 여자아이들을 부르는 호칭이기도 했다.

나는 '2번 시다'로 통했다. 이름 석 자는 이곳에서 쓰이지 않았다. 성격이 퍽 시원시원한 미자는 1번 시다, 손이 야무지고 꼼꼼한 옥분이는 3번 시다, 모두가 미싱 번호에 따라 그렇게만 불렸다. 그나마도 하루 작업이 파한 뒤에 공장 가까운 무허가 하숙에 함께 옹송그려 자는 시다들끼리는 서로 친해 이름을 텄다. 혹은 몇몇 상냥한 미싱사 언니들이나 비슷한 처지의 미싱 보조 언니들은 우리 이름을 알았다. 하지만 대부분의 미싱사들과 재단사님, 재단 보조님은 우리 이름을 몰랐다. 그냥 우리는 시다였다.

이곳, 평화시장의 피복 공장에서 일하는 우리 '시다'들은 다들 시골에서 올라와 거처가 없었다. 맨몸으로 올라와 가진 것이 없으니 셋방조차 구할 수 없었다. 그래서 공장에 딸린 조그만 쪽방에 스무 명이 다닥다닥 붙어 잤다. 난방이 없어 겨울에는 서로의 체온으로만 몸을 덥혔다. 자고 일어나면 손발이 꽁꽁 얼어 아침에 계속 조물조물 문질러야 겨우 제 속도로 작업할 수 있었다. 창문이라고는 천장 바로 아래 벽에 손바닥만큼 난 것이 다여서 여름에는 절절 끓는 속에 자야 했다. 한여름에는 온 팔에 땀띠가 나 가렵고 따가웠다.

아침에 해가 뜰 때쯤 저절로 눈이 뜨였다. 자고 일어나면 서로가 서로를 분주히 깨워 옷을 주워 입고 공장에 나갔다. 창문 없이 좁은 공간에 백열등 하나 켜 놓고 옷을 만들었다. 나는 시다라면 으레 하는 잡일과 더불어 단추 다는 일을 했다.

문득 생각이 난다. 오래된 일. 이 공장에 취직하고 나서 고향으로 편지를 보냈다. 전라남도로 시작하는 낡은 주소는 지금은 누렇게 빛이 바래어 찾을 수 없다. 학교에 전혀 다닌 적 없는 시다들도 많았지만, 나는 국민학교를 3학년까지 다녔기 때문에 삐뚜름한 서체에 맞춤법은 틀릴지언정 짤막하게 편지 한 장 정도는 쓸 수 있었다.

엄니!

첫머리에 애타는 부름을 얹어 시작하는 편지에는 그리도 쓸 말이 많았더랬다. 비록 하루 일과라고는 아침에 일어나서 밤까지 꼬박 단추를 달다 끝나지만 그날그날 느꼈던 설움으로 갱지에 연필로 한 자 한 자 써 내려가는 것만이 유일한 위안이었다.

엄니, 순희여라.

순희여라, 하고 마침표를 찍으면 어머니 음성이 들리는 것만 같았다. 순희야, 하고 부르는 음성으로 지청구를 먹어도 좋고 야단을 맞아도 좋으니 들어나 보았으면 하는 마음이 모이고 모여 자그맣게 찍힌 한 점의 마침표가 되었다.

지가 옷 맹그는 공장엘 다니게 됐어라. 아침부텀 저녁꺼정 일하는디 심에 부치는 일이래두 상재 학비 하고 식구들 멕이는 돈이니까네 지는 암시랑토 안 허요. 상재가 열심히 공부허면 지도 좋구만요. 지는 밥 잘 묵고 잠 잘 자고 잘 있응께 엄니는 걱정하지 마씨요잉.

어설픈 서울 말씨와 다른 여러 지역 말씨가 이리저리 뒤섞여 편지는 어디 사투리도 아닌 이상한 사투리로 쓰였다. 어머니와 동생들, 그리고 고향 친구를 만나기만 하면 진하고 맛깔나게 남도 사투리가 술술 나올 것 같건만 하루 종일 공장에 쪼그리고 앉아 듣는 말이라고는 공장장님이나 재단사님의 욕설과 훈계, 미싱사 언니들의 지시를 빼면 신세한탄뿐이었고 그나마도 작업이 끝난 밤에는 피곤으로 온몸이 녹진해져 제대로 누군가와 이야기할 계제가 못 되었다. 음식도 말도, 고향의 것이 한없이 그리웠다.

한나 아수운 거이 있다 허믄 묵는 것허고 말, 그 둘이다요. 묵는 것이야 누구래도 즈이 집에서 묵는 음석이 젤로 맛나는 법잉께 어쩔 도리가 없다혀도, 우리 공장 사람들은 다들 타향 사람이라 말하는 거이 영 이상해졌구만요. 보성에서 온 언니가 있었는디 미싱 바늘에 찔리고 쫓겨났지라. 어서 엄니허고 동상들허고 만나 가지구 고향말두 들으문 좋겄는디…….

첫 편지를 보내고서 온 답장에는 동생들의 천진한 바람이 들어 있었다. 글을 모르는 어머니 대신 첫째 동생 상재가 대신 쓴 편지 말미에는 다른 동생들이 쓴 서툰 글씨도 있었다. 누나 옷 공장서 일하믄 이담에 우리 옷도 만들어 주. 언니 설에 미깡 사서 온다고 약속했는디 안 까묵었제? 편지를 읽다가 보면 이제 국민학교 4학년인 상진이와 갓 국민학교에 들어가 가나다를 배우기 시작한 상희 목소리가 귀에 쟁쟁했다.

누나는 단추만 다는 시다라 옷 만들어 줄 여유가 없다는 말은 차마 할 수 없었다. 비싼 미깡을 사자면 돈을 모아야 하는데 설까지 돈이 모일지가 까마득하다는 말도 할 수 없었다. 그저, 편지 너머로는 보이지 않을 눈물을 삼키며 그래, 이담에 만들어 주마, 하고 약속만 했다. 상재가 졸업하고 취직해 돈을 벌게 되면 조금 여유가 생기니 그때쯤이면 가능하리라고 희망만 가졌다.

그나마 희망이 아주 없지는 않았다. 공장에서 일하게 된 지 이제 2년 반, 조금만 있으면 미싱 보조로 올라갈 것이고 또 조금 더 버티면 미싱사도 될 수 있다. 그 안에 잘리지만 않으면 일급 미싱사가 되어 후한 월급으로 일할 수 있는 것이다. 작은 희망을 붙잡고 그렇게 줄곧 버텨 왔다. 사실, 내게는 그게 전부였다.

공장에 따라 차등이 심하긴 했지만 열댓 살쯤에 시다로 들어오면 5년쯤 후에는 거의 대부분이 미싱사가 될 수 있었다. 미싱사가 되면 다른 공장에 들어가도 바로 미싱을 잡을 수 있다. 미싱 보조도 다른 공장에서 바로 시다를 건너뛰고 보조를 할 수 있다. 다만 시다는, 다른 공장에 들어가면 모든 경력이 사라지는 것이나 진배없었다.

또, 미싱사든 보조든 시다든 간에 스스로 그만둔 게 아니라 해고당한 것이라면 공장장님이나 재단사님이 다른 공장에 소문을 쭉 퍼뜨렸다. 그래서 해고당하면 아예 업종을 바꾸어야 했다. 시다로 일하다 잘린 것이라면 다른 업종의 공장으로 가도 어차피 시다와 별 차이 없이 고된 잡일만 하는지라 처지는 똑같아서 상관이 없었다. 시다 위부터는 병들거나 다치지만 않으면 해고하지도 않지만 간혹 미싱사나 미싱 보조로 올라간 뒤에 해고당하면 이제까지의 노력이 말짱 도루묵이 되는 것이다. 공장장님 다리춤을 붙잡고서 울고불고 애원하는 사람이 더러 있었다. 그러면 대개는 공장장님 구둣발에 호되게 걷어차이고서 고개를 떨구지만 또 이따금 얼굴이 멀끔하니 예쁘면 공장장님이랑 하루 나절 외출을 하고서 도로 들어앉기도 했다. 그렇게 도로 들어앉은 사람이 공장장님과 무얼 했는지는 옆자리 4번 시다인 열네 살 진숙이도 아는 공공연한 사실이었다. 그럴 때면 공장 안에 그 둘이 어디 여관방엘 들어갔고 거기서 얼마나 외설스럽게 굴었는지에 대한 소문이 퍼지곤 했다. 공장장님은 으레 한 마디로 일갈함으로써 표면적으로나마 소란을 끝내 버렸다.

"새끼들, 그렇게 떠들고도 월급은 잘두 받아 처먹나!"

우리 공장장님은 황해도 사람이었다. 공공연한 이야기로, 공장에는 가뭄에 콩 나듯 드물게 얼굴을 비추는 사장님의 동생이랬다. 공장장님은 툭하면 사장님의 영웅적인 일대기를 줄줄 읊었다. 사장님은 일제 때 황해도에서 큰 방직 공장을 했다고 했다. 전쟁 직전에 인민군한테 공장을 뺏기고 있던 돈만 급히 챙겨 내려와 여기서 새로 피복 공장을 차린 것이었다. 그래서인지 지금도 북한 소리만 나오면 치를 떠는 공장장님은 일주일에 두어 번은 귀에 딱지가 앉도록 북괴 공산당을 타도해야 한다는 일장 연설을 늘어놓고 갔다.

재단사님은 또 재단사님대로, 시다들이 무엇인가 잘못을 하면 단단하고 큰 손바닥으로 무섭게 따귀를 쳤다. 한 달 전에 따귀를 맞은 옥분이는 입안이 터져 벌겋게 부어오른 볼을 싸쥐고 그날 밤 서럽게 울며 어머니를 불렀더랬다.

"제대로 못해? 이 따위로 일하면서 월급 받아먹을 거야! 배은망덕한 년들!"

재단사님은 하루가 멀다 하고 좁은 공장 안에서 걸걸한 호통을 쳤다. 배은망덕한 년들. 시다인 우리는 재단사님 앞에 서면 월급은 월급대로 타 가면서 일도 제대로 못하는 년이었다. 썅년, 씨팔년, 염병할 년, 망할 년, 썩을 년, 개만도 못한 년, 돼지 같은 년……. 어두침침한 공장 안에는 사람도 아닌 온갖 종류의 '년'들이 살았다.

그러나 어쩌랴, 분하고 원통해 당장이라도 일을 그만두고 고향에 내려가고 싶지만 앞에 닥친 현실이 더욱 쓰리고 괴로웠다. 쥐꼬리만큼 적은 월급에서 상재 학비를 보내고 나면 내일 점심을 먹을 수 있을지 없을지조차 간당간당했다. 상재가 졸업할 때까지는 이 일을 계속 붙들고 있어야 했다. 다른 시다들도 사정은 마찬가지였다. 아침은 애초부터 먹을 생각조차 하지 못하고 저녁조차도 먹는 날보다 거르는 날이 훨씬 많았다. 이따금씩은 돈이 부족할 때도 있었는데 그럴 때면 어쩔 도리 없이 굶어야 했다. 수돗가에서 물을 흠뻑 들이키면 배고픔이 나아지는 것은 잠시뿐이었다. 배는 금방 비었고 속이 거북해졌다.

하루 종일 단추를 달다 보면 바늘을 쥔 손가락에 감각이 없어졌다. 먼지가 많아 하루 일을 마치고 나면 입술에 먼지가 붙어 빽빽하게 당기는 느낌이 났다. 눈이 빨개지고 코는 따가웠다. 그래도 그것이 일상이었다. 이것은 내게, 그리고 평화시장에서 일하는 일만여 명의 시다들에게 당연한 것이었다.

그것은, 우리가 시다였기 때문이다. 우리는 가장 아래에서 일하는 시다였다.

어느 가을이었다. 더위가 막 가시기 시작할 무렵, 무섭게 따귀를 때리던 재단사님이 나갔다. 사장님 돈을 빼돌려 노름을 하는 데 썼다고 했다. 공장장님은 여느 때보다도 더욱 길게 훈계를 했다. 사장님처럼 높으신 분들 돈을 훔치는 것은 빨갱이들이나 하는 짓이라고 했다. 새 재단사님이 들어왔다. 옆 공장의 수염이 부숭부숭한 아저씨 재단사님이나 이전의 재단사님에 비해 훨씬 젊었다. 고등학생처럼 머리를 박박 깎은 재단사님은 처음 오던 날 우리에게 고개를 꾸벅 숙였다. 미싱사 언니도 놀라고 보조 언니도 놀라고 시다들도 놀라고 재단 보조 오빠도 놀랐다.

"전태일입니다."

새로 온 재단사님은 눈이 서글서글하고 입매가 남자답게 꼭 다물린 얼굴 생김이 선했다. 짤막한 소개를 마치고 재단사님이 쑥스럽게 웃어 보이며 손뼉을 짝짝 쳤다. 자, 그러면 오늘도 열심히 일합시다, 여러분.

그날 평화시장에는 새 재단사님에 대한 소문이 죽 돌았다. 예전에 일하던 공장에서 미싱사와 밀회를 하다 쫓겨났다든가, 빨갱이 짓을 해서 큰집(형무소)엘 다녀왔다든가 하는 온갖 추측과 유언비어가 난무했다. 점심 대신에 수돗물을 양껏 들이키고 끼리끼리 모인 데 가면 그런 종류의 말들을 쉬이 들을 수 있었다. 심지어는 우리 공장에 있지 않은 시다들마저 남의 공장에 새로 들어온 재단사님에 대해 뭐라고 지껄이곤 했다.

온갖 뒷이야기가 많은 재단사님이었지만 소문이야 어찌 됐건 다른 재단사님들이랑은 다르게 좀 특이한 사람인 것은 틀림없었다. 그 다음 날 공장에서, 점심시간이 되었을 때, 재단사님은 우리더러 나가지 말고 잠시만 기다리라고 했다. 우리 시다들은 으레 이 시간에 서둘러 수돗가로 나가 줄 사이사이에 끼어 물배를 채울 차례를 기다린다. 다만 오늘은 재단사님의 말에 우리는 전원이 내려간 미싱 옆 작업대에 오도카니 앉아 있었다.

뛰어나갔던 재단사님이 돌아왔다. 그런데 웬걸, 재단사님은 종이봉지 가득 풀빵을 담아 왔다. 한 사람 앞에 세 개씩, 수를 세어 나누어 주셨다. 따끈한 풀빵에서는 고소한 냄새가 났다. 보드라운 밀가루 풀과 몽글몽글한 앙꼬가 입안에서 살살 녹았다. 서울에 막 올라와 어머니가 주신 돈으로 처음 사 먹은 풀빵 맛이랑 꼭 같았다. 밀회니 빨갱이니 하는 소문일랑은 다 잊어버린 여자애들은 재단사님 곁에 모여서 조금은 수줍게 이런저런 얘기를 했다.

그 뒤로도 재단사님은 자주 우리에게 풀빵을 사 주셨다. 맛나게 먹는 걸 보면서 재단사님은 웃었지만 가끔씩은 자기가 조금만 더 넉넉하면 매일 점심마다 풀빵을 사 줄 수 있을 것이라고 근심 섞인 푸념을 하기도 했다. 특별히 더 궁핍하게 사는 몇에게는 재단사님이 집에서 싸 오는 벤또를 조금 덜어 주기도 했다.

정신없이 며칠이 지나갔다. 그날 점심시간에 재단사님은 풀빵과 함께 종이를 나눠 주셨다. 까만 인쇄 글씨가 빽빽한 종이에 대한 재단사님의 설명은 아무래도 믿기지 않는 것이었다. 이 종이에 뭘 적어서 모두 모아 높으신 분들께 보내면 매 주일마다 쉴 수도 있게 되고 공장에 창문도 생기고 작업시간도 훨씬 줄어든다고 했다.

"그라믄 우리가 이거를 적으면 그기 진짜로 되는교? 주일에 쉬고 창문도 생기고?"

미자가 묻자 재단사님은 자신 있게 고개를 끄덕였다. 사실 그런 것들은 원래 그렇게 되어야 하는 것이라고 덧붙였다. 자세히는 모르겠지만 어쨌든 한번 써 보자고 했다.

"그런데, 이런 걸 하면 돈이 더 나가기 때문에 사장님이랑 공장장님은 싫어한단다."

아는 것 많은 시다 하나가 조심스레 운을 떼자 재단사님이 그러니까 비밀로 하자, 하며 진지한 눈빛을 했다. 그걸로 전부였다. 모두가 동의했다. 다만 쫓겨날 뻔했다가 공장장님과 모종의 만남을 가져 다시 들어온 몇몇 미싱사 언니들, 그리고 사장님의 친척인 재단 보조 오빠는 질문지를 적지 않았다.

신상 정보를 적고 질문지를 하나하나 읽어 나갔다. 글을 모르는 시다들도 있어서 그런 애들에게는 소리를 내어 읽어 주었다. 1개월에 며칠을 쉽니까? 1개월에 며칠 쉬기를 희망합니까? 왜 주일마다 쉬지 못하십니까?

휴일에 대한 질문부터, 작업 시간, 건강 진단, 월급에 대한 것까지 항목을 모두 적고 나자 머릿속이 트이는 기분이었다. 한 달에 2일을 쉬고, 아침 여덟 시부터 오후 열 시까지 열네 시간을 일하고, 월급이 너무 적어 굶는 날이 많다. 고향에 있었을 때보다 건강하지 못한 것은 스스로도 느끼고 있다. 뼈 빠지게 일하고 받는 돈은, 겨우 삼천 원이다. 지금까지 내가 현실 속에 산다고 생각했지만 현실을 제대로 본 것은 처음이었다. 아마 나 이외의 다른 시다들도 마찬가지리라.

재단사님은 '인간 시장'엘 자주 다녔다. 일자리를 구하려는 사람들이 모인 데를 자주 간 이유는 재단사님과 함께 질문지도 돌리고 노동청도 다니고 하는 다른 공장의 젊은 재단사님들이랑 만나기 위해서다. 오며가며 한 번씩 보면, 평화시장에서 일하는 사람도 있고 옆 건물 동화시장과 통일상가 사람도 있었다. 무슨 친목회인지 모임 이름도 버젓이 걸어 놓고서 분주히 움직였다.

질문지를 적은 이후로부터 재단사님은 유독 더 많이 바빴다. 사방을 뛰어다니며 질문지를 걷고, 수를 세고, 진정서를 만들고, 본래의 재단사 일도 했다. 진정서 만든 것을 여기저기 다니며 접수하느라 또 정신없이 뛰어다녔다. 의욕에 차서 바쁘게 움직이는 모습이 보기에는 좋았지만 공장장님은 아무래도 달갑잖게 보는 것 같았다. 요 며칠 새 공장장님은 유독 재단사님에게만 신경질을 부렸다.

아니나 다를까 빌미가 생기자마자 공장장님은 재단사님에게 질책을 퍼부었다. 그간 우리에게 사 주던 풀빵은 차비를 털어 사 주는 것이었는데, 하루는 고되게 일을 하고 거리가 먼 집까지 걸어가다 통금에 걸려 아침밥도 못 먹고 벤또도 못 싸 왔다고 했다. 그래서 그날 사장님 친척인 재단 보조 오빠에게 말을 하고 조퇴를 했는데, 다음 날 공장장님께 혼이 난 것이다. 공장장님은 무단으로 조퇴했다고 했지만 몸이 아파 조퇴한 것을 가지고 트집을 잡았다는 것은 누구라도 알았다. 조퇴한 다음 날에 출근한 재단사님더러 공장장님은 무섭게 눈을 부릅뜨고 소리를 질렀다.

"그리 태만하니까 노동 운동이네 뭐네 헛일이나 하구 말야. 네 탓에 손해가 얼만지 알어? 정신머리 없는 놈, 너는 오늘 부로 모가지야, 알았나?"

재단사님은 공장장님 눈 밖에 나 공장에서 쫓겨났다. 그간 일한 봉급도 하나도 못 받고 모가지를 잘렸다.

다만 그 후에 확실히 바뀐 것은 있었다. 평화시장 피복 공장의 속사정이 신문에 기사로 난 것이다. 영영 볼 수 없을 줄로 알았던 재단사님이 다시 얼굴을 비추었다. 변함없이 선하고 다정한 얼굴이었다.

"너희가 적어 준 질문지 덕을 톡톡히 봤어. 응답 결과를 정리해 가지구 기자들에게 알리니까 기사가 난 게지."

재단사님은 온 얼굴에 웃음을 띠고 기사가 실린 신문을 나누어 주었다. 나이가 어린 시다들에게만은 공짜로 주겠다고 한 걸 옥분이와 둘이 돈을 합쳐서 제값인 이십 원을 주고 사서 읽었다.

"근디 재단사님, 공장에서 잘렸으니 재단사님 부모님허고 동상들은 어찌 허요?"

슬금슬금 걱정이 올라와 묻자 재단사님은 그저 웃었다. 글쎄, 평화시장이 바뀌면 새로이 취직이 되겠지. 이제는 재단사가 아니니까 그리 부르지 마라. 담담하게 말하는 모습이 마치 다른 사람 같다고 느껴졌다.

가슴이 벅차올라 그날 많은 시다들이 울었다. 나도 울었다. 이제 세상이 우리를 보아주는구나. 우리도 이제 '개만도 못한 년'이 아니라 사람이 되었구나. 질문지를 적은 이후부터 막연하게만 품어 왔던 작은 기대는 이제 조금 더 적확한 상을 띠었다.

'태일 오빠'가 된 재단사님은 또 분주해졌다. 공장들을 돌아다니며 신문 기사를 알리고 평화시장 사장님들 모임에 가서 휴가를 주고 전구를 바꾸고 환풍기를 달아 달라고 했다. 다락 위쪽 구석에 나무판자가 덧대진 것을 이상하다고 여겨 뜯어보니 환풍구였다는 공장이 많았다. 이 모든 소식이 시다들 사이에서 공공연히 돌아다녔다. 여전히 공장은 먼지가 많고 어두침침했지만, 여전히 한 달에 두 번을 쉬었지만, 그럼에도 지금과 예전이 크게 달라 뵈는 까닭은 우리 시다들에게도 희망이 생겼기 때문이다.

그로부터 얼마 지나지 않아 뜻밖의 소식이 들렸다. 태일 오빠가 삼미사에 재단 보조로 취직했다는 것이다. 놀라서 점심시간에 삼미사로 찾아가 물어보았다. 태일 오빠와 함께 진정서를 돌리고 바삐 움직였던 사람들이 전부 취직하면 일주일 안으로 근로 환경이 전부 개선될 거라고 했다. 지난번에 왔다던 '높으신 분'께서 그렇게 약속했다고 했다. 태일 오빠는 낙관했지만 나는 좀 불안했다.

"그래두 취직허는 거랑 근로 환경 개선허는 거랑 무신 상관이다요? 지는 암만 생각혀도 그 높으신 분 말씸이 참말 같지가 않구만요."

그래도 태일 오빠는 웃었다.

그날로부터 일주일이 지나고 열흘이 지날 때까지 매일 점심마다 찾아갔다. 태일 오빠는 매번 마냥 웃었다. 왜 아무것도 바뀌지 않느냐는 질문에도 그저 웃을 따름이었다. 그러나 날이 갈수록 그 웃음은 메마르고 쓸쓸해졌다. 하루는 태일 오빠가 한숨을 푹 내쉬며 "높은 사람들이 우리 안에 끄나풀이라는 것을 심을 수 있으니 참 힘들다." 하고 푸념했다.

몇 번이고 몇 번이고 같은 상황이 반복되었다. 태일 오빠의 입을 통해 전부 생생하게 들을 수 있었다. 노동청엘 찾아가 요구 사항을 내놓았다. 업주들 모임에도 찾아갔다. 모월 모일까지 기다리시오. 그 약속한 모월 모일에는 아무 일도 일어나지 않았다. 10월 초순에 희망차게 시작한 움직임은 11월이 될 때까지도 아무런 변화를 이끌어 내지 못했다. 그 모든 이야기에는 태일 오빠가 평화시장을 바꾸려고 분투하면서 겪는 온갖 애환과 시련이 고스란히 녹아 있었다.

태일 오빠는 요새 뭔가 속으로 깊이 생각하는 것 같았다. 그러나 나는 점점 지쳐 갔다. 처음에 약속한 개선은 이루어지지 않았다. 바꿀 수 있는 힘을 가진 사람들은 그렇게 해 주지 않았다. 결국, 다 부질없는 짓이었다.

"순희야, 핍박당해도 지금은 견디어라. 모가지를 꺾이어도 굳세게 살아남아라. 다만 굴종하지만 말아라. 세상은 언젠가는 틀림없이 바뀐다. 내가 틀림없이 그리 만들어 주마. 조금만 더 참고 견디어라."

슬프고 안타까운 낯으로 태일 오빠는 다만 그렇게 타일렀다. 조금만 참고 견디어라. 그것은 차라리 내가 아닌 그 자신에게 하는 말인지도 몰랐다.

조그만 캘린더에 오늘도 동그라미를 쳤다. 11월 12일. 점점 날씨가 쌀쌀해져 공장에서는 잠바에 솜을 넣고 스펀지를 넣느라 바빴다. 태일 오빠가 일하는 공장에 찾아갔을 때 태일 오빠의 얼굴은 여느 때와 다르게 딱딱하게 굳어 있었다. 덜컥 불안해졌다.

"순희야, 이제부터는 여기 오지 마라."

무신 일이래도 있당가요, 하자 태일 오빠는 목소리를 낮춰 실은 내일 데모를 하러 나간다고 했다. 공장장님은 데모하는 사람을 전부 빨갱이로 몰기 때문에 내가 태일 오빠랑 어울리는 사실을 알면 나도 해고당할 수 있다고도 했다.

내일이야말로 세상은 바뀐다. 그렇게 만들 것이다. 인간 전태일은 이번 데모에 온 삶을 던져 뛰어든다. 그것으로 틀림없이 사람들은 평화시장의 실상을 본다. 너는 이제부터 정신을 바짝 차려야 한다.

갑자기 너무 많은 말들이 쏟아져 어질어질했다. 혼란스러워 어떻게 도로 왔는지도 모르는 새 나는 공장으로 돌아와 있었다.

내일 데모가 있을 거라는 사실을 아는 이는 몇 없었다. 하지만 그날 작업이 파하고 각자 하숙이건 집이건 돌아가는 길에 삼삼오오 모여 이야기하면서 소식은 조금씩 퍼졌다. 이튿날이 되었다. 아침부터 날은 재색으로 흐렸다. 언제 비가 올지 모를 날씨와 함께, 평화시장에도 팽팽한 긴장이 돌았다. 평시의 갑절도 넘게 늘어난 경비원이 평화시장 안의 사람들 얼굴을 샅샅이 살피며 돌아다녔고 웬일인지 경찰 옷 입은 사람들도 많았다.

이유 모를 긴장 속에 점심시간이 되었다. 공장장님은 우리를 보고서 깡패들의 움직임에 가담했다간 경찰에게 잡혀가 죽는다고 으름장을 놓았다.

"순희야, 순희야, 우리 데모 구경 가자."

옥분이가 졸랐다. 하는 수 없이 손에 이끌려 갔다. 입구는 이미 경비원에게 막혀 있었다. 건물을 돌고 돌아 복도에 난 작은 창문을 열고 고개를 내밀었다. 국민은행 앞의 거리에는 사람들이 많았다. 경비대와 대치하는 깡마른 근로자들. 이리저리 밀고 밀리며 대치하는 가운데 갑자기 담배 가게 옆 골목에서 시뻘건 불길이 치솟았다.

겁이 덜컥 났다. 저게, 저 불이 무얼까. 아무리 보아도 사람이었다. 불덩어리가 되어 버린 사람은 그 자리에서 몸을 뒤틀다 거리로 나왔다.

"근로기준법을 준수하라!"

짐승의 울음 같은 외침. 절박하고 고통스럽게 지르는 소리는 익숙한 음성이었다. 나는 아무런 말도 할 수 없었다. 옆의 옥분이도, 내가 딛고 서 있는 지저분한 바닥도 사라지고 오로지 바깥의 거리만 보였다.

"우리는 기계가 아니다! 일요일은 쉬게 하라!"

연이어 몇 마디인가 소리치고, 그는 그 자리에 쓰러졌다. 불은 아직도 타고 있었다. 누군가가 책 한 권을 불길 속으로 던졌다. 언젠가 본 적이 있는 책이다. 불길은 몇 분간 계속해서 탔다. 아무도 다가가려 하질 못했다. 그러다가 군중 속에서 누군가 튀어나와 무어라 소리를 지르며 입은 잠바로 불길을 덮어 껐다. 그 와중에도 그는 계속 외쳤다. 내 죽음을 헛되이 말라! 근로기준법을 준수하라!

기자들이 모여들고, 그는 또 다시 길바닥 위에 쓰러져 움직이지 않았다. 병원 구급차가 오고 그가 차에 실려 갔다. 병원차가 거리를 완전히 뜰 때까지도 거리에는 무거운 침묵이 겹겹이 쌓이어 있었다. 사람들은 계속 모였다. 값싼 옷을 입은 노동자들, 이내 우레 같은 함성이 거리를 뒤흔들었다. 분노한 사람들은 눈물 흘리며 미친 듯이 울부짖었다.

"우리는 기계가 아니다!"

누가 전태일을 죽였는가. 누가 전태일을 죽였는가. 플래카드를 빼앗기고 그 어느 누가 주동한 것도 아닌 데모, 가진 것이라고는 두 주먹뿐인 사람들의 데모. 개중에 몇이 손가락을 깨물어 광목천에 피로 글자를 써서 펼쳐들었다.

누가 전태일을 죽였는가!

사람들이 다시 한 번 외쳤다. 동시에, 방패와 곤봉으로 무장한 경찰대가 왔다. 필사적으로 나아가던 걸음이 막혔다. 그것으로 끝, 행렬은 앞에서부터 조금씩 무너졌다. 곤봉으로 머리를 내리치고 옷조차 변변히 입지 못한 사람들을 발로 차 쓰러뜨렸다. 머리채를 쥐이고 손에는 수갑이 채워진 사람들은 경찰서로 개처럼 끌려갔다.

나는, 아무런 말도 할 수가 없었다.

점심시간이 끝나고도 한참 지난 시간에야 들어갔지만 나와 옥분이에게 아무도 무어라 하지 않았다. 자리는 군데군데 비어 있었다. 작업대에 앉았지만 아무도 일을 시작하지 않으니 손을 놓고 있을 수밖에 없었다.

누가 전태일을 죽였는가! 아까의 외침이 자꾸만 귓가에 맴돌았다. 분신

자살. 태일 오빠는 분신자살을 한 것이다. 어제의 그 말, 온 삶을 던져 뛰어든다고 한 말이 이런 것을 예고한 것 같아서 마음이 이상했다.

문을 박차고 공장장님이 들어왔다. 여느 때처럼 일장 연설을 늘어놓았지만 평소와는 낌새가 좀 달랐다. 무슨 일인지는 모르겠지만 공장장님은 살찐 얼굴에 비지땀을 흘리고 있었다. 쫓기는 듯한 기색도 보였다. 얼굴이 시뻘겋게 되도록 공장장님이 열변을 토했다.

"느이들 중에 오늘 데모 간 새끼 있나?"

누구도 무어라 말하지 않았다. 공장에 있는 몇 안 남은 사람들을 죽 둘러본 공장장님이 말을 이었다.

"세상사엔 당연한 이치라는 게 있어! 시다고 미싱사고 간에 느이가 아랫것들이라는 게 그 당연한 이치란 말야. 빨갱이들더러 노동이니 근로법이니 암만 떠들어 보라구 해. 다 부질없는 짓이야. 이번에 자살한 그놈, 그 전태일 놈처럼 된답시고 딴 생각일랑 말구 일이나 해! 혹여나 딴 맘먹으려는 년들은 죄다 모가지야, 모가지!"

말을 끝맺고도 공장장님은 한참을 더 머물렀다. 불그레한 얼굴이 터질 것 같았다. 누구도 무어라 대꾸하지 않고 공장장님만 바라봤다. 거친 숨을 식식 몰아쉬며 공장장님이 나갔다.

모두가 어리벙벙하게 동작을 멈춘 가운데서 정적을 깨고 누군가 미싱의 전원을 올렸다. 공장은 다시 분주해졌다.

미싱이 돌아가기 시작한다. 평화시장 모든 직공들의 생명이고 희망인 미싱이 돌아간다. 나는 작업대의 천을 잡는다.

다만 굴종하지만 말아라. 태일 오빠의 말이 다시 귓가에 들려오는 것만 같다. 그렇다. 굴종하지 않겠다. 다만 참고 견디겠다. 나는 계속 살아남겠다. 다부지게, 계속 살아가자. 이 미싱에 내 온 삶을 걸고, 태일 오빠처럼.

오늘, 평화시장에 몸담았던 한 사람이 온 삶을 던져 데모를 했다. 스스로의 몸을 불태워 울부짖었다. 힘 있는 자들이 제아무리 막아도 온 세상의 수탉을 모조리 죽여도 새벽은 결국에는 올 것이다. 공장장에게, 사장에게, 노동청에, 지켜지지 않는 법에 맞서 태일 오빠는 외로이 싸웠다.

우리네 시다가 비록 약하지만 언젠가는 우리 편이 생길 것이라고 태일 오빠는 말해 주었다. 미싱 바늘에 찔리고 폐병에 걸려도, 모가지를 잘려 당장 내일 먹을 것이 없어지더라도 평화시장의 미싱은 돌아갈 것이다.

내일은, 밝고 따스한 해가 뜰 것이다.

이 글은 대한불교청년회에서 주최한 만해백일장에서 대상을 수상한 작품이다. 주제어는 '신발'이었다.

하이힐을 신은 채 걸어가는 그녀의 뒷모습은 오늘도 어색했다. 지하철에서 사람들을 비집고 나와 종종걸음이라도 칠 때면 우스꽝스러워지는 걸음 덕에 멀리서도 눈에 띄었다. 뒤뚱거리는 모습이 영락없는 사회 초년생 같았지만 그녀의 나이도 어느새 서른둘이었다.

이제 데리고 가도 괜찮지 않겠느냐는 장모님의 은근한 재촉에 우리는 올 가을 결혼식을 앞두고 있었다. 그녀는 더 이상 사내 연애를 숨길 필요가 없다며 기뻐했다. 결혼이 정해졌으니 다음엔 살 곳이 문제였다. 나는 도시 외곽에 살고 싶은 마음을 슬쩍 내비쳤다. 시골에서 자란 나에게는 다시 흙냄새를 맡고 사는 것이 오랜 바람이었던 것이다.

예상대로 그녀는 질색했다. 출근 문제와 함께 자기는 내가 흙을 그리워하는 것처럼 나고 자란 도시의 모든 것을 그리워하게 될 거라고 덧붙였다. 그녀의 태도가 하도 강경했던 탓에 내가 마음을 돌려야만 했다.

결국 우리가 살게 될 곳은 회사에서 십 분 거리에 떨어져 있는 아파트 몇 곳으로 추려졌다. 이곳은 남향이라 햇빛이 잘 들어와 좋고 저곳은 10층이라 전망이 탁 트여서 좋다는 중개인의 말과는 달리 내 눈에는 별 다를 것이 없어 보였다. 그녀의 성화에 못 이겨 내다본 창문 밖은 온통 회색빛이었다. 저 멀리 새끼손톱만 하게 솟아 있는 산에 잠시 눈길이 머물렀다. 그날 나는 차마 계약을 할 수 없었다.

집에 들어오자마자 그녀는 불평과 함께 신고 있던 운동화부터 벗었다. 발이 발갛게 부어올라 있었다. 잘 붓는 특이 체질인 것은 알았지만 하이힐 같은 불편한 신발에만 예민한 줄 알았던 나는 화들짝 놀랐다. 그녀는 여태껏 그것도 몰랐느냐며 서운한 티를 냈다. 지금까지 내 앞에서는 거의 신발을 벗지 않았던 그녀의 모습이 떠올랐다. 특유의 뒤뚱거리는 듯한 걸음걸이도 하이힐이 아닌 부어오른 발 때문이었다. 지금까지 어떻게 참았느냐는 물음에 그녀는 살짝 얼굴을 찌푸렸다.

"어쩌겠어, 신발을 벗고 다닐 수도 없고. 이상하게 양말은 괜찮은데 말야. 한 스물한 살 때쯤이었나? 작은 키 때문에 이 악물고 매일 하이힐을 신고 다녔었어. 그 후로 신발이면 상관없이 다 이렇게 부어오르더라. 욱신거리는 것도 하루 이틀이지, 이제는 아예 감각이 없어져서 좀 견딜 만해. 어떨 때는 내가 지금 정말 땅 위에 서 있는 건지, 아님 허공 위에 떠 있는 건지 잘 모르겠다니까."

문득, 어떤 일이 있어도 두 발만큼은 땅 위에 단단히 붙이고 있어야 한다던 말이 떠올랐다. 어릴 적 엄마가 자주 내뱉곤 하던 말이었다.

그녀와 다음 주에는 더 이상 뜸 들이지 않고 아파트 계약을 끝내겠다는 약속을 했다.

그러던 중 부동산업에 종사하는 친한 친구에게 전화가 왔다. 서울에서 그리 멀지 않은 외곽에 집을 하나 봐 뒀다는 것이다. 나는 그녀에게 한 번 보러만 가자고 부탁했다. 그녀는 뾰로통한 표정으로 따라 나섰으나 절대 마음을 바꾸지 않을 거라고 미리 엄포를 놓았다.

포장이 잘된 길이 끝나자 가느다란 마을 길이 시작되었다. 우리는 차에서 내려 마을 길을 따라 걸었다. 시골은 아니었지만 내리쬐는 볕이 도시와는 비교할 수 없는 평온함을 가져다주었다.

쉴 새 없이 흙길에 대해 투덜대던 그녀가 갑자기 옆으로 픽 쓰러졌다. 하이힐의 뒷굽 하나가 부러진 것이었다. 나는 그녀의 신발을 벗겨 냈다. 두 발은 여전히 부풀어 올라 있었다. 나는 울상인 그녀를 따라 신발을 벗었다.

"같이 걷자."

그녀는 맨발로 일어나 걷기 시작했다. 발밑에서 어릴 적 고향에서 느끼던 흙길의 폭신함이 되살아났다. 그녀도 느끼는 듯했다.

집에 도착했는데도 그녀는 내 구두를 신지 않았다. 우리는 문간에 기대어 앉아 걸어온 구불구불한 흙길을 눈으로 훑었다. 그녀가 흙이 묻은 발 두 쌍을 물끄러미 내려다보더니 입을 열었다.

"우리 여기서 살자."

오늘과 다른
내일을 살려는
간디인에게

마음으로 전하는 한마디

누구에게 보여 줘도 목에 힘이 들어갈 만큼
멋들어진 시를 쓰고 싶다 했다

얼마 뒤

부끄러움으로 가득한 시도
멋들어진 시도
슬퍼하며 눈물로 뒤덮인 시도
모든 게
나라고 했다

— 〈**일기**〉, 이민영(13기)

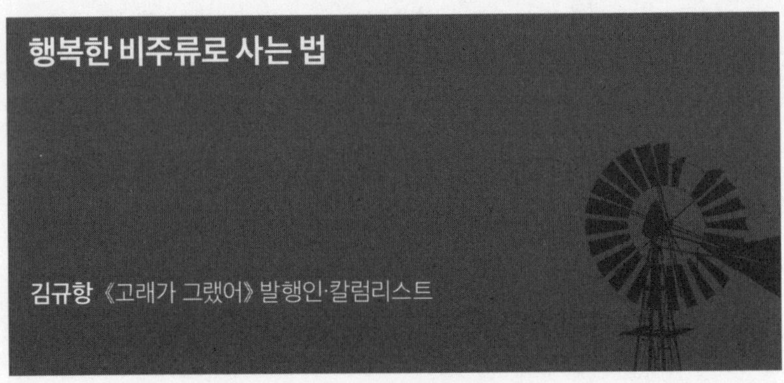

행복한 비주류로 사는 법

김규항 《고래가 그랬어》 발행인·칼럼리스트

간디학교는 한 달에 한 번 정도 학생들이 만나고 싶은 사람을 초대하여 강연을 듣고 대화의 시간을 가지는 문화의 밤을 연다. 이 글은 문화의 밤 시간에 김규항 씨와 학생들이 나눈 대화를 정리한 것이다.

안녕하세요. 김규항입니다. 실은 지난겨울에 간디 마을학교에 강연 차 왔다가 길을 잘못 들어서 여기를 한 번 왔습니다. 이번에는 제대로 찾아온 것 같습니다. (웃음) 여러분이 괜찮으시다면 저 혼자 말하기보다는 서로 질문하고 대답하는 식으로 이야기를 나누었으면 합니다. 여러분 가운데 아무거나 좋으니까 질문해 주시기 바랍니다.

사람들이 김규항 선생님을 좌파 지식인이라고 하는데 본인은 거기에 동의하시나요? 좌파, 우파로 나누는 게 꼭 필요한가요?

우리 사회의 문제에 분노하고 비판하면서 좀 더 근본적으로 뜯어고치려는 사람들은 좌파라고 할 수 있고 이보다는 시스템을 지키려고 노력하는 사람들은 우파라고 할 수 있겠지요. 그런데 나는 좌파니까 뭐도 하고 뭐도 해야 한다, 이건 아닙니다. 거꾸로 봐야 합니다. 저 같은 경우는 결과적으로 좌파로 불리는 면이 있습니다. 제가 옳다고 생각하는 것이 다른 사람 눈에 좌파적인 실천으로 보이는 것 같습니다. 좌파니까 이렇게 행동하면서 살아야지 하는 것은 없습니다.

세상을 나누는 방식은 국가나 민족 같은 걸로 쪼개서 볼 수 있습니다. 가령 태극기를 보면 가슴이 울렁거리는 사람이 있겠지요. 우리 조국, 대일본제국, 위대한 독일 같은 말들이 그런 것이겠지요. 또 하나의 방법은 예를 들어 삼성의 이건희 씨와 우리나라에서 가장 가난한 사람 누구를 비교해 보는 방법이 있습니다. 두 사람이 같은 '사람'일까? 같은 세상에서 산다고 할 수 있을까? 세상을 지배 계급, 중간 계급, 민중과 노동자로 나누어 볼 수 있는데, 좌파라는 것은 이런 시각으로 세상을 보는 걸 말합니다. 미국이나 유럽이나 중국에 사는 사람을 그 나라 국적을 가진 사람으로 볼 수도 있지만 거기도 노동자가 있고 민중이 있습니다. 우리나라에 노동자, 민중은 그런 사람과 같은 처지니까 국적으로 사람을 나누는 것보다 같은 계급으로서의 의식이 훨씬 필요합니다. 어느 사회든 그 사회의 지배 계급은 한 사회를 우리 로마, 우리 유대인, 우리 한민족이라고 부르면서 국가와 민족으로 나누어 보는 걸 주입시켜 왔습니다. 그렇게 해야 사회의 모순과 문제점이 잘 가려지니까요. 우리 사회가 민주화된 지 오래되었지만 10대와 20대도 그런 식으로 세상을 봐요. 우리 사회의 착취나 불평등 문제를 계급적으로 보는 데 다들 무관심한데 이런 현상은 대단히 걱정스럽습니다.

제가 여러분 나이 때 신문 해외 토픽 가운데 노동당 당수인 아버지가 자기 자식을 비난하는 기사를 본 적이 있습니다. 내 아들은 노동자의 자존심을 저버렸다. 왜 노동자이면서 고급 호텔에서 자고 비싼 차를 타고 비싼 음식을 사 먹느냐, 창피하다, 품위를 잃어버렸다, 천박하다는 거였어요. 이런 식의 관점이 한국에는 없습니다. 한국의 민중이나 노동자들은 뺏기고

눌려서 억울하기만 한 사람들이지 적어도 우리가 물질적으로 힘들게 살고는 있지만 지배 계급보다 훨씬 순수하고 정의롭고 도덕적으로 정당하게 살고 있다고 자식들에게 자랑스럽게 가르치는 사고방식이 형성되어 있지 않습니다.

이렇게 되면 노동 운동이 너무 경제 문제, 임금 문제에만 몰입해서 운동의 궁극적인 목표가 부자만큼 잘사는 것이 되어 버리는 면이 있습니다. 이렇게 해서는 세상이 바뀌지 않습니다. 너희가 우리를 착취해서 잘 먹고 잘사니까 우리도 세상을 뒤집어서 너희처럼 잘 먹고 잘살겠다는 것이 운동의 목표가 되면 세상은 절대로 바뀌지 않습니다. 가치관이 바뀌어야 합니다. 한국의 진보 운동, 정치·노동 운동에서 이런 가치관의 문제를 고민하는 게 너무 미미해져 버렸습니다. 더 많은 임금, 임금 하다 보니까 울산이나 거제의 큰 대기업의 남성 정규직 노동자들은 똑같은 일을 하면서도 임금은 반밖에 못 받는 비정규직 노동자 이야기가 나오면 외면합니다. 그러니까 우리가 좌파다, 진보다, 세상을 바꾼다, 할 때 도대체 뭘 바꾸려고 하는 건지 고민할 필요가 있다고 생각합니다.

선생님은 "행복한 비주류로 살자."는 말을 자주 하십니다. 이 이야기를 자세히 설명해 주세요.

비주류라는 게 뭘까요? 비주류란 사회의 기득권과 관계없이 사는 사람들입니다. 바닥이라고 할 수 있죠. 비주류로 산다는 것은 중간에서 살면서 좀 더 노력해 사회의 상층부로 진입하느냐 아니면 사회의 바닥으로 내려가 연민과 분노를 갖고 그런 사람과 연대해서 사느냐 하는 선택의 문제입니다. 비주류는 실존적 결단이 있어야 가능합니다. 여러분도 이제 곧 어떻게 살아야 할지 결정해야 할 겁니다. 사회의 어느 부류에 속해서 살지 말입니다. 그러나 올바르게 살아야 한다는 각오로 비주류로 살겠다면 서른을 넘기지 못하고 그만둡니다. 이런 농담이 있습니다. "운동권의 정년은 서른 살이다." 요즈음은 적지만 제가 학교 다닐 때는 어지간한 학생들은 다 운동권이었어요. 학생 때에는 치열하게 운동하던 이들도 서른 살이 되면 결혼도 하고 아이도 생기고 슬슬 빠지기 시작하여 주류 시스템으로 들어갑니다.

비주류적의 삶이 인간적이어서 올바르기 때문에, 진보적이기 때문에 선택하면 오래갈 수 없습니다. 그 자체가 즐거워야 합니다. 그게 행복해야 합니다. 사회의 상층부로 진입하는 게 재미없고 비주류로 살면서 연대하고 같이 일하는 게 자신과 인생을 존중하고 가치 있게 한다, 그런 게 즐겁다, 이래야 됩니다. 그러면 평생 비주류로 살 수 있습니다. 저도 제가 하는 일이 정의롭고 옳기 때문에 해야 한다고 생각했으면 지금까지 못했을 겁니다. 이 일이 나 스스로 행복하니까 지금도 합니다. 그러니까 내가 어떤 삶을 좋아하는지 파악할 수 있는 지적 능력이 있어야 합니다. 그래서 인문 과학도 배우고 사회 과학도 배우고 현실에 관심을 치열하게 가져야 합니다. 세상을 잘 알고 난 뒤에 주류로 살든 비주류로 살든 해야 합니다.

최근에 어떤 진보적인 지식인이 한국의 대안학교, 대안교육은 실패했다고 말하는 걸 들은 적이 있습니다. 선생님은 대안교육을 어떻게 평가하는지 말씀해 주세요.

이 질문에 대답하기 전에 선생님들은 다 나가 주시기 바랍니다. (웃음) 농담입니다. 저도 사실은 좀 비관적으로 생각하는 편입니다. 제가 보기에 지금 대안학교들은 대안 입시 학교가 되었다고 생각합니다. 전체적으로 다 그래요. 이우학교 다르고 간디학교 다르고 어디 다르고 한 게 아니라 전체적인 경향이 그래요. 이런 경향을 발생시키는 가장 큰 원인은 학교 창설자도 아니고 선생님들도 아니고 부모님들입니다. 얼마 전에 신문에 약간 풍자하는 식으로 어떤 명제를 던진 적이 있습니다. "보수적인 부모는 당당한 얼굴로 아이들을 경쟁에 몰아넣는다. 그러나 진보적인 부모는 매우 불편한 얼굴로 경쟁에 몰아넣는다." 나는 저런 사람하고 다르니까. 나는 좋아서 하는 것은 아니니까. 현실이 어쩔 수 없어서 하는 거니까. 이렇게 말하면서 계속 표를 내려고 하는 거지요.

보수적인 부모는 자기 아이가 일류 대학 학생이 되는 것이 교육의 목표입니다. 진보적인 부모의 목표는 뭔지 아십니까? 자기 아이가 진보적인 일류 대학생이 되는 것이죠. 일류 대학은 가되 멍청하게 《조선일보》나 보는 게 아니라 《한겨레》《경향신문》도 보고 진중권, 김규항, 홍세화 책도 읽고 촛불 시위도 나가는 그런 사람이 되기를 바라죠. 이것은 더한 탐욕일까요, 아니면 다른 무엇일까요? 대답은 하지 말고 질문으로 남겨 둡시다.

지금 한국의 교육 문제는 너무나도 심각한데 실은 교육 문제는 없습니다. 교육이라는 게 무엇인가, 하는 질문은 좌우를 막론하고 잃어버린 지 오래되었습니다. 교육이라는 게 뭔가요? 어떤 사람으로 기르는가 하는 것이 주제겠죠. 그런데 한국 사회에서 보수든 진보든 어떤 부모든 내 아이를 어떤 사람으로 키울지가 교육의 1차 관심사인 사람을 보기 어렵습니다. 이 주제가 두 번째인 사람은 꽤 있어요. 여러분의 부모님도 두 번째는 충분히 될 겁니다. 지금 한국 교육의 가장 큰 관심사는 어떤 사람이 되는가가 아니라 얼마짜리가 되는가입니다. 그리고 그 얼마짜리가 되느냐 하는 목표를 위해 스펙을 쌓고 온갖 준비를 합니다. 마치 한우에게 1등급, 2등급이 있듯이 사람에게 그런 걸 매깁니다. 부모님 상대로 이런 강연을 하면 어떤 분은 좀 심하지 않으냐 그러십니다. 그러면 다시 묻습니다. "질문하신 부모님의 고민 가운데 대학 입시를 한번 빼 보시기 바랍니다. 무엇이 남는지 생각해 보세요." 우리 교육에서 대학 입시를 빼 버리면 고민이 아무것도 없습니다. 무슨 고민이 있습니까?

교육이란 기쁨과 환희의 과정입니다. 아이를 낳고 길러 보면 걸음마 떼고 글자 배우고 하는 게 엄청난 기쁨을 줍니다. 그런데 점점 자라면서 영어나 수학 배우는 게 왜 이렇게 고통스럽습니까? 배우는 게 얼마나 환희에 찬 건데 말입니다. 이게 다 교육이 아니어서 그래요. 등급을 매기기 위한 절차에 불과한 것이 공부가 되어 버리니까 괴로운 겁니다. 아이들끼리 만인에 의한, 만인의 투쟁으로 만드니까 괴로운 겁니다. 내 아이가 질까 봐. 이것은 교육이 아닙니다.

대안교육은 이런 현실에서 진짜 교육을 해 보겠다는 용기와 실천일 텐데 대안학교도 이 거대한 흐름에 휩쓸리고 있습니다. 부모들의 불안과 초조함 때문에 말이죠. 학교마다 상황이 다르고 교사들이 어려운 가운데에서도 분투하고 계시기 때문에 대안학교가 모두 실패했다고 함부로 말할 수 없습니다. 하지만 전체적인 경향은 점점 그쪽으로 가고 있는 것 같습니다. 잘못된 건 알지만 현실이 어쩔 수 없잖아, 하면서 말이죠. 이것은 대단히 불행한 일입니다.

어떤 사람은 대안학교를 귀족 학교라고 부르기도 합니다. 그러나 학비가 좀 비싸다고 해도 대안학교가 입시 쪽으로 안 가고 대안적인 삶을 모색하는 교육으로 간다면 그걸 귀족 학교라고 욕할 수 있을까 생각해 보면 저는 아니라고 봅니다. 어느 정도 먹고살고 어느 정도 배운 사람들이 자기 아이를 대안학교에 입학시켜 놓고는 입시에 강박을 느끼고 자유롭지 못한 모습을 보이면, 경제적인 이유로 대안학교에 아이를 입학시킬 수 없는 서민 부모들은 반감이 생길 수 있습니다. 저는 대안학교가 진정으로 존경받기를 바랍니다. 대학 입시를 교육이라고 거짓말하는 나라에서 그걸 거부하는 학교라면, 1년 수업료가 500만 원이더라도 그런 교육과 맞서는 학교라면 비난받지 않을 거라고 봐요. 존경받을 거예요. 그런 교육이 일반 학교에도 영향을 주고 전체의 교육 현실을 바꾸는 힘이 되니까 제대로 대안교육을 한다는 것은 굉장히 중요한 문제이고 엄청난 가치가 있습니다.

혹시 〈강아지 똥〉 읽어 봤나요? 다 읽어 보셨군요. 누가 썼어요? 권정생 선생님이 쓰셨죠. 지금은 돌아가셨습니다. 우리나라에서 아동 문학 작가 가운데 인세 수입이 제일 많은 분이었습니다. 아마 몇억은 될 거예요. 그런데 본인은 한 달에 몇만 원도 안 되는 돈으로 사셨다고 해요. 그런데 사람들은 그럽니다. "권정생은 우리 곁에 있는 성자요, 거룩한 사람이다."라고요. 이 말에는 어떤 뜻이 담겨 있는 것 같아요? 나는 죽어도 절대로 저렇게 못한다는 뜻이 담겨 있는 것 같아요. 저 사람은 성자고 나는 그냥 인간이니까 나는 저런 사람을 존경하고 좋아하는 지성과 양심을 가지고 있다는 걸 표현하는 것이죠. 그런데 권 선생님은 고통을 감수하면서 올바르게 살려고 해서 그렇게 살았던 분이 아니라 그것이 편안했습니다. 그런 삶 자체가 익숙했습니다. 이라크 파병 문제가 논란이 되었을 때 이분이 파병 반대하는 사람들에게 하신 말씀은 "당신들도 똑같다. 좋은 아파트에서 살고 좋은 차를 타고 다니면서 외국에 군인 보낸다고 비판하면 절대로 세상을 바꿀 수 없다."였습니다.

어플루엔자라는 말 들어 보셨어요? 소비 중독증이라는 뜻입니다. 이것은 일종의 병인데, 정신병입니다. '부자병'이라는 뜻이죠. 좋은 삶, 잘 사는 삶의 기준이 돈이 되어 버리면 다른 사람이 가진 것과 자기가 가진 것을 비교하면서 기분이 좌우되고 행복과 불행이 결정되는데 이게 질병이라는 거죠. 대단히 죄송한 말씀이지만 지금 한국의 성인 가운데 이 병에 걸린 사람이 90퍼센트가 넘는다고 생각합니다. 정도가 심각한가 경미한가의 차이가 있을 뿐입니다.

이제 졸업하면 각자 다양하게 진로를 선택하겠지만 저는 어떤 선택을 하느냐에 따라 삶이 엄청나게 차이 난다고 생각합니다. 이 세상은 그대로

더라도 내가 행복한 삶이 무엇인가, 잘 사는 삶이 무엇인가에 대한 기준을 정해 버리면 세상은 뒤집히는 겁니다. 남이야 뭐라고 하든 말든 아무 상관이 없습니다. 좋은 아파트에 사는 친구가 너 왜 그렇게 가난하게 사느냐고 해도 오히려 그 친구가 측은해 보이는 거죠. 그런 주체적인 삶을 살아야 합니다. 여러분이나 선생님들, 부모님들이 좋은 교육을 고민할 때 이런 걸 생각하시길 바랍니다. 여러분이 자존감을 갖고 살기를 바랍니다. 좋은 사람이 되십시오.

자녀 교육을 어떻게 하고 계신가요?

이 자리에 제 아이가 같이 와 있어서 그 질문에는 편하게 대답할 수가 없네요. (웃음) 저는 우리의 삶을 결정하는 현장에 여러 가지 판이 있는데 가장 근본적으로 중요한 게 교육 현장이라고 생각합니다. 그런데 다른 분야보다 교육 문제에서 제일 밀리는 것 같아요. 좌파 운동하는 사람조차도 현실이 이런데 어쩌느냐 하면서 타협하고 삽니다. 좌파의 교육 정책 비판을 보면 우파와 많이 다른데 실제 제 아이 교육은 이론으로 하는 게 아니잖아요. 자기 아이들 교육하는 모습을 보면 좌우가 통합되어 있어요. 지금의 아이들이 어떤 교육을 받고 있느냐가 10년 후, 20년 후 한국 사회의 미래를 결정합니다. 거기서 분명히 밀리고 있다면 우리 사회의 미래가 암담한 거죠. 세계적으로 봐도 신자유주의가 어떻고 국가 경쟁력이 어떻고 말하지만 초등학생까지 이렇게 내몰리는 나라는 한국밖에 없습니다. 거의 모든 아이들이 그렇습니다. 지금 이대로 가면 우리나라는 망할 겁니다.

아이를 키운다는 것은 농사와 같습니다. 여기서도 농사 수업 하지요? 농사지으면 절기나 시점이 있어서 꼭 해야 하는 게 있잖아요. 봄에 할 일을 빠트렸다고 해서 가을에 몰아서 하면 수확할 수 있습니까? 완전히 망가집니다. 돌이킬 수가 없는 겁니다. 사람도 다섯 살 때 느끼고 배우고 알아야 할 게 있고 열 살 때가 있고 열다섯 살 때가 있고 다 때가 있습니다. 지금은 대학 입시에 모든 교육이 맞추어지면서 그런 걸 생략한 채 가고 있기 때문에 문제입니다. 대학에 들어가고 나서 혹은 삼성 직원이 되고 나서 그걸 한다고 해서 벌충될 수 있는 게 아닙니다. 특히 초등학교 이하의 아이들에게 가장 중요한 것은 제대로 노는 것입니다. 피시방 가서 놀고 에버랜드 가서 노는 게 아니라 진짜로 뛰어노는 것. 아니면 먼 산을 보는 것도 좋죠. 어른들이 보기에는 목적도 의미도 없는 일 같지만 그렇게 시간을 보내는 것이 아주 중요합니다.

제가 아는 한 후배는 서울 목동에 사는데 그 집 아이가 초등학교 2학년인데 밤 11시에 들어옵니다. 학원 다닌다고. 지금 대치동이나 목동에 가면 공부 좀 시킨다는 집은 다 그렇게 하고 있습니다. 작년보다 평균 한두 시간 더 늘어났다고 합니다. 제가 박정희 대통령 시절에 초등학교를 다녔는데 그때는 초등학생도 선생님 보고 거수경례를 하던 시절이었습니다. 경례를 하면서 "건설합시다."라는 구호를 붙였습니다. 초등학교가 마치 조그마한 부대처럼 여겨지던 시절이었으니까 말도 안 되는 이야기죠. 그런데 그때는 모든 아이들이 오후 3시면 다 논다고 정신이 없었습니다. 그 시간에 소재 파악이 되는 아이들은 딱 두 가지 경우였어요. 벌 받는 아이나 아파서 누워 있는 아이입니다. 그 외의 아이들은 소재 파악은 안 되지만 뭐 하는지는 엄마가 다 알죠. 어디서 놀고 있을 거니까요. 그래서 저녁 차려 놓고 아이를 찾으러 다니는 게 아니라 잡으러 다닌다고 힘들었어요.

지금 한국에서 오후 3시경에 초등학생이 한 시간 정도 소재 파악이 안 되면 사고 상황이죠. 이럴 때 엄마는 두 가지 마음이 듭니다. 아이가 어떻게 되지는 않았나 하는 사고 걱정 하나, 이놈의 자식 학원 빼먹고 노는구나 들어오기만 해 봐라 하는 마음 하나입니다. 걱정이 되는 만큼 화가 나는 거죠. 부모가 교도소 수위도 아닌데 말입니다. 놀아야 정신적으로나 영적으로 조화로운 사람이 되는데 아이들이 다 자라면 완전히 망가진 농사가 되지 않을까 걱정됩니다. 10년이 지나면 이 아이들이 청년이 되는데 그때 이 사회가 어떻게 되겠습니까. 좀비나 로봇 같은 청년들이 가득한 사회가 된다고 생각하면 암담합니다.

다른 나라를 살펴보면 이 지경까지 가는 나라는 없습니다. 독일 이야기를 좀 할게요. 독일 사는 어떤 어머니한테 들은 이야깁니다. 아이의 선생님이 언제 시험 보는지 알려 주지 않고 시험을 치고는 했답니다. 한번 상상해 보세요. 이게 한국의 어머니들이 참을 수 있는 일입니까? 그래서 그 교포 엄마가 독일 엄마들을 꼬드겨서 학교에 항의하러 갔답니다. 선생님의 예상 답변까지 다 뽑아서 갔습니다. 예상 답변이 뭐였느냐면 "그렇게 해야만 정확한 학력 평가를 할 수 있습니다."였습니다. 그런데 선생님은 뭐라고 답한 줄 아세요? "시험을 언제 보는지 말하면 아이가 얼마나 스트레스 받겠습니까?"라고 말했답니다. 무슨 말인지 모르겠어요? 한국 학생들은 이런 말을 들어도 무슨 말인지 잘 모를 수도 있어요. 그 독일 선생님이 어머니들에게 이런 얘기를 했다고 합니다. "아이가 고작 시험 때문에 스트레스를 받으면 정신적으로 손상을 입을 수 있고 그 스트레스가 평생 갈 수도 있다." 했답니다. 분기탱천해서 몰려간 엄마들이 더 이상 아무 말도 못 했다고 합니다. 경쟁력을 위해서는 아이들이 평생 정신적인 손상을 입고 살아도 좋다고 생각하는 나라에서는 이해할 수 없는 말입니다.

이건희 씨는 이런 말을 했다죠. "한 명의 인재가 십만 명을 먹여 살린다." 이거 순 거짓말입니다. 독일 공교육의 목표는 인재를 기르는 게 아닙니다. 보통의 학력을 가진 아이들을 사회에 많이 내보내는 것입니다. 그럼에도 독일의 산업 경쟁력은 한국과 비교할 수 없을 만큼 높습니다. 한국 노동자들은 잔업이다 특근이다 해서 일을 얼마나 많이 합니까. 독일이나 프랑스에서는 해 지면 문 닫습니다. 차가 고장 나도 고칠 데가 없어요. 여러분 가운데 자동차 정비 기술 배워서 파리에서 일하면 대박일 거예요. 그런데 그 사람들이 그걸 몰라서 안 하는 게 아닙니다. 그렇게 해서 돈을 더 벌면 뭐 하느냐, 내가 지금 굶는 것도 아닌데 일찍 일 마치고 들어가서 아이랑 놀기도 하고 쉬는 게 더 낫다는 거죠. 독일에서는 저녁 8시가 넘으면 길에 왔다 갔다 하는 아이들이 아무도 없다고 합니다. 다 집에서 자니까. 한국의 아이들이 그 시간에 잔다면 엄마가 가만두지 않겠죠. 제가 이런 이야기를 하는 이유는 선진국 교육이 부러워서가 아니라 그렇게 자란 아이들과 우리 아이들이 스무 살이 되면 어떤 차이가 있을지 생각해 보자는 겁니다. 똑같을까요? 절대 같을 수가 없겠죠. 뭐가 다르겠습니까. 인간적인 면이 다를 수밖에 없습니다.

비주류로 살기 위해서는 어떤 공부를 해야 하는지 알려 주세요. 지금까지 하신 말씀에 공감하는데 그렇게 살려면 어떤 준비를 해야 할지 잘 모르겠습니다. 자신도 없고요.

제 아이가 그림을 잘 그리는데 초등학교 5학년 때쯤 미대 입시에 대해 이야기한 적이 있습니다. 제가 만드는 《고래가 그랬어》에서 조사해 보니까 자기 아이가 만화가가 되겠다고 그러면 부모들이 제일 먼저 하는 이야기가 "대학은 가고."였습니다. 대학부터 가고 다음에 네가 하고 싶은 일을 해라 이거죠. 그래서 저도 아이랑 그 얘기를 좀 했어요. 그때 제일 먼저 한 말이 뭐냐면 서울대 미대나 홍대 미대에 가면 얼마나 유리한가였습니다. 입시 미술의 폐해라든가 주류 미술의 문제점을 이야기한 게 아니라 서울대 미대나 홍대 미대를 나오면 시장에서 얼마나 유리한가, 이름 없는 미대를 나오면 얼마나 불리한가, 이런 걸 얘기해 줬죠. 왜냐고요? 그런 것부터 알아야 한다고 생각했기 때문에 숨기지 않고 이야기했습니다. 그런 걸 확실히 알아야 비주류를 선택해도 흔들리지 않습니다.

두 가지 삶이 여러분 앞에 놓여 있다고 했을 때 비주류를 선택하려고 하면 반대쪽도 알아야 합니다. 주류 쪽으로 갔을 때 인생에 어떤 이득이 있고 기쁨이 있는지부터 많이 공부해야 합니다. 그렇지 않고 비주류가 되면 10대, 20대의 정열도 30대가 되면 꺾입니다. 진보적인 삶, 대안적인 삶을 사는 어른들의 삶을 공부하고 동경하는 것도 중요하지만 주류의 삶을 살면서 누릴 수 있는 재미나 즐거움이나 이익에 대해서도 공부해 보세요. 그래야만 정확한 선택을 할 수 있습니다. 그러고 나서 내리는 결정이라야 오래갑니다. 답변이 좀 빗나간 감이 있는데 제 말이 무슨 뜻인지는 아실 거라 봅니다.

선생님은 지금 행복하세요? 어떻게 사는 것이 행복하게 사는 걸까요?

저보고 행복하냐고 물어보시니까 대답하기가 좀 그렇군요. 대체로 행복하게 산다고 말씀드릴 수 있습니다. 저희 아버지가 군인이셨어요. 장교는 아니고 하사관이셨는데 군인들이 대개 그렇듯이 이사를 수없이 다녔어요. 전북에서 태어났지만 초등학교는 대구에서 다녔습니다. 단칸방이라고 아시는지 모르겠군요. 단칸방에서 온 가족이 살았는데 제 아래 동생이 태어났습니다. 그렇게 좁은 데서 어떻게 아이가 태어나는지 지금 생각해도 궁금해요. 그렇게 살아도 가난해서 힘들었다는 생각은 한 번도 안 하고 살았습니다. 가족끼리 우애가 훨씬 깊이 형성됩니다.

얼마 전에 《고래가 그랬어》에서 서울 강남의 아이들을 모아 놓고 좌담회를 했는데 아이들의 고민이나 어려움을 말하라고 만든 자리였습니다. 그런데 그때 나온 이야기를 도저히 잡지에 실을 수가 없었습니다. 늦게까지 과외하고 공부 부담이 많아도 이겨 내야 한다고 모두가 그러는 거예요. 참

가한 아이들 모두 그래야 어른이 되어서 잘살지 않겠느냐는 식의 이야기를 하는 겁니다. 어른이 되어서 멋지게 폼 나게 살려면 지금 힘들어도 이겨 내야 한다고 생각하는 겁니다. 이런 이야기를 어떻게 잡지에 싣겠습니까. 깜짝 놀랐습니다. 아이들이 이렇게까지 변했구나 싶어서 무척 충격을 받았습니다.

여러분, 지금 행복하십시오. 지금 고생하면 나중에 행복하다는 말 믿지 마세요. 제가 행복에 대해서는 나름대로 공부를 깊이 한 편입니다. 아이들이 상담을 요청하거나 편지를 보내면 답장을 해야 하니까 행복이 뭔지 알아야겠더라고요. 그래서 이 책 저 책 안 본 게 없을 정도로 행복에 관한 거라면 다 뒤져 봤습니다. 그런데 행복은 다른 데에서 오는 게 아닙니다. 사람 사이의 관계에서 옵니다. 제가 내린 결론은 그것입니다. 아무리 좋은 걸 소유하고 돈이 많아도 무엇인가 충족이 안 됩니다. 다른 걸로는 절대로 완전히 행복해질 수가 없습니다. 사람끼리의 관계에서 오는 행복이 진짜 행복입니다. 그런 걸 다른 말로 하면 사랑, 우정, 보살핌, 존중 같은 것이겠죠. 여러분들도 행복하게 사십시오. 제 이야기는 여기서 끝내겠습니다.

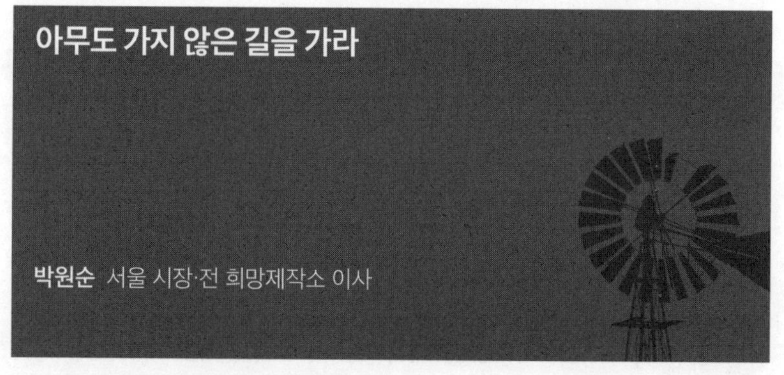

아무도 가지 않은 길을 가라

박원순 서울 시장·전 희망제작소 이사

이 글은 2009년 당시 희망제작소 이사였던 박원순 서울 시장이 간디학교의 철학 시간에 초청되어 특강한 내용을 정리한 것이다.

감옥 속에서 배운 인생

간디학교에 꼭 한번 와 보고 싶었는데 여러분을 만나게 되어 아주 기쁩니다. 오늘의 교육을 생각할 때 무엇보다도 답답한 것은 아이들이 꿈을 가질 수 없게 만든다는 점입니다. 아이들 꿈이 다들 좋은 대학 가는 거고 그 다음에 좋은 직장에 들어가는 건데 좋은 직장이라는 게 든든한 자리나 돈 많이 버는 겁니다. 여러분은 좀 다르죠? 꿈이 뭔가요? 작가, 디자이너요? 어떤 디자이너요? 커뮤니티 디자이너, 엔지오 활동가. 그것 보세요. 간디학교 학생들은 확실히 다 좋은 꿈을 가진 것 같아요.

제 이야기를 좀 하면 저도 소위 명문이라는 서울대학에 들어갔는데 어느 날 도서관에서 보니까 데모가 벌어져서 학생과 경찰이 충돌하고 있더라고요. 경찰이 너무 무자비하게 막으니까 도저히 안 되겠다 싶어서 저도 시위에 참가하게 되었는데 그러다가 경찰에 잡혔어요. 그래서 감옥이란 곳을 처음 갔습니다. 처음에는 구속이 됐으니까 학교에서 잘릴 것 같아 무척 불안했습니다. 그런데 몇 달 살다 보니까 감옥이 너무 좋더라고요. (웃음) 소위 말하는 잡범들과 함께 있었는데 그중에는 강도 살인범도 있었어요. 실제로 목을 조르고 강도를 했대요. 그런 사람과 같이 잠자고 식사하고 그랬죠. 처음에는 옆에서 같이 자면 밤에 목 조를까 봐 멀찍이 떨어져 있었어요. 그런데 지내면서 보니까 그렇게 착한 아이는 처음 봤어요. 진짜 나쁜 놈은 영악해서 감옥에 안 오거든요. 배우지 못하고 착하고 순진한 사람들이 감옥에 많이 있습니다. 그때 제가 열아홉 살이었어요. 지금 여러분은 몇 살이에요? 열아홉이요. 그때 제 나이랑 같군요. 감옥 안에서 다른 세계에 사는 사람과 사귀어 보니 책에서 배운 것과는 비교가 안 됩디다.

우리나라의 제도나 시스템이 이런 사람들을 잘 받아 줘야 됩니다. 얼마 전에 소년원을 다녀온 한 소년을 알게 됐습니다. 그런데 이 녀석이 요리를 잘해요. 그래서 음식점을 차렸는데 음식점이 잘 되니까 지점을 냈어요. 소년원에 갔다 온 아이가 대단하게도 사회적 기업을 만들었습니다. 세상 젊은이들이 가지고 있는 재능은 각자 달라요. 그러니까 요리 하나 가지고 돈을 버는 거예요. 감옥 갔다 온 사람들을 다시 일어서게 도와주는 공단이 하나 있습니다. 갱생보호공단이라고 들어보셨나요? 제가 그곳 이사를 해서 사정을 좀 압니다. 우리나라는 감옥에 한번 갔다 오면 절대 취직할 수 없습니다. 먹고살려면 또 감옥 가야죠. 감옥 가면 먹여 주니까. 약자에 대한 배려가 없으니까 세상이 자꾸 끔찍해집니다. 그래서 좋은 제도와 사회 기구가 정말 중요합니다.

아름다운 사람들이 꿈꾸는 아름다운 가게

아름다운 가게 이야기를 좀 하겠습니다. 작년에 매출이 150억이었습니다.

수많은 일을 하지만 그중에 커피 가게를 만들었어요. 아름다운 커피는 제3세계 가난한 농부들이 생산한 커피를 직접 사 옴으로써 그 농부들이 제값 받고 커피를 팔게 합니다. 보통 커피 한 잔 사 먹으면 중간에 떼먹는 게 얼마나 많은지 모릅니다. 하지만 우리는 커피를 직접 사 오니까 중간 마진이 없습니다. 바로 현지 농민에게 혜택이 갑니다. 국내 최고의 바리스타들이 구워 주는 커피예요. 금년 커피 매출은 30억 정도 예상해요.

세계 최고의 커피 회사는 스타벅스죠. 저는 요즘 우리 직원들에게 스타벅스하고 경쟁하자고 합니다. 스타벅스 마시면 다국적 기업만 돈을 불리잖아요. 그러나 아름다운 커피를 마시면 가난한 제3세계 농부의 배를 불려 주잖아요. 그곳 아이들을 학교에 보낼 수 있습니다. 마을도 살아나고 병원, 탁아소, 농업 연구소, 자치 기구 같은 걸 만들 수 있게 됩니다. 대안 무역과 공정 무역이 이렇게 중요합니다. 지금 상황을 보면 아름다운 커피는 금년 목표 채우더라도 전체의 0.2퍼센트도 안 돼요. 하지만 저는 믿습니다. 직원들에게 스타벅스가 언젠가는 아름다운 가게 때문에 도저히 장사 못하겠다면서 대한민국에서 철수하기로 결정할 때가 있을 거다, 그때까지 신 나게 열심히 일하라고 했습니다.

자본주의 사회에는 이런 좋은 목적을 가진 기업이 없잖아요. 그러나 사람들은 자본주의 속에서 살아도 좋은 소비를 하고 싶은 마음이 있습니다. 작년에 기부 받은 물품 액만 130억이 넘어요. 세상이 각박한 것 같아도 좋은 일하는 데 도우려는 사람이 참 많더군요. 이 마음들을 여러분 같은 젊은 사람들이 모아서 힘이 될 수 있게 기획하고 이끌어야 합니다. 좋은 일하면 반드시 사람들이 모이고 어디서라도 도움이 옵니다. 그러니까 아름다운 가게 같은 기업이 장사됩니다.

외국을 갔다 오다가 독일 공항에서 버리는 걸 다시 재활용하는 게 굉장히 유행하는 걸 봤습니다. 스위스나 독일에는 그걸 전문적으로 하는 기업도 많은데 참 아이디어가 좋아 보여요. 버리는 것을 다시 디자인하는 젊은 디자이너가 많아요. 우리나라를 돌아보니까 아직 없어요. 그래서 한국에 만들기로 결심했어요. 왜 우리라고 못 만듭니까? 그래서 회사를 하나 만들었어요. 3년 동안 고생을 엄청 많이 했어요. 서울 인사동에 쌈지길이라고 있는데 거기에 가게가 있습니다. 그 아래 사거리에 가면 독자적인 가게가 또 있습니다. 뉴욕에도 세계 3대 미술관에도 샵이 있습니다. 뉴욕 사람들은 누구나 알고 있습니다. 유럽에서도 최근에는 판매권을 달라고 해요. 우리 아이디어 중에는 자동차 시트도 있습니다. 그거 폐차하면 다 뜯어 오구요, 트럭에 씌우는 방수포 있죠? 이런 것들도 다 모아요. 현수막도 재활용해서 새로운 걸로 만듭니다.

아무도 가지 않은 길의 매력

상투적으로 살려고 하지 마세요. 좋은 생각과 상상력을 왜 방치합니까? 제일 인기 있는 직장이 어딥니까? 똑똑한 젊은이들이 삼성 가면 돈 잘 벌고 결혼도 잘할 거라고 생각해서 그런 길을 가요. 그런데 여러분은 누구나 가는 길을 가시겠어요? 아니면 아무도 가지 않는 길을 가시겠어요? 누구나 가는 길은 재미없어요. 고속도로 같은 길이잖아요. 졸립죠. 그런데 산속 오솔길은 힘들어도 재미있어요. 이런 길은 조금 위험해요. 그러나 처음 가는 길에서는 창조하는 희열을 맛볼 수 있습니다. 스스로 길을 찾잖아요. 개척자가 되죠. 그게 블루 오션이에요. 자기가 만들면 새로운 길이 되어 버려요. 그게 좋은 길이라 믿어요.

좋은 직장 찾느라 지금 야단 아닙니까? 제가 검사, 변호사 이런 것 해 봐서 압니다. 그게 요즘도 최고 선망하는 직업이라지만 만날 도둑놈들하고 같이 놀잖아요. (웃음) 우리나라 사람들 제일 많이 하는 이야기가 못 먹고 산다는 건데 성경에도 나오듯이 하늘 나는 새가 언제 먹을 것 준비해 다닙니까? 새가 굶어 죽진 않잖아요. 그런데 하물며 인간이 정말 굶어 죽습니까? 두려움에 사로잡혀서 노상 못 먹고 산다 그럽니다. 모두 상상력과 패기를 잃어버렸어요.

저는 지금처럼 잘 먹고 잘살려고만 하는 젊은이들로 가득 찬 사회에는 희망이 없다고 생각해요. 대한민국에 희망이 없어요. 세상의 변화를 보는 눈과 변화를 일으키는 상상력과 창조력과 추진력을 가진 젊은이가 참 귀합니다. 한 치 앞을 내다보지 못하는 바보들이 너무나 많습니다. 지금 조금 손해 볼지라도 미래를 보는 사람, 다른 사람이 덜 가는 길을 선택하는 하는 젊은이가 되세요. 거창고등학교에서 본 직업 선택 십계명을 참 인상적으로 기억합니다. 같이 읽어 봅시다.

1. 월급이 적은 쪽을 택하라.
2. 내가 원하는 곳이 아니라 나를 필요로 하는 곳을 택하라.
3. 승진의 기회가 거의 없는 곳을 택하라.
4. 모든 조건이 갖추어진 곳을 피하고 처음부터 시작해야 하는 황무지를 택하라.
5. 앞을 다투어 모여드는 곳을 절대 가지 마라. 아무도 가지 않는 곳으로 가라.
6. 장래성이 없다고 생각되는 곳으로 가라.
7. 사회적 존경을 바랄 수 없는 곳으로 가라.
8. 한가운데가 아니라 가장자리로 가라.
9. 부모나 아내가 결사반대를 하는 곳이면 틀림없다. 의심치 말고 가라.
10. 왕관이 아니라 단두대가 기다리고 있는 곳으로 가라.

도전하는 삶이 참 중요한 것 같아요. 젊음이란 것은 나이가 많고 적음이 기준이 아닙니다. 젊은이들이 철밥통 직장을 원하는 그런 사회는 미래의 비전이 없습니다. 지금 우리 경제에서 조선, 자동차, 반도체 이런 게 잘나가는 것 같죠? 30년 지나면 아무것도 남은 게 없어집니다. 다른 나라들이 가만있습니까? 이런 산업은 우리나라가 선진국을 따라잡았듯이 중국이나 다른 나라에 의해 따라잡힙니다. 그럼 우리는 무엇으로 살아야 합니까? 이제 아이디어와 상상력이 힘이 되는 나라가 되어야 합니다.

부산에 있는 '인디고'라는 곳에서도 강의 요청이 와서 한번 갔어요. 여러분보다 어린 학생들도 있더군요. 그 아이들이 저한테 송곳 질문을 하는 거예요. 중학교 때부터 인문학 서적을 막 읽는 거예요. 전 세계 책 박람회도 열고 상상력의 경계가 없어요. 세계적인 학자들을 불러오고 찾아가고 그럽니다. 그 비용을 다 창의적으로 해결합니다. 좋은 기획을 해서 시장님 설득하고 기업가 만나고 하는 게 대단합니다. 간디학교 학생이라고 왜 안 되겠습니까? 이 산골 학교에서 여러분이 와 달라고 하면 아무리 바쁜 분들도 감동을 받아요. 여러분이 편지 쓰고 메일 보내고 열 명만 진지하게 부탁해 보세요. 못 모실 분이 없을 겁니다.

공부도 그런 것 같아요. 저는 교도소처럼 완벽하게 만들어진 면학 공간은 없다고 생각해서 추천하고 싶은데 (웃음) 감옥은 가면 안 되니까 감옥 대신에 학교에서 책을 읽으세요. 젊은 시절에 읽은 책은 잊히지가 않아요. 감옥 안에서 책을 많이 읽었습니다. 좋은 책은 거기서 다 읽었어요. 당시 운동하는 선배들이 좋은 책들을 수십 권 넣어 줬어요. 대학 들어가자마자 잘렸기 때문에 대학 공부를 완전히 못했어요. 복학을 안 시켜 주더군요. 그런데 우리나라 신문에 칼럼을 안 쓴 데가 없습니다. 지금도 제가 어디에 글 보내면 다 실어 주거든요. 감옥에서 그렇게 쓸 수 있는 지적인 토대가 생긴 것 같아요.

여러분처럼 상상력이 넘치는 나이에는 집중해서 공부하면 모든 게 머리로 가슴으로 다 들어갑니다. 보물처럼 쌓이거든요. 여러분 가슴에 평생 축적되는 겁니다. 그래서 젊을 때 하는 공부가 아주 중요합니다. 먹고사느라 고 영어 강사도 했고 일본어나 불어도 잘은 못해도 좀 합니다. 몇 년 전에 중국어를 배워야 할 것 같아서 공부를 시작했는데 책을 덮으니까 생각나는 게 없어요. 쉰 살이 넘어서 공부를 하니까 잘 안 됩니다. 그러나 여러분 나이 때 공부한 건 다 기억나요. 신기하죠. 일본에 가서 한 달 지낸 적이 있는데 나중에는 일본어로 강의까지 했어요. 젊은 시절에 한 공부는 그렇게 오래갑니다.

역사 속에서 피어난 창조적 정신

간절함이 있으면 길은 열려요. 여러분이 진정으로 뭘 하고 싶을 때 길이 있어요. 그런데 그 꿈이 간절하지 않으면 길이 없어요. 19세기에 영국에 살았던 윌버포스라는 정치가를 아시나요? 당시 영국 수상 후보 영순위로 거명될 정도로 아주 젊고 유능한 사람이었어요. 그런데 자신의 신념대로 노예 제도 폐지 운동을 하면서 수상의 길에서 멀어졌어요. 식민지 제국으로서 가장 기초가 되는 게 노예 제도잖아요. 아프리카에서 노예 잡아다가 팔아먹고 식민지에 여러 가지 일을 시켜 먹으면서 영국 경제가 지탱되는데 그걸 폐지하자고 하니까 온 영국이 들고일어났어요. 그러나 윌버포스는 "이건 말할 수 없이 비인간적인 일이다. 신의 뜻을 거스르는 짓이다."라고 주장했습니다. 그래서 노예 제도 폐지 운동을 했어요. 어느 사회나 옳은 일을 한다고 생각하면 늘 지지자가 생기게 되어 있습니다. 이 사람들과 함께 윌버포스는 결국 영국에서 노예 제도를 폐지했어요. 그래서 많은 사람들이 그를 존경합니다. 넬슨 만델라도 윌버포스를 가장 존경합니다. 이런 줄기가 역사 속에서 이어지는 겁니다. 이런 것이 세상을 바꾸는 창조적 정신이에요. 모든 국민이 다 같이 변하면 좋은데 그게 안 되니까 창조적인 소수가 먼저 나오는 거지요. 이런 사람들이 역사 속에서 보여 준 선례는 정말 중요합니다. 토인비도 창조적 소수가 역사를 이끌어 가고 정체된 문명을 어떻게 살리는가를 도전과 응전이라는 자신의 역사관으로 설명하고 있습니다.

처음 아름다운 가게를 세운다니까 사람들이 안 된다고 하더라고요. 헌 옷은 안 팔릴 거다, 요즘 유행이 어떤데 절대로 안 된다 그래요. 저는 남이 안 된다고 하면 하고 싶어져요. (웃음) 지금은 아름다운 가게 말고도 행복한 가게도 냈고요, 오늘은 순천에서 아름다운 가게 98번째 지점을 내고 여기로 왔어요. 서울의 압구정동에도 유명한 우리 가게가 있습니다.

세상은 바뀝니다. 세상은 안 된다는 걸 된다고 믿는 사람 때문에 바뀝니다. 대인 지뢰를 없앤 공로로 노벨 평화상을 받은 조디 윌리엄스를 보세요. 전쟁이 나면 지뢰를 많이 묻어요. 그러나 전쟁이 끝나고 나면 회수할 길이 없어요. 사람들이 지뢰를 밟아요. 놀다가 펑 터지면 다리가 잘려 나가요. 전쟁 난 곳에 민간인 어린이 장애인들이 너무 많아요. 그래서 이 여성이 자기 안방에서 책상 하나 놓고 대인 지뢰 금지 운동을 시작했어요. 지금은 세계 협약으로 대인 지뢰 금지 조약이 채택됐어요. 대인 지뢰를 쓰면 전쟁법 위반으로 걸립니다.

카터 대통령은 재임 기간에는 인기가 없었어요. 그러나 대통령에서 물러나고선 망치나 끌 같은 도구로 집 없는 사람을 위해 집을 수만 채 지어 주었습니다. 그래서 노벨 평화상을 받았어요. 왕가리 마타이라는 한 아프리카 여성이 나무를 심어 아프리카를 살리자는 운동을 해서 죽은 땅을 살리고 있습니다. 30년간 이 운동을 펼치면서 투옥도 되고 좌절하면서도 3000만 그루를 심었다고 합니다.

지구적으로 덤벼 보자

저는 대안이라고 하는 게 전문가이나 엘리트 집단에서 나온다고 생각하지 않습니다. 오히려 그 분야와 상관없는 쪽의 사람들이 머리를 짜낼 때 새로운 발상 전환이 가능한 것이 아닌가 생각합니다. 저는 경계를 뛰어넘고 남의 영역에 침범하는 것을 제 직업으로 만들고 있습니다. 그래서 제 명함에는 '소셜 디자이너'라고 적혀 있습니다. 청년 실업 이야기를 들으면 이해할 수가 없어요. 세상에 이렇게 할 일이 많은데 젊은이들이 왜 실업자가 됩니까? 좋은 일하는 데에는 여전히 인력난입니다. 남들이 사는 대로만 살려니까 경쟁이 치열하잖아요. 희망제작소에 와서 인턴도 하고 많이 배우고 그러세요.

제가 변호사를 했지만 큰돈은 못 벌었어요. 지금도 전세 사는데 아름다운 가게 하니까 자고 가라는 사람, 밥 사 주는 사람이 얼마나 많은지 전국을 돌아다녀도 돈 없이 잘 다닙니다. 아까 어떤 분이 순천에서 여기까지 태워 주셔서 금방 왔습니다. 서울 코엑스에서 큰 호텔 하는 사장님은 저보고 언제든지 와서 특실에 공짜로 자라고 그럽니다. 제가 거기서 잘 일이 있나요. 그래서 거기서 우리 직원들 엠티 합니다. 택시를 타도 기사들이 절 알아보고는 좋은 일 하는 사람인데 택시비 안 받겠다고 해서 실랑이를 벌입니다. 욕심 없이 좋은 일하니까요. 이렇게 많은 사람들이 곳곳에서 도와주려고 그럽니다.

여러분 만나서 좋았습니다. 좋은 인연을 만들어 갔으면 합니다. 감사합니다.

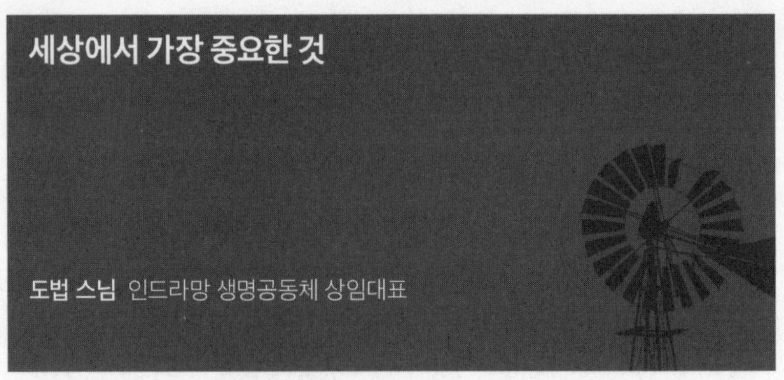

세상에서 가장 중요한 것

도법 스님 인드라망 생명공동체 상임대표

이 글은 간디학교에서 열린 '지리산 만인보' 모임의 강연을 정리한 것이다. 지리산의 난개발을 막고 생명을 지키기 위해 결성된 이 단체에는 간디학교의 교사와 학부모들이 많이 참여하고 있다.

사람만이 희망이다?!

사는 게 힘들지요? 왜 사는 게 힘듭니까? 무엇이 우리를 그렇게 팍팍하게 만들까요? 그 정체가 어디 있는 걸까요? 저는 우리 삶을 좀 더 냉철하게 볼 필요가 있다고 봅니다. 신문과 방송에서 세상이 어렵다고 하니까, 사람들이 고달프다고 하니까 그렇게 믿는 경향이 있습니다. 사실을 냉정히 따져 보고 무엇이 팍팍한 건지 정체를 정확하게 짚어 보면 남들이 그러니까 나도 덩달아 그러는 것이 상당 부분 있다고 봅니다. 볼일이 있는 것도 아닌데 남들이 장에 가니까 따라가는 것처럼 남들이 "돈, 돈!" 하니까 나도 "돈, 돈!" 하고 세상이 "부자, 부자!" 하니까 나도 "부자, 부자!" 외치는 것 아닐까요? 모두가 그렇게 휩쓸려 가는 것 같습니다.

오래전 박노해 시인이 "사람만이 희망이다."라는 말을 했는데 이 말은 달리 말하면 "자기 자신만이 희망이다."라는 의미입니다. 희망은 누가 주는 것이 아닙니다. 다 희망이 없다고 하고 안 보인다고들 합니다. 그러나 희망이라고 하는 것은 본질적으로 본인에게 달린 문제입니다. 스스로 만들 수도 있고 안 만들고 살 수도 있습니다. 아무도 내 인생을 대신 살아 주지 않습니다. 내 인생은 내가 사는 것입니다. 이걸 망각하면 안 됩니다. 삶의 문제는 상호 의존적인 관계로 이루어져 있기 때문에 영향을 주고받는 것은 사실이지만 내 삶은 내가 살아야 하는 겁니다. 미국 사람들이 희망적이라고 우리가 희망적인 것은 아닙니다. 한국 사람은 한국 사회에서 희망이 있을 때 희망이 있는 겁니다. 내가 희망을 갖고 있어야 희망대로 살 수 있습니다. 생각을 거꾸로, 더 근본적으로, 철저히 해 봅시다. "사람만이 희망이다"에서 더 나아가 "자신만이 희망이다."로 나아가야 합니다.

이 세상이라고 하는 것이, 인생이라고 하는 것이 그릇과 같다는 생각을 합니다. 나에게 그릇이 주어졌는데 무슨 그릇이 될 것인가는 내가 선택하고 내가 만들어 가는 것입니다. 막걸리를 담으면 막걸리 잔이 되고 밥을 담으며 밥그릇이 되겠지요. 빈 그릇이 스스로 나는 무슨 그릇이야, 하고 말하는 게 아닙니다. 어떻게 쓰는가에 따라서 그릇의 가치가 규정되는 것입니다.

이 세상도 내 인생도 내가 어떤 삶을 살 것인가에 따라 결정되는 것입니다. 불교적으로 말하면, 부처의 삶을 살면 부처가 되는 것처럼 우리 인생은 아무도 다른 사람이 대신해 줄 수 없는 것입니다. 삶이 희망적인가 절망적인가 행복한가 불행한가 하는 것은 주체적인 삶을 사는가 아닌가에 전적으로 달려 있습니다. 잘 사는 게 뭘까요? 주체적으로 살면 그 삶은 괜찮은 삶인 것 같습니다. 그렇지 않으면 억지로 사는 거고요. 이게 굉장히 큰 차이입니다.

우리는 우리를 너무 모른다

제일 중요한 것은 자신의 삶에 자신감을 갖는 것인데 우리는 이게 약해요. 삶이 괜찮은가 안 괜찮은가 판단하는 잣대는 스스로가 제 삶에 대한 자부심을 가지는가 아닌가인데 여기서 다 망설입니다. 무엇을 하든 간에 내가 살고 있는 현장에 대해서, 내가 선택한 것에 대해서 자부심이 있는 삶은 잘 사는 거예요. 어떻게 해야 자부심이 있는 삶을 살 수 있을까? 다시 말하지만 뚜렷하게 자신을 의식하고 주인 된 삶을 사는 것이 잘 사는 것입니다. 그러려면 어디서 어떻게 시작해야 할까요?

도보 순례하면서 느끼고 생각하고 정리한 게 딱 두 마디입니다. 우리 사회는 어디서 길을 잃었는가? 그리고 우리는 어디서 길을 찾아야 할 것인가? 스스로에게 물어보고 우리 사회와 시대에 질문을 던져 보고 내린 대답은 한마디로 정체성의 상실과 무지와 망각이었습니다. 모두 다 자기 정체성을 잃어버리고 살아요. 그러고는 다들 돈타령 하고 대통령 욕하고 살아요.

정체성은 크게 두 가지에서 볼 수 있습니다. 하나는 자기 존재에 대한 것이고 다른 하나는 자기 지역에 대한 것입니다. 현대에 와서 지식이 얼마나 늘어났습니까? 우리가 하느님보다 지식이 더 많아졌지 않습니까? 그러나 자기 존재에 대한 지식, 정체성에 대한 지식은 하나도 없습니다. 컴퓨터에 대해서도 얼마나 자세히 알고 있고 자동차에 대한 지식, 정치, 경제, 주식에 대해서도 얼마나 많이 알고 있습니까. 맛집도 알고, 경치 좋은 곳도 다들 많이 알잖아요. 그런데 정작 삶의 당사자인 자기 존재에 대해서는 모릅니다. 이 얼마나 기막힌 역설입니까? 제일 중요한 걸 모르고 살아요. 자기가 얼마나 대단한 존재인지, 그리고 얼마나 하찮은 존재인지 모릅니다. 삶의 당사자인 자기 존재에 대해서 너무 모릅니다. 이 점에서는 우리는 모두가 무식한 사람입니다. 다 똑같아요. 진보든 보수든, 대안교육을 하는 사람이든 입시 교육을 하는 사람이든, 유기농을 하는 사람이든 관행 농을 하는 사람이든 다 똑같아요. 모두 오십보백보입니다. 다른 하나는 자기 지역 정체성에 대해서 모른다는 겁니다. 정작 자기 동네는 모릅니다. 삶의 현장에 대해서는 철저히 무관심하게 살아요.

정체성의 문제를 깊이 고민하고 우리가 얼마나 허망한 존재인지, 그리고 얼마나 대단한 존재인지 알아야 합니다. 우리는 우리가 대단한 것 같지만 생각해 보면 물만 못 마셔도 죽는 존재입니다. 이 간단한 사실은 진보든 보수든, 부처를 믿든 예수를 믿든, 부자든 가난뱅이든, 날고뛰어도 별 수 없어요. 물 안 먹으면 다 죽어요. 밥도 그렇습니다. 이렇게 허망하고 약한 게 인간 존재입니다. 그런가 하면 인간은 얼마나 대단한 존재입니까? 생명을 가지고 지금 여기 나라는 존재로 있는 것은 온 우주에서 유일한 가치입니다. 지금 이 순간 나에게 가장 중요한 존재가 있다면 그것이 무엇입니까? 가장 직접적이고 사실적이고 그 무엇과도 바꿀 수 없는 존재는 무엇입니까? 바로 대답이 안 나오는 것이 문제입니다. (웃음) 정답은 자기 자신입니다. 아무리 생각하고 뒤져 봐도 제일 중한 건 자기 자신밖에 달리 없습니다. 국가, 민족, 이념보다도 우선하는 가치가 지금 여기 내 생명일 수밖에 없습니다. 나라는 존재는 천하에 그 무엇으로도 대신할 수 없는 유일무이한 것입니다.

우리는 자본주의 시대를 사니까 돈으로 비교해 봅시다. 돈을 천억 주면서 생명 달라면 주겠어요? 천금을 갖다 줘도 안 줍니다. 애들한테 물었더니 애들은 준답니다. 그래서 "그 많은 돈이 어디 필요한데?" 하고 물으면 아빠 준다고 그래요. 어른들이 얼마나 돈타령을 했으면 그럴까요? (웃음) 얼핏 생각할 때는 돈이 현실적이고 사실적인 것 같은데 사실은 내 생명이 더 절실하고 현실적인 것입니다. 내 생명이 있어야 꿈도 꾸고, 정치도 하고, 뭘 추구하고 모색할 수 있습니다.

주체적인 삶, 주체적인 선택

다른 가치로 계산할 수 없는 절대적인 무엇이 있습니다. 우리는 저절로 주어진 것에 대해서 그게 얼마나 대단한 것인가를 모릅니다. 태양, 대지, 물, 바람, 산천초목, 곤충, 미생물 모두가 그저 주어지니까 공짜니까 모릅니다. 얼마나 대단하고 무서운지를 몰라요.

사람은 누가 부르면 얼른 알아듣고 대답하죠. 지리산을 불러 보세요. 대답 안 합니다. 태양을 보고 불러 보세요. 대답이 없어요. 하지만 인간은 부르면 알아듣고 대답하잖아요. 누가 부르면 대답하고 가고 싶으면 내 발로 갈 수 있는 존재가 세상에 어디 또 있습니까. 이 세상에 만들어진 존재치고 가장 완벽한 존재가 인간입니다. 돼지를 복제했다고 난리인데 돼지보다 인간 존재가 얼마나 대단해요? 그런데 모두가 자기 존재 가치에 대해 까맣게 잊고 삽니다.

그러니까 내 존재 자체는 절대적인 것입니다. 그래서 내 인생은 내가 사는 대로 만들어진다고 할 수 있습니다. 도둑질하면 도둑이 되고, 농부로 살면 농부가 되고. 아무도 나로 하여금 그렇게 살라고 강요하지 않습니다. 사회 구조적으로 문제가 있어서 가난한 사람이 되어서 도둑이 된다지만 결정적으로 도둑질도 내 판단과 선택으로 하는 것입니다. 죽어도 안하려면 안할 수 있습니다. 주체적인 선택이라는 것이 더 근본적으로 있습니다. 구조적인 문제는 이차적인 것입니다. 일차적인 것은 나 자신의 문제입니다. 누구에 의해 만들어지는 것이 아닙니다. 만약 누구에 의해서 만들어진다면 삶을 주체적으로 살고 있지 않다는 것입니다.

그 무엇으로도 비교할 수 없는 유일무이한 가치를 가지고 있는 매우 완벽한 존재가 우리들 각자입니다. 사회와 현실을 탓하기 전에 내가 삶의 중심이어야 합니다. 내 인생은 내 마음먹은 대로 된다는 걸 내 책임이라는 걸 잊으면 안 됩니다. 이 사실 자체만으로 충분히 자부심을 가질 만합니다.

자부심은 일등, 부자, 공부, 권력 같은 인간들이 만든 관념에 의해 만들어지는 것이 아닙니다. 모두가 엉뚱한 것에 휘둘리는 것이 문제입니다. 무한한 자부심을 가질 만한 존재가 인간인데 자신을 부여잡지 못해서 그래요. 내가 그런 위대한 존재인데 그뿐인가? 나는 바로 내 옆의 사람들과 함께하고 있습니다. 60억 가운데 이렇게 대단한 존재들과 함께하고 있습니다. 이것도 늘 그저 주어지니까 잘 모르고 삽니다. 스스로도 대단하지만 매 순간마다 대단한 존재들과 함께 살고 있습니다. 일등, 부자, 권력 같은 허상보다 더 대단한 가치를 가진 사람들과 함께 있습니다. 존재 가치에 대한 사실적인 자각만 있어도 날마다 좋은 날일 수 있습니다. 내 마음에 들고 안 들고는 지엽적인 문제입니다. 이 가치를 알면 안 흔들려요.

자기 존재에 대한 자부심을 갖자

우리가 어디서 길을 잃었는지 알아야 길을 찾을 수 있습니다. 우리 인생의 길도 그렇습니다. 자기 정체성을 어디서 잃었는지를 아는 데서 출발해야 합니다. 용산 참사도 다 따지고 보면 인간 존재 가치에 대한 무지에서 비롯된 것입니다. 제대로 인식했다면 절대 그렇게 되지 않았다고 봅니다. 사람이 불에 타 죽었는데 이렇게 오랫동안 무심할 수는 없을 거라고 생각합니다. 우리 개개인의 문제도 자세히 들여다보면 모두 그렇습니다. 나라는 존재가, 인간이라는 존재가, 생명이라는 것이 얼마나 대단한 줄 모르는 데서 생기는 현상입니다.

생명 평화 순례로 전국을 다녀보니까 결국 이 주체성의 상실, 자기라는 존재에 대한 망각이 모든 국민 속에 다 퍼져 있어요. 이건 진보 보수 다 마찬가지입니다. 대안적으로 살겠다고 하는 사람들도 성공의 기준은 돈이에요. 돈 벌면 성공했고 못 벌면 실패로 규정해요. 성공한 유기농 농민의 이야기를 들어 봐도 돈을 벌어서 성공했다고, 인정받았다고 그래요. 이건 아니잖아요? 잘 사는 기준이 모두가 돈입니다. 그럼 뭐가 잘 사는 거냐 했을 때 각자가 깊이 고민해 봐야 합니다. 인생의 성공과 실패의 기준이 무엇이 되어야 합니까? 돈보다 더 중요한 기준이 무엇입니까? 각자가 자기 존재에 대한 깊은 자부심이 없다면 금방 세상에 휩쓸리고 맙니다. 가난해도 다른 사람에게 친절하고 평화를 사랑하는 마음이 있다면 그것이 자부심이 될 수 있습니다. 돈 못 벌어도 풀 한 포기 아끼고 약한 사람 돌보고 이웃과 착하게 살고 자기 소신대로 살면 그런 게 성공보다 값지고 사회적인 평판보다 더 값어치 있습니다. 여러분 각자가 이렇게 살면서 자부심을 가질 때 사회는 그런 개인들이 모여서 함께 공동선을 추구할 수 있습니다. 그런 세상이 희망이고 우리가 만들어야 하는 세상입니다.

젊은 교사들에게 바란다

정해숙 전 전교조 위원장

이 글은 간디학교에서 열린 교사 연수 특강을 정리한 것이다. 정해숙 선생님은 전교조 위원장으로서 해직 교사 복직과 교육 민주화 운동을 이끈 진보 교육계의 대표적 원로 교사이다. 퇴임한 뒤에도 불자로서 참선 수행하면서 생명 평화 운동을 전개해 많은 교사들에게 삶의 귀감이 되고 있다.

큰 스승 간디

안녕하세요. 제가 한 10년 전에 간디학교를 다녀갔습니다. 무슨 세미나가 있어서 왔던 것 같은데 밤늦게 도착해서 교사들과 이야기 나누고 아침에 산길을 걸어 내려가서 버스를 탔던 기억이 어렴풋이 납니다. 오늘 와서 보니 그 사이 많이 바뀌었군요. 옛날 기억이 하나도 안 날 정도로 건물도 여러 채가 들어서서 몰라보겠습니다. 아까 와서 학교를 좀 둘러보았는데 작지만 꼭 필요한 시설들이 잘 갖추어져 있더군요. 아담한 길이 크게 확장된 것은 조금 아쉽습니다. 그러나 무엇보다도 아이들의 표정이 밝아서 보기에 좋았습니다. 인사도 잘하고……. 여러 선생님들의 사랑과 노고가 그대로 묻어나는 장면이지요. 선생님들, 그동안 정말 수고 많았습니다.

제가 올해 칠십셋입니다. 퇴임한 지 오래돼서 현장 감각도 없고 말주변도 없는데 젊은 선생님들 앞에서 강연을 하라고 하니까 걱정부터 앞섭니다. 여러분에게 영양가 있는 이야기를 해야 할 텐데……. 그냥 제 교직 생활을 돌아보면서 이야기하겠습니다.

마하트마 간디는 저에게도 큰 스승입니다. 제가 광주에서 교사 생활 하면서 1980년 5.18 광주민주화항쟁을 겪었는데 그때 그 일을 목격하고 제 생각이 많이 바뀌었거든요. 간디의 자서전에서 모든 생명을 사랑해야 한다고 한 걸 읽을 적이 있었는데 그건 사람을 사랑해야 한다는 것과는 다른 말처럼 들렸어요. 광주의 학살을 두 눈으로 보니까 생명의 소중함을 생각하지 않을 수 없었거든요. 간디의 불살생과 생명 존중 사상은 그때 저에게 큰 깨달음을 주었습니다.

제물포고등학교에서 크게 깨닫다

저는 1960년대 초반에 교사 생활을 시작했는데 수학 선생을 했습니다. 그때는 모두가 가난한 시대여서 담임을 맡으면 하기 싫어도 해야 하는 일이 많았습니다. 제가 제일 힘들었던 게 아이들 월사금 받아 내는 일이었습니다. 교무 회의 때 제일 먼저 하는 게 담임들이 자기 반에서 돈 거둔 것 보고하는 거였어요. 정말 죽도록 하기 싫더군요. 아이들에게 돈 가지고 오라고 하는 게 너무 힘들었어요. 그래서 어떻게 하면 담임 안 할까 하다가 사서 교사를 하자 싶어서 자원을 했습니다. 도서관 일을 하면 담임을 안 해도 되었거든요. 서울 이화여대에 가서 6개월인가 교육 받고 사서 교사가 되었는데 제가 전라남도 사서 교사 1호입니다.

연수를 마치고 인천에 있는 제물포고등학교에 견학을 갔는데 그 당시 제물포고등학교 도서관을 보고 정말 놀랐습니다. 3층 건물 전체를 도서관으로 쓰면서 1층 개가식 서고에 책이 빼곡하게 채워져 있고 2층에는 영사기가 있어서 영화를 틀어 주더군요. 놀랍지 않습니까? 60년대 초반에 그런 시설을 갖추고 있었어요. 음악 감상실까지 있어서 학생들이 신청하면 고전 음악을 틀어 주기도 하고요.

그 학교에서 더 놀라운 것을 목격했습니다. 그게 제 교사 인생에서 제일 중요한 순간이었습니다. 평생 교사를 하면서 어떤 자세로 임해야 하는지 그때 알았으니까요. 그 학교에 무감독 시험이라는 게 있었어요. 중간, 기말고사에 교사들이 시험 감독을 하지 않는 겁니다. 시험지만 나누어 주고 다 돌린 걸 확인하고는 나간다는 거예요. 그러면 학생들이 양심껏 시험을 본다는 거였어요. 굉장히 놀랐습니다. 교사와 학생 간의 신뢰가 얼마나 깊으면 저럴 수 있을까 싶었어요. 더 놀라운 건 무감독 시험을 치른 첫해에 낙제생이 여섯 명 나왔다는 겁니다. 낙제할망정 커닝을 하지 않은 당당한 아이들이었던 거죠. 그래서 교장 선생님이 그 아이들을 교장실로 초대했답니다. 호출이 아닙니다. 아이들도 낙제를 했으니까 낯을 들지 못했다고 해요. 그런데 교장 선생님이 그 아이들을 이렇게 격려했다고 해요.

"나에게 오늘은 정말 기쁜 날이다. 나는 여러분들과 같은 학생이 있다는 게 교단생활의 보람이다. 너희들은 나를 기쁘게 해 주었다. 너희들이 올바른 양심을 더욱 잘 키워 나갈 수 있도록 재시험의 기회를 주고 싶구나."

아이들은 더 부끄러워하며 고개를 못 들었지만 교장 선생님의 진심 어린 설득으로 재시험을 치르게 되었고 모두 다 통과해 상급 학년으로 진학을 했답니다.

그때 저는 햇병아리 교사 3년째였는데, 그 이야기를 듣고 앞으로 어떤 교사로 살아야 할지 다짐 같은 것을 했습니다. 지금도 제물포고등학교에서 받은 충격과 감동이 또렷합니다. 그 당시 인천 사람들은 제물포고등학교 도서관을 인천의 등대라고 불렀는데, 제가 생각하기로는 우리나라 교육의 등대였습니다.

사서 교사 생활을 하면서 나름대로 열심히 한다고 했지요. 학습 자료를 샅샅이 찾아서 학생들과 교사들이 잘 이용할 수 있게 분류하여 나눠 주기도 하고 폐가식 도서관을 개가식으로 바꾸기도 하고 어떻게 하면 아이들이 책을 쉽고 편하게 보게 할까, 좋은 책을 하나라도 더 읽게 할까 고민하면서 젊은 시절을 보냈습니다.

그러다가 유신이 일어났어요. 마침 여기 간디학교 도서관 잡지대에 《시사IN》이 꽂혀 있네요. 저도 저 잡지를 정기 구독합니다. 박근혜 씨 사진이 표지에 있군요. 저는 4.19 혁명을 겪었고 5.16 군사쿠데타를 겪은 세대입니다. 여러분은 군사 독재 시절을 이야기로만 들어서 실감이 잘 안 날 겁니다. 그 엄혹한 시절 얘기를 하나 할게요. 박근혜 씨가 육영수 씨 죽고 퍼스트레이디 할 때인데 전라남도 체육관에 새마음봉사단 총재로 내려왔어요. 그래서 학교마다 교사를 차출해서 참석시켰지요. 예행연습을 했는데 문 앞에 도열해서 90도로 절하는 연습을 수도 없이 하고 복장도 검은색이나 감색으로만 통일해서 입고 아무튼 무시무시하던 때였어요. 저한테 지시가 내려왔는데 저는 병가를 내고 안 갔습니다. 병가도 그냥 내면 발각되어서 큰일 납니다. 그래서 약국에 가서 약을 지어 놓고 집에서 가만히 있었습니다. 반공 교육을 얼마나 혹독하게 시켰느냐 하면 매 수업 시간 끝나기 전 5분간은 무조건 과목을 불문하고 반공 교육을 해야 했습니다. 저는 수학 교사지만 수학뿐만 아니라 음악, 미술, 체육 다 마찬가지였습니다. 주번이 학급 일지에 적어요. 안 할 수가 없는 겁니다. 그런 시절이었습니다.

1978년인가 우연히 사서 교사 해외 연수에 선발되어서 전국 사서 교사로는 유일하게 유럽 구경을 간 적이 있었어요. 교수 몇 명과 연구원 몇 명과 함께 갔는데 덴마크엘 갔더니 행사장에 여왕이 온다고 모두 일어서라는 거예요. 하얀 정장을 차려입은 중년 여성이 들어오는데 단상을 보니까

의자가 없었어요. 이상하다 저분이 어디에 앉나 싶었는데 그냥 객석 앞자리에 다소곳이 앉더군요. 행사 끝날 때까지 우리와 함께 앉아서 다 경청해요. 그걸 보고 참 놀랐습니다. 이런 나라도 있구나 싶었어요. 조그만 학교 행사나 마을 행사에도 단상에 온갖 자리를 다 갖다 놓고 높은 사람 모시는 나라에 살다가 그걸 보니 어찌 안 놀라겠습니까?

5.18의 상처와 학교 풍경

그러다가 5.18 광주민주화항쟁이 일어났습니다. 그 끔찍함이야말로 다할 수 없죠. 어떻게 그 참혹함을 다 말할 수 있겠습니까? 국가 폭력에 수많은 사람들이 희생당하는 걸 눈으로 보니까 생명이란 무엇인가 하는 생각이 절실하게 듭디다. 사건이 대강 마무리되고 10여 일 휴교 끝에 다시 학교는 문을 열었습니다. 서로 아무 말도 안 했습니다. 무슨 말을 하겠습니까? 그 사건을 얘기했다가는 바로 경찰이 옵니다. 교무실에서도 교실에서도 이야기를 나눌 수가 없었습니다. 동료 교사들끼리도 한마디 말이 없었어요.

수업을 하면서 아이들을 바라보고 있다가 문득 '저 아이들이 살아서 아무 탈 없이 자라 어른이 될 수 있으면 얼마나 좋을까?' 생각하니 목이 콱 막혀서 말이 안 나오는 겁니다. 그러나 그 마음을 표현할 수가 없어요. 표현하면 잡아가거든요. 아이들도 선생님이 수업하다 왜 저러는지 아니까 쥐 죽은 듯이 조용해져요. 참으로 고통스런 시절이었습니다. 누가 고발할지 몰라서 아무도 믿지 못하고 말도 못하고 암흑천지에 사는 느낌이 이렇구나 싶었습니다.

이후에 어느 농고로 발령이 났는데 어떤 집회에 참석하고 나니까 교장 선생님이 저를 좀 보자세요. 그때는 교장이 교사 동태를 감시해서 상부에 보고하는 시절이었으니까 그러려니 하고 갔습니다. 그런데 그 교장 선생님이 옷 속에서 무슨 봉투를 꺼내서 보여 주더군요. 보니까 사직서예요. 교장 선생님 말씀이 자기는 절대 교사를 고발 못한다, 죽으면 죽었지 그런 짓은 못한다 하면서 언제든지 그만둘 준비를 하려고 항상 지니고 다닌다는 거였어요. 그러면서 교사가 교육 철학이 없었다면 그런 집회에 갔겠느냐며 오히려 위로하시는 거예요. 그런 훌륭한 분도 있었습니다. 참 기막힌 시절이었어요. 저는 한 번도 박정희 씨나 전두환, 노태우 씨에게 대통령 호칭을 써 본 적이 없습니다. 그 사람들이 자행한 권력의 폭력을 몸소 겪었으니까요.

스스로를 태워 어둠을 밝히는 촛불

그러나 희망은 어디서 솟아나도 솟아나더군요. 아무리 어두운 시대를 살아도 사람들이 독재에 반대하고 싸우고 그러지 않습니까? 가정이 파괴당하고 끔찍하게 고문당해서 죽거나 불구가 되어도 또 누군가는 일어서서 싸우고 저항하는 게 저는 참 신기했습니다. 그런 이유 때문인지는 몰라도 광주 학살 이후에 양초 공예를 배웠습니다. 저기 도서관 창가에도 촛불이 켜져 있네요. 저는 그때부터 자신을 태워 어둠 속에서 빛을 밝히는 촛불에 몹시 매료되었습니다. 광주에서 서울까지 매주 수요일마다 꼬박꼬박 다니면서 양초 만드는 법을 배웠지요. 집에서 직접 초를 만들고 글자를 새기고 다듬는 작업을 매일 하면서 그 어두운 독재 정권 시절을 견뎠습니다. 그렇게 만든 초로 전시회도 두 번이나 열었습니다. 그 일을 계속할 수 없었던 것은 본격적인 교육 민주화 운동의 길이 저를 기다리고 있었기 때문입니다.

여러분, 혹시 민중교육지 사건 아세요? 우리 교육 운동사에서 참 중요한 사건입니다. 15명의 교사들이, 그러니까 거의 모든 과목의 교사들이 참가

해서 독재에 맞서고 인간 교육을 외친 용감한 사건이었습니다. 제가 다 아는 분들이었어요. 모두 해직되고 좌천되고 감옥 가고 그랬는데 좌천된 교사들도 강원도로 백령도로 쫓겨 갔습니다. 그래도 많은 교사들이 돈을 모아서 그 교사들 가족 생계를 책임져 주었어요. 그런 분들의 희생이 불씨가 되어 교육 민주화 선언을 하고 전교협이 탄생하고 전교조가 태동했습니다.

간디학교도 최보경 선생님이 국가보안법 문제로 고초를 겪고 있다고 들었습니다. 교사들이 잘 단결해서 슬기롭게 이겨 가리라고 봅니다. 잠시 고난이 와도 꺾이지 않고 희망을 놓지 않는 게 참 중요합니다. 쓰러지면 또 일어나고 쓰러지면 또 일어나고 하면서 여기까지 왔다고 생각해야 합니다. 저는 4.19 겪고 5.16 겪고, 5.18 겪고 산전수전 다 겪었습니다. 역사가 어떻게 흘러왔는지 가까이서 지켜보며 살아온 셈입니다. 그래서 여러분에게 언제나 희망을 가지라고 말씀드리고 싶습니다. 정부가 바뀌고 교육 상황이 다시 과거로 회귀하려고 해서 우려하는 목소리들이 많이 들립니다. 어디서 듣자 하니까 올해 교사들 명예퇴직 신청이 3000건이 넘었다는군요. 다시 민주주의 이전 시대로 돌아가려는 시도가 있어도 저는 지난 10년간 우리가 쌓아 온 역량을 쉽게 허물지 못할 거라고 봅니다. 잘했느니 못했느니 말이 많아도 우리가 김대중 대통령, 노무현 대통령 10년 동안 사형 집행을 안 한 나라 아닙니까? 저는 이런 게 우리 사회의 저력이라고 생각합니다. 이런 민주주의 역량은 쉽게 무너지지 않을 거라고 봅니다.

아이들을 믿는 교사가 되라

어려운 시절일수록 여러분은 아이들을 믿기 바랍니다. 요즘 아이들이 어떻다 하지만 아이들이 아무리 변해도 나쁜 어른에 비하면 얼마나 순수하고 소중한 존재입니까? 제가 긴 해직 생활을 끝내고 복직한 데가 기계공

고였어요. 전교생이 3000명 정도 되는 큰 학교였는데 아이들이 자주 싸우니까 학교에 경찰차가 거의 매일 들어오는 학교였습니다. 아이들끼리 싸워서 서로 신고하기도 하고 선생님이 때린다고 신고하기도 하는 학교였습니다. 싸움이 잦은 곳이었고 체벌이 일상적인 학교였습니다. 그런 데서도 아이들이 한 번도 신고 안 하는 교사가 있더군요. 아무리 체벌을 해도 신고를 안 합니다. 그 교사를 믿으니까요. 저 선생님은 한 번도 부당하게 체벌한 적은 없다는 거예요. 교사에 대한 믿음이 바탕에 있는 겁니다. 아무리 어린애처럼 보여도 아이들은 교사를 압니다. 유치원생은 유치원생대로 초등학생은 초등학생대로 교사를 꿰뚫어 봅니다. 저는 어렵더라도 여러분이 아이들은 끝까지 신뢰하는 교사가 되길 바랍니다.

간디학교에 왔으니까 간디 이야기를 하면서 제 이야기를 마무리하겠습니다. 사람을 사랑하기보다 이 세상 모든 생명체를 사랑하라고 가르친 간디의 말에서 저는 큰 깨우침을 얻었습니다. 두 말은 비슷한 것 같지만 실로 큰 차이가 있습니다. 지금은 세상 만물이 다 고통당하는 시절입니다. 저는 사람만이 아니라 세상 모든 생명을 사랑해야 하는 시대를 맞이했다고 생각합니다. 제 머리가 하얗게 세서 작년까지는 가끔 염색도 했습니다. 그러다가 지난가을부터 염색을 안 합니다. 4대강이 저렇게 되고 나니 강물 걱정 때문에 염색을 못하겠더군요. 염색이라도 안 해서 물을 지키고 싶은 소박한 생각이 다 들었어요.

인간과 자연은 긴밀한 상호 의존 관계에 놓여 있습니다. 세상은 그 어느 하나도 소중하지 않은 것이 없는 인드라망 생명 공동체입니다. 모든 만물이 다 연결되어 있고 모든 생명이 다 의지하면서 살고 풀 한 포기 물 한 모금도 생명 아닌 게 없습니다. 수천 도의 불속에서 건져 낸 사리도 증식을 한다고 합니다. 사리도 잘못 관리하면 도망갑니다. 그런데 지금 우리 시대는 생명의 신비를 깊이 성찰하지 못하고 너무 하찮게 여기고 있습니다.

아이들 한 명 한 명이 소중하듯이, 선생님 한 분 한 분이 참으로 소중한 존재입니다. 뭔가 잘해 보려고 모여 앉아 회의를 하다 보면 뜻하지 않게 서로 상처 입히는 경우도 있는데 안타깝지요. 그래서 인드라망 생명 공동체 운동에서는 고대 사회에서부터 내려오던 화백 회의를 주목하고 있습니다. 모두가 자기 의사를 내놓되 자기를 내세우는 것이 아니라 자기를 낮추고 자기를 낮출 뿐만 아니라 그 속에서 자기의 참모습을 돌아보게 하는 회의 방식에 눈을 떠야 할 때입니다.

매일 먹는 고기에도 독기가 가득하답니다. 사람이 가축을 죽일 때 고통과 원한이 살에 맺혀서 독기가 되는데 우리가 그걸 매일 먹는다고 하지 않습니까? 해직 직후에 제가 읽은 책 중에《식물의 정신세계》라는 책이 있는데 거기에는 나무꾼이 도끼를 들고 숲에 들어서기만 해도 나무들이 부르르 떤다는 이야기가 나옵니다. 과장이 아니라 과학적 사실이 그렇다고 합니다. 생명은 그처럼 살고 싶어 하는 소중한 존재입니다.

"이 지구는 우리 인간들의 탐욕을 위해서는 가난한 곳이지만 필요를 위해서는 풍요로운 곳이다."라는 간디의 말이 도서관에 걸려 있는 걸 보고 무척 감동했습니다. 인간의 탐욕이 세상을 어지럽게 할수록 깨어 있는 교사의 역할이 중요하다고 생각합니다. 제 이야기를 여기서 마칩니다. 감사합니다.

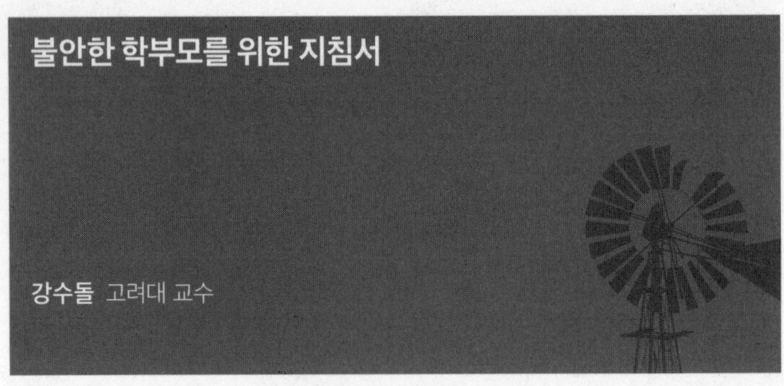

불안한 학부모를 위한 지침서

강수돌 고려대 교수

이 글은 학부모 연수에서 강연한 내용을 정리한 것이다.

이 시대 학부모들의 깊은 한숨

2003년 《'나부터' 교육 혁명》이란 책을 낸 이후 지금까지 많은 학부모와 교사를 만나 강의나 토론을 할 수 있었다. 교사 역시 현재 학부모거나 예비 학부모였다. 그 과정에서 가장 많이 등장한 질문이나 고민은 대체로 다음과 같다. 강의 도중에는 재미있다고 박수를 치면서도 막상 학부모로서 '자기 문제'로 돌아와 생각하면 오히려 고민거리가 더 많이 생겼다고 했다.

학부모 갑 제가 좀 힘들긴 하지만 저희 아이는 공동육아에서 잘 자라고 있어요. 곧 초등학교에 입학하는데 무지 갈등이 돼요. 초등학교도 공동육아처럼 대안학교를 가야 할지 남들처럼 일반 초등학교로 보내야 할지 모르겠어요. 우리만 괜스레 유난 떠는 것 같기도 하고요.

학부모 을 저도 선생님 말씀처럼 아이들을 자연에서 자유롭게 자라게 놔두고 싶은데 현실이 그렇지 않아요. 아이가 막상 시험 점수를 받아 오면 모든 게 무너지는 것 같거든요. 마구 화가 치솟아 오르기도 하지요.

학부모 병 다른 애들은 학원이나 과외다 학습지다 하고 열심히 다니는데 우리 애만 이렇게 두다가는 정말 심각하게 뒤처지지 않을까, 내심 불안한 걸요. 애들 아빠가 회사 생활을 힘들게 하는 걸 보면 애들만큼은 좀 잘해서 아빠처럼 힘들게 살지 않도록 해야 할 것 같기도 하고…….

학부모 정 세상은 하루가 다르게 급변하는데 선생님 말씀처럼 느긋하게 애들을 키우면 이 치열한 경쟁 사회에서 어떻게 살아남을 수 있겠어요? 나중에 애들이 "왜 엄마 아빠는 나를 내버려 두어 내 인생을 요 모양 요 꼴로 만들었어요?"라며 원망할까 봐 은근히 걱정되기도 해요.

학부모 무 애들 아빠가 이런 강의를 들어야 하는데 아쉽군요. 집에서 애들 교육 이야기를 하다 보면 도저히 말이 안 통하거든요. 옆집 아줌마도 무섭지만 애들 아빠가 더 무서워요. "뼈 빠지게 일해서 돈 벌어다 주니, 세상 물정 모르는 소리 한다."며 저를 야단치거든요.

학부모 기 고등학교 다니는 우리 아이가 도리어 저보고 "아이고, 우리 엄마는 정말 천진난만하셔. 세상이 어떤 세상인데, 아직도 19세기 같은 이야기만 하는 거야?"라고 하는 거예요. 제가 시험 점수 올리는 것도 중요하지만 자기 좋아하는 것 하면서 영화도 보고 전시회나 공연 같은 것도 많이 보는 게 좋다고 이야기하면 글쎄 순진하다고 하지 뭐예요?

불안의 뿌리는 무엇일까

이 모든 학부모들의 공통점은 불안감이라 할 수 있다. 이것은 배우자와 아이들에게 전염된다. 이웃과 온 사회를 전염시킨다. 다른 말로, 사회 구성원 모두가 뚜렷한 줏대나 소신 없이 흔들린다는 것이다. 아이를 정말 사랑하기는 하는데, 어떻게 해야 그 사랑을 제대로 구현할지 잘 모른다는 말이기도 하다. 사랑하는 마음이야 굴뚝같지만 사랑하는 방법에 대해 확신이 안 선다는 말이다.

바로 여기서 과연 '확신'이란 무엇인가 생각해 보자. 어떤 행위를 해서 성공적인 결과가 나타날 가능성이 아주 높다면 확신이 생긴다. 그러나 최선을 다해 어떤 행위를 하더라도 결과의 성공 가능성이 매우 낮을 것으로 판단되면 확신이 생기기 어렵다. 그렇다면 보통 사람들이 확신을 갖고 자신 있게 가는 길은 과연 무엇인가? 그것은 '유난 떨지' 말고 남들 하듯이 하는 것, 또 우리 사회에서 이미 성공한 사람들이 보여 준 모델을 따라 하는 것이다.

남들 하는 대로 하는 것은 혹시 결과가 나빠도 나 혼자만 그런 건 아니니 별로 억울할 일이 아니라는 생각이고, 성공한 사람들을 모델 삼아 본받고자 노력하는 것은 나도 그렇게 하면 성공할 가능성이 높다고 생각하는 것이다.

불안감의 뿌리도 여기서 찾을 수 있다. 첫째, 남들이 다 가지 않는 '독특한' 길을 가려는 데서 오는 것, 둘째, 통상적으로 성공한 사람을 모델로 하지 않아 '불확실한' 길을 가려는 데서 오는 것이라 할 수 있다.

남들이 가지 않는 길을 간다는 것은 얼핏 나 혼자만 유난을 떠는 것 같이 보이기도 한다. 하지만 자세히 보면 모두 같은 길을 가는 것은 아니다. 다 다른 것도 아니지만 다 같은 것도 아니다. 이런 사람들도 많고 저런 사람들도 많다. 대다수가 간다고 하는 것도 상대적 다수에 불과하며 극소수가 하는 일이란 것도 상대적 소수에 불과하다. 중요한 것은 우리 스스로 마음 깊은 곳에서 정말 절실하다고 느끼는 길, 정말 가고 싶다고 느끼는 길을 찾고 꾸준히 걷는 일이다. 남들이 간다고 나도 덩달아 가는 것은 겉보기에는 '안심'이 되지만 속으로는 늘 가장 중요한 '2퍼센트 부족', 즉 '공허함'을 느낄 뿐이다.

다음으로, 통상적으로 성공한 모델을 추종하는 본질은 무엇일까? 아이들을 사랑한답시고 아이들에게 어른의 경험 가운데 성공적인 결과의 모델만 강요하는 것은 치명적이다. 통상적으로 성공한 사람들은 우리 사회의 극히 일부분에 불과함에도 부모들은 아이들을 호되게 시키기만 하면 우리 아이도 그렇게 될 것이라 '착각'한다. 예컨대, 아무리 좋은 학원이나 과외를 제공해도 모든 아이들이 'SKY 대학'을 갈 수는 없는 노릇이다. 게다가 일류 대학, 일류 직장이란 무엇인가? 그것은 진정한 진리 탐구나 자아실현 및 사회 공헌과는 무관하게 돈이나 권력, 명예와 위신 같은 기득권을 독점한다는 의미 아니던가?

어른 관점에서 가장 성공한 모델을 추출한 뒤 이를 한창 자라는 아이들에게 무조건 따르라는 식은 일종의 폭력이 될 수 있다. 사랑이 사랑으로 드러나는 것이 아니라 폭력으로 변형된다. 그래서 아이들이 부모와 심한 갈등을 일으키기도 한다. 영화 〈김씨 표류기〉에 나오는 여자 주인공처럼 혼자 방에 틀어박히는 '히끼꼬모리'가 발생하는 데도 이런 배경이 있다. 오죽하면 '안티 엄마 카페'까지 생기겠는가? 어른의 잘못된 사랑이 아이들에게는 원한이나 상처를 초래하는 것이다.

이런 뒤틀린 사랑은 삶을 과정으로 보는 것이 아니라 결과로만 보기 때문에 생긴다. 날마다 아이들의 성장이나 변화를 자상하게 보면서 서로 아기자기한 대화와 소통을 통해 매 순간 삶의 기쁨, 존재의 기쁨, 관계의 기쁨을 누리는 것이 아이와 어른이 모두 행복해지는 길이다. 이런 과정을 무시하고 오로지 시험 점수나 등수, 입시 합격 여부 같은 결과에만 초점을 맞춰 아이들을 대하면 과정과 결과가 모두 나빠질 가능성이 높으며, 혹시 결과가 성공적이라 할지라도 그것은 지극히 일시적이거나 표피적으로만 그칠 가능성이 높다. 수많은 일류대 학생들이 '적성에 맞지 않아' 그만두거나 전공을 완전히 다른 걸로 바꾸는 까닭도 그 때문이다.

그렇다면 왜 우리는 대체로 이런 생각을 하게 되었는가. 그것은 '경쟁 지상주의'를 핵으로 하는 사회 경제 시스템의 문제에서 원인을 찾을 수 있다. 개인의 줏대와 소신, 철학이 확고하지 않다는 점도 문제지만 마음으로는 이것이 좋다고 생각하면서도 실제 선택은 엉뚱하게 흘러가는 것은 시스템과의 관계라는 차원이 있는 것이다.

따지고 보면, 현재 우리 삶을 규정하는 시스템이란 한마디로 '경쟁 사회'다. 독일 말에 '팔꿈치 사회'라는 말이 있는데 이는 옆 사람을 팔꿈치로 치지 않으면 내 생존이 보장되지 않는 사회라는 말이다. 찰리 채플린의 영화 〈모던 타임즈〉(1936년)에도 경제 대공황 시절에 일자리 하나를 놓고 수천 명이 몰려들어 서로 경쟁하는 팔꿈치 사회의 모습이 날카롭게 풍자되고 있다. 불행히도 영화가 나온 70여 년 전에 비해서 지금이라고 별로 나아진 게 없다. 오히려 갈수록 더하다. 우리 부모 세대보다 우리 세대가, 우리보다 아이들 세대가 더욱 치열해진다. 그러니 살벌한 생존 경쟁에 대비하도록 아이들을 철저히 준비시키는 길이 현명한 교육이 아닐까, 하는 신념을 갖게 되는 것이다. 동시에, 그런 길을 가지 않거나 다른 철학을 갖는 것은 이미 '인생 실패'를 결정해 놓고 달려가는 것 아니냐는 생각이 들게 한다.

바로 여기서 몇 가지 짚을 점이 있다. 첫째, 치열한 경쟁 사회라고 하는 시스템조차 영원한 자연 법칙이 아니라 사람이 만들어 가는 것이란 점이다. 우리 사회의 근간을 이루고 있는 자본주의 역시 수억 년 인간의 역사 가운데 불과 몇백 년 내외의 특수한 현상이다. 얼마든지 변할 수 있다는 말이다. 둘째, 경쟁 사회를 만들고 조장하는 세력은 따로 있다는 것이다. 기득권 세력이다. 자본주의 경쟁 사회가 탄생하는 데에는 봉건 사회를 깨면서 급부상한 자산가와 상공인 계급이 단결하여 혁명을 일으킨 과정이 있었다. 그 뒤 그들은 수백 년간 기득권의 아성을 확고히 쌓으면서 경쟁 이데올로기를 체계화하고 유포해 왔다. 셋째, 기득권의 이해관계를 대변하는 경쟁 이데올로기를 중간층이나 기층 민중이 스스로 '내면화'했다는 점이다. 경쟁 질서가 만들고 강화하는 '사다리 질서' 자체를 문제 삼기보다는 그 질서를 인정한 위에서 어떻게 하면 남보다 더 빨리 더 높이 올라가 더 많이 차지할 것인가, 하는 기득권 경쟁의 덫에 빠져 버린 것이다. 일부 성공한 강자들과 자신을 동일시 하는 심리적 과정도 숨어 있다. 그들이 누리는 부와 권력, 위신과 외양을 선망하고 집착하게 되는 것이다.

기득권층은 기득권에 중독되어 변하지 못하고 비기득권층은 기득권을 동경하고 강박적으로 집착하기에 변하지 못한다. 이 모든 현상은 개인적 차원이나 사회적 차원에서 모두가 병들어 감을 암시한다. 경쟁에서의 승자조차 일시적으로나 겉보기에는 폼 나는 승리에 도취될지 모르나 진정한 내면의 평화나 행복의 관점에서는 '인생 성공'이 아닐 수 있다. 남을 다 누르고 최종 승자가 되려는 과정에서 남을 울리고 자신을 억압할 수밖에 없기 때문이다. 갈수록 정도는 심해진다. 그러니 성공에의 집착은 승자나 패자 모두를 아프게 하고 병들게 한다. 개인도 변해야 하지만 시스템도 같이 변해야 한다.

불안을 이기는 법

학부모들의 불안 뒤에 어떤 뿌리가 있는지 알았으니 해결책은 의외로 명확하다. 물론 말이 쉽지 실천은 쉽지 않다. 그러나 근본적인 문제를 인식하는 이가 늘수록, 소신을 갖고 꾸준히 실천하는 이가 늘수록, 사태를 근본적으로 해결하려는 이들이 소통과 연대를 많이 할수록 미래는 밝아질 것이고 새로운 변화의 가능성도 높아질 것이다.

첫째, 학부모 갑처럼 대안적 길을 가는 것을 "괜스레 유난 떠는 것" 같다고 볼 필요가 없다. 아이나 학부모를, 그리고 온 사회를 병적인 상황으로 몰아가는 현재의 흐름에 제동을 거는 일, 그에 대한 대안을 만드는 일은 오히려 더불어 권장해야 할 일이지 유별난 일탈이 아니다. 이런 면에서 현재의 병적 상황을 보다 적극적으로 고쳐 나간다는 사명감을 가질 필요가 있다. 그러나 사명감으로만 뭉치면 힘들다. 오히려 내가 편하고 아이가 편해서 행복한 선택을 하는 것이란 관점이 필요하다. 또한 나 혼자만 하면 불안하지만 더불어 같이 하는 사람들을 만나고 상담하고 토론하고 같이 실천하면 불안감이 아니라 기쁨이 커진다. 생태유아교육운동, 참교육운동, 동화읽는어른모임, 어린이책시민연대, 어린이도서관연대, 참교육학부모연대, 평등교육학부모연대, 대안교육연대, 대안교육학부모연대, 학벌없는사회 등 풀뿌리 모임이 무수히 생성되는 것도 바로 그런 까닭이다.

둘째, 학부모 을이나 병처럼 "막상 시험 점수를 보면" 모든 게 확 뒤집어지고 "아빠처럼 힘들게 살지 않게 하려면 그냥 두면 안 된다."는 입장에 대해서는, 시험이나 점수를 '초월'해 다른 기준으로 대응하는 것이 해결책이다. 어른 마음속에 '상처 입은 자아'가 숨어 있다는 것도 보아야 한다. 아이가 원하면 대안학교를 찾는 것도 한 방법이고, 일반 학교로 가더라도 점수에 초연해서 아이 내면에 초점을 맞추면 된다. 만약 시험 점수나 등수 때문에 꾸지람을 들은 아이가 자살했다고 치자. 과연 그 부모는 죽은 아이를 안고 무엇이라 울부짖을까. "성적 같은 건 하나도 중요하지 않으니 제발 우리와 함께 살아만 다오."라고 하지 않을까. 아이가 살아 있을 때는 점수나 등수에 목을 매지만 정작 아이가 목을 매고 나면 점수나 등수가 필요 없다고 한다. 때가 늦었지만 이것이 우리 본심이다. 아이들이 잘 먹고 잘 자라는 것, 친구들과 좋은 관계를 맺고 부모와도 친밀한 관계를 맺는 것, 아이의 성적보다 마음을 잘 알아주는 것, 그러면서도 하고 싶은 걸 찾아 성실히 정진하는 것, 자기 좋은 일을 하면서도 사회적으로도 도움 되는 일을 하는 것, 이런 것이 행복의 지름길 아닌가. 이런 길을 가려면 시험 점수나 상대 비교 같은 것을 초월하여 아이 내면에 귀 기울이고 아이의 내적 성장과 성숙(새롭게 배우고 깨치는 기쁨)에 초점을 맞추어 살아가면 된다. 아이가 즐겁고 건강하게 자라기만 하면 어느 순간 제 소질과 끼를 마음껏 발휘하게 된다는 것이 대안학교의 대명사인 서머힐스쿨 닐 교장의 확신이다.

셋째, 학부모 정이나 기처럼 "아이의 원망"이 두렵다거나 "아이가 오히려 나를 순진하다고 비웃는" 경우, 해결책의 핵심은 '인생의 자기 책임성' 개념이다. 부모라고 아이의 인생을 처음부터 끝까지 책임질 필요는 없다. 부모는 보험 회사가 아니다. 거꾸로 아이들이 부모의 보험 회사도 아니다. 부모는 아이들이 스스로 설 수 있을 때까지 보호자, 조언자, 후원자, 격려자로서 오로지 사랑으로 돌보는 일을 할 수 있을 뿐이다. 아이들이 어릴수록 조건 없는 사랑을 듬뿍 베풀어야 하며, 사춘기를 지나면서부터는 조금씩 정을 떼면서 독립을 준비하게끔 약간의 거리를 두면서 사랑을 베푸는 것이 바람직하다. 부모는 부모대로 아이는 아이대로 자기 인생은 자신이 책임지고 자율적으로 만들어 가야 한다. 부모는 곁에서 따뜻하게 조언하고 후원하면 된다.

한편, 학부모 무의 경우, 배우자가 문제다. 많은 경우, 안타깝게도 아내는 남편만 바뀌면 좋겠다고 하고 남편은 아내만 바뀌면 된다고 한다. 물론 둘 다 바뀌어야 한다. 따라서 '나부터' 줏대를 바로 세우고 비슷한 문제의식을 가진 사람끼리 소통과 연대를 강화하고 토론과 대화를 확장하면서 사회적 분위기를 바꾸어 나가야 한다. 그렇게 되면 난공불락의 아성으로 보이던 '경쟁 사회' 시스템조차 위기에 빠질 것이고 작지만 아름다운 대안적 실천이 서서히 각광을 받게 될 것이다. 돈과 권력, 위신과 체면을 중시하는 시스템보다는 내면의 평화와 행복, 나눔과 보살핌을 중시하는 시스템이 건강하고 지속 가능하기 때문이다.

대학 진학이나 취업에는 재수나 삼수, 심지어 칠전팔기도 가능하지만 인생에는 재수도 불가능하다. 한 번밖에 없는 인생, 후회 없는 선택은 무엇일까? 과연 우리는 내심 불안과 두려움에 떨면서 아이들에게 '경쟁 사회'에 적응하기만을 강요할 것인가, 아니면 매 순간 인생의 아기자기한 과정에 주목하면서 어른과 아이 모두 '행복 사회'를 만들어가는 데 동참할 것인가?

전태일 정신과 나의 삶

전순옥 인터뷰

이 대담은 노동 운동가 전순옥 선생님이 간디학교에서 특강을 한 후 나눈 대화를 정리한 것이다. 선생님은 전태일 열사의 친동생으로 알려져 있지만《끝나지 않은 시다의 노래》라는 노동 연구서를 쓴 학자이기도 하다. 오빠의 뒤를 이어 노동 운동에 헌신해 오다가 영국으로 유학을 가 12년간의 연구 끝에 한국의 여성 노동 운동을 새롭게 조명한 책을 펴내 학계를 놀라게 하였다.

선생님의 저서《끝나지 않은 시다의 노래》는 우리나라 노동 운동 연구에 획기적인 업적으로 평가되고 있습니다. 이 책에서 선생님은 그동안 과소평가되었던 여성 노동 운동을 올바로 자리매김하고 기존 연구의 문제점을 새로운 연구 방법으로 비판하고 있습니다. 어떻게 이런 결론에 이르게 되었는지 말씀해 주세요.

처음부터 노동 운동을 연구하기로 하고 유학을 갔으니까 연구 테마를 잡고 나서부터는 70년대 노동 운동에 관한 자료를 샅샅이 훑어보았습니다. 그런데 공부를 해 나갈수록 제 눈에는 금방 문제점이 보였어요. 예컨대 통계 같은 것도 거의 모든 논문들이 한결같이 정부의 공식적인 발표 수치만 인용하고 있는 겁니다. 그런데 그런 통계를 유심히 보니까 제 경험과 맞지 않아요. 하루 16시간씩 일하고 주말에도 거의 일을 했거든요. 작업장도 훨씬 비좁았는데 모든 통계는 사업주들이 정부에 허위로 보고한 걸 그대로 써요. 그래서 제가 택한 것이 그때 같이 일했던 사람들을 직접 만나서 이야기를 듣고 다시 판단하자는 것이었어요. 현장 조사 기간 동안 200명이 넘는 사람을 만났습니다. 녹음하고 인터뷰하고 그때 썼던 수기나 일기를 얻어서 읽어 보고 하여튼 모을 수 있는 자료는 다 모았죠. 그러면서 제 확신이 틀린 게 아니라는 걸 알 수 있었습니다. 거의 모든 논문에 여성들은 노동조합에서 부정적인 역할을 한 것처럼 나와 있어요. 이성적이기보다는 감성적이어서 올바른 정치적 판단을 못하는 것처럼 그려지고 남자처럼 부양가족이 없어서 투쟁 의식이 약하다는 식이었어요. 그러나 여성 노동자들의 말을 직접 들어 보면 그 혹독한 조건 아래에서도 여자들은 가부장적인 조합 문화와 싸우고 행사 때마다 음식하고 빨래하고 청소하고 남자들 뒤치다꺼리 다 했거든요. 의사 결정 과정도 여성들이 더 민주적이었어요. 이건 어떤 통계나 공식 자료 속에 드러나 있지 않아요. 여자들이 훨씬 열심히 살았다는 것을 알 수 있었습니다.

"개미처럼 사실만 끌어모으는 경험주의자나 거미가 거미줄을 만들 듯이 경험과 무관한 이론만 세우는 합리주의자를 비판하고 벌들이 꽃에서 재료를 모으는 것처럼 경험적 자료를 충분히 모은 다음 자신의 힘으로 변화시켜서 새로운 것을 만들어 내는 방법을 택했다."라는 베이컨의 말을 연구의 모토로 삼았다는 말씀이 무척 인상적이었습니다. 이런 연구 방법에 대해서 비판은 없었습니까?

제 연구가 주로 개인적인 기록과 증언 같은 것에 의존했기 때문에 학술 논문으로서 가치가 있을까 걱정했지만 기우였습니다. 영국의 지도 교수들도 한국의 여성 노동자들이 투쟁한 이야기를 읽고 놀라더군요. 그 사람들은 좌파 학자까지도 한국 하면 제3세계에서 가장 성공적으로 신속하게 산업화에 성공한 나라로 알고 박정희에게 호의적입니다. 다 그런 시각으로 한국을 봐요. 노동자들의 진짜 이야기를 그 사람들도 몰라요. 그래서 제 논문을 읽고는 저를 신뢰해 주면서 저의 현장 조사를 새로운 자료로 인정해 주었습니다. 영국에서는 논문 심사를 타 대학 교수들이 하는데 논문을 수정 없이 통과시켜 주었어요. 소중한 일기장이나 기록장을 아낌없이 내준 여성 노동자들에게 지금도 감사하고 있습니다.

노동자 생활을 오랫동안 하다가 뒤늦게 학문의 길로 접어드셨는데 서른다섯에 영국 유학을 갔다고 들었습니다. 만학도로서 어려움이 많았을 텐데요. 그런 힘든 결정을 내린 계기가 무엇이었는지 말씀해 주십시오.

80년 중반에 일본 노동자들이 오빠의 이야기를 들려 달라고 초청해서 일본으로 갔습니다. 일본 노동자들을 만나서 이야기 나누다가 많은 것을 깨달았습니다. 일본 노동자들은 한국 노동자들이 밤잠 안 자고 싼 물건을 만들어 내니까 다 실업자가 됐다면서 분노하고 있었어요. 나중에 독일에 갔더니 독일 노동자들도 그런 얘기를 해요. 한국 노동자들, 아시아 노동자들이 자기들 직장을 문 닫게 했다는 거예요. 기업들이 싼 임금 찾아서 아시아로 공장을 옮기니까요. 무척 놀랐습니다. 세계 경제가 이렇게 긴밀히 연결되어 있고 자본가들은 발 빠르게 움직이는데 노동자들은 자기 나라 안에서, 직장 안에서만 싸우니까 고생은 고생대로 하고 국제적으로는 노동자들끼리 증오하고 있었어요. 저 나름대로 눈을 뜬 거죠.

그래서 노동조합에 제안했습니다. 공부해야 한다. 공부하지 않으면 아무리 열심히 싸워도 이길 수 없다고 했어요. 그러니 공부할 사람을 골라서 우리 돈으로 유학을 보내자, 그리고 이런 현실을 연구하게 하자고요. 그런데 아무리 찾아도 그럴 만한 사람이 없는 거예요. 그러자 사람들이 저보고 없는 사람 찾지 말고 네가 해 보라고 그랬어요. 중학교 중퇴하고 근 20년 만에 다시 공부하니까 안 힘들 수가 없었죠.

12년 동안의 긴 유학 생활 동안 여러 가지 어려움으로 무척 힘들게 공부하신 걸로 알고 있습니다. 유학 자금이 바닥나 국내에서 모금 운동을 하던 기억도 나는데요. 공부하신 이야기를 들려주시죠. 간단한 영어조차 구사하지 못한 분이 영국 학계에서도 찬사를 보낸 논문을 완성하고 《전태일 평전》을 영어로 번역할 정도로 뛰어난 학자로 거듭나셨습니다.

처음 영국 히드로 공항에 도착했을 때는 영어 한마디 못했습니다. 통역의 실수로 갖고 있던 몇 권의 사회과학 책 때문에 국제 테러리스트로 지목돼 공항 유치장에 갇히기도 했습니다. 강제 출국되었다가 다시 재입국해 겨우 어학연수를 받았던 일이 무슨 운명처럼 여겨집니다.

사실 공부해 보니까 공부가 제일 힘들더라고요. (웃음) 하도 힘들어서 몸이라도 아파서 아픈 핑계로 접고 싶은 때가 한두 번이 아니었습니다. 그럴 때마다 성경처럼 오빠의 글을 읽고 또 읽었습니다. 오빠는 정말 간절하게 공부를 하고 싶어 했습니다. 공부에 대한 열망이 얼마나 컸는지 곁에서 지켜봐서 잘 알아요. 그런데 그 열망을 노동자들을 위해 포기한 사람이거든요. 그래도 틈만 나면 책을 읽고 글을 쓰곤 했어요. 오빠의 글을 유학 가서 다시 읽으니까 한마디 한마디가 뼈에 사무치게 제 온몸으로 전달되는 것 같았습니다. 오빠가 꿈에도 그리던 공부를 내가 하고 있다고 생각하고 해나갔습니다. 그래서 그런지 유학 기간 12년 동안 거짓말처럼 한 번도 안 아팠어요. (웃음) 새벽에 공부 시작하기 전에 꼭 기도를 드렸습니다. 공부를 잘 마칠 수 있도록 하나님께 기도 드렸습니다. 그래서 제 논문 《우리는 기계가 아니다》가 완성될 수 있었던 것 같습니다. 제 능력으로 한 게 아니죠.

오빠는 어떤 분이었나요? 《전태일 평전》이나 영화 〈아름다운 청년 전태일〉을 보면 성자처럼 보이기도 합니다. 가장 가까이 곁에서 본 동생으로서 회고해 주십시오.

너무너무 재미있는 사람이었어요. 장난도 잘 치고……. 무엇을 하든 열심히 성실히 했습니다. 어릴 때 일요일마다 도시락을 싸서 저랑 여동생을 데리고 서울 곳곳에 있는 유원지란 유원지는 안 가 본 곳이 없는데 오빠가 얼마나 우리를 즐겁게 해 주었는지 모릅니다. 그래서 좋은 오빠 뒀다고 친구들이 저를 무척 부러워했습니다. 그래도 엄할 때는 엄한 분이었어요. 꼭 오빠에게 성적표를 보여 드려야 했는데 그럴 때마다 겁이 났어요. 점수를 하나하나 짚으면서 매섭게 혼내곤 했죠. 그러나 오빠는 언제나 사랑으로 가득한 사람이었죠. 다른 사람 고통을 자기 고통으로 여기며 깊이 괴로워하는 걸 보면서 사람이 사람을 어떻게 저렇게까지 사랑할 수 있을까 싶을 정도였죠. 어린 마음에도 오빠가 남다른 사람이란 걸 알았죠.

전태일은 하나의 상징이 되었지만 선생님 개인에겐 가장 가까운 혈육입니다. 전태일의 분신도 우리 현대사에 커다란 영향을 미친 사건이지만 가족에게는 가슴 아픈 비극입니다. 그래서 질문하기가 주저됩니다만 그때를 다시 회상해 주시죠.

그날 아침에 옷을 말쑥하게 차려입고 집을 나서던 오빠의 모습이 지금도 눈에 선합니다. 그렇게 마지막 집을 나서는 오빠에게 제가 뭐라고 했냐면 "오빠, 등록금 내야 돼. 오늘은 꼭 등록금 줘야 돼." 했어요. 그 시절 등록금이 780원이었습니다. 그러니까 오빠가 뒤돌아보며 "그래, 내가 며칠 있다 줄게." 하셨어요. 그 길로 오빠는 다시 집에 돌아오지 않고 영원의 길로 가셨죠. 그 말이 제 가슴에 얼마나 아프게 맺혔는지 모릅니다. 남의 부탁이나 어려움을 절대 지나치지 않는 오빠가 여동생의 부탁을 어찌 잊었겠습니까. 아마도 오빠는 그날 평화시장에서 분신을 감행하면서도 제 부탁을 잊지 않았을 사람이에요.

오빠 시신이 영안실에 있을 때 정부에서 사람들이 돈 가방을 들고 찾아왔어요. 장례를 속히 치르고 문제가 확대되는 걸 막으려고 우리 가족을 돈으로 회유하려던 거였죠. 그때 엄마가 조용히 여동생과 저와 큰오빠를 앉혀놓고 그 돈을 받을지 말지 우리더러 결정하라더군요. "저 돈이면 너희들 대학까지 공부시킬 수 있다. 어쩔래?" 하시는 거예요. 그걸 받으면 오빠의 죽음이 헛되이 되고 만다는 건 중학생인 저에게도 너무나 분명해 보였어요. 저는 저 돈 받지 말자고 잘라 말했어요. 그리고 이듬해 학교 그만두고 여공이 되었습니다. 어머니는 노동 운동가가 되셔서 그 긴 세월 동안 모진 탄압을 다 받으며 사시고……. 엄마의 삶이 저에게는 늘 가슴 아프면서도 놀랍습니다. 엄마에 비하면 저는 아무것도 아닙니다. 그렇게 여공으로 7년을 살면서 한 번도 후회한 적이 없습니다. 남들은 전태일 동생으로 사는 게 부담스럽지 않느냐고 하는데 별로 그렇지도 않았습니다. 오빠가 열심히 사는 법을 가르쳐 주셨고 사랑하는 법을 몸소 보여 주셔서 그런지 그대로 열심히 살아오면서 저 자신 오빠의 그늘 같은 것을 별로 느끼지 않게 되었어요.

지금 많은 노동자들이 비정규직 문제로 큰 고통을 겪고 있습니다. 외국인 노동자도 여전히 힘든 노동 조건 속에서 일하고 있고요. 그러나 대기업 노동조합과 그런 큰 노조의 영향 아래에 있는 민주노총이나 민주노동당이 이 문제를 잘 풀지 못하고 있는 것 같습니다. 지도부가 적극적으로 나서도 여론이 따라와 주지 않으니까 고민이 많은 것 같습니다. 노동자들끼리 일자리 나누기 같은 것이 가능한데도 이슈는 항상 임금 투쟁이 됩니다.

맞습니다. 비정규직 문제도 다르게 접근할 수 있습니다. 유럽에서는 노동자들이 회사 측과 협상하면서 해고하지 않는 조건으로 임금 삭감을 받아들이고 노동 시간을 줄여서 일자리를 나누는 해법을 찾는 경우가 많습니다. 구조 조정 위기를 그렇게 극복하면 노동조합의 분위기가 완전히 달라집니다. 놀랄 정도로 연대감이 깊어집니다. 비정규직 문제는 정규직이 끌어안아야 할 문제입니다. 그래야 정규직도 강해집니다. 정규직이 자기 밥그릇 지키려고 근시안적으로 대처하는 게 참 가슴 아파요. 그 기득권이 얼마나 오래가겠습니까? 정규직의 임금을 낮추어서라도 비정규직을 살리고 과감히 노동조합에 가입시켜야 합니다. 정규직이 크게 착각하고 있습니다. 지금 같은 정규직끼리의 조합 문화는 결국 조합을 이기적으로 만들어 자본가들의 입지만 넓혀 주게 되어 있습니다.

제가 일한 70년대라면 상상도 할 수 없는 일이죠. 죽어도 같이 죽고 살아도 같이 산다는 게 기본이었거든요. 그때 만약 비정규직 법안이 나왔더라도 절대로 노조에서 받아들이지 않았을 거라고 확신합니다. 지금보다도 더 가난하고 힘들게 살았지만 그때가 더 좋았던 것 같습니다. 노동조합도 지금과는 비교할 수 없을 정도로 정이 넘쳤던 것 같아요. 힘들어도 다 한 운명체라는 생각이 있어서 서로 뭉쳤어요.

선생님의 책에는 "경험과 역사가 가르치는 것은 사람과 정부가 역사로부터 아무것도 배우지 못했으며, 그것에서 비롯된 원칙에 따라 움직이지도 않았다는 사실이다."라는 헤겔의 비관적인 말도 인용되어 있습니다. 우리 노동 운동이 이렇게 된 원인이 어디에 있다고 보십니까?

참 어렵다면 어려운 질문입니다. 여러 각도에서 분석할 필요가 있을 거예요. 노동조합이 폭발적으로 늘어난 게 87년 6월 항쟁 직후입니다. 그때 일시에 전국에 수천 개의 노동조합이 한꺼번에 결성되면서 부실한 노조와 노조 대표들이 많이 양산되기도 했습니다. 90년대로 들어오면서 그러한 양상이 노조 위원장 선거를 권력 투쟁 같은 것으로 변질시키거나 NL이니 PD니 하는 정파 싸움으로 나타났죠. 새 위원장이 선출되면 이전의 경험들을 깡그리 무시하는 게 관행이었어요. 그러니 발전이 있을 리 없고 근시안적인 투쟁 문화가 지속될 수밖에 없었어요. 그러면서 70년대부터 이어져 오던 노동자들의 건강한 문화, 연대 의식, 책임감 같은 것들이 급속하게 사라졌습니다. 지금은 노동자들도 너무 물질화되어 있다고 생각합니다. 노동자들도 지난 30여 년 동안 우리 사회에 급속히 확산된 소비문화에 예외 없이 중독되어 있습니다. 다시 참된 노동자 문화를 회복하는 게 절실히 필요한 시기입니다. 오빠의 정신이 잊히고 있는 것 같아 안타까워요.

노동 운동과 대안 운동의 접점 같은 것은 없을까요? 예컨대 계급 문제와 생태 문제를 어떻게 절충해서 푸느냐 하는 것은 지금 우리 사회의 미래가 달린 시급한 과제입니다. 선생님은 잠시 대학에 있다가 다시 노동자 곁으로 가서 생활하고 계신데요, 요즘 하고 계신 일도 말씀해 주세요.

그런 문제는 지금 제가 말씀드리기에는 벅찬 주제입니다. 간디학교 같은 대안학교에서 저에게 가르쳐 주셔야죠. (웃음) 옛날에 같이 일하던 사람들 가운데 아직도 미싱 일을 하는 사람이 많습니다. 나이가 들어서 그렇기도 하지만 평생 일하면서 혹사당해서 안 아픈 데가 없습니다. 그래서 저는 많이 못 벌어도 일 좀 적게 하면서 살자고 해요. 무엇 때문에 돈을 법니까? 인간답게 행복하게 살자고 그러는 건데 다들 너무 여유가 없어요. 8시간 일하면 되는데 잔업을 서너 시간 더 합니다. 그러면 몇만 원 더 벌지만 일의 노예가 되고 말아요. 그래서 저는 적게 벌어도 잘 살 수 없을까 늘 고민합니다. 모두가 생명 보험, 암 보험, 교육 보험, 할부금, 과외비, 돈 들어가는 데가 너무 많다는 거예요. 저는 수입도 얼마 안 되지만 보험은 아무것도 가입하지 않았습니다.

요즘은 지닌 게 없을수록 편하고 홀가분하다는 걸 확실히 느끼며 삽니다. 언젠가 아는 사람들 불러서 제 책이랑 물건들을 다 나누어 주었어요. 그랬더니 마음이 그렇게 편하고 행복할 수가 없었어요. 왜 예수님이 부와 하나님을 동시에 섬길 수 없다고 하셨는지 알겠더군요. 많이 가지면 자꾸 가진 것에 마음이 가게 되어 있잖아요. 확실히 부자가 천국에 가는 건 낙타가 바늘구멍에 들어가기보다 어렵다는 걸 절실히 느낍니다. 나이 70쯤 되어서 아무것도 안 지니고 있는 게 소원입니다. (웃음)

공동체를 만들어서 아이들을 위해 작은 학교도 열고 일하는 엄마들 여유를 찾아 주려고 온갖 궁리를 다 하는데 얼마 전에는 평생 옷만 만들던 아이 엄마들을 모아 패션쇼를 열었습니다. 한 2000명이 모였는데 대성황이었어요. 노동자 엄마를 둔 아이들은 학교 가면 절대로 부모 얘기 안 합니다. 그런데 패션쇼를 하고부터 아이들이 엄마를 다시 보기 시작하는 것 같아 즐거웠어요. 어쨌든 제가 사는 창신동의 여성 노동자들과 새로운 삶터를 만들어 가면서 행복하게 사는 건 어떤 것일까 고민하며 살아가고 있습니다.

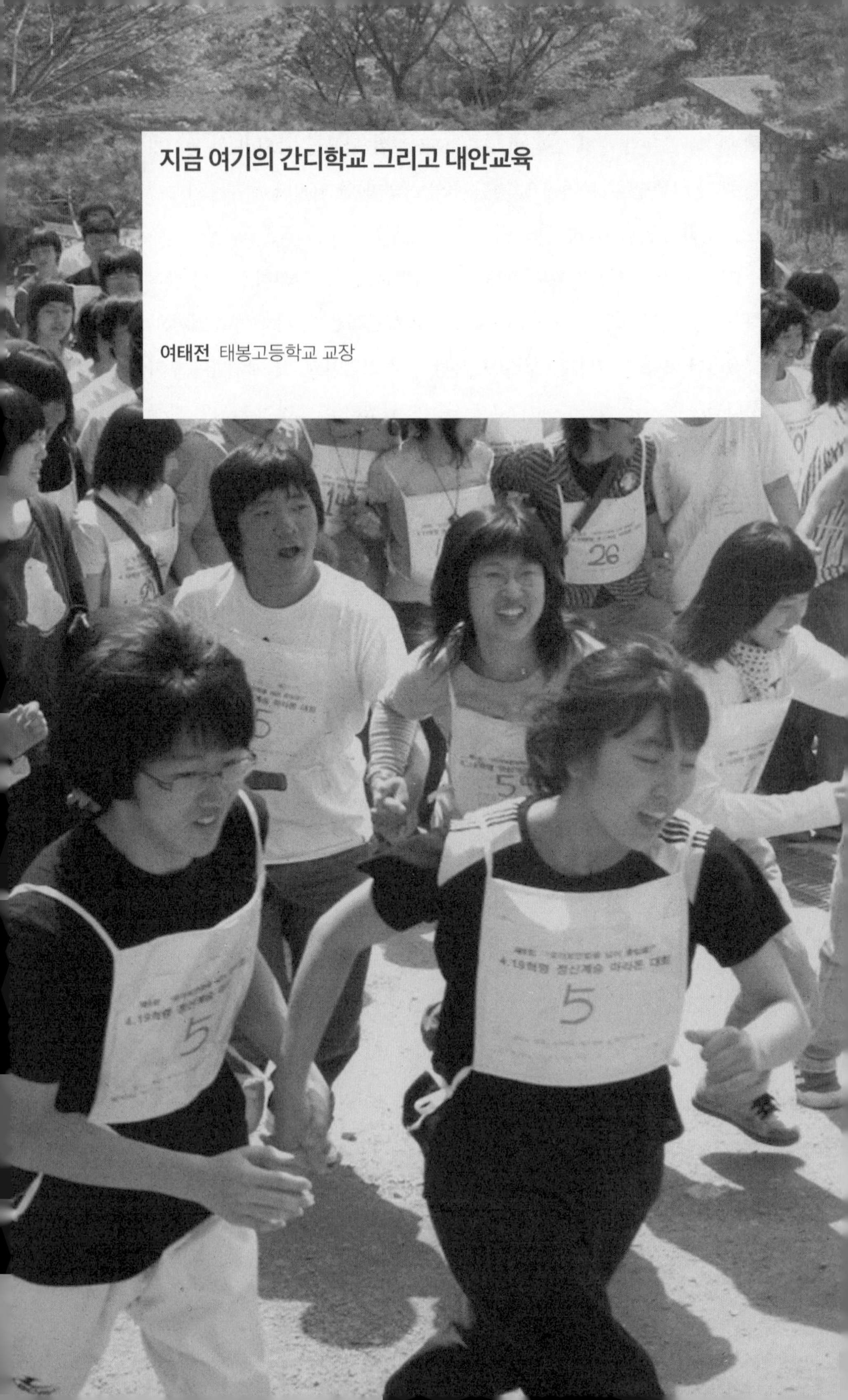

지금 여기의 간디학교 그리고 대안교육

여태전 태봉고등학교 교장

만남 : "길이 없다고 갈 수 없는가?"

내가 간디학교라는 새로운 집단을 만난 것은 한국 교육의 현실과 대학 사회에 대한 절망의 끝에서였다. 사회로의 첫걸음을 시작한 학교 사회는 물 흐르지 않는 웅덩이, 침체의 늪이었다. 교사는 교사대로, 학생은 학생대로 설 자리를 잃고 구석구석 먼지투성이에 짓눌려 있었다. 심지어 도서실의 책에 곰팡이가 슬어 가고 있어도 누구 하나 거들떠보지도 않았다. 나는 그때부터 학교라는 곳이 과연 '교육'을 하는 곳인지 의심하기 시작했다.

대학 졸업한 지 5년 만에 다시 대학원을 드나들며 '교육학'을 본격적으로 공부했다. 10년 동안 대학원을 다니면서 내가 체험한 대학은 '비교육적'이었다. 삶과 동떨어진 학문, 그 학문이라는 권위와 미명 아래 얼마나 많은 사람들이 서로가 서로를 속이면서 살아가고 있는지 눈치채고 말았다. 대학은 상식과 양심을 말살하는 거대 공룡 사회처럼 느껴졌다.

참으로 쓸쓸하고 허망한 깨달음이었다. 그렇게 많은 교육을 받고서도 여전히 내면 깊숙이 도사리고 있는 열등의식과 패배 의식을 떨쳐 내지 못하는 나 자신을 어떻게 설명해야 할까. 결국 나는 교육 받은 만큼 더 멍청해졌다는 것을 증명하는 꼴이 되고 말았다.

아마도 그때 이후 교직 생활은 줄곧 '교육적'이라고 믿어 왔던 것들이 얼마나 '비교육적'인가를 하나둘 깨닫는 과정이었던 것 같다. 멋모르고 교사가 되어, 편견과 고정 관념에 사로잡혀 그동안 알게 모르게 아이들에게 참 많은 죄를 지었고 지금도 어쩔 수 없이 그런 죄를 반복하고 있다는 자괴감이 들었다. 자칫 잘못하면 앞으로도 엄청난 허구만 가르치는 교사로 살 수밖에 없겠다는 생각이 들었다.

바로 그즈음이었을 것이다. 이상과 현실이라는 이분법적 논리 앞에서 적당히 체념하면서 현실에 순응하며 살고 싶을 때쯤 간디학교를 만난 것이다. 간디학교는 또다시 내 가슴을 설레게 했다. 아직도 우리 교육에서 '꿈과 희망'을 이야기하는 집단이 있다는 게 놀라울 따름이었다.

간디학교와의 만남은 흔들리는 나를 다시 곧추세워 주었다. 세상과 교육, 그리고 나의 삶을 서서히 체념과 냉소로 받아들일 무렵 간디학교를 만난 것이다. 이런저런 핑계를 둘러대며 길이 없다고 주저앉아 편안한 삶을 꿈꾸고 있을 즈음, 간디학교는 나에게 "길이 없다고 갈 수 없는가?"라고 되물어 온 것이다.

간디학교는 나에게 "길이 보이지 않을 때에는 제로부터 시작하라."고 채찍질했다. "어둠을 한탄하고 있느니 촛불 한 자루라도 켜는 게 낫다."는 간디학교의 충고는 나를 흥분케 했다. 더 이상 어둠과 불의를 한탄하고만 있어서는 안 된다고 생각하기 시작한 것이다. 세상이 온통 흙탕물이라며 비관하지만 말고 "내가 먼저, 우리가 먼저 참 좋은 샘물이 되자."는 다짐을 거듭했다.

양희규 선생님의 책 《사랑과 자발성의 교육》을 탐독하면서 본격적으로 간디학교를 탐구하기 시작했다. 간디학교를 처음 방문했을 때 받은 첫인상은 도저히 '학교 같지 않은 학교'라는 것이었다. 다만 겉모습만 두고 하는 말이다. 어찌 이런 곳에서 교육이 이루어지는지 의아해하지 않을 수 없었다. 일반 학교 교사로 십여 년 길들어진 나로서는 한마디로 당혹스러웠다. 또 한편으로는, 이런 곳에서도 얼마든지 우리가 꿈꾸는 교육을 해낼 수 있다는 게 신선한 충격으로 다가왔다. 그때부터 나는 서서히 '새로운 학교'에 대한 꿈을 꾸기 시작했다.

간디학교에 가기 전 10여 년 동안 나는 간디학교의 '주변인'으로 드나들며 '훈수'나 두면서 살았다. 그러다가 마침내 2006년 3월 간디학교 교사로서 '주인'이 되고 보니 '책임'질 일이 너무나 많았다. 꿈꾸는 대로 산다는 게 얼마나 어렵고 힘든 일인가. 무언가를 안다는 것과 그것을 실제로 행한다는 것은 얼마나 다른 일인가. 바둑판에서는 훈수가 통할지 몰라도 삶에는 훈수가 통하지 않는다는 것을 절절하게 깨우쳤다.

교육에 대해서, 삶에 대해서 진지하게 고민하면 할수록 간디학교는 언제나 내 삶의 '준거 집단' 역할을 해 주었다. 이 척박한 한국 교육의 현실에서 간디학교가 있다는 게 얼마나 다행한 일인지.

내 사랑 '간디호'가 출항한 지도 벌써 15년이 되었다. 그 사이에 간디학교는 많은 시련과 시행착오를 겪으면서 한국 교육사에 또 하나의 이정표를 남겼다. 훌륭한 성과도 있었지만 분명한 한계도 노출시켰다.

열다섯 간디학교! 이제 웬만큼 철이 들 나이가 되었다. 그러나 나로서는 간디학교의 내일을 알 수 없다. 간디학교는 아직도 현재 진행형이니까.

진단 : "학생들의 미래를 훔치는 학교"를 넘어

"아무도 미래를 확실히 예측할 수 없지만, 앞으로는 '사람은 과연 뭔가?'라는 질문을 던지게 될 것으로 보인다."

'제3의 물결'인 '지식 기반 사회'를 지나 다음 사회는 어떤 사회로 이동할 것으로 보느냐는 질문에 앨빈 토플러가 답한 말이다. 그가 쏟아 놓은 많은 말 가운데 미래에는 "사람은 과연 뭔가?"라는 질문을 던지는 사회가 올 수 있다는 말이 오래도록 가슴에 맴돌고 있다.

그 까닭은 무엇일까? 안타깝게도 우리는 삶에 대한 근원적인 질문을 잃어버린 시대에 살고 있다. '나는 누구인가?' '인생이란 무엇인가?' '진리란 무엇인가?' '어떻게 살 것인가?' '행복이란 무엇인가?' '사람은 어디서 와서 어디로 가는가?' 우리는 이런 소중한 질문들을 외면하고 어디로 향하고 있는지도 모른 채 앞만 보고 달리고 있다.

범위를 좁혀서 학교 교육의 문제만 놓고 봐도 이런 현상은 심각하다. "교육의 목적은 무엇인가?" "진정한 배움이란 무엇이며 앎이란 무엇인가?"

이런 질문을 외면한 채 교사와 학생이 만나고 있다. 이러다 보니 교사든 학생이든 자신의 삶에 대한 진지한 성찰과 깨달음이 시시때때로 일어날 리 없다. 삶의 일상에서 성찰과 깨달음이 일어나지 못하니 우리의 삶은 갈수록 허영에 시달리며 공허해질 수밖에 없는 것이다.

이렇게 된 데에는 산업화와 근대화의 결과로 빚어진 황금만능주의와 소비문화가 큰 몫을 차지하고 있다. 근대 사회의 '풍요'와 '편리'라는 덫에 갇혀 우리는 엄청난 노동 강도를 인내하며 하루하루 노예처럼 숨 가쁘게 살아가고 있다. 후기 산업 사회, 지식 정보화 사회로 접어들었다는 최근의 세계 질서는 무한 경쟁 체제를 더욱 가속화시키면서 영혼 없는 사회를 만들고 있는 것이다.

앨빈 토플러도 이렇게 암담한 한국 사회의 현실을 간파했던 것일까. 그는 한국 교육의 현실을 이렇게 비판하면서 개혁을 촉구했다.

"한국에서 가장 이해하기 힘든 것은 교육이 정반대로 가고 있다는 점이다. 한국 학생들은 하루 10시간 이상을 학교와 학원에서 자신들이 살아갈 미래에 필요하지 않을 지식을 배우기 위해 아까운 시간을 허비하고 있다. 오늘 있던 직업이 내일 사라질 수도 있고 오늘 없던 직업이 내일 생길 수도 있을 만큼 변화가 빠른 것이 미래 사회다. 그런데도 미래 사회에선 존재하지도 않을 직업을 위해 아이들을 준비시키고 그것조차도 성공적으로 수행하지 못하는 학교는 학생들의 미래를 훔치고 있다."

아니, 우리가 학생들의 미래를 훔치다니! 참으로 섬뜩한 말이 아닐 수 없다. 그렇다면 교사는 '도둑놈'이고 교장인 나는 말할 것도 없이 '도둑놈 두목' 정도 되는 게 아닌가? 아, 그렇구나! 자칫 잘못하면 학교는 도둑놈끼리 모여 학생과 학부모를 대상으로 한판 사기극을 벌이는 '도둑놈 소굴'이 될 수도 있겠구나. 정신이 번쩍 든다.

물론 우리는 아침 일찍부터 늦은 밤까지 강도 높은 노동을 감내하면서 열심히 뭔가를 한다. 하지만 우리가 하는 일들이 어떤 결과를 낳는지에 대한 진지한 성찰 없이 학생들 앞에서 선다면 오히려 학생들의 미래를 훔치는 일이 될 수도 있다는 뼈아픈 자각. 한국 사회의 고질병인 경쟁적인 입시 위주의 교육관과 학벌주의가 학생들을 불행하게 한다는 깨달음. 이런 자각과 깨달음 없이는 새로운 교육을 꿈꿀 수 없을 것이다.

바로 위와 같은 문제 제기에서 대안학교가 생겨났다. 대안학교는 기존의 학교가 몸에 맞지 않아 스스로 뛰쳐나온 용기 있는 아이들과 승자 독식의 게임에서 상처 입은 아이들이 모여 새로운 삶의 방식으로 행복을 찾아가는 학교이다. 나아가 소비문화와 황금만능주의를 낳은 근대 교육의 맹점을 비판하고 새로운 가치와 희망을 만들어 가는 학교이다. 따라서 대안학교에 모여든 사람들은 주류의 세계를 무작정 따라가지 않고 '삶에 대한 근원적인 질문과 가치'를 되물으면서 아무도 가지 않은 낯선 길, 외로운 길을 가기를 마다하지 않는다. 대안학교는 문제아 수용소가 아니다. 함께 미래를 꿈꾸는 학교이다.

성찰 : "성찰적 지성인의 꿈꾸기, 사랑하기"

대안교육, 대안학교는 바로 위와 같은 '성찰'에서부터 출발했다. 작고 사소한 일상의 삶에서부터 '이게 아닌데…….' 하면서 끊임없이 내가 선 자리를 비판적인 관점으로 바라보는 것. 내가 선 자리를 부정하고 또 부정하면서 변증법적으로 늘 새로운 '긍정'을 만들어 내는 것. 이런 성찰적 사유가 새로운 교육, 새로운 삶을 꿈꾸는 첫걸음이 된다. 간디학교의 교가는 이렇게 시작한다.

“꿈꾸지 않으면 사는 게 아니라고 별 헤는 마음으로 없는 길 가려네. 사랑하지 않으면 사는 게 아니라고 설레는 마음으로 낯선 길 가려네. 아름다운 꿈꾸며 사랑하는 우리 아무도 가지 않는 길 가는 우리들…….”

일반 학교에 있을 때 이 노랫말처럼 늘 간디학교를 그리워하며 살았다. 그러다가 마침내 간디학교 식구가 되었다. 그러고는 이내 깨달을 수 있었다. 꿈꾸는 사람이 모인 동네가 그렇게 꿈처럼 낭만적이지만은 않다는 것을. 꿈꾸는 사람들은 그 꿈의 크기만큼이나 늘 크고 작은 고통과 아픔을 함께 아울러야 한다는 것을. 꿈이 아름다운 것은 아무도 가지 않는 낯선 길을 찾아가기 때문인 것을. 그래서 무너지고 또 무너지고 아파하고 또 아파하면서도 다시 일어서서 새로운 길을 찾아 나선다는 것을.

그렇다. 왜 대안교육인가? 왜 대안학교인가? 나는 주저 없이 ‘꿈꾸기 위해서’라고 말하고 싶다. ‘사랑하기 위해서’라고 말하고 싶다. 그렇다면 무작정 꿈만 꾸고 사랑만 하면 대안이 나오는가? 아니다. 성찰이 없는 꿈은 꿈이 아니다. 성찰이 없는 사랑은 사랑이 아니다. 성찰이 없는 대안은 공허한 구호에 불과하다. 그래서 대안학교를 만들어 가는 사람들은 진보적 교육 운동의 제일선에 서서 무엇보다도 먼저 자신의 삶을 돌아보아야 하고, 사회 구조와 세계질서의 흐름까지도 비판적인 눈매로 바라볼 줄 아는 ‘성찰적 지성인’이 되어야 한다.

다시 묻자. 대안학교는 어떤 학교인가? 자나 깨나 꿈과 사랑을 노래하며 배움의 열정에 목이 타는 성찰적 지성인들이 함께 만들어 가는 학교이다. 진리 추구를 삶의 본질로 아는 단순한 사람, 작고 사소한 일도 정성껏 하는 성실한 사람, 스스로 낮추어 온 생명을 섬기는 겸손한 사람, 몸과 마음을 잘 돌보고 살피는 건강한 사람, 사랑과 배움의 열정으로 꿈을 찾는 지혜로운 사람, 이런 사람들이 성찰적 지성인이다. 바로 이런 사람들이 함께 모여 꿈과 사랑을 배우고 나누는 학교가 내가 진실로 꿈꾸는 새로운 학교이다.

대안학교는 근대 교육의 근본적인 문제를 비판하면서 '삶에 대한 근원적인 질문'을 되찾으려는 사람들이 모여서 만들어 가는 학교이다. 따라서 대안학교는 단순히 기존의 학교에 '적응하지 못하는' 아이들이 모인 '문제아들의 수용소'가 아니다. 단순히 겉으로 드러난 현상만 보고 '학교 부적응'이라고 쉽게 낙인찍어서는 곤란하다. 물론, 기존의 학교를 같잖게 보고 스스로 뛰쳐나온 아이도 있고, 승자 독식의 게임에서 일찌감치 떨어져 나와 상처 입은 영혼도 있다. 부잣집 아이도 있고, 가난한 집 아이도 있다. 공부 잘하는 아이도 있고, 공부와는 아예 담을 쌓고 사는 아이도 있다. 이렇게 다양한 아이들이 두루 섞여 살면서 서로가 서로를 인정하고 배려하면서 살아가는 법을 배우는 교육이 대안교육이다. 그런 교육을 가능하게 하는 학교가 대안학교이다.

한계 : "자유교육과 책임 교육"

"아, 이게 아닌데, 이건 정말 아닌데……."

일반 학교에 머물 때 가끔씩 푸념처럼 늘어놓던 말이다. 일반 학교를 떠나 대안학교인 간디학교로 왔어도 이 말버릇은 여전히 바뀌지 않았다.

"어휴, 이건 너무 심한 거 아니야? 이건 정말 아닌 것 같은데……."

앞의 말이 획일화된 일상에 대한 답답함에서 나온 푸념이라면, 뒤의 말은 자유교육의 부작용을 바라보면서 느끼는 안타까움에서 나온 푸념이다.

일반 학교 있을 때 아이들의 모습은 마치 '북어들의 일개 분대가 / 나란히 꼬챙이에 꿰어져 있었다.'는 최승호의 시를 연상케 했다. 그런 상황에서 나는 자유와 책임을 기르는 교육까지는 생각조차 못하고 아이들의 입에 재갈 물린 입시 교육 시스템만이라도 당장 걷어치우고 싶었다. 그러나 그 구조는 갈수록 철옹성처럼 공고해졌다. 거기서는 나도 별수 없이 꼬챙이에 꿰어진 한 마리 북어일 수밖에 없었다. 그래서 시시때때로 "거 봐, 너도 북어지, 너도 북어지, 너도 북어지……." 하고 조롱 받을 수밖에 없는 노릇이었다. 그 조롱 어린 소리가 내 양심을 자극했다. 그래서 오랜 시간 뜸 들이다 마침내 그 일개 분대에서 이탈하여 물결을 거슬러 오르는 북어가 되기로 결심했던 것이다.

교육의 3주체인 학생, 교사, 학부모가 다 같이 학교의 주인으로 참여하여 일상 속에서 민주적 의사 결정 과정을 익히고 배우는 학교. 그 어떤 권위주의도 용납하지 않고 학생 1표, 교장 1표, 교사 1표씩 행사하면서 자유와 평등에 뿌리내린 민주주의 가치를 실현하는 학교. 그리하여 학생은 늘 겸손하게 자기를 낮추어 사랑하고 사랑 받는 능력을 배우며 나누는 학교. 교사는 자나 깨나 아이들 틈에서 자신을 낮추어 배우고 연구하면서 늘 손발 부지런한 노동의 삶으로 내일의 희망과 꿈을 노래하는 학교. 건강을 돌보는 일상생활 습관을 길러 주는 학교. 자유 의지에 따른 선택과 책임으로 자기를 발견하는 학교. 지혜 탐구의 열정으로 참다운 배움의 기쁨을 찾는 학교. 생명 평화의 가치를 내면화하고 실천하는 학교. 전인 교육을 지향하고 생태주의와 공동체 정신을 강조하는 학교. 그리하여 마침내 모두가 각자의 삶에서 주인인 학교. 그래서 교사도 학생도 학부모도 다 함께 행복한 학교.

아, 이 얼마나 가슴 설레는 학교인가. 간디학교가 명시적으로 내세우는 이런 꿈, 이런 모습이 좋아서 간디학교에 갔다. 실제 일상생활 속에서 이런 꿈을 현실로 만들어 가는 학생들이나 동료들을 만날 때는 가슴이 뿌듯했다. 그럴 때는 '간디학교가 참 행복한 학교구나.' 하는 생각이 절로 들었다. 그래서 덩달아 행복할 때가 많았다.

행복했지만 쉬운 길은 분명 아니라는 것도 느꼈다. 자유 의지로 선택한 삶을 책임지려고 일반 학교에서보다 더 많은 노동 강도를 감내해야 했다. 아이들 앞에서나 동료들 앞에서 나는 완전히 초보 교사로 다시 시작해야 했다. 더 이상 간디학교를 객관적 시각으로 바라보는 연구자가 아니었다. 그리고 보고 싶은 것만 적당히 보고 말하는 주변인도 아니었다. 나도 간디학교의 주인으로서 무한한 책임감을 통감하면서 아이들과 선생님들 앞에서 일희일비하면서 살게 되었다. 그리고 이 과정에서 겪은 가치의 혼돈은 엄청나다.

여기서 나는 꼬챙이에 꿰어진 채 '말의 변비증 앓는 사람'이거나 '무덤 속의 벙어리'가 아니기를 희망했다. 기대했던 대로 간디학교의 학생이나 교사들은 모두 북어 꼬챙이로부터는 해방되어 말의 변비증을 치료한 것처럼 보였다. 간디학교에서는 무슨 이야기든 서슴없이 말하는 문화가 형성되어 있다. 그리고 이렇게 해방된 아이들의 거침없는 말과 행동은 나를 당혹게 하기도 했다.

제멋대로 수업을 빠지고 놀다가 마음 내키면 수업에 들어오고, 수업에 들어와서도 마냥 자거나 딴청 피우기로 일관하면서도 아이들은 너무 당당했다. 나는 아이들의 당당함이 뻔뻔함으로 느껴졌다. 가끔 학생들은 온몸으로 이렇게 외치는 것 같았다.

"나는 자유교육을 철학으로 내세우는 대안학교 학생이다. 그러므로 나는 자유인이다! 아무도 나를 건드리지 마라! 내가 곧 길이고 진리이다!"

물론 이런 아이들은 자유교육의 1단계 과정에 머물고 있기 때문일 테다. 어릴 때부터 알게 모르게 누적된 억압, 두려움, 열등의식, 허영으로부터 해방시키는 게 자유교육의 첫 단계다. 자유의 2단계는 '선택과 책임'이다. 나아가 3단계는 '자기 발견'이다. 여기서 우리가 궁극적으로 꿈꾸는 자유교육의 완성에 이르는 것이다.

학생들은 점점 더 깊이 학교 운영에 개입하고 참여하고 싶어 했다. 언젠가 교사회에서 어느 군부대와 자매결연을 맺기로 결정했는데 "평화와 비폭력을 지향하는 간디학교가 왜 군인과 자매결연을 맺어야 하느냐?"고 묻는 학생들이 있어서 무기한 연기된 적이 있다. 학교 숲 가꾸기 사업을 하느라 학생들에게 전후 사정을 자세히 알리지 못하고 나무를 몇 그루 자르다 학생들의 반발에 혼쭐이 난 적도 있다. 체험 학습 장소를 결정할 때나 체육 활동을 결정할 때에도 학생들의 의견을 묻지 않고 교사들이 일방적으로 결정했다고 학생들은 불만이다. 매사에 교사와 학생이 소통이 안 된다고 아우성이다.

여기서 교사와 학생 사이의 팽팽한 기 싸움이 반복된다. 번번이 교사들이 밀리고 양보하는 형국이 더 많았던 것 같다. 일단 기 싸움에서 밀리면 교사가 학생을 닮아 가야지 별다른 도리가 없다. 자식 이기는 부모 없다는 속담처럼 여기서는 학생 이기는 교사가 없다. 한 마디로 교사의 영(令)이 서지 않는다. 처음부터 학생이나 교사나 똑같이 1표를 행사하는 식구총회를 간디학교 최고의 의사 결정 기구로 만들어 놓았으니, 결정적인 순간에는 교사가 학생에게 밀릴 수밖에 없다. 복잡하고 민감한 사안까지도 교장이나 교사회에 위임하는 경우가 거의 없다. 그러다 보니 길고 지루한 회의가 연속될 수밖에 없다. 마침내 회의에 대해 회의감이 들기도 한다.

어느 순간에는 누가 학생이고 누가 교사인지 구분하기 어려운 단계까지 간다. 이런 일이 반복되면 결국 교사든 학생이든 다 함께 고만고만한 수준에서 공생의 원리를 배워 버린다. 하향 평준화되는 셈이다. 결과적으로 학생의 책임은 보이지 않고 교사나 교장의 책임만 남는다. 간디학교가 극복해야 할 자유교육의 한계는 바로 여기 있는 것 같다.

간디학교에서 다수의 아이들은 선택과 책임의 단계로 나아가고, 몇몇 아이들은 마침내 자유의 완성에까지 이르기도 한다. 그러나 문제는 책임의 단계에도 이르지 못하고 좌충우돌하다가 3년을 다 보내 버리는 아이들도 많다는 점이었다. 그래서 교사들은 애써 선택과 책임을 강조하지만 학생들은 끝내 자유를 제멋대로 해석하고 나태와 게으름으로 맞서는 경우가 자주 발생했다. 사소한 일상도 제대로 못 챙기면서 고상한 말만 주워섬기는 아이들을 볼 때면, "진리의 탐구자는 먼지보다도 더 겸손해져야 한다."는 간디 선생의 말씀을 왜 간디학교 아이들은 애써 외면하려 들까 안타까웠다. 그리고 이런 의문으로 이어졌다.

'우리가 정말 애들을 이렇게 오냐오냐하면서 키워도 되는 걸까. 저렇게 버르장머리 없이 천방지축 날뛰어도 세월이 지나면 다 좋아진다고 믿어야 하는 걸까. 교사는 그저 평소에 잘 다스린 내공으로 아이들을 끝까지 품어 주고 기다려 주면 되는 걸까. 졸업 후 언젠가는 다 철이 든다고, 대학 가고 군대 갔다 오면 아이들이 많이 달라지더라고…….'

아이들 한 명 한 명을 개별화시켜 보면, 문제는 늘 사회 구조의 문제이고 어른들의 문제이고 교사들의 문제이다. 그러니 아이들에 대한 안타까움도 결국 자괴감으로 이어졌다.

'어쩌겠어. 우리가 처음부터 아이들을 그렇게 길러 왔는데, 지금 와서 어떻게 바꿔…….'

어쩌면 이런 푸념은 내가 나 자신의 무능과 게으름을 자책하는 말일 수도 있었다.

실제로 나는 간디학교에 있으면서 자유와 자율성의 힘이 얼마나 소중한 것인지 시시때때로 발견했다. 특히 학생회나 동아리 활동, 식구총회, 주를 여는 시간 등 간디학교의 학생 자치 활동 문화는 일반 학교에서는 찾아볼 수 없는 소중한 교육 과정이었다. 따라서 이런 학생 문화를 좀 더 세련되게 다듬어 나가기만 해도 간디학교의 존재 이유는 충분하다고 본다. 그러니 내가 겪은 혼란 앞에서도 이런 물음을 멈추어서는 안 될 것이다.

과연 우리가 꿈꾸는 자유교육은 어떻게 완성될 수 있을까. 어떻게 하면 다수의 아이들이 스스로 선택한 일에 끝까지 책임을 지고 스스로의 존재 가치를 발견하여 '자기 삶의 참다운 주인과 일꾼'으로 거듭나게 이끌어 줄 수 있을까.

전망 : "꿈꾸지 않으면 사는 게 아니다."

"꿈꾸지 않으면 사는 게 아니다." 이 말보다 더 강력한 메시지가 또 있을까. 이 강력한 메시지에 감동했고 가슴이 설렜다. 그 감동과 설렘은 나를 두려움 없이 간디학교로 이끌었다.

그런데, 아뿔싸! 나는 허방을 짚었고 깊은 수렁에 빠지고 말았다. 아니, 처음부터 내가 가는 길이 허방과 수렁인 줄 눈치채고도 스스로 이 길을 선택하고 도전했다고 제법 그럴싸하게 말하고 싶기도 하다. 그러나 차마 그 정도로 넓고 깊은 허방과 수렁일 줄은 몰랐다고 말한다면 지나치게 엄살떠는 표현일까? 아니면, 나의 삶 자체가 허방과 수렁이었다는 걸 간디학교에 가서 비로소 깨우쳤다면 너무 고상한 척하는 걸까.

어쨌든 간디학교에서의 일상은 그다지 행복하지 않았다. "행복해서 웃는 게 아니라 웃기 때문에 행복하다."며 애써 주문을 외우면서 매사에 웃음을 잃지 않으려고 노력했지만 시시때때로 얼굴빛이 굳어지고 어두워지는 나 자신을 발견할 때면 참으로 쓸쓸하고 외로울 때가 많았다.

지금 나는 어디에 서 있는가? 나의 발걸음은 어디로 향하고 있는가? 가슴 밑바닥에서부터 절로 솟구치는 웃음을 터뜨려 본 적이 얼마나 되었던가? 아이들과 함께, 동료 선생님들과 함께 일상의 기쁨과 즐거움을 나누며 통쾌하게 웃어 본 날이 언제였던가? 교사가 행복해야 아이들이 행복하다고 하는데, 내가 지금 이 모양 이 꼴이니 어찌 아이들에게 참다운 행복의 바이러스를 전파할 수 있단 말인가?

부끄러웠다. 그저 나의 무능과 부덕함이 부끄럽고 또 부끄러웠다. 그래서 미안했다. 무엇보다도 먼저 아이들에게 미안했다. 그리고 못난 나를 믿어 주고 격려해 주는 동료 선생님과 학부모님에게 미안하고 또 미안할 따름이었다.

그런데 제아무리 넓고 깊은 허방과 수렁일지라도 마침내 '가장자리'가 보이고 '밑바닥'이 드러나게 마련이다. 나는 간디학교에서 시시때때로 "힘들다."고 엄살떨면서 마침내 간디학교의 그 가장자리와 밑바닥까지 살짝살짝 엿볼 수 있었다. 이 말을 달리 표현하면 간디학교라는 용광로 속에서 나의 한계와 약점은 물론이고 간디학교 식구들의 한계와 약점까지도 언뜻언뜻 눈치챘다는 이야기이다.

아, 그렇구나. 여기도 고만고만한 사람들이 모여 아옹다옹하면서 사는, 그렇고 그런 동네이구나. 그래, 여기도 저 산 아래, 저 산 너머 사람들과 별다를 것 없는 사람들이 모여 온갖 허장성세를 떨며 사는 평범한 곳이구나. 아니, 어쩌면 다양한 꿈꾸기를 좋아하는 이곳 사람들은 저기 저 대처 사람들보다도 더 상처 많고 더 열등의식 많고 더 겁이 많고 더 이기적이고 더 허영심이 많은 사람들인지도 몰라. 그래서 더 힘들고 복잡하고 고통스러운 삶을 살아야 하는 것인지도 몰라. 꿈꾸는 사람들은 그 꿈의 크기만큼이나 큰 고통을 안고 살아야 하는지도 몰라……. 내가 바로 그런 사람이지 않았던가.

나에게 주어진 삶의 멍에는 끊임없이 '없는 길'을 만들어 가라는 것이다. 그래서 학교가 안팎으로 두루 아름답게 조화를 이루어 그야말로 한 사람 한 사람이 소외되지 않고 모두가 행복한 학교가 되는 꿈을 포기할 수 없었다. 설령 이런 꿈마저도 지나친 이상주의라거나 또 하나의 집착이라고 힐난하는 목소리가 들린다 해도 한동안 이 길을 계속 만들어 가고 싶다고 생각했다. 낫 한 자루로도 길을 낼 수가 있다고 하지 않았던가. 다만 이 길이 나 혼자의 길이 아니라 여럿이 함께 가는 길이 되기를 간절하게 바랄 따름이었다.

허구한 날 제도 탓, 세상 탓이나 하면서 말잔치만 벌일 게 아니라 내가 먼저 일꾼으로 거듭나야 한다. 세상이 온통 흙탕물이라고 한탄하고만 있기에는 우리 아이들이나 나 자신에게 인생은 너무 짧고 소중하다. 내가 먼저, 우리가 먼저 참 좋은 샘물이 되어야 한다. 길이 없다고 갈 수 없는 게 아니라 여럿이 함께 걸어가면 길이 된다고 했다. 어둠을 탓하는 것보다는 촛불 한 자루 밝히는 게 더 낫다고 했다.

바로 이런 정신, 이런 용기, 이런 희망을 나에게 깨우쳐 준 간디학교가 있어서 나는 참 행복했다. 아니, 행복하다고 자꾸만 주문을 외우면서, 또는 그렇게 나 자신을 합리화하면서 나는 참으로 행복한 사람이 되고 싶었다. 그리하여 간디학교가 꿈꾸는, 나아가 우리 모두가 꿈꾸는 행복한 학교를 만드는 일에 기꺼이 내 한 몸 바쳐 한 줌의 거름이 되고 싶었다.

돌아보니 고맙게도 나와 같은 꿈을 꾸는 사람들이 많았던 것 같다. 1997년 간디학교 개교 이후 전국적으로 대안학교가 우후죽순처럼 생겨난 것만 봐도 충분히 짐작할 수 있다. 2012년 현재 초·중등 비인가 대안학교가 130여 개가 넘으며 인가받은 중등 대안교육 특성화학교가 34개(중학교 10, 고등학교 24)로 늘어났다. 게다가 2009년 11월에는 '대안학교의 설립·운영에 관한 규정'이 개정되어서 앞으로는 특성화학교보다도 더 유연하고 느슨한 교육과정을 운영하는 각종학교 형태의 대안학교도 계속 늘어날 전망이다.

특히 2010년 개교한 공립 대안학교인 태봉고등학교의 등장은 한국에서 후기 대안교육 운동을 알리는 신호탄이 되었다고 평가한다. 말하자면 이제 대안학교의 설립 주체가 '사립'에서 '공립'으로 전환되는 시점에 이르렀다는 것이다. 앞으로 2014년까지 공립 대안학교가 10여개로 늘어날 전망이다. 미국의 경우는 이렇게 패러다임이 전환되는 데 30여 년 걸렸는데, 한국의 경우는 15년을 앞당겨 진행되고 있다는 분석도 있다. 간디학교의 탄생은 여기서 중요한 촉매 역할을 했던 것이다. 이 얼마나 반가운 일인가.

그런데 이쯤에서 분명히 짚고 넘어가야 할 것이 있다. 우리는 도대체 왜 대안교육, 대안학교를 꿈꾸며 사는가? 아니, 우리가 꿈꾸는 교육의 목적은 무엇인가?

교육을 통해 행복한 사람을 기르자는 목적은 대안학교이든 일반학교이든 다를 바가 없다. 그런데 다만 학교마다 그 행복을 찾아가는 과정과 방법이 다를 뿐이다. 이 점은 옳고 그름의 문제도 아니고 정답을 찾는 문제도 아니다. 인생에 정답이 없듯이 교육 문제에도 정답은 없는 것이다.

여기서 분명하게 말해 두자. 대안교육의 궁극적인 목적은 '대안학교'라는 말이 없어지는 것이다. 그냥 좋은 학교, 행복한 학교만 있는 것이다. 일반학교다 대안학교다, 공립이다 사립이다, 일류학교다 삼류학교다 등으로 나누고 분별하는 마음부터 졸업해야 한다. 그리하여 대한민국 어디서나 아이들이 행복한 교육이 이루어지는 것! 그런 날이 오기를 간절하게 바라는 사람이라면, 그 사람은 진정으로 대안교육을 꿈꾸는 사람이다.

그런데 이런 대안교육은 사립학교에서나 가능한 일이고 공립학교에서는 불가능하다고 보는 사람이 많았다. 심지어 편견과 고정관념에 사로잡힌 일부 사람들은 문제아들과 꼴통들을 위해 국민혈세를 쓸 수 없다는 고약한 속셈을 드러내기도 했다. 스스로 제법 진보적인 사람이라고 생각하는 사람들까지도 공립 대안학교는 "안 된다!"고 손사래 쳤다. 너도나도 철옹성같이 경직된 공교육의 관료주의 시스템을 '절망의 벽'이라고 생각하며 새로운 학교를 여는 데 부정적인 견해를 피력했다.

하지만 "꿈꾸지 않으면 사는 게 아니다"는 것을 온몸으로 체득한 사람들은 달랐다. 그들은 도종환 시인의 시 〈담쟁이〉처럼 그 절망의 벽 앞에서도 결코 꿈꾸기를 포기하지 않았다. 절망하고 또 절망하고 한 번 더 절망하더라고 '사랑하기'를 포기하지 않았다. 다들 "넘을 수 없는 벽이라고 고개를 떨구고 있을 때/ 담쟁이 잎 하나는 담쟁이 잎 수천 개를 이끌고/ 결국 그 벽을 넘는다"는 것을 믿었다.

그렇다. 바로 이런 '담쟁이 정신'이 드디어 한국 사회에도 '공립' 대안학교가 나올 수 있게 했다. 우리는 앞으로도 담쟁이 정신을 가슴깊이 새기고 행복한 학교 만들기에 신명을 다 바칠 것이다. 세상 사람들이 다들 허무와 냉소의 늪에서 허우적댈 때도 우리는 언제나 '긍정과 희망'을 노래할 것이다. 세상이 온통 흙탕물이라고 삿대질만 하지 말고, 우리가 먼저 그 흙탕물과 함께 흘러서 맑아지는 법을 배울 것이다. 내가 먼저, 우리가 먼저 참 좋은 샘물이 되어 행복해지는 법을 배울 것이다.

이제 나는 또다시 간디학교의 '주변인'으로 돌아와서 오늘도 간디학교를 마냥 그리워하면서 살고 있다. 떠나 온 지 3년째가 되어도 여전히 내 영혼은 간디학교 하늘을 맴돌고 있는 기분이다. "한 번 간디인은 영원한 간디인"이라는 말을 회상하면서.

지금 나는 태봉고등학교 교장으로서 간디학교에서 못다 한 꿈을 붙잡고 '새로운 학교' 만들기에 열정을 다 바치고 있다. 오늘 내 가슴속에서 식지 않는 이 꿈과 열정은 지난날 간디학교로부터 모두 다 배운 것이다. 그러니 어찌 내 평생 간디학교를 잊을 수 있으랴. 오늘도 나에게 이런 '그리움'을 샘솟게 하는 간디학교 식구들이 많이 보고 싶다.

지난 15년 동안 간디학교를 만들고 가꾸어 오신 많은 선생님들과 학부모, 학생들에게 진심으로 감사와 존경의 예를 올리고 싶다.

영원한 간디인들이여! 사랑합니다. 고맙습니다.